Carl G. Jung

MEMÓRIAS, SONHOS, REFLEXÕES

ORGANIZAÇÃO E EDIÇÃO *Aniela Jaffé*
TRADUÇÃO *Dora Ferreira da Silva*
APRESENTAÇÃO *Sérgio Britto*

PREFÁCIO À EDIÇÃO BRASILEIRA DE
LÉON BONAVENTURE

35ª EDIÇÃO

EDITORA
NOVA
FRONTEIRA

Título original: Memories, Dreams, Reflections
Author: C. G. Jung, recorded and edited by Aniela Jaffé

© 1961, 1962, 1963 by Randon House, Inc.
Esta tradução foi publicada em acordo com a Pantheon Books, uma divisão da Randon House, Inc.

Direitos de edição da obra em língua portuguesa no Brasil adquiridos pela EDITORA NOVA FRONTEIRA PARTICIPAÇÕES S.A. Todos os direitos reservados. Nenhuma parte desta obra pode ser apropriada e estocada em sistema de banco de dados ou processo similar, em qualquer forma ou meio, seja eletrônico, de fotocópia, gravação etc., sem a permissão do detentor do copirraite.

EDITORA NOVA FRONTEIRA PARTICIPAÇÕES S.A.
Av. Rio Branco, 115 — Salas 1201 a 1205 — Centro — 20040-004
Rio de Janeiro — RJ — Brasil
Tel.: (21) 3882-8200

Imagem de capa: Retrato de Carl G. Jung. Shutterstock & Teto do templo Jain de Ranakpur em Udaipur.

CIP-Brasil. Catalogação na publicação
Sindicato Nacional dos Editores de Livros, RJ

J92m
35. ed.

Jung, Carl Gustav, 1875-1961
    Memórias, sonhos, reflexões / Carl Gustav Jung; organização e edição Aniela Jaffé; tradução Dora Ferreira da Silva; apresentação Sérgio Britto; prefácio à edição brasileira Léon Bonaventure. - 35. ed. - Rio de Janeiro: Nova Fronteira, 2021. (Clássicos de ouro)
    432 p.

    Tradução de: Memories, dreams, reflections
    ISBN 978-65-5640-013-6

    1. Jung, C. G. (Carl Gustav), 1875-1961 - Crítica e interpretação. 2. Psicanalistas - Suíça - Biografia. I. Jaffé, Aniela. II. Silva, Dora Ferreira da. III. Britto, Sérgio. IV. Bonaventure, Léon. V. Título. VI. Série.

19-58294   CDD: 921.4
                            CDU: 929:159.964(494)

Vanessa Mafra Xavier Salgado - Bibliotecária - CRB-7/6644
11/07/2019 16/07/2019

CONHEÇA OUTROS LIVROS DA EDITORA:

Sumário

Como encontrei Jung (Sérgio Britto) 7
Prefácio à edição brasileira (Léon Bonaventure) 11
Introdução (Aniela Jaffé) 17

Prólogo 25
Infância 29
Anos de colégio 45
Anos de estudo 99
Atividade psiquiátrica 127
Sigmund Freud 155
Confronto com o inconsciente 177
Gênese da obra 205
A torre 225
Viagens 241
    África do Norte 241
    Os índios pueblos 248
    Quênia e Uganda 255
    Índia 274
    Ravena e Roma 283
Visões 289
Sobre a vida depois da morte 297
Últimos pensamentos 323
Retrospectiva 349
Apêndice 353
    Trechos das cartas de Jung a sua mulher por ocasião da
    viagem aos Estados Unidos 353
    Trechos de cartas de Freud a Jung 360
    Carta de C.G. Jung a sua mulher, de Soussa, Tunísia ... 363
    Trechos de uma carta a um jovem erudito 365

Trechos de uma carta a um colega ···366
Théodore Flournoy..368
Richard Wilhelm..369
Heinrich Zimmer 374
Sobre o *Livro vermelho* 376
Septem sermones ad mortuos...377
Dados sobre a família de C.G. Jung...................................390

Glossário 399
Notas..413

Como encontrei Jung

Quando Domingos de Oliveira me sugeriu um espetáculo-monólogo sobre Jung, era justamente sobre *Memórias, sonhos, reflexões*, livro que Jung escreveu em parceria com Aniela Jaffé, livro que, por sinal, ele não chegou a ver editado. No nosso monólogo, dizia Jung, com muito humor, que só permitiria que o livro fosse publicado depois de sua morte: "Medo das pedras que podiam me jogar." Piada que Domingos intuiu com perspicácia. Fiquei assustado com a ideia, apavorado com a possibilidade de me colocar em cena como o psiquiatra/psicólogo/sociólogo/antropólogo Carl Gustav Jung: "Jung? Mas eu não sei nada sobre ele."

Os amigos, junguianos ou não, ou, pelo menos, admiradores das ideias básicas do mestre suíço, me enviaram livros e livros sobre Jung. Tentei ler todos, inclusive *Memórias, sonhos, reflexões*. Achei muito difícil de início, mas uma amiga muito querida, a Regina Gutman, me deu de presente um pequeno livro da Nise da Silveira sobre o Jung. Foi por meio da generosidade e da aparente despretensão da Nise que comecei a perceber quem era Jung e pude ler tudo, inclusive *Memórias, sonhos, reflexões*. O destino quis, ou melhor, Zurique não quis e não nos deu direitos para adaptar o *Memórias...* A história ficou complicada: nós já tínhamos feito a proposta ao CCBB, e o CCBB já tinha nos dado uma data para a estreia. Em menos de um mês, Domingos e Gisele Falbo Kossovsky, psicóloga lacaniana, fizeram um esforço extraordinário e escreveram o *Jung e eu*. De minha parte, bati com a cabeça até conseguir, bati, bati, até que deu um estalo, algo dentro de mim (e em Jung, é dentro de você que é preciso procurar) explodiu, se tocou, se emocionou, entendeu, percebeu, melhor ainda, sentiu. Comigo foi assim, mas tudo isso por causa da Nise da Silveira, essa querida junguiana brasileira.

Para você se aproximar de alguém como Jung, duas possibilidades existem: estudá-lo o melhor que puder, ou procurar afinidades na sua vida, no seu pensar, nas suas experiências, nos seus raciocínios.

Li o que pude, tive reuniões com Gisele Kossovsky e com dois psicanalistas junguianos, Nelly Gutmacher e Walter Boechat, mas o que mais me ajudou nesse início, nesse tatear de um caminho para chegar a Jung, foi a sua própria biografia. O pai de Jung era pastor protestante, pura autoridade, acreditando num Deus que não admitia discutir. Jung, mesmo muito jovem, não aceitava a posição paterna, achava que o seu pai era infeliz, fazia os sermões na igreja, falando de um Deus que ele não ousava entender mais fundo. Esse fato na infância/juventude de Jung me associou com a minha grande decepção com a Igreja Católica, eu acreditava num Deus que me fazia confessar todos os sábados e comungar todos os domingos. Uma grande decepção com os meus então queridos professores/mentores/irmãos maristas me fez perder o Deus em que eu acreditava, eu queria discuti-lo, mas não tinha com quem. Com 11 anos, eu não consegui falar da minha decepção e das minhas dúvidas — a não ser cinco anos depois. Nesse tempo perdi o Deus que tinha, perdi a fé aprendida. Jung foi procurar Deus dentro de si (e aí começou o seu processo de introversão), um trabalho que durou toda a sua vida. Estudou todas as religiões, considerando que todas eram tentativas respeitáveis da necessidade de o homem ter diante de si a imagem de um Deus a quem adorasse e que o protegesse.

Outro ponto de contato com Jung foi a minha viagem à Índia, onde fugi dos gurus, dos "homens sábios", velhos senhores de cabeça branca, nus, caminhando pelas ruas, respeitados pelo povo indiano como uma sabedoria absoluta. Jung admirou a profundidade do saber desses homens, mas os considerou de uma cultura longe demais da sua, e deve ter tido o mesmo desprazer que tive quando encontrei franceses, alemães, americanos, homens de várias nacionalidades com a cabeça raspada, com uma roupagem entre a do indiano do povo e a do sacerdote budista, caminhando pelas ruas drogados, longe de qualquer saída meritória para suas vivências, apenas se "sentindo" seguidores de Buda. Como Jung, eu respeitei os homens sábios, mas não quis nada com eles.

No texto de Domingos e Gisele, meu primeiro grande encontro foi o sonho em que Jung conseguiu se libertar do Deus de seu pai, o Deus de quem ele queria saber mais: "Eu tinha 12 anos, início de minha puberdade, no meio de uma de minhas crises, eu tinha, como todo jovem dessa idade, pensamentos pecaminosos na cabeça, mas esse era grave, esse eu não podia saber. Então eu disse: 'Meu Senhor, o Senhor que sabe que eu não vou resistir muito tempo, que vou acabar cometendo esse pecado para o qual não há perdão, por que não vem me socorrer?' Aí percebi que era a minha coragem que estava sendo testada. Deixei meu pensamento emergir. Ergueram-se na minha frente uma alta catedral e o céu azul. Deus no seu trono de ouro muito acima de nós... de repente, começando debaixo do trono, um enorme excremento caiu em cima do teto novo e colorido da catedral, despedaçando-o. Foi inesquecível. Nesse momento, senti uma felicidade indizível, eu tinha realizado a experiência diante da qual o meu pai se acovardara. Minha visão tinha discutido por mim os dogmas da religião de meu pai."

Eu não me tornei ateu, rezo ainda a um Deus que para mim não tem um rosto definido, é apenas o Deus que não conheço e não procurei mais, contudo sei que existe. No fim da vida perguntaram a Jung quem era Deus, ele simplesmente respondeu: "Eu sei."

Foi na biografia de Jung, no momento difícil da ruptura com Freud, seu mestre até então, que encontrei outra forte afinidade. Freud pensava a libido como uma manifestação ligada ao sexo, Jung via a libido com maior amplitude, acreditando que valores como a espiritualidade, a criatividade e a nutrição poderiam mover os homens com tanta força quanto o sexo. Tentou fazer com que Freud ampliasse esse seu conceito inicial de libido.

Não conseguiu. E pior: Freud, por esse motivo, cortou relações com Jung, chamando sua doutrina de mística e a ele, Jung, de profeta. Jung confessou que, se não fosse o apoio da família (ele já era nesse tempo casado com Emma Kausenbach), teria enlouquecido. Dizem que Freud, quando rompeu relações com Jung, literalmente desmaiou, tão fortes eram as relações de amizade/afinidade entre os dois.

Mais uma vez eu me aproximo de Jung. Por mais que eu tenha sido um ser humano altamente sexual/sensual, minha libido maior, aquela que dominou minha vida acima de tudo, foi sempre minha carreira artística, especialmente a do ator teatral. Encontro no realizar teatral, na procura interna de meu personagem de cada nova peça, um jogo espiritual altamente prazeroso, e no ato de criar um ser novo que não sendo mais eu, e sim alguém que criei dentro de mim, a libido que realiza um orgasmo acima de todos que experimentei em toda a minha vida sexual amorosa.

Depois do encontro dessas afinidades, fui me deixando levar pelas descobertas de Jung, por seus arquétipos físicos, orgânicos, a matriz genética que nossos pais nos deram e mais ainda pelos arquétipos do espírito mãe, pai, experiências iniciais com a natureza e a religião. Cheguei perto da compreensão maior, "o inconsciente coletivo". Percebi com prazer suas referências às místicas palavras *persona, sombra, anima*, capazes de levar o homem a si mesmo, o seu *self*: libertando-se da *persona*, a máscara enganadora com que nos apresentamos na sociedade, enfrentando a *sombra,* sua face desconhecida, seu lado pior, que ele nega, que recusa, mas que tem que enfrentar, e assumindo essa *anima,* essa fêmea dentro do homem, e esse *animus,* esse homem no pensamento feminino. Sem falar na sincronicidade, que eu passei a perceber na minha vida diária, muitas e muitas vezes.

Jung confessou várias vezes que Freud escrevia melhor que ele, admitindo que sua escritura era bastante confusa. Com o auxílio de Aniela Jaffé, a grande discípula, no fim da vida conselheira e organizadora de sua bibliografia, Jung tentou em *Memórias, sonhos, reflexões* esclarecer o que ele mesmo considerava ter ficado obscuro, incompreensível para a maior parte de seus leitores.

Depois desse tempo todo, acho que estou pronto para recomeçar a leitura de *Memórias...,* o livro básico, o resumo de tudo que foi a vida, a pesquisa e a solidão do se introverter desse grande mestre. Eu não sonhava mais. Voltei a sonhar e reconheço nos meus sonhos a fotografia clara dos meus desejos e por que não dizer dos meus medos também. Aos 82 anos, deparei com uma filosofia capaz de me fazer entender quem somos, por que somos e o que podemos fazer de melhor, até atingir a felicidade que Jung conseguiu no fim de sua vida. Jung virou para mim uma religião nova, um encarar melhor tudo o que a vida me oferece.

*Sérgio Britto**

---

*Ator e diretor brasileiro de teatro, cinema e televisão (1923-2011).

Prefácio à edição brasileira

O impacto provocado pela publicação das *Memórias* de C.G. Jung tem-se ampliado sem cessar encontrando aceitação extraordinária pelo público europeu e americano, e por isso nos alegramos de vê-lo finalmente apresentado ao de língua portuguesa. Até um pouco à revelia do próprio Jung, o livro tornou-se um ponto de referência capital no meio da psicologia analítica.

Despertou interesse principalmente na geração dos jovens; alguns chegaram até a fazer dele guia espiritual. No nosso mundo massificado, onde o indivíduo é reduzido apenas a uma "unidade econômica", produto do trabalho e do consumo, a busca da individuação começa a surgir como único valor que ainda faz sentido. Isso nos deve alegrar sobremaneira, pois o desabrochar da humanidade e seu desenvolvimento faz-se primeiro através dos indivíduos, atingindo depois toda uma cultura.

Este livro pode ser lido, mais do qualquer outro, em diversos níveis, pois o leitor pode *lê-lo* tanto como *se ler* nele. Mas vai encontrar ressonâncias de sua própria experiência de vida e de sua cultura e de lá fazer nascer o sentido ou não sentido da obra. Mas não deve se esquecer que as *Memórias* surgem ao término de toda a obra científica do autor e que a leitura desta possibilita uma compreensão produtiva e positiva de "sua vida". O próprio Jung nos diz que sua obra é apenas a formulação científica e em linguagem moderna de sua experiência das realidades da alma e de suas observações empíricas junto aos seus pacientes.

Se a obra científica de Jung estivesse ao alcance do público de língua portuguesa, o melhor, sem dúvida, teria sido deixar a cada um descobrir o sentido e o propósito das *Memórias*, porém infelizmente uma grande parte ainda não foi traduzida. E o mundo da alma no qual o psicólogo de Zurique nos introduz se estende ao infinito, dando possibilidade a uma infinidade de tipos de leitura e de interpretações, inclusive a uma leitura "selvagem" e de tendência esotérica. Isso explica a finalidade desta pequena introdução.

Embora esteja longe de mim a ideia de pressupor que exista apenas uma interpretação exata desta história de vida, pois, com Nietzsche, "esperamos que estamos longe hoje da ridícula pretensão de decretar que o nosso pequeno canto seja o único a partir do qual tenhamos o direito de ter uma perspectiva", parece-me necessário indicar aos que se sentem tocados pelos escritos de Jung certos critérios de leitura. Um deles está claramente expresso em outro texto de Nietzsche: "Essencialmente, trata-se de saber em que medida um julgamento (uma leitura) é capaz de promover a vida, mantê-la e conservar a espécie, e inclusive melhorá-la." Essa concepção pragmática do verdadeiro e do falso Jung a fez sua, considerando-a em relação ao processo de individualização.

Se Carl Gustav Jung, como qualquer outro, não é possuidor da Verdade, aparece porém mais como um inovador ao traçar um caminho novo para o conhecimento experimental das realidades vivas da alma. Sua vida é um testemunho concreto do que consiste uma vida vivida em termos de busca e de descoberta. Não se pode insistir o bastante em mostrar que sua vida e sua obra científica são a expressão duma abordagem empírica e experimental. Assim como Rilke, diz: "é a natureza de sua origem que julga uma obra de arte" — vida e obra são reflexos de uma experiência contínua das realidades da alma.

Quanto ao termo "alma", que Jung reintroduziu na psicologia, ele não tem nada a ver com o mesmo conceito abstrato da filosofia religiosa. É um dado de experiência, uma presença existencial a si mesmo no seu relacionamento com o mundo. Embora essa vivência seja individual, é uma realidade objetiva. Ao reconhecer no fenômeno psíquico a sua objetividade, Jung coloca definitivamente a psicologia no campo das ciências. Pela observação empírica foi possível a ele descobrir progressivamente a lógica interna da formulação dos processos e o fim desses processos se fundamentam no arquétipo do *self* (si mesmo). O leitor terá ocasião de perceber neste livro o lugar destacado que a descoberta do processo de individuação teve na vida do autor, tal como no desenrolar de suas pesquisas, e como isso sempre constituiu o seu ponto de apoio em tudo o que afirmou. Foi nesse estado psicológico de realização de si mesmo que Jung escreveu a história de sua vida. Em nada se tratava de um olhar estético sobre si próprio, ainda que fosse de aspecto científico ou intelectual, mas sim de um conhecimento real e objetivo adquirido somente através de uma experiência vivida.

O ponto de partida de suas buscas do que seria esse processo de individuação assemelha-se a um momento conhecido por muitos como sendo a experiência de falta de um sistema de referência: "me sentia flutuando", escreve Jung no capítulo "Confronto com o inconsciente".

Mas, em vez de se referir ou se "amarrar" a ideias preestabelecidas, a um saber de ordem psicológica, a uma posição social, ele se decide a deixar surgir simplesmente aquilo que quer aparecer, ainda que pareça um absurdo total. Para isso teve que vencer todo tipo de resistência, humilhações e repulsas para deixar se desenrolarem os fantasmas "solenes e ridículos", as emoções mais inaceitáveis, e sobretudo a angústia frente a um mundo caótico de imagens e afetos. Quanto a este compromisso, Jung, como psiquiatra, estava mais do que consciente de que poderia assumi-lo! É verdade que encontrou apoio sólido junto a algumas pessoas de valor que viviam a seu redor, e cujo nome quis manter em silêncio, mostrando como é falsa a ideia de que se confinou na autoanálise pura. Devido ao apoio dessas pessoas, escapou de ser tragado pelas forças do inconsciente, e pôde adquirir a objetividade necessária em relação a si mesmo. No entanto foram-lhe necessários uma coragem heroica, um ego sólido, uma consciência aguda de sua tarefa na sociedade dos homens, de sua atividade profissional quotidiana e de suas obrigações familiares para conduzir a termo esta aventura.

Não se limitou apenas a compreender com o maior cuidado possível as imagens que emergiam, mas teve que explicar-se com elas e realizá-las em vida. Este último aspecto é fundamental, porém frequentemente negligenciado, levando às vezes a um mau entendimento desastroso do caminho que Jung nos indicou. Ele insiste em vários trechos do livro na atitude ética frente a estes conhecimentos novos. O conhecimento de si mesmo implica uma responsabilidade no sentido etimológico da palavra, isto é, na exigência duma resposta, "pois quem não sente nestes conhecimentos a responsabilidade ética que comportam, cedo sucumbirá ao princípio do poder".

Na vivência e no confronto com os processos do inconsciente, o psicólogo suíço descobriu progressivamente que eles convergem para um certo ponto, o meio.

"Tinha o nítido pressentimento de que algo de central com o tempo adquirirá a representação vivida do *self*. Esta foi a descoberta final à qual me foi dado chegar; outro talvez teria ido além; eu não o consegui."

Portanto o *self*, fundamento da psicologia analítica, não é uma ideia nascida duma reflexão, mas se apresentou primeiro a Jung como uma realidade vivida — aliás inesperada — que o sustentou e o ajudou a colocar em ordem os elementos surgidos durante suas provações. Dispondo-se a ser ao mesmo tempo sujeito e objeto da experiência, ele chegou à vivência do *self*.

O homem moderno, enquanto fica prisioneiro do seu ego (*cogito ergo sum*), dificilmente chegará a compreender o verdadeiro alcance da experiência vivida de Jung. Mas este, frente à situação psicológica conflitual do homem moderno, da qual a crise de nossa civilização constitui o reflexo, sentiu-se interiormente obrigado a aprofundar as implicações de sua própria experiência. Amplificou-a baseado na sua experiência clínica e num rico material histórico. Mostrou assim a importância, o lugar e a função do arquétipo central da vida dos indivíduos e da coletividade.

Não devemos esquecer, porém, que, embora Jung insistisse muito sobre a experiência pessoal, o seu campo de estudo se estendeu bem além. Começou trabalhando em laboratório de psicologia patológica experimental, e no fim da vida estudava as relações que existem entre as suas descobertas e a física nuclear. Paralelamente empenhava-se em amplas pesquisas históricas que o levaram a fazer uma análise profunda da situação psicológica do homem moderno. Para o autor, ela não é apenas o produto dos tempos modernos, mas uma etapa dum processo de individuação da civilização ocidental que se encontra frente a um impasse. Desde o surgimento dos tempos modernos, desenvolveu-se de maneira unilateral, apoiando-se exclusivamente no ego consciente, provocando assim um conflito em relação aos fundamentos instintivos da psique. A hipertrofia do ego consciente, chegando ao ponto de deificação (divinação), provocou uma revolta no inconsciente, manifestando-se num estado de angústia de toda uma civilização.

Ao reintroduzir a noção do *self* em psicologia e na cultura, Jung coloca de novo o homem frente a sua verdadeira "fonte" e lhe restitui a sua totalidade, o centro, ao mesmo tempo ponto e circunferência. Carl Gustav Jung apresenta-se pois, neste livro, não apenas como um dos fundadores da psicologia moderna e um dos grandes psiquiatras do século XX, mas também como um dos representantes típicos da época moderna que chegou a encontrar um sentido e uma solução para seus conflitos. Não apenas é um intérprete duma época da história do homem, mas um precursor que indica uma era nova possível. Talvez o qualificativo que lhe convenha melhor seja o de um médico humanista que deu forma nova, mas dessa vez empírica, ao esforço imenso do movimento humanista do Renascimento.

As opiniões sobre a vida de Carl Gustav Jung são das mais contraditórias e suscitam sempre emoções. Porém não se pode negar que foi um testemunho particularmente vigoroso de fidelidade ao mais profundo de seu ser, de generosidade, de veracidade, conseguir assumir a "longuíssima via", consagrando sua vida a uma obra que está voltada ao futuro. Considerando a liberdade como o valor supremo do homem, veio libertá-lo das potências arcaicas e das ideologias que o escravizavam.

O que Goethe dizia de si mesmo pode-se perfeitamente aplicar à obra de Jung: "Se suprimisse tudo o que devo aos meus predecessores, restaria pouco. Minha obra é a de um ser coletivo que se chama Goethe." Por sua vez Jung escreve: "Nós não somos os criadores de nossas ideias, mas apenas seus porta-vozes; são elas que nos dão forma... e cada um de nós carrega a tocha que no fim do caminho outro levará."

Sentimo-nos gratos por apresentar ao público brasileiro, neste ano do centenário de nascimento de Carl Gustav Jung, o testemunho de vida de um dos grandes homens do nosso século. Dora Ferreira da Silva contribuiu para torná-lo mais belo em sua tradução, e graças à Editora Nova Fronteira a publicação foi possível.

São Paulo, 16 de março de 1975.
Léon Bonaventure[*]

---

[*] Belga, doutor em psicologia, membro da Sociedade Internacional de Psicologia Analítica.

Introdução

*He looked at his own soul with a Telescope.
What seemes all irregular, he saw and shewed
to be beautiful Constellations: and he added
to the Consciousness hidden worlds within worlds.*

Coleridge | *Notebooks**

No verão de 1956 — durante as reuniões de Eranos, em Ascona — o editor Kurt Wolff falou pela primeira vez com amigos de Zurique acerca do seu desejo de publicar uma biografia de Carl Gustav Jung na editora Pantheon, de Nova York. A dra. Jolande Jacobi, umas das colaboradoras de C.G. Jung, propôs que essa tarefa me fosse confiada.

Todos nós sabíamos perfeitamente que não seria uma tarefa simples, pois era bastante conhecida a aversão de Jung de se expor e à sua vida aos olhos do mundo. Assim, depois de muita hesitação, resolveu conceder-me uma tarde por semana para abordarmos juntos esse trabalho. Isso foi um privilégio, dado seu intenso programa de trabalho e sua idade avançada.

Começamos a trabalhar na primavera de 1957. Kurt Wolff manifestara sua expectativa de que o livro não aparecesse sob a forma de uma *biografia*, mas sim de uma *autobiografia* — Jung mesmo deveria falar. Determinada a forma do livro, minha primeira tarefa consistiu exclusivamente em formular perguntas e anotar as respostas de Jung. No início, ele mostrou-se reservado e reticente para logo em seguida falar com um interesse crescente acerca de si próprio, de sua formação, de seus sonhos e pensamentos.

A atitude favorável de Jung no tocante a este trabalho em comum progrediu de forma decisiva no fim de 1957. Depois de um período de inquietação interior emergiram imagens de sua infância, há muito submersas. Jung supôs que havia entre elas e certos pensamentos de suas últimas obras um nexo que não conseguia apreender. Certa manhã recebeu-me com a notícia de que ele mesmo escreveria sobre sua infância, acerca da qual já me relatara uma boa parte.

---

* "Ele olhou sua alma através de um telescópio. O que parecia irregular eram belas constelações: então acrescentou à consciência mundos ocultos dentro de outros mundos." — Coleridge, *Anotações*.

Tal decisão era tão auspiciosa quanto inesperada; eu sabia que escrever se tornara para ele uma atividade cansativa e que, se resolvera fazê-lo, devia ser em resposta a uma *missão* ditada pelo mais profundo de si mesmo. Seu consentimento foi, portanto, a razão intrínseca da *autobiografia*.

Algum tempo depois dessa sua resolução, anotei as seguintes palavras de Jung: "Escrever um livro é sempre para mim uma confrontação com o destino. Existe no ato da criação alguma coisa de imprevisível que é de antemão impossível fixar nem prever. Assim, esta autobiografia já toma um rumo diferente daquele que eu a princípio imaginara. É por necessidade que escrevo minhas primeiras lembranças e um só dia de abstenção já me causa mal-estar físico. Assim que recomeço ele desaparece e meu espírito retorna à lucidez."

Em abril de 1958 Jung terminou os três capítulos sobre a infância, a época do colégio e os anos de estudo, que intitulou "Acontecimentos iniciais da minha vida", cuja última parte relata a conclusão de seus estudos de medicina em 1900.

Não foi essa a única contribuição de Jung a este livro. Em janeiro de 1959 encontrava-se em sua casa de campo de Bollingen e dedicava todas as manhãs à leitura dos capítulos já redigidos. Ao devolver-me o capítulo "Sobre a vida depois da morte", disse: "Algo em mim foi atingido. Formou-se um declive pelo qual me vejo forçado a descer." Neste clima apareceram "Últimos pensamentos", onde se encontram suas ideias, as mais profundas, aquelas que atingem os horizontes mais longínquos.

No verão do mesmo ano Jung escreveu, ainda em Bollingen, o capítulo sobre "Quênia e Uganda". Já o capítulo sobre os índios pueblos provém de um manuscrito de 1926 não publicado, e que trata de questões gerais da psicologia dos primitivos.

A fim de completar os capítulos "Sigmund Freud" e "Confronto com o inconsciente", recorreu-se a diversas passagens de um seminário realizado em 1925. Foi nessa ocasião que Jung relatou pela primeira vez alguns aspectos de seu desenvolvimento interior.

O capítulo "Atividade psiquiátrica" nasceu de palestras mantidas por Jung com jovens médicos-assistentes do hospital psiquiátrico de Zurique, o Burghoelzhi, em 1956. Um de seus netos trabalhava como psiquiatra nesse hospital. As palestras aconteceram na casa de Jung, em Küsnacht.

Jung aprovou o presente manuscrito, tendo corrigido algumas passagens, e propôs alguns acréscimos. Por outro lado, completei os capítulos de sua autoria com as anotações de nossas conversas, desenvolvi alguns pontos muitas vezes apenas sugeridos e eliminei repetições. Quanto mais o livro avançava, mais solidamente seu trabalho e o meu se fundiam.

O modo pelo qual este livro tomou forma guarda uma certa relação com seu conteúdo. A conversa ou o relato espontâneo têm um caráter de improvisação que determina o tom desta *autobiografia*. Em suas páginas, tanto a vida como a obra de Jung são apenas fugidiamente mencionadas. Mas o livro veicula a atmosfera de seu universo espiritual, revelando as vivências de um homem para o qual a alma sempre significou a realidade mais autêntica. Em vão interroguei Jung acerca de acontecimentos de sua vida exterior; só a essência espiritual do que vivemos era para ele inesquecível e digna de ser contada.

Além das dificuldades formais da estruturação do livro, havia outras de natureza mais pessoal. Jung exteriorizou-as numa carta a um amigo de seu tempo de estudante que lhe pedira algumas notas de suas recordações de juventude. A correspondência data do fim de 1957.

...Você tem toda a razão! Quando envelhecemos, somos atraídos interior e exteriormente pelas lembranças da juventude. Há trinta anos meus alunos me pediram que lhes explicasse como chegara à concepção do inconsciente. Respondi-lhes realizando um seminário. Ultimamente fui solicitado diversas vezes para escrever uma espécie de autobiografia, mas não podia conceber tal ideia. Conheço demais as autobiografias, as ilusões dos autores sobre si mesmos e suas mentiras oportunas, conheço demais a impossibilidade de uma autoapreciação para me arriscar neste terreno.

Há pouco me pediram algumas informações autobiográficas e descobri, nesta ocasião, que no material liberado pelas minhas lembranças há certos problemas objetivos que merecem bem um exame mais detido. Refleti, então, sobre esta possibilidade para chegar à conclusão de que seria necessário me afastar das outras obrigações a fim de tentar pelo menos submeter a um exame objetivo o início da minha vida. Mas essa tarefa é tão difícil e singular que, de início, fui obrigado a me prometer que jamais publicaria os resultados durante a minha vida. Esta medida me pareceu indispensável para me garantir tranquilidade e distanciamento necessários. Verifiquei com efeito que todas as lembranças vivas em mim se referem a vivências emocionais que fazem o espírito mergulhar na paixão e no desassossego — condição pouco propícia para uma exposição objetiva! Sua carta, naturalmente, chegou exatamente no momento em que, de uma certa forma, eu já me decidira a mergulhar neste trabalho.

O destino quer — como sempre quis — que na minha vida todo o exterior seja acidental e que só o interior represente algo de substancial e determinante. É assim que todas as lembranças de acontecimentos exteriores empalideceram; mas talvez nunca tenham representado algo de essencial, ou apenas o foram na medida em que o coincidiram com as fases do meu desenvolvimento interior. Um número incalculável destas manifestações exteriores caiu no esquecimento justamente porque, como então me parecia, todas as minhas forças estavam empenhadas nelas. Ora, são estes episódios exteriores que tornam uma biografia compreensível; pessoas que se conheceram, viagens, aventuras, complicações, golpes do destino e assim por diante. Com poucas exceções, tudo isso se metamorfoseou, no limite das minhas lembranças, em imagens-fantasmas que minha mente não deseja mais reconstruir e nem dar asas a minha imaginação.

Quão mais viva e colorida permaneceu a lembrança das vivências interiores! Mas isso implica um exercício narrativo para o qual não me sinto apto, pelo menos por enquanto. Eis porque não posso satisfazer o seu desejo, o que muito lamento...

Esta carta caracteriza a atitude de Jung: se bem que tivesse "decidido atacar o problema", termina a carta com uma recusa! O conflito entre a aceitação e a recusa nunca se apaziguou até sua morte. Sempre conservou um resto de ceticismo e apreensão diante dos futuros leitores. Não considerava o livro de memórias uma obra científica, nem mesmo um livro de sua autoria, mas falava e escrevia acerca do "empreendimento de Aniela Jaffé", à qual prestara sua contribuição. De acordo com seu desejo, este livro não fará parte de suas *Obras completas*.

Jung era particularmente reticente quando se referia aos encontros, quer com personalidades conhecidas, quer com pessoas próximas: os amigos. "Conversei com muitos homens famosos de meu tempo, com os grandes da ciência e política, com exploradores, artistas, escritores, príncipes e eminentes financistas, mas confesso sinceramente que poucos desses encontros representaram para mim um acontecimento marcante. Éramos como navios que se saudavam em alto-mar, cada qual baixando sua bandeira. Em sua maioria, essas pessoas tinham alguma solicitação a fazer-me, que não posso nem devo mencionar. Assim, embora sejam personalidades importantes aos olhos do mundo, não deixaram marcas na minha lembrança. Tais encontros não tiveram consequências profundas; foram desprovidos de uma verdadeira importância e empalideceram rapidamente. Não posso me referir aos meus relacionamentos mais íntimos, que me voltam à mente como lembranças longínquas, pois constituem não somente minha vida mais profunda, como também a dos meus amigos. Eles não me pertencem e eu não posso expor aos olhos do mundo estas portas que para sempre deverão permanecer fechadas."

Se por um lado, Jung fala sucintamente de fatos da sua vida exterior, por outro, esta lacuna é completamente compensada pela exposição de suas vivências interiores e uma profusão de pensamentos que, segundo ele acredita, devem ser considerados como biográficos, e que fortemente são característicos de sua personalidade. Essas experiências refletem em primeiro lugar seus pensamentos religiosos. Este livro contém, portanto, o credo de Jung.

Vários caminhos conduziram-no ao confronto com problemas religiosos: suas próprias experiências, que já o haviam colocado, criança, numa realidade das visões religiosas, e que o acompanharam até o fim de sua vida; uma fome insaciável de conhecimento, que se apossava de tudo o que dissesse respeito à alma, seus conteúdos e manifestações; uma curiosidade que o caracterizava como homem de ciência e — *last but not least* — sua consciência de médico. Porque antes de tudo Jung sentia-se médico. Não lhe escapara o fato de que a atitude religiosa desempenha um papel decisivo no que diz respeito à terapêutica dos males da alma. Isto correspondia à sua descoberta de que a alma cria espontaneamente imagens de conteúdo religioso e que são, portanto, "de natureza religiosa".

Afastar-se desta sua natureza fundamental seria, segundo Jung, a origem de inúmeras neuroses, particularmente na segunda metade da vida.

O conceito junguiano de religião difere em muitos pontos importantes do cristianismo tradicional, principalmente no tocante à resposta ao problema do Mal e à concepção de deus, que não é somente o "protetor" ou o "*bom Deus*". Do ponto de vista do cristianismo dogmático, Jung era um *outsider*. Apesar de sua fama mundial, os críticos de sua obra sempre o fizeram sentir assim. Ele aguentou tal oposição e nas linhas deste livro encontramos aqui e ali vestígios desse desapontamento ao constatar que suas ideias religiosas não foram totalmente compreendidas. Por mais de uma vez ele demonstrou sua decepção resmungando: "Na Idade Média eu teria sido queimado!" Depois de sua morte, no entanto, os teólogos, em número crescente, começaram a afirmar que Jung não poderia ser esquecido na história eclesiástica de nosso século.

Jung se declarava cristão, e a maioria de suas obras, as mais importantes, tratam dos problemas religiosos do homem cristão. Ele os interpretava do ponto de vista da psicologia, limitando conscientemente as fronteiras com as perspectivas teológicas. Assim fazendo, ele punha à exigência cristã da fé a necessidade de compreender. Para ele, a reflexão era um ato natural e uma necessidade vital. "Acho que todos os meus pensamentos giram em torno de Deus como os planetas em torno do Sol, e são da mesma forma irresistivelmente atraídos por ele. Eu me sentiria como o maior pecador querer opor uma resistência a esta força", escreveu ele em 1952 a um jovem sacerdote.

Em suas *Memórias*, Jung fala pela primeira e única vez de Deus e de suas próprias experiências religiosas. Recordando sua rebelião juvenil contra a Igreja, ele me disse certa vez: "Naquele tempo compreendi que Deus — pelo menos para mim — era uma das experiências mais imediatas." Em suas obras científicas Jung nunca fala de Deus, mas da "imagem de Deus na alma humana". Isto não constitui uma contradição: por um lado, sua afirmação é subjetiva, baseada numa vivência e, por outro, é uma constatação científica e objetiva. No primeiro caso é o homem religioso que fala, o homem cujos pensamentos são influenciados por sentimentos poderosos e apaixonados, por instituições e experiências interiores e exteriores de uma vida longa e fecunda. No segundo, é o cientista que toma a palavra, e suas afirmações não ultrapassam os limites do conhecimento científico, restringindo-se conscientemente a fatos demonstráveis. Homem de ciência, Jung era empírico. Entretanto, neste livro de memórias, quando fala de suas experiências e sentimentos religiosos, conta com a boa vontade do leitor a fim de que este possa segui-lo através de caminhos semelhantes, ou que traga dentro da alma uma imagem de Deus de traços análogos ou então que reconheça como válidas por si mesmas as afirmações subjetivas de Jung.

Apesar de ter participado ativa e positivamente na elaboração da *Autobiografia*, Jung permaneceu muito tempo — e isto é compreensível — numa atitude crítica e negativa quanto a sua publicação. Temia a reação do público, principalmente devido à franqueza com que revelara suas experiências e ideias religiosas. A hostilidade que seu livro *Resposta* *a Jó despertara, era ainda muito recente, a incompreensão e o menosprezo do mundo eram dolorosos demais:

> *Preservei este material durante toda a minha vida sem jamais querer revelá-lo ao público; sinto-me ainda mais vulnerável em relação a ele do que aos outros livros. Não sei se estarei suficientemente longe deste mundo para que as flechas não me atinjam e se poderei suportar as reações negativas a sua eventual publicação. Já sofri demasiadamente a incompreensão e o isolamento a que se é relegado quando se tenta dizer aquilo que os homens não compreendem. Se meu livro sobre Jó deu margem a tantos equívocos, minhas* **Memórias** *provavelmente despertarão uma incompreensão ainda maior. Elas representam o testemunho da minha vida elaborada segundo meus conhecimentos científicos. Minha vida e minha obra são idênticas. A leitura deste livro será, portanto, difícil para aqueles que não conhecem meus pensamentos ou não os compreendem. De certa maneira, minha vida é a quintessência do que escrevi e não inversamente. O que sou e o que escrevo são uma só coisa. Todas as minhas ideias e todos os meus esforços, eis o que sou. Assim, a "autobiografia" representa apenas o pequeno ponto que se põe sobre o i.*

Durante os anos através dos quais este livro tomava forma, Jung experimentou uma espécie de processo de metamorfose e de objetivação. A cada novo capítulo distanciava-se de si mesmo, vendo-se como que de longe, não só a si mesmo como a significação de sua vida e de sua obra. "Quando me interrogo acerca do valor da minha vida, só posso medir-me em relação às ideias dos séculos passados e me é forçoso confessar: sim, minha vida tem um sentido. Dimensionada nos dias atuais, ela nada significa." O que há de impessoal nesta afirmação e o sentimento de continuidade histórica que transparece nestas palavras caracterizam muito bem a atitude de Jung. Estes dois aspectos de sua personalidade aparecerão ainda mais distintamente neste livro.

De fato, as *Memórias* de Jung estão estreitamente ligadas a suas ideias científicas. E não há, sem dúvida, introdução mais apropriada ao universo espiritual de um pesquisador do que o relato do itinerário que o conduziu às suas ideias, e a narração dos fatos subjetivos que o levaram a suas descobertas. Assim, pois, a "autobiografia" constitui em sentido lato uma introdução à obra de Jung pelo prisma de sentimento.

O capítulo "Gênese da obra" é apenas um fragmento. Como poderia deixar de sê-lo, tratando-se de uma obra que compreende mais de vinte volumes? Jung jamais teria consentido em dar uma visão completa do mundo de suas ideias no curso de nossas palestras ou mesmo num ensaio. Quando solicitado para isso, respondeu à sua maneira, um pouco drástica: "Confesso que tal coisa está além do meu alcance. Seria impossível transpor numa forma abreviada o que tanto me custou expor em detalhe. Seria necessário suprimir todo o material de provas, exprimir-me num estilo apocalíptico, o que não facilitaria de forma alguma a compreensão dos resultados a que cheguei. A atividade ruminante que caracteriza a família dos dromedários e que consiste na regurgitação do que já foi devorado é para mim o contrário daquilo que excita o apetite."

Que o leitor considere, pois, o capítulo "Gênese da obra" exclusivamente com um olhar retrospectivo do velho mestre.

O curto glossário, aposto ao livro a pedido do editor, proporcionará alguns esclarecimentos preliminares àqueles que não estiverem familiarizados com a obra e a terminologia de Jung. Sempre que possível esclareci as noções da psicologia junguiana mediante citações tiradas de suas próprias obras. Essas citações devem, entretanto, ser consideradas apenas como esboços indicativos. Jung modificou e transformou continuamente os conceitos que utilizara, sem pretender eliminar o aspecto enigmático e misterioso da realidade psíquica.

Muitos são aqueles que me ajudaram nesta tarefa tão bela quanto difícil, quer pelo interesse que demonstraram no curso de sua lenta evolução, quer por seus estímulos e críticas. A todos eles, meus agradecimentos. Citemos aqui Helene e Kurt Wolff (Locarno), que ajudaram a efetivar a ideia do livro; Marianne e Walther Niehus-Jung (Küsnacht — Zurique), que sempre estiveram a meu lado com sua ajuda e com seus conselhos; e também Richard F.C. Hull (Palma de Mallorca), que me apoiou com tanta solicitude e inesgotável paciência.

Dezembro de 1961.
Aniela Jaffé[*]

---

[*] Psicanalista alemã (1903-1991), trabalhou no Instituto C.G. Jung e foi secretária particular de Jung.

Prólogo

Minha vida é a história de um inconsciente que se realizou. Tudo o que nele repousa aspira a tornar-se acontecimento, e a personalidade, por seu lado, quer evoluir a partir de suas condições inconscientes e experimentar-se como totalidade. A fim de descrever esse desenvolvimento, tal como se processou em mim, não posso servir-me da linguagem científica; não posso me experimentar como um problema científico.

O que se é, mediante uma intuição interior, e o que o homem parece ser *sub specie aeternitatis* só pode ser expresso através de um mito. Este último é mais individual e exprime a vida mais exatamente do que o faz a ciência, que trabalha com noções médias, genéricas demais para poder dar uma ideia justa da riqueza múltipla e subjetiva de uma vida individual.

Assim, pois, comecei agora, aos 83 anos, a contar o mito da minha vida. No entanto, posso fazer apenas constatações imediatas, *contar histórias*. Mas o problema não é saber se são verdadeiras ou não. O problema é somente este: é a *minha* aventura a *minha* verdade?

Quando se escreve uma autobiografia, não se dispõe de qualquer medida, de qualquer base objetiva a partir da qual se possa chegar a um julgamento. Não há possibilidade de uma comparação exata. Sei que em muitos pontos não sou semelhante aos outros homens e no entanto ignoro o que realmente sou. Impossível comparar o homem a qualquer outra coisa: ele não é macaco, nem boi, nem árvore! Sou um homem. Mas o que isso significa? Como todos os outros entes, também fui separado da divindade infinita, mas não posso confrontar-me com nenhum animal, com nenhuma planta ou pedra. Só uma entidade mítica pode ultrapassar o homem. Como formar então sobre si mesmo uma opinião definitiva?

Cada vida é um desencadeamento psíquico que não se pode dominar a não ser parcialmente. Por conseguinte, é muito difícil estabelecer um julgamento definitivo sobre si mesmo ou sobre a própria vida. Caso contrário, conheceríamos tudo sobre o assunto, o que é totalmente impossível. Em última análise: nunca se sabe como as coisas acontecem. A história de uma vida começa num dado lugar, num ponto qualquer de que se guardou a lembrança e já, então, tudo era extremamente complicado. O que se tornará essa vida ninguém sabe. Por isso a história é sem começo e o fim é apenas aproximadamente indicado.

A vida do homem é uma tentativa aleatória. Ela só é um fenômeno monstruoso. Por causa de seus números e de sua exuberância. É tão fugitiva, tão imperfeita, que a existência de seres e seu desenvolvimento parece um prodígio. Isto já me impressionava quando era ainda um jovem estudante de medicina e julgava um milagre o fato de não ser destruído antes da minha hora.

A vida sempre se me afigurou uma planta que extrai sua vitalidade do rizoma; a vida propriamente dita não é visível, pois jaz no rizoma. O que se torna visível sobre a terra dura um só verão, depois fenece... Aparição efêmera. Quando se pensa no futuro e no desaparecimento infinito da vida e das culturas, não podemos nos furtar a uma impressão de total futilidade; mas nunca perdi o sentimento da perenidade da vida sob a eterna mudança. O que vemos é a floração — e ela desaparece. Mas o rizoma persiste.

Em última análise, só me parecem dignos de ser narrados os acontecimentos da minha vida através dos quais o mundo eterno irrompeu no mundo efêmero. Por isso falo principalmente das experiências interiores. Entre eles figuram meus sonhos e fantasias, que constituíram a matéria original de meu trabalho científico. Foram como que uma lava ardente e líquida a partir da qual se cristalizou a rocha que eu devia talhar.

Diante dos acontecimentos interiores, as outras lembranças empalidecem: viagens, relações humanas, ambiente. Muitos conheceram a história do nosso tempo e sobre ela escreveram: será melhor buscá-la em seus escritos, ou então ouvir o seu relato. A lembrança dos fatos exteriores de minha vida, em sua maior parte, esfumou-se em meu espírito ou então desapareceu. Mas os encontros com a outra realidade, o embate com o inconsciente, se impregnaram de maneira indelével em minha memória. Nessa região sempre houve abundância e riqueza; o restante ocupava o segundo plano.

Assim também os seres tornaram-se para mim lembranças imperecíveis na medida em que seus nomes sempre estiveram inscritos no livro do meu destino: conhecê-los equivalia a um relembrar-me.

Mesmo aquilo que em minha juventude, ou mais tarde, veio do exterior, ganhou importância, estava colocado sob o signo da vivência interior. Muito cedo cheguei à convicção de que as respostas e as soluções das complicações da vida não vêm do íntimo, isso quer dizer que pouco significam. As circunstâncias exteriores não podem substituir as de ordem interior. Eis por que minha vida foi pobre em acontecimentos exteriores. Não me estenderei sobre eles, pois isso me pareceria vazio e imponderável. Só posso compreender-me através das ocorrências interiores. São aquelas que constituem a particularidade da minha vida e é delas que trata minha "autobiografia".

Infância

Seis meses após meu nascimento (1875) meus pais mudaram-se de Kesswil (cantão da Turgóvia), à beira do lago de Constança, e foram morar no presbitério do castelo de Laufen, que domina as quedas do Reno.

Minhas primeiras lembranças começam mais ou menos a partir dos dois ou três anos de idade. Lembro-me do presbitério, do jardim, da casa da barrela, da igreja, do castelo, das quedas do Reno, do solar de Worth e da quinta do sacristão. São ilhas incisivas de lembranças, aparentemente sem nenhum liame entre si, e que flutuam num mar impreciso.

Surge aqui uma lembrança, talvez a mais remota da minha vida e que, por isso mesmo, não é senão uma vaga impressão: estou deitado num carrinho de criança à sombra de uma árvore. É um belo dia de verão, quente, céu azul. A luz dourada do sol brinca através da folhagem verde. A capota do carrinho está erguida. Acabo de acordar nessa radiante beleza e sinto um bem-estar indescritível. Vejo o sol cintilante através das folhas e flores das árvores. Tudo é colorido, esplêndido, magnífico.

Outra lembrança: estou sentado em nossa sala de jantar, do lado oeste da casa, numa cadeira alta de criança, e bebo a colheradas leite quente onde estão mergulhados pedacinhos de pão. O leite tem um gosto bom e seu cheiro é característico. Pela primeira vez tive a consciência de perceber um odor. Foi o instante em que, desse modo, me tornei consciente do olfato. Essa lembrança remonta também a um passado muito distante.

Ou ainda: é uma linda tarde de verão. Minha tia diz: "Vou mostrar-lhe uma coisa." E me leva à frente da casa, à rua que conduz a Dachsen. Longe no horizonte, estendia-se a cadeia dos Alpes perfeitamente visível no vermelho flamejante da tarde. "Olhe lá longe, as montanhas vermelhas." Vi os Alpes pela primeira vez! Disseram-me então que no dia seguinte as crianças de Dachsen fariam uma excursão escolar a Zurique sobre o Uetliberg. Eu queria a todo custo ir com elas. Mas, para minha tristeza, disseram-me que crianças tão pequenas não poderiam participar. Não havia nada a fazer. A partir desse momento, Zurique e o Uetliberg foram para mim a inacessível terra prometida, perto das flamejantes montanhas cobertas de neve.

Posteriormente, minha mãe viajou comigo para a Turgóvia, em visita a amigos que habitavam num castelo à beira do lago de Constança. Ninguém conseguia afastar-me da margem. O sol cintilava sobre as águas. As vagas produzidas pelos barcos a vapor chegavam até a margem, desenhando nervuras delicadas na areia do fundo. O lago se estendia por uma distância incalculável e esta amplidão era uma delícia inconcebível, um esplendor sem igual. Foi então que se fixou fortemente em mim a ideia de que eu deveria viver à beira de um lago. Parecia-me impossível viver sem a proximidade da água.

Outra lembrança: gente desconhecida, afobação, alvoroço. A empregada veio correndo: "Os pescadores encontraram um cadáver logo abaixo das quedas do Reno. Querem levá-lo para a lavanderia!" Meu pai disse: "Sim... sim!" Eu logo quis ver o cadáver. Minha mãe me deteve e proibiu-me terminantemente de ir ao jardim. Quando os homens foram embora, atravessei depressa o jardim, às escondidas, para ir à lavanderia. A porta estava fechada. Fiz então a volta da casa. Atrás dela, no alto, havia uma vala em declive através da qual escorria uma água sanguinolenta. Este fato interessou-me extraordinariamente. Nessa época eu ainda não tinha completado quatro anos.

Outra imagem emerge: estou inquieto, febril, sem sono. Meu pai me carrega nos braços, vai e vem no quarto, cantarolando velhas melodias de estudante. Lembro-me que uma delas me agradava particularmente e sempre me acalmava. Era a canção do *Soberano*: "Que tudo se cale, e cada qual se incline..." O começo era mais ou menos esse. Lembro-me até hoje da voz de meu pai, cantando para mim no silêncio da noite.

Eu sofria, segundo minha mãe me contou mais tarde, de um eczema generalizado. Obscuras alusões a dificuldades da vida conjugal de meus pais pairavam em torno de mim. Pode ser que minha doença se relacionasse com uma separação momentânea de meus pais (1878). Minha mãe permanecera então, durante vários meses, no hospital de Basileia e é presumível que tivesse adoecido em consequência de sua decepção matrimonial. Nessa época, uma tia, aproximadamente vinte anos mais velha do que minha mãe, cuidava de mim. A longa ausência de minha mãe me preocupava intensamente. A partir desse momento a palavra *amor* sempre me suscitava a desconfiança. O sentimento que associei com a palavra *feminino* foi durante muito tempo a desconfiança. *Pai* significava para mim integridade de caráter e... fraqueza. Tal é a *handicap* com que comecei. Mais tarde esta impressão inicial foi reconsiderada.

Acreditei ter amigos e fui decepcionado por eles: quanto às mulheres, embora desconfiasse delas, nunca fui por elas decepcionado.

Durante a ausência de minha mãe, nossa empregada também se ocupava de mim. Sei ainda como me erguia nos braços e o modo pelo qual eu apoiava a cabeça em seu ombro. Tinha cabelos negros e pele azeitonada, era muito diferente de minha mãe. Lembro-me da raiz de seus cabelos, de seu pescoço cuja pele era fortemente pigmentada, de sua orelha. Tudo isso parecia estranho e ao mesmo tempo singularmente familiar. Era como se ela não pertencesse a minha família, mas unicamente a mim. Mas de um modo incompreensível estava como que ligada a coisas misteriosas que eu não podia compreender. O tipo dessa moça tornou-se mais tarde um dos aspectos da minha *anima*. Ao seu contato eu experimentava o sentimento de alguma coisa insólita e ao mesmo tempo desde há muito conhecida: tal era a característica dessa figura que foi mais tarde para mim a quintessência do feminino.

Na época da separação de meus pais emerge ainda outra imagem-lembrança: uma jovem muito bonita, amável, de olhos azuis e cabelo louro me conduz num dia azul de outono, levando-me sobre áceres e castanheiros dourados. Caminhávamos ao longo do Reno, abaixo da queda, perto do solar de Worth. O sol brilhava através da ramagem, o chão estava juncado de folhas de ouro. Esta jovem, que admirava meu pai, seria mais tarde minha sogra. Só a revi quando eu tinha 21 anos.

São estas as minhas lembranças *exteriores*. Seguem-se agora acontecimentos incisivos, perturbadores, dos quais guardo apenas uma recordação obscura e fragmentária: uma queda do alto da escada; uma cabeçada violenta na quina de um aquecedor. Lembro-me ainda da dor e do sangue; um médico veio dar os pontos no ferimento da cabeça cuja cicatriz era visível até meus últimos anos de ginásio. Minha mãe contou-me que certa vez, tendo ido com a empregada até a ponte das quedas do Reno, na direção de Neuhausen, caíra de repente e uma das minhas pernas escorregou sob o gradil. A empregada só teve tempo de me agarrar e puxar para trás. Esses fatos parecem indicar uma tendência inconsciente para o suicídio ou uma forma de resistência funesta à vida no mundo. Nessa época eu sentia angústias vagas durante a noite. Aconteciam coisas estranhas. Ouvia-se incessantemente o estrondo abafado das quedas do Reno, toda a região em torno era perigosa. Homens se afogavam, um cadáver despencara do alto, sobre as rochas. No cemitério vizinho o sacristão cava um buraco revolvendo uma terra parda. Homens negros e solenes, de fraque, chapéus de uma altura incomum e sapatos pretos e lustrosos carregavam um caixão negro. Meu pai está presente, em seu traje de pastor luterano, e fala com voz ressoante. Mulheres choram. Parece que enterram alguém no fundo da cova. Depois certas pessoas que antes estavam entre nós subitamente desaparecem. Ouço dizer que foram enterradas, ou que o *Senhor Jesus* as chamou para junto de si.

Minha mãe me ensinara uma oração que eu repetia todas as noites, de bom grado, pois isso me dava um certo sentimento de conforto diante das inseguranças e ambiguidades da noite:

Estende tuas duas asas,
Ó Jesus, minha alegria,
E protege teu pintinho.
Se Satã quiser devorá-lo
Faz cantar os teus anjinhos:
Que esta criança fique ilesa.

O *Senhor Jesus* era confortante, um senhor afável e benevolente como o *senhor* Wegenstein do castelo: rico, poderoso, estimado, cheio de solicitudes para com as crianças durante a noite. O fato de ser alado como um pássaro era um pequeno milagre que não me perturbava. Muito mais digno de nota e motivo de numerosas reflexões era a circunstância de que as crianças fossem comparadas a *Küechli*,[1] que evidentemente o *Senhor Jesus* devia *tomar* como um remédio amargo, a contragosto. Era penoso para mim compreender isso, embora entendesse facilmente que Satã gostava dos Küechli, sendo necessário evitar que os devorasse. Quanto ao *Senhor Jesus*, se bem que não os apreciasse, devia comê-los para os livrar de Satã. Tal era o meu argumento *confortante*. Mas diziam também que *Senhor Jesus levava consigo* outras pessoas e isso equivalia para mim pô-las num buraco cavado na terra.

Essa conclusão sinistra, por analogia, teve consequências fatais: comecei a desconfiar do *Senhor Jesus*. Ele perdeu seu aspecto de grande pássaro benevolente e confortante e foi associado aos homens soturnos e negros, de fraque e cartola, cujos sapatos eram pretos e lustrosos e que se ocupavam com caixões negros.

Essas ruminações me levaram ao primeiro trauma consciente. Num dia de verão muito quente eu estava sentado sozinho, como de costume, na rua em frente de casa, brincando na areia. A rua que passava diante de nossa casa subia em direção a uma colina, até perder-se na floresta. Podia-se ver uma grande extensão desse caminho. Nesse trajeto percebi, descendo da floresta, uma estranha figura com um chapéu de abas largas e uma longa veste negra. Parecia um homem usando roupa feminina. Aproximava-se lentamente e assim pude constatar que na realidade era um homem usando uma espécie de sotaina negra que lhe chegava aos pés. Vendo-o, senti um medo que aumentou rapidamente até tornar-se pavor mortal. Configurara-se em minha mente a ideia apavorante: *É um jesuíta!* Pouco tempo antes, com efeito, eu ouvira uma conversa de meu pai com um de seus colegas sobre as maquinações dos *jesuítas*. A tonalidade emocional, meio irritada e meio angustiada dessas observações, deu-me a impressão de que os *jesuítas* representavam algo de particularmente perigoso, mesmo para meu pai. No fundo, eu não sabia o que significava *jesuíta*, embora conhecesse a palavra *Jesus*, aprendida na curta oração.

O homem que descia a rua estava evidentemente disfarçado, pensei. Por isso usava roupas de mulher. Provavelmente tinha más intenções. Com um medo mortal corri a toda pressa para casa, subi a escada que levava ao sótão e me escondi sob uma viga, num canto escuro. Não sei quanto tempo fiquei lá. Não deve ter sido pouco, pois quando desci de novo, prudentemente, ao primeiro andar, e com um cuidado extremo pus a cabeça à janela, não havia nem de perto nem de longe o menor vestígio da figura negra. Entretanto, continuei durante vários dias dominado por um medo infernal e isto me retinha em casa. A partir de então, sempre que brincava na rua, a orla da floresta constituía para mim o objeto de uma atenção intranquila. Mais tarde, enfim, compreendi naturalmente que essa figura negra nada mais era do que um inofensivo padre católico.

Mais ou menos na mesma época — eu não poderia dizer com absoluta certeza se foi antes do acontecimento relatado — tive o primeiro sonho de que me lembro e que, por assim dizer, me ocupou durante toda a vida. Eu tinha então três ou quatro anos.

O presbitério fica isolado, perto do castelo de Laufen, e atrás da quinta do sacristão estende-se uma ampla campina. No sonho, eu estava nessa campina. Subitamente descobri uma cova sombria, retangular, revestida de alvenaria. Nunca a vira antes. Curioso, me aproximei e olhei seu interior. Vi uma escada que conduzia ao fundo.

Hesitante e amedrontado, desci. Embaixo deparei com uma porta em arco, fechada por uma cortina verde. Esta era grande e pesada, de um tecido adamascado ou de brocado, cuja riqueza me impressionou. Curioso de saber o que se escondia atrás, afastei-a e deparei com um espaço retangular de cerca de dez metros de comprimento, sob uma tênue luz crepuscular. A abóbada do teto era de pedra e o chão de azulejos. No meio, da entrada até um estrado baixo, estendia-se um tapete vermelho. A poltrona era esplêndida, um verdadeiro trono real, como nos contos de fada. Sobre ele uma forma gigantesca quase alcançava o teto. Pareceu-me primeiro um grande tronco de árvore: seu diâmetro era mais ou menos de cinquenta ou sessenta centímetros e sua altura aproximadamente de uns quatro ou cinco metros. O objeto era estranhamente construído: feito de pele e carne viva, sua parte superior terminava numa espécie de cabeça cônica e arredondada, sem rosto nem cabelos. No topo, um olho único, imóvel, fitava o alto.

O aposento era relativamente claro, se bem que não houvesse qualquer janela ou luz. Mas sobre a cabeça brilhava uma certa claridade. O objeto não se movia, mas eu tinha a impressão de que a qualquer momento poderia descer do seu trono e rastejar em minha direção, qual um verme. Fiquei paralisado de angústia. Nesse momento insuportável ouvi repentinamente a voz de minha mãe, como que vinda do interior e do alto, gritando: — "Sim, olhe-o bem, isto é o devorador de homens!" Senti um medo infernal e despertei, transpirando de angústia. Durante noites seguidas não queria dormir, pois receava a repetição de um sonho semelhante.

Este sonho preocupou-me através dos anos. Só muito mais tarde descobri que a forma estranha era um falo e, dezenas de anos depois, compreendi que se tratava de um falo ritual. Nunca cheguei a saber se minha mãe, no sonho, pretendera dizer: "*Isto* é o devorador de homens", ou "Isto é o *devorador de homens*". No primeiro caso, teria querido significar que não era "Jesus" ou o "Jesuíta" o devorador de crianças, mas o falo; no segundo, que o devorador de homens é representado de um modo geral pelo falo; portanto, o sombrio "Senhor Jesus", o jesuíta e o falo seriam idênticos.

A significação abstrata do falo é assinalada pelo fato de que o membro em si mesmo é entronizado da maneira ictifálica (tJuV = ereto). A cova na campina representava sem dúvida um túmulo.

O próprio túmulo é um templo subterrâneo, cuja cortina verde lembra a campina e representa aqui o mistério da terra coberta de vegetação verdejante. O tapete era vermelho-sangue. De onde provinha a abóbada? Ter-me-iam levado a Munot, o torreão de Schaffhouse? É pouco provável, pois eu tinha apenas três anos. Assim, pois, ao que parece, não se tratava de um resíduo de lembranças. A origem da representação do ictifalo, anatomicamente exata, também é problemática. A interpretação do *orificium urethrae* (orifício uretral) como o olho, com uma aparente fonte de luz sobre ele, indica a etimologia de falo (jaloV = luminoso, brilhante).[2]

O falo desse sonho parece, em todo o caso, um deus subterrâneo que é melhor não mencionar. Como tal, morou em mim através de toda a minha juventude e reaparecendo cada vez que se falava com demasiada ênfase no Senhor Jesus Cristo. O "Senhor Jesus" nunca foi para mim completamente real, aceitável e digno de amor, pois eu sempre pensava em sua equivalência subterrânea como numa revelação que eu não buscara e que era pavorosa.

O *disfarce* do jesuíta lançou uma sombra sobre a doutrina cristã que me ensinaram, e que me pareceu às vezes uma solene mascarada, uma espécie de cortejo fúnebre. Embora as pessoas tomassem uma expressão séria ou triste, num abrir e fechar de olhos pareciam rir secretamente, sem o menor sinal de aflição. O "Senhor Jesus" se me afigurava, não sei por quê, uma espécie de deus dos mortos-protetor, uma vez que expulsava os demônios da noite, mas em si mesmo temível, pois era um cadáver sangrento e sacrificado. Seu amor e sua bondade, incessantemente louvados diante de mim, pareciam-me suspeitos, pois aqueles que me falavam do "Bom Senhor Jesus" eram principalmente pessoas de fraque negro, sapatos reluzentes e que sempre me lembravam os enterros — os colegas de meu pai e oito tios, todos pastores. Eles me infundiram angústia durante muitos anos, sem falar nos padres católicos que apareciam eventualmente e que me lembravam o *jesuíta* que me apavorara. Esses mesmos jesuítas tinham causado a meu pai temor e irritação. Nos anos que se seguiram, até a minha crisma, esforcei-me penosamente por estabelecer apesar de tudo uma relação positiva com Cristo, tal como esperavam de mim. Mas não conseguia superar a minha desconfiança secreta.

Efetivamente, toda criança tem medo do *homem de negro*, mas não era esse o ponto essencial da minha experiência; o essencial era a formulação terrível de um conhecimento que se impunha a meu cérebro de criança: "É um jesuíta." Assim também, no meu sonho, o essencial é a singular manifestação simbólica e a surpreendente interpretação do "devorador de homens". Não é o fantasma infantil do "bicho-papão" o essencial, mas o fato de que esteja sentado num trono subterrâneo feito de ouro. Para minha consciência de criança era o rei que devia sentar-se num trono de ouro; depois, num trono mais belo, mais alto e mais dourado, no céu azul longínquo, sentar-se-iam o Bom Deus e o Senhor Jesus, coroados de ouro e vestidos de branco. Mas era do Senhor Jesus que vinha descendo a montanha arborizada, o "jesuíta" com seu traje preto de mulher e um grande chapéu negro. Às vezes eu me sentia compelido a olhar para aquele lado para saber se o perigo não me ameaçava de novo.

No sonho, eu descera ao fundo da gruta e lá encontrara um outro ser no trono dourado, um ser inumano saído do mundo subterrâneo; imóvel, ele olhava para o alto e se nutria de carne humana. Somente cinquenta anos mais tarde deparei, surpreendido, com a passagem de um comentário acerca dos ritos religiosos, cujo tema fundamental era o da antropofagia no simbolismo da comunhão. Nesse momento compreendi como era pouco infantil, como era madura e mesmo excessivamente precoce a ideia que começava a insinuar-se em minha consciência por ocasião daqueles dois acontecimentos. Quem falava em mim? Que mente ideara esses acontecimentos? Que inteligência superior estava em ação? Sei que qualquer ignorante será tentado a dizer disparates acerca do *homem de negro*, do *devorador de homens*, do *acaso*, das *interpretações imediatas*, para apagar rapidamente algo que é terrivelmente incômodo, a fim de que a inocência familiar não seja perturbada. Ah, essa boa gente tão zelosa e saudável sempre me dá a impressão daqueles girinos otimistas que, confinados numa poça de água de chuva, agitam alegremente a cauda ao sol, sem pensar que no dia seguinte a água rasa secará.

O que falava em mim nesse tempo? Quem propunha as questões supremas? Quem reunia o alto e o baixo, estabelecendo a base de tudo o que preencheria a segunda metade da minha vida de tempestades apaixonadas? Quem perturbava a tranquilidade e a inocência com esse pesado pressentimento da vida humana, a mais madura? Quem, senão o hóspede estrangeiro, vindo do alto e do baixo?

Esse sonho de criança iniciou-me nos mistérios da Terra. Houve nessa época, de certa forma, uma espécie de catacumba onde os anos se escoaram até que eu pudesse sair de novo. Hoje, sei que isso aconteceu para que a mais intensa luz possível se produzisse na obscuridade. Foi como que uma iniciação no reino das trevas. Nessa época principiou inconscientemente minha vida espiritual.

Não me lembro mais de nossa mudança para Klein-Hüningen, perto de Basileia, em 1879; mas guardo a clara recordação de um acontecimento que ocorreu alguns anos depois. Uma tarde, meu pai tirou-me da cama, levando-me em seus braços até um caramanchão, a fim de mostrar-me o céu de um esplendoroso verde que cintilava ao crepúsculo. Isso foi depois da erupção do Cracatoa, em 1883.
Em outra ocasião meu pai mostrou-me um grande cometa sobre o horizonte, a leste.
Certa vez houve uma grande inundação: o Wiese, rio que atravessa a cidade, rompera seus diques. Uma ponte desabara, rio acima. Catorze pessoas tinham-se afogado e as águas amarelas de lodo haviam-nas arrastado para o Reno. Quando as águas recuaram, alguém disse que havia cadáveres na areia. Então não tive mais sossego! Encontrei o cadáver de um homem de meia-idade, vestido de fraque negro — provavelmente voltava da igreja! Jazia, meio encoberto pela areia, o braço sobre os olhos. Com grande espanto de minha mãe, fiquei igualmente fascinado ao ver matar um porco. Tudo isso era para mim do maior interesse.

Minhas primeiras lembranças concernentes às artes plásticas datam também do período transcorrido em Klein-Hüningen. Na casa de meus pais, um presbitério do século XVIII, havia um quarto sombrio e solene. Lá se encontravam os móveis mais finos e quadros antigos suspensos nas paredes. Lembro-me particularmente de uma pintura italiana que representava Davi e Golias. Era uma cópia ao espelho, do *atelier* de Guido Reni, cujo original se acha no Louvre. Não sei como esse quadro chegou às mãos da nossa família. Havia também outro quadro antigo, atualmente na casa de meu filho; representa uma paisagem de Basileia do começo do século XIX. Muitas vezes eu me esgueirava secretamente até esse aposento sombrio e isolado, e ficava horas inteiras sentado diante dos quadros, admirando sua beleza, a única que conhecia.
Certa ocasião — eu era ainda muito criança, tinha apenas seis anos — uma tia levou-me a Basileia e mostrou-me os animais empalhados

do museu. Lá permanecemos muito tempo, pois eu queria ver tudo, minuciosamente. Às quatro horas soou o sino, indicando que era a hora de fechar. Minha tia apressou-me, mas eu não podia me afastar das vitrinas. Nesse ínterim a sala fora fechada e tivemos que alcançar a escada por outro caminho, através da galeria de arte antiga. De repente defrontei-me com aquelas magníficas formas! Completamente subjugado arregalei os olhos, pois nunca vira nada tão belo. Não me cansava de olhar. Minha tia puxava-me pela mão, impelindo-me em direção à saída. Eu ficava sempre um pouco para trás, enquanto ela gritava repetidamente: "Menino insuportável, feche os olhos!" Só nesse momento observei que os corpos estavam nus, o sexo oculto sob folhas de parreira! Antes não havia notado esse detalhe. Foi assim que se deu meu primeiro confronto com as belas-artes. Minha tia protestava, indignada, como se tivesse sido obrigada a atravessar uma galeria pornográfica.

Quando eu tinha seis anos, meus pais fizeram comigo uma excursão a Arlesheim. Nessa ocasião minha mãe usava um vestido que nunca esqueci e que é também o único de que me lembro. O tecido era preto, estampado de pequeninas meias-luas verdes. Nessa lembrança longínqua minha mãe aparece como uma mulher jovem e esbelta. Nas outras lembranças é sempre mais idosa e corpulenta.

Ao chegarmos perto de uma igreja, minha mãe disse: "Esta é uma igreja católica." Minha curiosidade mesclada de angústia impeliu-me a fugir para espiar de perto seu interior, através da porta aberta. Eu mal percebera os grandes círios sobre o altar ricamente adornado (a Páscoa estava próxima), quando, repentinamente, tropecei num degrau e bati o queixo num pequeno estrado de ferro que servia para limpar a sola dos sapatos. Sei apenas que meu ferimento sangrava muito quando meus pais me ergueram. Eu estava num estado de espírito singular. Por um lado, envergonhava-me de ter atraído sobre mim a atenção dos fiéis por causa dos meus gritos e, por outro, tinha a sensação de haver cometido algo de proibido: jesuítas — cortina verde — mistério do devorador de homens... Então é isso a igreja católica, que diz respeito aos jesuítas! Por culpa deles eu tinha tropeçado e gritado!

Durante anos nunca pude entrar numa igreja católica sem sentir um medo secreto de sangue, de tombos e de jesuítas. Tal era o ambiente e a atmosfera que cercavam essas igrejas. Entretanto, elas sempre me fascinaram. A proximidade de um padre católico era, se possível, ainda mais desagradável... Só aos trinta anos, quando entrei na catedral Santo

Estevão, em Viena, pude sentir, sem experimentar qualquer desconforto, o que era a *Mater Ecclesia*.

Aos seis anos comecei a estudar latim com meu pai. Não me desagradava ir à escola. O estudo era fácil para mim, eu estava sempre adiantado em relação aos outros. Antes de frequentá-la, já sabia ler. Mas ainda me lembro do tempo em que, não o sabendo, atormentava minha mãe para que me lesse o *Orbis pictus* (Imagens do universo),[3] antigo livro para crianças no qual havia a descrição de religiões exóticas, particularmente as da Índia. As imagens de Brama, de Vixnu, de Siva me inspiravam um interesse inesgotável. Minha mãe contou-me mais tarde que eu sempre voltava a elas. Olhando-as, eu experimentava o sentimento obscuro de um parentesco com a minha "revelação originária", sobre a qual nada dissera a ninguém. Tratava-se de um segredo que eu não devia trair. Indiretamente minha mãe confirmava esta ideia, pois o tom de leve desprezo com que se referia aos "pagãos" não me escapava. Eu sabia que ela reprovaria com horror minha "revelação" e não queria expor-me a uma tal injúria.

Este comportamento nada infantil prendia-se, por um lado, a uma grande sensibilidade e vulnerabilidade e, por outro, de um modo todo particular, à grande solidão da minha primeira juventude. (Minha irmã era nove anos mais nova do que eu.) Eu brincava só e a meu modo. Infelizmente não consigo lembrar-me de que brincava. Só sei que não queria ser perturbado. Mergulhava com fervor no brinquedo e não podia suportar que me observassem ou julgassem. Sei porém que dos sete aos oito anos brincava apaixonadamente com cubos de madeira, construindo torres que depois demolia, com volúpia, provocando "tremores de terra". Dos oito aos 11 anos, desenhava uma infinidade de quadros de batalhas, cercos, bombardeios, combates navais. Depois enchia um caderno inteiro de borrões de tintas cujas interpretações fantásticas me divertiam. Gostava muito da escola, pois nela encontrara os companheiros que durante tanto tempo me haviam faltado.

Descobri também outra coisa que provocou em mim uma estranha reação. Antes de contá-la, queria mencionar o fato de que a atmosfera noturna começara a adensar-se; toda a espécie de mistérios angustiosos e indecifráveis pairava no ar. Meus pais dormiam separados. Eu dormia no quarto de meu pai. Da porta que conduzia ao quarto de minha mãe vinham influências inquietantes. De noite, minha mãe tornava-se temível e misteriosa. Uma noite vi sair de sua porta uma figura algo luminosa, vaga, cuja cabeça se separou do pescoço e planou no ar, como uma pequena lua. Logo apareceu outra cabeça que também se elevou. Esse fenômeno repetiu-se umas seis ou sete vezes. Eu tinha sonhos de angústia com objetos ora grandes, ora pequenos. Assim, por exemplo, uma bolinha distante aproximava-se pouco a pouco, tornando-se enorme, esmagadora; ou então fios telegráficos, onde havia pássaros pousados, tornavam-se incrivelmente espessos. Minha angústia ia aumentando, até que eu despertava.

Se bem que esses sonhos se relacionassem com a preparação fisiológica da adolescência, haviam tido um prelúdio em torno dos meus sete anos, época em que sofri de pseudocrupe, com acesso de sufocação. Durante essas crises ficava de costas na cama, inclinado para trás, e meu pai me sustinha. Um círculo azul-brilhante, do tamanho da lua cheia e onde se moviam formas douradas que eu tomava por anjos, pairava sobre mim. Essa visão aliviava a angústia da sufocação cada vez que esta ocorria. Mas a angústia reaparecia nos sonhos. Creio que um fator psicogênico desempenhou em tudo isso um papel decisivo: a atmosfera começava a tornar-se irrespirável.

Eu não gostava absolutamente de ir à igreja. A única exceção era o dia de Natal. O cântico de Natal: "É este o dia que Deus criou..." agradava-me imensamente. À noite, acendia-se a árvore de Natal. Era a única festa cristã que despertava meu fervor. As outras não me interessavam. A noite de São Silvestre vinha em segundo lugar. A época do Advento tinha algo que parecia não se harmonizar com a vinda do Natal, alguma coisa que se ligava à noite, à tempestade, ao vento, à obscuridade da casa. Eu ouvia murmúrios... algo começava.

Nessa época da minha primeira infância fiz uma descoberta, convivendo com meus colegas da escola rural: eles me alienavam de mim mesmo. Na companhia deles eu me tornava diferente do que era em casa, quando só. Participava de travessuras e chegava a inventar algumas que jamais me teriam ocorrido. Sabia perfeitamente que poderia só, em casa, tramar uma variedade de coisas. Parecia-me, porém, que essa mudança era devida à influência de meus companheiros, os quais de certa forma me arrastavam e constrangiam a ser diferente do que eu pensava ser. A influência do mundo mais vasto em que eu conhecia outras pessoas além de meus pais parecia-me dúbia, suspeita e veladamente hostil. Fui percebendo cada vez mais a beleza do claro mundo diurno em que "a luz dourada do sol brinca através da folhagem verde". Mas eu me sentia à mercê de um inelutável mundo de sombras cheio de perguntas angustiantes e irrespondíveis. É verdade que a oração noturna me assegurava uma proteção ritual, concluindo o dia e me introduzindo convenientemente na noite e no sono. Mas um novo perigo me espreitava durante o dia. Era como se eu sentisse e temesse um desdobramento de mim mesmo. Minha segurança interna estava ameaçada.

Lembro-me de que nessa época (de meus sete aos nove anos) gostava de brincar com fogo. Em nosso jardim havia uma velha parede construída com grandes blocos de pedra, cujos interstícios formavam vazios curiosos. Com a ajuda de outras crianças eu costumava manter uma pequena fogueira acesa dentro deles. O fogo devia arder "sempre", portanto era necessário alimentá-lo continuamente. Devíamos unir nossos esforços a fim de juntar a madeira necessária. Ninguém, senão eu, tinha licença para cuidar diretamente do fogo. Meus companheiros podiam acender outras fogueiras, em outros buracos, mas elas eram profanas e não me diziam respeito. Só meu fogo era vivo e tinha um evidente caráter sagrado. Durante muito tempo foi esse o meu brinquedo preferido.

Em frente dessa parede havia uma encosta na qual ficava encravada uma pedra um pouco saliente — minha pedra. Às vezes, quando estava só, sentava-me nela e então começava um jogo de pensamentos que seguia mais ou menos este curso: "Eu estou sentado nesta pedra. Eu, em cima, ela, embaixo." Mas a pedra também poderia dizer "eu" e pensar: "Eu estou aqui, neste declive, e ele está sentado em cima de mim." — Surgia então a pergunta: "Sou aquele que está sentado na pedra, ou sou a pedra na qual *ele* está sentado?" — Esta pergunta sempre me perturbava: eu me erguia, duvidava de mim mesmo, meditando acerca de "quem seria o quê?". Isto não se esclarecia e minha incerteza era acompanhada pelo sentimento de uma obscuridade estranha e fascinante. O fato indubitável era que essa pedra tinha uma singular relação comigo. Eu podia ficar sentado nela horas inteiras, enfeitiçado pelo enigma que ela me propunha.

Trinta anos mais tarde encontrei-me de novo no flanco dessa colina; já era casado, tinha filhos, uma casa, um lugar no mundo, a cabeça cheia de ideias e projetos e, repentinamente, redescobri em mim a criança que acende uma fogueira cheia de significações secretas, que se senta numa pedra sem saber se ela é a pedra ou se a pedra é ela. — Lembrei-me bruscamente de minha vida em Zurique e ela me pareceu estranha como uma mensagem vinda de outro mundo e de outro tempo.

Isto era simultaneamente terrível e cheio de sedução. O mundo da minha infância, no qual eu acabava de mergulhar, era eterno e dele eu fora arrancado, precipitado num tempo que ia rolando incessantemente e se afastando cada vez mais. Tive que me desviar à força desse lugar para não comprometer o meu futuro.

Esse momento é inesquecível, pois iluminou à maneira de um relâmpago o caráter de eternidade da minha infância. A significação dessa "eternidade" manifestou-se muito cedo, por volta de meus dez anos. Minha divisão interior, minha insegurança no vasto mundo levaram-me a um empreendimento incompreensível naquela época: utilizei um estojo amarelo laqueado de guardar canetas, que tinha uma pequena fechadura, desses comumente usados pelos alunos da escola primária. Dentro dele havia uma régua. Na extremidade dela esculpi um homenzinho de cerca de seis centímetros de comprimento, com "fraque, cartola e sapatos lustrosos". Tingi-o com tinta preta, destaquei-o da régua e o pus no estojo, onde lhe preparara um pequeno leito. Fiz-lhe também um casaquinho com um retalho de lã. Coloquei perto dele um seixo do Reno, polido, alongado, escuro, que eu pintara de várias cores com aquarela, de maneira que a parte inferior e a parte superior ficassem separadas. Guardei o seixo muito tempo no bolso de minhas calças. Era a pedra dele. Tudo isso constituía um grande segredo que, no entanto, eu não compreendia. Levei às escondidas o estojo com o homenzinho ao sótão, lugar em que era proibido brincar, porque o assoalho carcomido e podre não oferecia segurança. Escondi-o numa viga de madeiramento e era uma grande satisfação para mim pensar que ninguém o veria. Sabia que ninguém poderia encontrá-lo lá, que ninguém poderia descobrir e destruir o meu segredo. Sentia-me seguro e a sensação penosa de divisão interna desapareceu.

Em todas as situações difíceis, quando fazia algo errado, quando minha sensibilidade era ferida, ou quando a irascibilidade de meu pai e a saúde precária de minha mãe me oprimiam, eu pensava no meu homenzinho cuidadosamente deitado, coberto, em sua pedra polida, caprichosamente pintada. De vez em quando, com intervalos de semanas e unicamente quando estava certo de que ninguém poderia me ver, subia às escondidas até o sótão. Lá, junto às vigas, abria o estojo e contemplava o homenzinho e sua pedra. Colocava então junto a ele um rolinho de papel no qual escrevera antes, durante as aulas, algumas palavras numa caligrafia secreta que inventara. Eram tiras de papel, cobertas de uma escrita compacta, que eu enrolava e entregava à guarda do homenzinho. Lembro-me de que o ato de incorporação de cada novo rolinho tinha sempre o caráter de um ato solene. Infelizmente não posso lembrar-me do que pretendia comunicar ao homenzinho. Sei apenas que as minhas "cartas" significavam uma espécie de biblioteca para ele. Tenho a vaga ideia de que talvez continuassem certas frases que me haviam agradado particularmente.

O sentido dessas ações ou sua explicação possível não me preocupavam. Eu me contentava com o sentido de uma nova e prazerosa segurança e experimentava a satisfação de possuir algo que ninguém poderia atingir ou conhecer. Para mim, tudo isto representava um segredo inviolável que jamais deveria ser traído, pois dele dependia a segurança da minha existência. Eu não sabia por quê, mas era assim.

Essa posse de um segredo marcou-me fortemente. É isto um traço essencial da minha primeira juventude, algo que foi para mim da mais alta importância. Jamais relatei a quem quer que fosse o sonho infantil do falo, e o próprio "jesuíta" pertenceu ao reino inquietante sobre o qual não se devia absolutamente falar. A figurinha de madeira e sua pedra foi a primeira tentativa, ainda inconsciente e infantil, de configurar o segredo. Este último me absorvia e tudo me incitava a aprofundá-lo, sem que eu soubesse, entretanto, a que desejava dar expressão. Esperava encontrar talvez na natureza uma explicação que indicasse onde estava esse segredo e em que consistia. Foi nessa época que aumentou meu interesse pelas plantas, pelos animais e pelas pedras. Buscava continuamente algo de misterioso. Na minha consciência eu era religioso, cristão, embora com uma restrição: "Mas não é exatamente assim!" Ou então perguntava a mim mesmo: "O que acontece com aquilo que se encontra sob a terra?" E quando me inculcavam doutrinas religiosas ou me diziam "Isso é bonito, isso é bom!", eu pensava no íntimo: "Sim, mas existem coisas diferentes e muito misteriosas, e isso as pessoas não sabem."

O episódio do homenzinho talhado na madeira que durou um ano foi o apogeu e fim da minha infância. Esqueci-me depois totalmente desse fato, até meus 35 anos. Foi então que, da névoa da infância, surgiu de novo com clareza imediata esse fragmento de lembrança: Quando ocupado na preparação do meu livro *Metamorfose e símbolos da libido*, li acerca dos *cache*[4] de pedras da alma, perto de Arlesheim e acerca das *churingas*[5] dos australianos. Descobri subitamente que eu fizera uma imagem muito precisa de tais pedras, se bem que nunca tivesse visto antes qualquer reprodução delas. Apresentou-se-me a imagem de uma pedra polida, pintada de tal maneira que a parte superior se distinguia da parte inferior. Mas ela não me parecia algo desconhecido e foi então que me voltou à lembrança um estojo amarelado de guardar canetas e um homenzinho. Este era um pequeno deus oculto dos antigos, um telésforo que em muitas representações antigas aparece perto de Esculápio, para o qual lê, num rolo que tem nas mãos.

Com retorno dessa lembrança fui, pela primeira vez, levado à ideia de que existem elementos arcaicos na alma, que não penetraram na alma individual a partir de uma tradição qualquer. Não havia, com efeito, na biblioteca de meu pai — que, *nota bene*, só explorei muito mais tarde — um só livro que contivesse tais informações. É fato comprovado que meu pai também ignorava tudo acerca dessas coisas.

Em 1920, na Inglaterra, talhei duas figuras semelhantes num ramo delgado, sem me lembrar de modo algum do acontecimento da minha infância. Mandei reproduzir uma delas em pedra, num tamanho maior. Essa figura encontra-se em meu jardim de *Küsnacht*. Somente então o inconsciente me sugeriu um nome para ela: *Atmavictu: breath of life* (sopro de vida). É um desenvolvimento mais amplo daquele objeto quase sexual da minha infância, sublinhado porém como *breath of life*, como impulso criador. No fundo, todo esse conjunto representa um cabiro[6] embrulhado num casaquinho, na *kista* (caixinha), e munido de uma provisão de força vital, a pedra alongada e enegrecida. Essas relações, entretanto, apenas se tornaram claras para mim muito mais tarde. Na minha infância as coisas acorreram tal como pude observar mais tarde entre os nativos da África: eles agem primeiro e não sabem absolutamente o que fazem. Somente muito mais tarde refletem sobre o assunto.

Anos de colégio

I

Meus 11 anos assinalaram um período muito importante da minha vida: entrei no ginásio de Basileia e fui então arrancado do convívio de meus companheiros camponeses de brinquedo. Ingressei no "grande mundo", naquele mundo de pessoas bem mais poderosas do que meu pai: moravam em casas amplas e imponentes, tinham caleches tiradas a cavalos magníficos e falavam alemão e francês com distinção. Seus filhos, bem-vestidos, refinados, traziam bastante dinheiro no bolso e eram meus colegas de classe. Cheio de admiração e com uma inveja secreta e terrível, fiquei sabendo que eles passavam as férias nos Alpes, nas montanhas nevadas e resplandecentes de Zurique e que já tinham até mesmo estado à beira-mar, o que era o máximo! Considerava-os seres de outro mundo, nascidos daquela maravilha inacessível que são as montanhas rutilantes de neve, daquelas distâncias infinitas do mar, e que a minha imaginação não podia abarcar. Só nessa época compreendi que éramos pobres; meu pai, nada mais do que um pobre pastor luterano de aldeia, e eu — assistindo com os sapatos furados e as meias molhadas seis horas de aula a fio —, o filho ainda mais pobre desse pastor! Comecei a olhar meus pais com olhos diferentes, compreendendo-lhes as preocupações e aflições. Tinha pena principalmente de meu pai e — fato singular — me condoía menos de minha mãe. Ela parecia a mais forte. Tomava entretanto o partido dela todas as vezes que meu pai não conseguia dominar sua irritação caprichosa. Tal situação não era propriamente favorável à formação do meu caráter. A fim de livrar-me desses conflitos, eu assumia o papel de árbitro superior, forçado — *nolens volens* — a julgar meus pais. Isso provocou em mim uma espécie de inflação que, simultaneamente, aumentava e diminuía a minha segurança, por si mesma bem vacilante.

Quando eu tinha nove anos, minha mãe deu à luz a uma menina. Agitado e contente, meu pai disse-me: "Esta noite você ganhou uma irmãzinha." Fiquei surpreso, pois nada notara antes. Embora tivesse percebido que minha mãe ficara de cama um pouco mais tempo do que era usual, não me admirara, tomando isso por uma indesculpável fraqueza. Meu pai levou-me à sua cabeceira: ela mantinha nos braços um pequeno ser, extremamente decepcionante: a face era vermelha e enrugada como a de um velho, os olhos fechados, provavelmente cegos, assemelhavam-se aos dos cachorrinhos recém-nascidos. A "coisa" tinha na parte superior da cabeça mechas de cabelos longos, de um louro avermelhado, para os quais me chamaram a atenção. "Aquilo" se transformaria num macaco? Eu estava chocado e não sabia o que pensar. Seriam assim todos os recém-nascidos? Murmuraram algo sobre cegonhas que traziam as crianças... Mas como seria então quando se tratasse de uma ninhada de cães ou de gatos? Quantas vezes a cegonha deveria voar de um lado para o outro até que a ninhada ficasse completa? E quanto às vacas, como seria? Impossível imaginar a cegonha trazendo no bico um bezerro inteirinho. De resto, os camponeses diziam que a vaca paria e não que a cegonha trazia o bezerro. Essa história de cegonha devia ser um desses engodos que usavam para me manobrar. Estava certo de que minha mãe desempenhara em tudo isso um papel que eu não podia conhecer.

A súbita aparição de minha irmã trouxe-me um vago sentimento de desconfiança, que aguçou a minha curiosidade e a minha observação. Reações posteriores e suspeitas relativas à minha mãe confirmaram a desconfiança que me invadira: algo de deplorável estava ligado a esse nascimento. Afinal de contas tudo isso não me preocupou muito tempo, mas contribuiu para aguçar uma lembrança que remonta aos meus 12 anos.

Minha mãe tinha o hábito desagradável de perseguir-me com bons conselhos, gritados da janela, quando eu saía para fazer uma visita ou aceitava um convite. Nessas ocasiões, não só vestia minha melhor roupa e usava os sapatos bem-engraxados, como também experimentava um sentimento de grande dignidade, compenetrado da visita a fazer e da minha aparição em sociedade. Era uma verdadeira humilhação que as pessoas ouvissem na rua todas as coisas difamatórias com que minha mãe me acabrunhava, gritando: "Não se esqueça de transmitir as recomendações do papai e da mamãe e de assoar o nariz! Você levou o lenço? Suas mãos estão limpas? Etc..." Eu achava absolutamente fora de propósito que ela revelasse a todo mundo os sentimentos de inferioridade que acompanhavam a importância que eu me dava, uma vez que, por amor-próprio e por vaidade, cuidara de minha aparência a fim de me mostrar irrepreensível. Essas ocasiões eram muito importantes para mim. Indo para a casa dos que me haviam convidado, eu me sentia importante, respeitável, como sempre acontecia ao usar a roupa de domingo num dia de semana. Mas o quadro modificava-se consideravelmente à vista da casa estranha. Minha impressão era de que a grandeza e o poder das pessoas que estavam lá me esmagavam. Sentia medo e em minha pequenez gostaria de desaparecer sob a terra. O carrilhão que ressoava no interior da casa parecia um mau presságio. Desamparado e cheio de temor, sentia-me como um cão perdido. E quando minha mãe me havia preparado "convenientemente" antes da visita, era pior ainda. "Minhas mãos e meus sapatos estão sujos. Esqueci de trazer o lenço. Meu pescoço está encardido..." Tudo isso ecoava em meus ouvidos. Então, por teima, não transmitia as recomendações enviadas ou, sem qualquer motivo, ficava tímido ou amuado. Quando a situação se tornava quase insuportável, pensava no meu tesouro secreto do sótão, e isso me ajudava a reencontrar a dignidade humana. Lembrava-me, em minha perplexidade, de que era também o Outro, aquele que possuía um segredo inviolável: a pedra e o homenzinho de fraque e cartola.

Não me lembro, em minha juventude, de ter relacionado o "Senhor Jesus", os jesuítas de batina preta, os homens de fraque e cartola à beira de uma sepultura, a cova na campina que conduzia ao templo fálico subterrâneo, com o homenzinho do meu estojo de canetas. O sonho do deus ictifálico fora meu primeiro grande segredo; o homenzinho, o segundo. Hoje, porém, tenho a impressão de que naquela época sentia um vago parentesco entre a "pedra da alma" e a pedra na qual me sentava.

Até hoje, aos 83 anos, instante em que escrevo estas memórias, não vejo com clareza as relações que ligam entre si minhas mais antigas lembranças. Elas são como que rebentos isolados de um mesmo rizoma subterrâneo, ou as estações de uma progressão evolutiva inconsciente. Enquanto se tornava mais impossível encontrar uma relação positiva com o "Senhor Jesus", eu me lembro que, aos 11 anos, a ideia de Deus já começara a me interessar. Rezava a Ele, e isso me dava uma certa satisfação, pois não me enredava em sentimentos contraditórios. Deus não se complicara devido à minha desconfiança. Não era um homem de batina preta, nem o "Senhor Jesus" representado nas imagens com vestes coloridas, tratado tão familiarmente pelas pessoas. Deus era, muito pelo contrário, um ser único e, segundo eu ouvira dizer, impossível de ser representado. Seria talvez algo assim como um homem velho, muito poderoso; mas, para minha grande satisfação, diziam: "Você não deve representá-lo segundo qualquer imagem ou semelhança." Não se podia tratá-lo familiarmente como ao "Senhor Jesus" que estava longe de ser um "segredo". Comecei, então, a desconfiar de uma certa analogia com o meu segredo do sótão...

O colégio me aborrecia. Tomava muito do tempo que eu teria preferido consagrar aos desenhos de batalhas ou a brincar com fogo. O ensino religioso era terrivelmente enfadonho e as aulas de matemática me angustiavam. A álgebra parecia tão óbvia para o professor, enquanto para mim os próprios números nada significavam: não eram flores, nem animais, nem fósseis, nada que se pudesse representar, mas apenas quantidades que se produziam, contando. A minha grande confusão era saber que as quantidades podiam ser substituídas por letras — que são sons — de forma que se podia ouvi-las. Para minha surpresa, os outros alunos compreendiam tudo isso com facilidade. Ninguém podia me dizer o que os números significavam e eu mesmo não era capaz de formular a pergunta. Com grande espanto descobri que ninguém entendia a minha dificuldade. Reconheço que o professor se esforçava consideravelmente no sentido de me explicar a finalidade de singular operação que consiste em transpor em sons quantidades compreensíveis, mediante o emprego de um sistema de abreviações, de modo a representar numerosas quantidades com a ajuda de uma fórmula abreviada.

Isso não me interessava em absoluto. Eu achava excessivamente arbitrário exprimir os números por sons. Por que, então, não fazer de a uma amoreira, de b uma bananeira, de x um ponto de interrogação? a, b, c, x e y nada me significavam e, segundo me parecia, esclareciam menos acerca do número do que a amoreira, por exemplo! Entretanto, o que mais me irritava era o princípio: "Se $a = b$ e se $b = c$, então $a = c$." Tendo sido dado, por definição, que a é diferente de b, por conseguinte não pode ser igual a b, e ainda menos a c. Quando se trata de uma igualdade, diz-se que $a = a$, $b = b$ etc. Mas dizer que $a = b$ me parecia uma fraude evidente, uma mentira. Sentia também a mesma revolta quando o professor, contradizendo sua própria definição das paralelas, afirmava que elas se encontram no infinito. Isso me parecia uma trapaça estúpida que eu não podia nem queria aceitar. Minha honestidade intelectual revoltava-se contra esses jogos inconsequentes que me barravam o caminho à compreensão das matemáticas. Até idade avançada conservei a convicção de que, se nesses anos de colégio tivesse podido admitir sem me chocar, como meus colegas, que a = b, ou que sol = lua, cão = gato etc., as matemáticas ter-me-iam enganado para sempre. Foi preciso esperar meus 83 anos para chegar a esta conclusão. O fato de nunca ter conseguido encontrar um ponto de contato com as matemáticas (embora não duvidasse de que era possível calcular validamente) permaneceu um enigma por toda a minha vida. O mais incompreensível era a minha dívida *moral* quanto à matemática.

Eu só podia compreender as equações quando substituíam as letras por algarismos, confirmando assim, mediante um cálculo concreto, o sentido da operação. Foi penosamente, portanto, que me equilibrei nessa matéria, copiando as fórmulas algébricas cujo conteúdo permanecia misterioso para mim, e decorando a combinação de letras que fora colocada num determinado lugar do quadro-negro. Mas ao refazer os cálculos, ficava frequentemente confuso, pois o mestre dizia às vezes: "Aqui, nós introduzimos a 'expressão'..." e escrevia algumas letras no quadro-negro. Eu não sabia de onde vinham, nem por quê!... Provavelmente para tornar possível uma conclusão que o satisfizesse. Ficava de tal forma humilhado com minha impossibilidade de compreender que não ousava qualquer pergunta.

As aulas de matemática tornaram-se o meu horror e o meu tormento. Mas como tinha facilidade nas outras matérias, que me pareciam fáceis, e graças a uma boa memória visual, conseguia desembaraçar-me também no tocante à matemática: meu boletim geralmente era bom, porém a angústia de poder fracassar e a insignificância da minha existência diante da grandeza do mundo provocavam em mim não apenas mal-estar, mas também uma espécie de desalento mudo que acabou por me indispor profundamente com a escola. A isso se acrescentou a minha total inaptidão para o desenho, que determinou minha exclusão dessas aulas. Se por um lado tal fato significava tempo livre — o que era agradável —, por outro representava uma nova derrota. O curioso é que eu tinha uma certa habilidade espontânea para o desenho, quando este dependia essencialmente do meu sentimento, circunstância que desconhecia nessa época. Sabia desenhar apenas o que ocupava a minha imaginação. O que me propunham, entretanto, era a cópia de modelos de divindades gregas, os olhos cegos e inexpressivos; como eu não me saísse bem, meu professor pensou que eu necessitava de algo naturalístico e colocou diante de mim a estampa de uma cabeça de cabra.

Fracassei completamente, e isso representou o fim de minhas aulas de desenho.

Quando eu tinha 12 anos, aconteceu algo que seria o marco do meu destino. No princípio do verão de 1887, depois das aulas, por volta do meio-dia, estava na praça da catedral, esperando um colega que habitualmente voltava comigo pelo mesmo caminho. De repente um menino deu-me um soco, atirando-me ao chão: bati a cabeça na sarjeta e a comoção me atordoou. Durante meia hora fiquei estonteado. No momento da pancada uma ideia me ocorrera, com a rapidez de um raio: "Agora você não precisa mais ir à escola!" Estava semiconsciente e fiquei estendido alguns instantes mais do que o necessário — principalmente por espírito de vingança contra meu pérfido agressor. Depois me ergueram e levaram à casa próxima, de duas velhas tias solteiras.

A partir desse momento sofria uma síncope, cada vez que se tratava da necessidade de voltar ao colégio, ou quando meus pais me mandavam fazer o trabalho escolar. Durante mais de seis meses faltei às aulas e isso foi para mim um "achado". Em liberdade, sonhava durante horas inteiras, à beira d'água, na floresta, ou então desenhava. Ora pintava cenas selvagens de guerra, ou velhos castelos que eram atacados e incendiados, ora enchia páginas inteiras de caricaturas. (Ainda hoje, até o momento de dormir, tais caricaturas me aparecem: são caretas grotescas que mudam continuamente. Às vezes apareciam rostos de pessoas conhecidas que logo depois morriam.) Melhor do que tudo, porém, era mergulhar completamente no mundo do mistério: a ele pertenciam as árvores, a água, os pântanos, as pedras, os animais e a biblioteca de meu pai. Era maravilhoso. Entretanto, eu me afastava cada vez mais do mundo, com um leve sentimento de má consciência. Consumia meu tempo flanando, lendo, colecionando e brincando. Mas nem por isso era feliz; pelo contrário, tinha como que a obscura consciência de fugir de mim mesmo.

Esquecera completamente como tinha chegado a essa situação; deplorava, no íntimo, as preocupações de meus pais, que haviam consultado vários médicos. Estes coçavam a cabeça e recomendavam que durante as férias fosse à casa de uns parentes, em Winterthur. Lá havia uma estação de trem que me fascinava. Mas quando voltei para casa, tudo continuou como antes. Um médico sugeriu que talvez fosse epilepsia. Nessa época, eu já sabia o que eram ataques epiléticos e sorri intimamente dessa tolice. Meus pais, pelo contrário, estavam mais preocupados do que nunca. Certo dia, um amigo de meu pai veio visitá-lo. Ambos estavam sentados, conversando no jardim e eu, atrás dele, escondido num arbusto espesso, tentava escutar o que diziam, pois minha curiosidade era insaciável. Ouvi o primeiro dizer: "E seu filho, como vai?" Meu pai respondeu: "Ah, é uma história penosa! Os médicos ignoram o que ele tem. Falaram em epilepsia: seria terrível se fosse incurável! Perdi o pouco que tinha e o que será dele se for incapaz de ganhar a vida?"

Foi como se um raio me ferisse. Sofrera o duro embate com a realidade. "Ah, então é preciso trabalhar!", pensei. E a partir desse momento tornei-me uma criança sensata. Retirei-me cautelosamente, entrei no escritório de meu pai e, tomando uma gramática latina, procurei aplicar-me, num esforço de concentração. Ao fim de dez minutos desmaiei, quase caindo da cadeira, mas pouco depois me senti melhor e continuei a estudar. "Com todos os diabos, não vou mais desmaiar!", disse comigo mesmo e prossegui, tentando ler. Depois de um quarto de hora mais ou menos sofri uma segunda crise. Ela passou, como a primeira. "E agora, você vai trabalhar de verdade!" Esforcei-me, e ao fim de meia hora adveio a terceira crise. Não desisti e trabalhei mais uma hora, até sentir que os acessos tinham sido superados. Subitamente me senti bem melhor do que nos meses anteriores. Com efeito, as crises não se repetiram mais e, a partir desse momento, comecei a estudar gramática diariamente e voltei aos meus cadernos de escola. Algumas semanas depois retornei ao colégio e as crises não reapareceram. O sortilégio fora conjurado! — Foi assim que fiquei sabendo o que é uma neurose.

Pouco a pouco a lembrança de tudo o que ocorrera se avivou e compreendi nitidamente que eu mesmo montara toda essa história vergonhosa. Talvez por isso nunca me irritei contra o colega que me derrubara: ele fora de alguma forma "designado" e eu colaborara, por meu lado, numa espécie de arranjo demoníaco. Tal coisa não devia se repetir! Sentia uma espécie de raiva contra mim mesmo, e também de vergonha, pois sabia que estava em falso diante de meus próprios olhos: fizera um fiasco, a culpa era somente minha. Eu tinha sido o deplorável *deserteur*! A partir desse momento não podia suportar que meus pais se preocupassem comigo ou falassem de mim num tom de compaixão.

A neurose fora meu novo segredo, mas um segredo vergonhoso, uma derrota. Entretanto, ela me encaminhara ao amor da precisão e a uma diligência peculiar. Comecei a ser consciencioso diante de mim mesmo, e não somente a fim de aparentar valor. Levantava-me pontualmente às cinco horas e às vezes estudava das três às sete da manhã, antes de ir para o colégio.

O que me extraviara fora a paixão de estar só, o fascínio da solidão. A natureza parecia-me cheia de maravilhas, nas quais eu queria mergulhar. Cada pedra, cada planta, tudo se me afigurava animado e indescritível. Foi nessa época que eu mergulhei na natureza, insinuando-me em sua essência, longe do mundo humano.

Na mesma época ocorreu outro acontecimento importante, enquanto eu percorria o longo trajeto entre Klein-Hüningen, lugar onde morávamos, e a escola em Basileia. Tive a sensação arrebatadora de emergir de uma névoa espessa, tomando consciência de que agora eu era *eu*. Era como se atrás de mim houvesse um muro de névoa além do qual eu ainda não existia. Neste instante preciso eu me tornei eu por mim mesmo. Antes eu estivera lá mas tudo se produzia passivamente; dali em diante, eu o sabia: agora eu sou *eu*. Agora *eu* existo. Tal acontecimento pareceu-me extraordinariamente significativo e inusitado. Havia "autoridade" em mim. Era estranho que nessa época e durante os meses da minha crise neurótica eu tivesse esquecido por completo do tesouro escondido no sótão. Caso contrário, teria notado a analogia existente entre meu sentimento de autoridade e o sentimento de valor que o tesouro oculto sob a viga me inspirava. Mas não foi assim; a lembrança do estojo com o homenzinho desaparecera totalmente.

Fui convidado, então, para passar as férias com uma família amiga que tinha uma casa em Lucerna. Fiquei encantado, pois a habitação ficava à beira do lago e tinha um abrigo para uma canoa e um barco a remo. O dono da casa permitiu que seu filho e eu utilizássemos o barco, recomendando severamente porém que evitássemos qualquer imprudência. Infelizmente, eu já sabia como se manobra um bote, remando de pé. Tínhamos em casa um barquinho desse gênero, muito arruinado, no antigo fosso da fortaleza de Hüningen, na margem badenense. Já fizéramos com ele todas as imprudências possíveis. Por isso, a primeira coisa que fiz foi subir na popa do barco e, de pé, empurrá-lo com o remo para o meio do lago. O dono da casa irritou-se, chamando-nos de volta com um assobio e me repreendeu com veemência. Cabisbaixo, reconheci que fizera justamente o que fora proibido: a repreensão era, pois, merecida. Mas ao mesmo tempo senti uma raiva imensa de que aquele homem grosseiro, gordo e sem instrução ousasse insultar-me, a *mim*! E não me sentia apenas como um ser adulto, mas como uma autoridade, uma pessoa cheia de importância e de dignidade, um homem idoso ao qual se deve manifestar respeito e veneração.

O contraste com a realidade era de tal forma grotesco, que meu furor desapareceu de repente. Surgiu então em *mim* a pergunta: "Mas afinal quem é você para reagir como se fosse sabe lá o Diabo, quem? E é claro que é o outro quem está com a razão. Você é um colegial de 12 anos, ao passo que o outro é um pai de família, um homem rico e poderoso que possui duas casas e vários cavalos magníficos."

Perturbadíssimo, tomei consciência de que, na realidade, havia em mim duas pessoas diferentes: uma delas era o menino de colégio que não compreendia matemática e que se caracterizava pela insegurança; o outro era um homem importante, de grande autoridade, com quem não se podia brincar — mais poderoso e influente do que aquele industrial. Era velho, que vivia no século XVIII, usava sapatos de fivela, peruca branca e tinha, como meio de transporte, uma caleça cujas rodas de trás eram grandes e côncavas e entre as quais o assento do cocheiro ficava suspenso por meio de molas e correias de couro.

Tivera antes uma experiência estranha: certo dia, quando habitávamos em Klein-Hüningen, perto de Basileia, um fiacre verde, muito velho, passara diante da nossa casa vindo da Floresta Negra. Era uma caleça antiga, como as do século XVIII. Assim que a vi, um sentimento de exaltação se apoderou de mim: "Ah, ei-la! É do *meu* tempo!" — Tinha a impressão de reconhecê-la, era semelhante àquela que me transportaria! Depois, fui invadido por um *sentiment écoeurant*, como se eu tivesse sido roubado ou ludibriado no tocante ao meu amado outrora. O fiacre era um vestígio daquele tempo! É difícil descrever o que se passou comigo e o que me emocionou tão fortemente: uma espécie de nostalgia? Uma saudade? Uma reminiscência? "Era isso, era exatamente isso!"

Houve ainda um outro incidente que me lembrou o século XVIII. Vira, em casa de uma tia, uma estatueta dessa época, que representava dois personagens em terracota pintada. Um deles era o velho dr. Stuckelberger, personalidade famosa da cidade de Basileia. A outra figura representava uma de suas doentes, com os olhos e a língua de fora. Havia uma lenda a respeito disso. Contava-se que certo dia o velho

Stuckelberger atravessava a ponte do Reno, quando viu aproximar-se essa doente que muitas vezes o irritara: ela se queixava como de costume. O velho médico disse então: "Sim, sim, minha senhora, há algo que não vai bem. Feche os olhos e mostre a língua!" Foi o que ela fez, enquanto ele se afastava, deixando-a lá, com a língua de fora, sob a risada dos transeuntes.

Ora, a figura do velho doutor tinha sapatos de fivela que reconheci estranhamente como meus ou semelhantes aos meus. Estava convencido disso. "Usei esses sapatos." Essa convicção me perturbara de um modo profundo. "Sim, eram realmente os meus sapatos!" Eu os sentia ainda nos pés e não podia compreender essa estranha sensação. Como poderia pertencer ao século XVIII? Acontecia-me às vezes, datando, escrever 1786 em lugar de 1886 e isso era sempre seguido de um sentimento de inexplicável nostalgia.

Depois de minha escapadela de barco, no lago de Lucerna, e depois da punição bem-merecida, comecei a refletir sobre tudo isso. As impressões até então isoladas se condensaram numa imagem homogênea: vivo em duas épocas diferentes, sou duas pessoas diversas. Essa descoberta perturbou-me, mas em meio à perplexidade cheguei à conclusão decepcionante de que, pelo menos no momento, era apenas o menino de escola que merecera a punição e que devia comportar-se como convinha a sua idade. O resto devia ser puro disparate. Desconfiei que poderia haver uma relação entre aqueles acontecimentos bizarros e as numerosas histórias que ouvira de meus pais e de outros parentes acerca de meu avô; entretanto tal hipótese não era muito convincente, pois ele nascera em 1795, vivendo por conseguinte quase só no século XIX. Além disso, morrera muito antes do meu nascimento. Era impossível, pois, identificar-me com ele. Nessa época, tais reflexões não passavam de meros pressentimentos e fantasias. Não me lembro se já conhecia, então, a lenda do possível parentesco com Goethe. Creio que não, pois foram pessoas estranhas que me falaram nisso pela primeira vez. Há, com efeito, uma tradição irritante segundo a qual meu avô teria sido um filho natural de Goethe.[1]

Aos meus malogros anteriores em matemática e desenho acrescentou-se um terceiro: desde o princípio, detestara a ginástica. Era-me insuportável que alguém desse ordens acerca da maneira pela qual deveria mover o corpo. Ia à escola para aprender e não para me entregar a acrobacias insensatas, inúteis! Além disso, como consequência tardia de meus acidentes anteriores, experimentava um certo medo físico que só superei muito mais tarde. Ele provinha de uma desconfiança em relação ao mundo e às suas possibilidades. O mundo era belo e desejável, mas estava cheio de perigos vagos e de coisas incompreensíveis. Por isso sempre queria saber previamente o que ia me acontecer e a quem me confiar. Estaria isso ligado ao fato de que minha mãe me abandonara durante vários meses? Em todo o caso, quando o médico me proibiu de fazer ginástica, devido ao trauma que eu sofrera, fiquei radiante. Estava livre desse peso, mas devia registrar mais um fracasso.

Num belo dia de verão do mesmo ano (1887), voltando do colégio ao meio-dia, passei pela praça da catedral. O céu estava maravilhosamente azul, o sol brilhava em toda a sua luminosidade. O teto da catedral cintilava ao sol que acendia chispas nas telhas novas e brilhantes. Sentia-me deslumbrado pela beleza desse espetáculo e pensava: "O mundo é belo, a igreja é bela, e Deus, que criou tudo isso, estava sentado lá no alto, no céu azul, num trono de ouro..."

Nesse momento tive uma sensação de asfixia. Estava como que paralisado e me esforçava por não continuar a pensar! "Está para acontecer algo de terrível. Não quero pensar nisso; não devo de maneira alguma me aproximar. Por quê? Porque senão você cometerá o maior dos pecados. Qual é o maior dos pecados? Um assassínio? Não! Não pode ser isso. O maior dos pecados é aquele que se comete contra o Espírito Santo: para o qual não há perdão. Quem o comete é condenado ao Inferno por toda a eternidade. Seria muito triste para meus pais se seu único filho, que eles tanto amam, fosse condenado à danação perpétua. Não posso fazer isso a meus pais. De forma alguma devo continuar a pensar nisso!"

Mas era mais fácil dizer do que fazer. No longo caminho de volta à casa experimentei pensar em outras coisas, mas minhas ideias sempre voltavam à bela catedral que eu tanto amava, e ao Bom Deus sentado em seu trono; depois o curso de meus pensamentos se desviava de novo, bruscamente, como que sob o choque de uma descarga elétrica. E eu repetia sempre, comigo mesmo: "Não devo pensar nisso, não devo pensar nisso!" Cheguei à casa num estado de extrema perturbação. Minha mãe percebeu que algo acontecera e perguntou: "O que houve? Aconteceu alguma coisa na escola?" Pude, sem mentir, assegurar-lhe que não. Pensei, porém, que se lhe confiasse a verdadeira razão do meu transtorno talvez ela pudesse me ajudar. Mas então seria necessário fazer justamente aquilo que procurava evitar a todo custo: conduzir meu pensamento até o fim. Minha boa mãe de nada suspeitava, não sabia que eu estava à beira do maior dos perigos: o de cometer o imperdoável pecado que me precipitaria no Inferno. Renunciei à ideia de uma confissão e tentei comportar-me de maneira a passar tão despercebido quanto possível.

Dormi mal à noite. A ideia proibida, mas ignorada, sempre ameaçava emergir, enquanto eu lutava desesperadamente por expulsá-la. Os dois dias que se seguiram foram dolorosos, minha mãe estava certa de que eu estava doente. Resistia sempre à tentação de confessar-me, fortalecido pela ideia de que se o fizesse causaria uma grande tristeza a meus pais.

Na terceira noite, porém, meu pensamento era de tal natureza que não sabia mais o que fazer. Acordara de um sono agitado, pensando ainda na catedral e no Bom Deus. Sentia-me a ponto de permitir o curso final do pensamento! Minha resistência enfraquecia. Suando de angústia, sentei-me na cama para afugentar o sono: "Vai ser agora, agora é sério! *Eu preciso pensar*, isso deve ser pensado. Mas por que devo pensar em algo que não sei o que é? Por Deus, tenho a certeza de que não quero pensar nisso. Mas quem está me forçando? Quem está me obrigando contra minha vontade a pensar naquilo que ignoro? Donde provém essa terrível coação? E por que devo ser justamente eu o escolhido para submeter-me a ela? Sempre louvei e venerei o Criador desse mundo tão belo e fui grato por esse dom imenso. Por que, então, sou impelido a pensar num mal inconcebível? Verdadeiramente não sei, pois não posso nem devo aproximar-me desse pensamento, sem o risco de ter que pensar nele imediatamente. Não o concebi, nem o quis. Foi ele que veio ao meu encontro, como um mau sonho. De onde provêm tais coisas? Estou seguro de que não houve a participação da minha vontade. Como? Não fui eu que me criei a mim mesmo, mas vim ao mundo tal como Deus me fez, isto é, tal como meus pais me geraram. Foram então meus pais que provocaram tudo isso? Impossível, eles são bondosos e jamais teriam tais pensamentos; jamais lhes ocorreria tal infâmia."

Essa ideia pareceu-me ridícula. Pensei, então, em meus avós, que conhecia somente através dos retratos. Tinham uma expressão benevolente e digna, que desencorajou minha suspeita de sua possível culpabilidade. Remontei a longa linhagem de meus ancestrais desconhecidos para chegar enfim a Adão e Eva. Emergiu então a ideia decisiva: Adão e Eva são as primeiras criaturas humanas, não tiveram pais, mas foram criados direta e intencionalmente por Deus, tais como eram. E assim deviam ser, sem escolha. Não poderiam imaginar outra maneira de ser senão aquela que lhes fora dada. Eram criaturas perfeitas de um Deus que criava apenas a perfeição. E no entanto haviam cometido o primeiro pecado, fazendo o que Ele lhes proibira. Como fora isso possível? Jamais o teriam feito se Deus não tivesse posto neles a possibilidade de fazê-los. E o mesmo se dera com a serpente que Ele criara antes de Adão e Eva, com a intenção evidente de que pudesse persuadi-los. Em sua onisciência Deus organizara tudo no sentido de que nossos primeiros pais fossem constrangidos a cometer pecados. *Consequentemente, a intenção de Deus era que pudessem pecar.*

Este pensamento libertou-me imediatamente do pior tormento, pois sabia agora que o próprio Deus me pusera nesse estado. Não sabia ainda se Ele queria ou não que eu cometesse aquele pecado. Entretanto, deixei de rezar pedindo uma inspiração, pois, sem que o quisesse, Deus me pusera nessa situação e aí me deixara, sem recursos. Estava certo de que, segundo seu desejo, deveria procurar por mim mesmo uma saída. Isso desencadeou outro argumento:

"Qual é a vontade de Deus? Que eu aja ou não aja? Preciso saber o que Ele quer e o que exige precisamente de mim, agora." Sabia muito bem que, segundo a moral, era necessário evitar o pecado. E tentara fazer isso até aquele momento; mas sentia que era impossível continuar. Meu sono perturbado e a aflição da minha alma me haviam abatido de tal forma que minha vontade de controlar o pensamento se tornou uma contração insuportável. Isso não podia continuar. Impossível ceder, no entanto, antes de haver compreendido qual seria a vontade de Deus e sua intenção. Mas estava certo de que era Ele o instigador dessa dificuldade desesperadora. É singular que nem um só instante pensei na possibilidade de o Diabo estar me pregando uma peça. No meu estado de espírito de então, seu papel era insignificante e seu poder, nulo, diante do poder de Deus. Desde o momento em que emergira da névoa, tomando consciência de mim mesmo, a unidade, a grandeza e o caráter sobre-humano de Deus começaram a preocupar minha imaginação. Por isso, não duvidava de que Ele próprio estava me impondo uma prova decisiva e que o essencial era compreendê-lo corretamente. Pressentia que finalmente seria forçado a ceder, mas antes precisava entender tudo aquilo, uma vez que se tratava da salvação eterna da minha alma: "Deus sabe que não posso resistir mais tempo e não acorre para me ajudar, vendo que estou a ponto de sucumbir ao pecado para o qual não há perdão. Dada Sua Onipotência, ser-Lhe-ia fácil livrar-me dessa coação. Mas ele nada faz. Estaria pondo à prova minha obediência obrigando-me a fazer algo que me revolta no mais extremo grau, no temor da danação eterna? Na verdade, estava sendo levado a pecar contra meu próprio julgamento moral, contra os ensinamentos da religião e mesmo contra Seu próprio mandamento. Talvez Ele estivesse querendo ver se eu obedeceria à Sua vontade, ainda que minha fé e minha inteligência me fizessem temer o Inferno e a danação. Podia ser! Mas essas ideias são minhas e posso me enganar. Como aventurar-me, confiando em minhas próprias reflexões? Preciso pensar tudo de novo!"

Cheguei à mesma conclusão. "Deus, evidentemente, está pondo à prova a minha coragem", pensei. "Se for assim e eu triunfar, Ele me dará Sua graça e Sua luz."

Reuni toda a coragem, como se fosse saltar nas chamas do Inferno, e deixei o pensamento emergir: diante de meus olhos ergue-se a bela catedral e, em cima, o céu azul. Deus está sentado em seu trono de ouro, muito alto acima do mundo e, debaixo do trono, um enorme excremento cai sobre o teto novo e colorido da igreja; este se despedaça e os muros desabam.

Então era isto! Senti um alívio imenso e uma liberação indescritível: em lugar da danação esperada, a graça descera sobre mim e com ela uma felicidade indizível, como jamais conhecera! Chorei lágrimas de felicidade e de gratidão, porque a sabedoria e a bondade de Deus me haviam sido reveladas, depois de me haverem sujeitado a seu impiedoso rigor. Fora como uma iluminação. Muitas coisas, que antes não compreendera, tornaram-se claras. Fizera a experiência que meu pai não tinha tentado — cumprira a vontade de Deus, à qual ele se opunha pelas melhores razões, e pela fé profunda. Por isso nunca vivera o milagre da graça que cura e que torna tudo compreensível. Tomara por regra de conduta os mandamentos da Bíblia, acreditando em Deus como a Bíblia exige e como seus pais o haviam ensinado. Mas não conhecia o Deus vivo, imediato, que se mantém livre e onipotente, acima da Bíblia e da Igreja, que chama o homem à sua liberdade e que também pode obrigá-lo a renunciar às próprias opiniões e convicções, a fim de cumprir sem reservas a Sua vontade. Quando põe à prova a coragem do homem, Deus não se prende a tradições, por mais sagradas que sejam. Em Sua onipotência cuida de que nada realmente mau resulte dessas provações. Quando se cumpre a Sua vontade, não há dúvida de que se segue o bom caminho.

Deus também criou Adão e Eva de tal modo que foram obrigados a pensar o que não queriam. E isto para saber se eram obedientes. Pode, portanto, exigir de mim aquilo que por tradição religiosa eu deveria recusar. Ora, foi a obediência que me trouxe a graça e só a partir desse momento compreendi o que significa a graça divina. Aprendera que estava entregue a Deus e que o importante era cumprir Sua vontade, sem o que seria uma presa da loucura. — Assim começou a minha verdadeira responsabilidade. A ideia que fora obrigado a aceitar era assustadora e com ela despertou em mim o pressentimento de que Deus bem poderia ser algo terrível. Não me envolvera naquele segredo apavorante, que tanto me angustiara? Uma sombra fora lançada sobre minha vida. Tornei-me profundamente meditativo.

Essa prova também despertou em mim um sentimento de inferioridade: sou um diabo ou um porco — pensei — ou um réprobo. Mergulhei, em segredo, na Bíblia de meu pai. Com certa satisfação li no Evangelho a história do fariseu e do publicano e descobri que, precisamente, os réprobos podiam ser os eleitos. O louvor do intendente infiel e a transformação de Pedro, o hesitante, na pedra angular da Igreja, causaram-me uma impressão profunda.

Quanto mais se agravava meu sentimento de inferioridade, mais inconcebível me parecia a graça de Deus. Nunca me senti seguro de mim mesmo. Certo dia minha mãe me disse: "Você sempre foi um bom menino." Não compreendi. — Eu, um bom menino? Era uma novidade. Sempre me considerara um ser corrompido e inferior.

O episódio da catedral constituíra algo de muito verdadeiro e fazia parte do grande segredo... — Era como se eu sempre tivesse falado de pedras que caem do céu e de repente tivesse uma delas na mão. Fora, entretanto, uma experiência humilhante. Embora parecesse ter sido empurrado para algo de insuportável, mau e sombrio, não podia deixar de senti-lo também como um sinal de predileção. Às vezes era tomado pelo desejo de falar sem saber ao certo de quê. Queria fazer perguntas e verificar se outras pessoas também já tinham feito tais experiências; insinuava eventualmente que havia fenômenos curiosos, acerca dos quais nada se sabe. Jamais reconheci um traço dessa experiência em outras pessoas. Assim, pois, continuei a pensar que era um banido ou um eleito, um maldito ou um abençoado.

Jamais me ocorreu a ideia de falar diretamente da minha experiência, nem do sonho do falo no templo subterrâneo ou do homenzinho esculpido, antes de esquecer esses últimos incidentes. Só contei o sonho do falo quando atingi a idade de 65 anos. Creio que falei a minha mulher acerca das outras experiências, mas também numa época tardia. Durante dezenas de anos um tabu rigoroso, proveniente da infância, me obrigou a silenciar sobre elas.

Toda a minha juventude esteve sob o signo do segredo. Isso me mergulhava numa solidão quase insuportável e considero hoje que foi uma verdadeira façanha ter resistido à tentação de revelá-lo a quem quer que fosse. Desse modo, minha relação com o mundo se prefigurara, tal como ainda hoje persiste: continuo solitário, pois sei coisas que devo mencionar, e que os outros não sabem ou, mais frequentemente, não querem saber.

Na família de minha mãe havia seis pastores protestantes. Meu pai e dois de seus irmãos também o eram. Ouvi, portanto, inúmeras conversas religiosas, discussões teológicas e sermões. E eu dizia sempre comigo mesmo: "Sim, sim, tudo isso é muito belo... Mas, e o segredo? O mistério da graça também é um segredo. Então não sabem que Deus quer que eu cometa também a injustiça e que pense em coisas maldosas para participar de Sua graça?" O que os outros diziam não tinha grande importância. Eu pensava então: "Em nome do Céu, deve haver alguém que saiba disso! A verdade deve estar em alguma parte." Vasculhava a biblioteca de meu pai e lia tudo o que encontrava acerca de Deus, da Trindade, do espírito e da consciência. Devorei livros sem encontrar o que buscava. Pensava, então: "Eles também nada sabem." Li a Bíblia de Lutero que pertencia a meu pai. Infelizmente, a interpretação habitual e "edificante" do livro de Jó suprimira todo o meu interesse profundo acerca dele. Senão, teria encontrado consolo no capítulo IX, 30: "Mesmo que eu me lavasse em água de neve... Tu me mergulharias no lodo."

Minha mãe contou-me mais tarde que nessa época eu parecia frequentemente deprimido. Mas não era bem isso: meu segredo me preocupava. Ficar sentado em cima da minha pedra representava para mim, naquela ocasião, uma tranquilidade rara e singular. Por algum tempo me livrara das dúvidas. Ao pensar que era a pedra, os conflitos cessavam. "A pedra não sente incerteza alguma, não tem necessidade de exprimir-se, é eterna, vive milênios", pensava. "Quanto a mim, pelo contrário, sou fenômeno passageiro consumido por todas as emoções, tal como uma chama que se eleva, rápida, e depois se extingue." Eu era a soma de minhas emoções e a pedra intemporal era o Outro em mim.

II

Foi nesse momento que comecei a sentir dúvidas profundas em relação a tudo que meu pai dizia. Quando ouvia seus sermões, pensava em minha própria experiência. Suas palavras eram insípidas e vazias, tal como as de uma história contada por alguém que nela não crê, ou que só a conhece por ouvir dizer. Queria ajudá-lo, mas não sabia como. Uma espécie de pudor impedia que lhe contasse minha própria experiência, ou me imiscuísse em suas preocupações pessoais. Por um lado, sentia minha insuficiência e, por outro lado, temia expor o sentimento de autoridade que minha "segunda personalidade" me inspirava.

Mais tarde, aos 18 anos, mantive inúmeras discussões com meu pai, sempre com a secreta esperança de fazê-lo sentir algo da graça maravilhosamente eficaz e ajudá-lo em seus conflitos de consciência. Estava convencido de que, se ele cumprisse a vontade de Deus, tudo se resolveria da melhor maneira possível. Infelizmente nossas discussões jamais chegavam a uma solução satisfatória. Elas o irritavam e entristeciam. "Pois bem", costumava dizer, "você só quer pensar. Mas não é isso que importa; o importante é crer." E eu pensava: não, é preciso experimentar e saber; e acrescentava: "Dê-me essa fé." Ele se erguia e ao afastar-se encolhia os ombros, resignado.

Comecei a estreitar algumas amizades, principalmente com jovens tímidos e de origem modesta. Meus boletins melhoravam e nos anos que se seguiram cheguei a ser o primeiro da classe; percebi que meus colegas me invejavam, procurando a ocasião de me sobrepujar. Era irritante. Eu odiava as competições e se um jogo se transformava em rivalidade, preferia abandoná-lo. Passei para o segundo lugar, o que era bem mais agradável. O trabalho escolar já era bastante aborrecido e não pretendia torná-lo ainda mais penoso, transformando-o em luta e competição. Alguns poucos professores, dos quais me lembro com um sentimento de gratidão, confiavam em mim, particularmente o professor de latim, cuja lembrança ainda me é agradável: era um professor da universidade, homem de grande inteligência. Ora, meu pai começara a ensinar-me latim, quando eu tinha somente seis anos. Muitas vezes, durante os exercícios, o professor de latim me designava para ir à biblioteca da universidade, a fim de lhe levar alguns livros que eu examinava avidamente, voltando à escola pelo caminho mais longo.

A maioria dos professores me considerava tolo e desleal. Quando algo de errado acontecia no colégio, as suspeitas recaíam sobre mim. Havia um pugilato? Suspeitavam que fosse eu o instigador. Na realidade, apenas uma vez me envolvi numa briga e descobri, então, que alguns colegas alimentavam contra mim uma surda hostilidade. Prepararam-me uma cilada — eram sete — e, me atacaram de surpresa. Nessa época eu tinha 15 anos, era alto e forte, propenso a acessos de cólera. Rapidamente me empolguei e, agarrando um deles pelos dois braços, rodei-o em redor de mim, de modo que com as pernas dele joguei por terra alguns agressores. O caso chegou aos ouvidos dos professores; guardo apenas a vaga lembrança de uma punição que me pareceu injusta. Entretanto, a partir desse momento deixaram-me tranquilo. Ninguém mais ousou atacar-me.

O fato de possuir inimigos e de ser acusado, geralmente sem razão, era para mim motivo de surpresa, mas não de todo incompreensível. As censuras de que era alvo despertavam a minha irritação, mas não podia contestá-las diante de mim mesmo. Eu me conhecia pouco e esse pouco era tão contraditório que, conscientemente, não poderia recusar uma repreensão. Na verdade, tinha sempre má consciência e sabia da minha culpabilidade tanto efetiva quanto potencial. Por isso era particularmente sensível às censuras: todas me atingiam num ponto mais ou menos vulnerável. Se não tivesse cometido realmente a falta, teria sido capaz de cometê-la. Ocorria-me às vezes anotar álibis para o caso de ser acusado. Sentia-me aliviado quando cometia efetivamente um erro. Então, pelo menos, sabia o motivo da minha má consciência.

Naturalmente, compensava a incerteza interior, ostentando uma certeza exterior, ou melhor, a carência se compensava por si mesma, sem que eu o quisesse. Tinha a impressão de ser um indivíduo culpado que quer ser inocente. No fundo, sentia-me "dois": o primeiro, filho de seus pais, que frequentava o colégio, era menos inteligente, atento, aplicado, decente e asseado do que os demais; o outro, pelo contrário, era um adulto, velho, céptico, desconfiado e distante do mundo dos homens. Vivia em contato com a natureza, com a terra, com o sol, com a lua e com as intempéries, diante das criaturas vivas e principalmente da noite, dos sonhos e de tudo o que "Deus" evocava imediatamente em mim. Ponho a palavra "Deus" entre aspas, pois a natureza (eu inclusive) me parecia posta por Deus, como Não Deus, mas por Ele criada como uma Sua expressão. Não me convencia de que a semelhança com Deus se referisse apenas ao homem. As altas montanhas, os rios, os lagos, as belas árvores, as flores e os animais pareciam traduzir muito melhor a essência divina do que os homens com seus trajes ridículos, sua vulgaridade, estupidez e vaidade, sua dissimulação e seu insuportável amor-próprio. Conhecia muito bem todos esses defeitos através de mim mesmo, isto é, através de minha personalidade nº 1, a do colegial de 1890. Ao lado disso, havia um domínio semelhante a um templo, onde todos que entravam passavam por uma metamorfose. Subjugados pela visão do universo e esquecendo-se de si mesmos, apenas podiam se espantar e se admirar com ele. Lá vivia o "Outro", aquele que conhecia Deus como um mistério oculto, pessoal e ao mesmo tempo suprapessoal. Lá, nada separava o homem de Deus. Era como se o espírito humano, ao mesmo tempo que Deus, lançasse um olhar sobre a Criação.

O que digo agora em frases que se desenvolvem umas a partir das outras era, naquela época, incapaz de traduzir em frases articuladas: tudo não passava de pressentimento perturbador e de sentimento intenso. Quando me encontrava só, podia entrar nesse estado, sentindo-me, então, digno e verdadeiramente homem. Procurava também a tranquilidade, e a solidão do "Outro", do nº 2.

O jogo alternado das personalidades nº 1 e nº 2, que persistiu no decorrer da minha vida, não tem nada em comum com a "dissociação", no sentido médico habitual. Pelo contrário, tal dinâmica se desenrola em todo indivíduo. Em primeiro lugar, são as religiões que sempre se dirigiram ao nº 2 do homem, ao "homem interior". Em minha vida, o nº 2 desempenhou o papel principal e sempre experimentei dar livre curso àquilo que irrompia em mim, a partir do íntimo. O nº 2 é uma figura típica que só é sentida por poucas pessoas. A compreensão consciente da maioria não é suficiente para perceber sua existência.

Pouco a pouco a igreja tornou-se para mim uma fonte de suplício, pois nela se falava em voz alta — eu diria: quase sem pudor — de Deus, de Suas ações e intenções. O povo era exortado a cultivar tais sentimentos, a crer em tais mistérios que, para mim, provinham da mais íntima e profunda certeza e a respeito dos quais nenhuma palavra poderia testemunhar. Concluí que, aparentemente, ninguém conhecia esse mistério, nem mesmo o pastor; senão jamais teria ousado expor publicamente o mistério de Deus, profanando com aquele sentimentalismo insípido sentimentos inefáveis. Além disso, estava certo de que esse era o caminho errado para atingir a Deus: não tivera a experiência de que essa graça só é dada àquele que cumpre sem restrição a Sua vontade? Evidentemente, havia também prédicas acerca desse tema, mas sempre suponho que a vontade de Deus pode ser conhecida pela revelação. Eu achava, pelo contrário, que essa vontade é tudo que pode haver de mais desconhecido. Minha impressão era de que, cada dia, seria necessário indagar acerca de Sua vontade. Embora não o fizesse, tinha a certeza de que não deixaria de fazê-lo assim que se apresentasse uma ocasião premente.

A personalidade nº 1 me perturbava com suas reiteradas exigências. Parecia-me às vezes que em geral se pretendia substituir a vontade divina (essa vontade que pode ser tão imprevista quanto duvidosa) por preceitos religiosos a fim de se furtar à obrigação de compreender tal vontade. Meu ceticismo aumentava cada vez mais: os sermões de meu pai e os de outros pastores me irritavam. Todas as pessoas que me cercavam pareciam considerar aquele jargão e a espessa obscuridade que dele emanava como algo de óbvio. Pareciam engolir irrefletidamente todas as contradições tais como, por exemplo, a concepção de que Deus, em Sua onisciência, previra a história da humanidade, criando os homens de tal modo que tinham sido obrigados a pecar; no entanto, havia proibido o pecado, cuja punição correspondia à danação eterna no fogo do Inferno.

Durante muito tempo o Diabo não desempenhou papel algum em meus pensamentos: ele não parecia ser mais do que o perverso cão de guarda de um homem poderoso. Ninguém, senão Deus, tinha a responsabilidade do universo, esse Deus que podia — como eu o experimentara — revelar-se terrível. Um número crescente de perguntas me assediava. Meu desconforto era cada vez maior ao ouvir os sermões enfáticos de meu pai, elogiando e recomendando o "bom Deus", sublinhando o amor de Deus pelo homem e do homem por Deus. Comecei a duvidar: saberá ele de que está falando? Teria acaso a coragem de decapitar-me em holocausto, como a um outro Isac, ou de entregar-me a um tribunal injusto, para que me crucificassem como a Jesus? Não, ele não teria essa coragem! Assim pois, se a ocasião se apresentasse, não cumpriria a vontade de Deus, que — segundo a própria Bíblia — pode ser implacável. Compreendi que as exortações usuais no sentido de obedecer mais a Deus do que aos homens eram superficiais e irrefletidas. Evidentemente, ninguém conhecia a vontade de Deus, senão teriam tratado desse problema central com um pudor sagrado, por temor a Ele que, em Sua onipotência, pode exercer Sua apavorante vontade sobre os homens desamparados — tal como me ocorrera. Será que alguém, pretendendo conhecer a vontade divina, teria podido prever aquilo a que Ele me obrigara? No Novo Testamento nada encontrei de semelhante. O Antigo Testamento, principalmente o livro de Jó, teria podido esclarecer-me sobre esse ponto, mas ainda não o conhecia suficientemente. O curso de instrução religiosa que seguia nessa época nada dizia sobre o problema que me preocupava. O temor a Deus de que se falava era considerado em geral como algo de antiquado, de "judaico", e fora substituído há muito pela mensagem cristã do amor e da bondade de Deus.

O simbolismo da minha experiência infantil e a brutalidade das imagens que haviam surgido me causaram uma perturbação extrema. Perguntava a mim mesmo: "Mas quem está falando? Quem tem e usa prudência a ponto de representar um falo em sua nudez, dentro de um templo? Quem me obriga a pensar que Deus pode destruir tão cruelmente Sua Igreja? Terá sido o Diabo quem arquitetou tudo isso?" Nunca duvidei de que Deus ou o Diabo tinham falado ou agido, pois sentia muito bem que não fora eu quem tivera tais pensamentos ou criara essas imagens.

Foram esses os conhecimentos decisivos de minha vida. Começava a compreender: era responsável e de mim dependia o curso do meu destino. Um problema me havia sido proposto e a ele eu devia responder. Mas quem propusera o problema? Impossível saber. Cabia-me responder a essa pergunta a partir do âmago do meu ser: estava só diante de Deus, era Ele quem a propusera tão terrivelmente. Pressentia desde o início a singularidade do meu destino; o sentido da minha vida seria cumpri-lo. Isso me dava uma segurança interior que nunca pude provar a mim mesmo, mas que me era provada. Não tinha essa certeza, mas ela me possuía, apesar de todas as convicções contrárias. Ninguém conseguiu demover-me da certeza de que estava no mundo para fazer o que Deus queria e não o que eu queria. Em todas as circunstâncias decisivas isso sempre me deu a impressão de não estar entre os homens, mas de estar a sós com Deus. Sempre que estava "lá" e, portanto, não mais a sós, me sentia fora do tempo, nos séculos, e Aquele que me respondia era O que sempre foi e sempre será. Este diálogo com o "Outro" constituiu minha mais profunda vivência: por um lado, luta sangrenta e, por outro, supremo arrebatamento.

Naturalmente, não podia conversar com ninguém acerca dessas coisas. Entre os que me cercavam, talvez só minha mãe poderia ser uma confidente. Mas logo percebi sua insuficiência. Ela me admirava e tal fator não era precisamente favorável; assim, pois, fiquei a sós com meus pensamentos e no fundo era isso o que eu queria. Brinquei comigo mesmo, caminhei e sonhei sozinho, vivendo dentro de um mundo misterioso e afastado.

Minha mãe foi extremamente boa para mim. Ela irradiava um grande calor animal: era corpulenta, extremamente simpática. Sabia ouvir e gostava de conversar, num alegre murmúrio de fonte. Tinha evidentes dons literários, bom gosto, profundidade. Tais qualidades, entretanto, não se manifestavam exteriormente; permaneciam ocultas numa velha senhora gorda, muito hospitaleira, que cozinhava muito bem e tinha muito senso de humor. Partilhava de todas as opiniões tradicionais, revelando porém, repentinamente, uma personalidade inconsciente de um poder imprevisto — um aspecto sombrio, imponente, dotado de uma autoridade intangível. Tal fato era inegável e creio que ela também possuía duas personalidades: uma, inofensiva e humana; a outra, pelo contrário, parecia temível. Esta última só se manifestava em certos momentos, mas sempre inesperadamente, e me causava medo. Falava, então, como que consigo mesma e suas palavras me atingiam profundamente, de tal maneira que em geral ficava calado.

A primeira vez em que isso ocorreu foi por volta dos meus seis anos, antes de frequentar a escola. Nossos vizinhos eram bem-situados na vida e tinham três filhos: duas meninas e o primogênito, que era um menino mais ou menos da minha idade. Aos domingos, como gente da cidade que eram, enfeitavam as crianças de um modo que me parecia ridículo: sapatinhos de verniz, calcinhas de renda, luvinhas brancas. Cuidadosamente penteados e lavados, mesmo nos dias de semana, essas crianças de maneiras finas mantinham-se a distância, amedrontadas com o moleque que eu era, de calças rasgadas, sapatos furados e mãos sujas. Minha mãe me irritava além da medida, com suas comparações e advertências: "Veja essas crianças como são lindas, bem-educadas e limpas! Você é um malcriado que não presta para nada." Essas admoestações me feriam e então decidi dar uma surra no menino, o que fiz sem demora. Furiosa com o incidente, a mãe dele irrompeu em nossa casa, protestando veementemente contra a minha brutalidade. Minha mãe, horrorizada como convinha à situação, repreendeu-me com a voz embargada pelas lágrimas e sua reprimenda foi a mais longa de que me lembro. Entretanto, não me sentia culpado; muito pelo contrário, sentia-me satisfeito com o que fizera, como se tivesse corrigido de certo modo a presença inconveniente daquele estrangeiro em nossa cidade. A irritação de minha mãe impressionara-me profundamente e, arrependido, fui para a mesa de trabalho, atrás da velha espineta, e comecei a brincar com os cubos de construção. Houve um silêncio total. Minha mãe se retirara para seu canto de costume, perto da janela, e tricotava. Ouvi-a, então, murmurar algumas palavras e pelo que pude distinguir, compreendi que se ocupava com o ocorrido, tomando entretanto dessa vez uma atitude oposta. Pareceu-me que, de uma forma ou de outra, ela me justificava. Subitamente, disse em voz alta: "Francamente, não compreendo como se possa defender uma ninhada daquelas!" Apanhei no ar que falava dos "macaquinhos" enfeitados. Seu irmão predileto era um caçador que tinha muitos cães e falava sempre de crias, mestiços, puro-sangue e ninhadas. Com grande alívio constatei que ela também considerava detestáveis aquelas crianças, como crias de má raça, e que portanto eu não devia levar muito a sério sua reprimenda. Mas já nessa época sabia que devia ficar bem quieto. Se dissesse triunfante: "A senhora é da minha opinião!", ela ficaria indignada e provavelmente ralharia: "Menino impossível, como pode atribuir à sua mãe tais grosserias!" Creio que houve anteriormente uma série de incidentes do mesmo gênero, que esqueci.

Se conto esta história é porque na época em que meu ceticismo começava a manifestar-se, outro incidente denunciou a dupla natureza de minha mãe. Estávamos à mesa e a conversa girava sobre o que havia de enfadonho na melodia de alguns cantos litúrgicos. Falava-se acerca da possível revisão do livro de cânticos. Então ela murmurou: "Ó tu, amor do meu amor, felicidade maldita."[2] Fingi nada ter ouvido e tive a precaução de não manifestar meu sentimento de triunfo.

Havia uma notável diferença entre as duas personalidades de minha mãe. Quando criança, tive sonhos de angústia motivados por ela. Durante o dia, era uma mãe amorosa, mas de noite a julgava temível.

Parecia então uma vidente que ao mesmo tempo é um estranho animal, uma sacerdotisa no antro de um urso, arcaica e cruel. Cruel como a verdade e a natureza. Era a encarnação de uma espécie de *natural mind*.³

Reconheço em mim também algo dessa natureza arcaica. De minha mãe herdei o dom, nem sempre agradável, de ver homens e coisas tais como são. Naturalmente posso enganar-me redondamente quando não quero reconhecer algum detalhe, mas no fundo sempre sei do que se trata. O "conhecimento real" está ligado a um instinto, à *participation mystique* com o outro. Poder-se-ia dizer que é o "olhar mais profundo" que vê, num ato impessoal de intuição.

Só mais tarde compreendi este fato, quando ocorreu um estranho incidente: relatei sem saber a vida de um homem que eu não conhecia. Foi na festa de casamento de uma amiga da minha mulher, acerca de cuja família eu nada sabia. À mesa, diante de mim, estava sentado um senhor de meia-idade, com uma bela barba, que me fora apresentado como sendo um advogado. Conversávamos animadamente sobre psicologia criminal. A fim de responder a uma dada questão que me propusera, imaginei um caso, adornando-o de numerosos detalhes. Enquanto falava, notei que meu interlocutor ia mudando totalmente de expressão e que um silêncio estranho se fazia em torno da mesa. Surpreendido, calei-me. Graças a Deus, já estávamos na sobremesa. Levantei-me e fui para o *hall* do hotel. Isolei-me num canto, acendi um charuto e tentei refletir acerca da situação. Nesse momento, um dos convivas que estivera à mesa aproximou-se de mim e me censurou:

— Como é que o senhor pôde cometer uma tal indiscrição?

— Indiscrição?

— Sim, a história que contou!

— Mas eu a inventei de ponta a ponta!

Com grande espanto, soube então que contara com todos os detalhes a história do advogado que se sentara diante de mim, à mesa. Constatei igualmente que não me lembrava mais de uma só palavra de tudo o que dissera, esquecimento que perdura até hoje. Em sua autobiografia, Heinrich Zschokke⁴ descreve uma experiência semelhante: num restaurante, desmascarara um jovem desconhecido que era ladrão, pois vira com o olho interior os roubos cometidos.

Várias vezes em minha vida me inteirei subitamente de certos acontecimentos que não podia conhecer. Esse saber me assaltava a modo de uma ideia súbita. Ocorria o mesmo com minha mãe. Ela não sabia o que dizia, mas sua voz tinha uma autoridade absoluta e exprimia exatamente o que convinha à situação.

Tratava-me, em geral, como se eu fosse mais velho e conversava comigo de adulto para adulto. Contava-me talvez tudo o que não podia confiar a meu pai, fazendo de mim, muito cedo, o confidente de suas múltiplas preocupações. Quando eu tinha cerca de 11 anos, contou-me um caso que dizia respeito a meu pai e que me alarmou. Quebrei a cabeça para saber o que fazer e concluí que devia pedir conselho a um amigo influente de meu pai. Sem dizer nada à minha mãe, aproveitei uma tarde de folga para ir à cidade, à casa desse senhor. A empregada apareceu e disse que seu patrão saíra. Decepcionado e aborrecido voltei para casa. Posso, porém, dizer que foi uma *providentia specialis* o fato de não tê-lo encontrado. Pouco depois, numa conversa, minha mãe voltou a falar sobre o mesmo caso, dando-lhe entretanto uma versão diferente e bem mais branda, de forma que tudo se dissipou em fumaça. Profundamente impressionado, pensei: "Você foi um asno acreditando nisso e sua estúpida seriedade quase causou uma desgraça!" Decidi, a partir desse instante, dividir por dois tudo o que minha mãe me confiasse. A confiança que depositava nela sofreu um golpe rude e sempre me impediu de contar-lhe o que me preocupava seriamente.

Às vezes, em certas ocasiões, surgia sua segunda personalidade e o que ela dizia então era de tal forma *to the point* e tão verdadeiro, que me fazia estremecer. Se ela se ativesse a esse personagem, poderia ter sido um interlocutor válido.

No que se refere a meu pai, a situação era muito diferente. Teria sido bom submeter-lhe minhas dificuldades religiosas e aconselhar-me com ele; se não o fiz foi porque julgava conhecer a resposta que me daria, por motivos ligados à probidade do seu ministério. Pouco depois constatei a que ponto tal suposição era justa: meu pai ministrava-me pessoalmente aulas de religião, a fim de preparar-me para a crisma e isso me aborrecia. Certa vez, folheando o catecismo em busca de algo diferente das explanações sentimentais, incompreensíveis e desinteressantes acerca do "Senhor Jesus", deparei com o parágrafo referente à trindade de Deus. Fiquei vivamente interessado: uma unidade que ao mesmo tempo é uma "trindade"! A contradição interna desse problema cativou-me. Esperei com impaciência o momento em que deveríamos abordar essa questão. Quando chegamos a ela, porém, meu pai disse:

"Chegamos agora à Trindade, mas vamos passar por alto esse problema, pois, para dizer a verdade, não a compreendo de modo algum." Por um lado, admirei sua sinceridade, mas por outro fiquei extremamente decepcionado e pensei: "Ah, então é assim! Eles nada sabem disso e não refletem! Como poderei abordar esses temas?"

Fiz algumas tentativas inúteis, interrogando colegas que me pareciam ponderados. Não encontrei qualquer eco, mas, pelo contrário, uma estupefação que me colocou de sobreaviso.

Apesar do tédio que sentia, fiz todos os esforços para crer sem compreender — atitude que parecia corresponder à de meu pai — e assim me preparei para a comunhão, na qual pusera minha última esperança. Tratava-se de uma comunhão comemorativa, de uma espécie de festa em memória do "Senhor Jesus", morto mil oitocentos e noventa anos antes (estávamos em 1890). Ele fizera certas alusões, tais como "Tomai e comei, este é o meu corpo", designando o pão da comunhão que devíamos comer como sendo o Seu corpo, e que, na origem, fora carne; devíamos também beber o vinho que na origem fora sangue. Eu compreendera que dessa forma deveríamos incorporá-lo. Isso me parecia uma impossibilidade evidente, um grande mistério. Mediante a comunhão, à qual meu pai dava tanta importância, eu O experimentaria. Essa expectativa constituiu o essencial da minha preparação à santa comunhão.

Segundo o costume, o padrinho deveria ser o membro do consistório: o meu era um velho carpinteiro, silencioso e simpático. Quando trabalhava em sua oficina, eu gostava de observar sua habilidade no torno e no manejo do machado de carpinteiro. Chegou, solenemente transformado pelo fraque e pela cartola, e me levou à igreja, onde meu pai se mantinha atrás do altar em seu traje sacerdotal, lendo as orações da liturgia. No altar havia pratos grandes, cheios de pedacinhos de pão. Eu sabia que esse pão era feito pelo padeiro que nos servia: não era bom, mas insípido. O vinho que estava num cântaro foi derramado numa taça de estanho. Meu pai comeu um pedacinho de pão, bebeu um gole de vinho, cuja proveniência eu também sabia — era de um albergue conhecido. Depois, passou a taça a um dos velhos. Todos pareciam solenes, indiferentes. Tenso, eu olhava, mas não podia ver nem adivinhar se algo de particular lhes ocorria. Tudo se passava como nos outros atos religiosos: batismos, enterros etc. Tinha a impressão de que tudo era praticado escrupulosamente, segundo a tradição. Meu pai também parecia esforçar-se por executar tudo de acordo com as regras e era preciso, portanto, que as palavras apropriadas fossem pronunciadas ou lidas com ênfase. Ninguém mencionou o fato de que mil oitocentos e sessenta anos haviam passado desde a morte de Jesus, tal como é costume nas comemorações dessa natureza. Não percebi nem tristeza, nem alegria, e, segundo me pareceu, a festa foi insignificante sob todos os pontos de vista, dada a extraordinária significação da personalidade celebrada. Não podia ser comparada às festas leigas.

Chegou então a minha vez. Comi o pão: era insípido, como esperava. Tomei um pequeno gole de vinho, ácido e não dos melhores. Depois, fizemos a prece final e todos saíram, nem oprimidos, nem alegres, e seus rostos pareciam dizer: "Ufa, acabou-se!"

Voltei para casa com meu pai, vivamente consciente de estar usando um chapéu novo de feltro negro e um traje negro, também novo, prestes a transformar-se num fraque: uma espécie de casaco, que se alongava atrás, na parte inferior, formando duas pequenas abas separadas por uma fenda, com um bolso onde se podia pôr o lenço — o que me parecia constituir um gesto viril, adulto. Sentia-me elevado socialmente, admitido na comunidade dos homens. Houve também nesse dia um almoço particularmente bom. Tive a permissão de passear o dia inteiro com minha roupa nova. Estava vazio, porém, e não sabia o que se passava comigo.

Só pouco a pouco, durante os dias que se seguiram, emergiu a ideia: nada acontecera! Atingira, entretanto, o apogeu da iniciação religiosa, da qual esperava algo de inédito — sem saber ao certo o quê —, mas nada acontecera! Sabia que Deus teria podido provocar coisas insólitas, coisas de fogo e de luz supraterrestre. Aquela celebração solene, pelo menos para mim, não manifestara qualquer traço de Deus. Falara-se d'Ele, mas tudo se limitara a palavras. Não percebera nas outras pessoas nem desespero intenso nem comoção poderosa ou graça transbordante, e tudo isso constituía para mim a Sua essência. Nada observara de uma *communio*, nada semelhante a uma reunião ou a uma unificação. Unificação com quem? Com Jesus? Não se tratava acaso de um homem morto há mil oitocentos e sessenta anos? Por que unir-se a Ele? Era chamado o "Filho de Deus"? Tratar-se-ia de um semideus, tal como os heróis gregos? De que modo poderia um homem comum unir-se a Ele? Chama-se a isso "religião cristã", mas o que tem ela a ver com Deus, tal como eu O experimentara? Por outro lado, era perfeitamente claro que Jesus, o homem, tinha relação com Deus. Estava desesperado em Getsêmani e na cruz, depois de haver ensinado que o amor e a bondade de Deus eram os de um bom pai. Mas vira, então, quanto Deus pode ser terrível. Isso, eu podia compreender. Mas por que aquela pobre comemoração com pão e vinho? Pouco a pouco tornou-se claro para mim que aquela comunhão fora uma deplorável experiência. Dela, só resultara o vazio; pior ainda, uma perda. Sabia que nunca mais poderia participar dessa cerimônia. Para mim, não se tratava de uma religião, mas uma ausência de Deus. Não voltaria mais à igreja que, para mim, não era um lugar da vida, mas da morte.

Senti uma piedade imensa de meu pai. Compreendi de repente o trágico de sua profissão e de sua existência. Ele lutava contra uma morte, cuja presença não podia admitir. Cavara-se entre nós um abismo sobre o qual era impossível lançar uma ponte. Meu querido e generoso pai, que tanto me dera e que jamais me tiranizara! Não podia precipitá-lo no desespero, no sacrilégio necessário para que chegasse à experiência viva da graça de Deus. Somente Deus o poderia, eu não tinha esse direito; seria desumano. Deus não é humano, pensei. É uma das marcas de Sua grandeza que nada de humano O atinja. É ao mesmo tempo bom e terrível e por esse motivo representa um grande perigo, diante do qual os homens procuram naturalmente proteger-se. Agarramo-nos ao Seu amor e à Sua bondade unicamente para não sermos presas do tentador e do destruidor. Jesus também o sabe e é por isso que nos ensinou: "Não nos deixeis cair em tentação."

Foi assim que se rompeu minha união com a Igreja e com o mundo circundante, tal como os conhecia. Sofrera, ao que me parecia, a maior derrota da minha vida. A aproximação e a concepção religiosa, que eu julgava ser a única relação razoável com a totalidade do universo, havia ruído, e isso significava que eu não podia mais participar da fé em geral. Estava enredado no inexprimível, no "meu segredo" que não podia partilhar com ninguém. Era terrível e, pior ainda, vulgar e ridículo como uma gargalhada diabólica.

Pus-me a ruminar: o que devemos pensar acerca de Deus? O episódio da catedral desabara sobre mim; não fora eu que o inventara, assim como também não urdira o sonho que tivera aos três anos. Uma vontade mais forte do que a minha os impusera. Teria sido um conluio da natureza? Mas o que é a natureza senão a vontade do Criador? Acusar o Diabo de nada valeria, pois ele também é uma criatura de Deus. Só Deus era real — fogo devorador e graça indescritível.

E o malogro na minha comunhão? Teria sido um fracasso meu? Eu me preparara com a maior seriedade, esperando viver através dela a graça e a iluminação, mas nada disso ocorrera. Deus permanecera ausente. Por Sua vontade separei-me da Igreja e da fé do meu pai e de todos os outros, na medida que representavam a religião cristã. Caíra fora da Igreja e esse acontecimento turvou tristemente os anos que precederam o início de meus estudos universitários.

III

Comecei a procurar na biblioteca relativamente modesta de meu pai — que nessa época eu achava notável — livros que pudessem instruir-me acerca de Deus. Inicialmente, encontrei apenas as concepções tradicionais, mas nada do que buscava; por exemplo, um autor que refletisse por si mesmo; enfim, *A dogmática cristã*, de Biedermann, obra publicada em 1869, caiu-me às mãos. Tratava-se, ao que me pareceu, de um homem que edificara as próprias concepções. Aprendi em seu livro que a religião "é um ato espiritual de relacionamento do homem com Deus". Isso excitou meu espírito de contradição, pois entendia a religião como algo que Deus faz comigo, como um ato que provém d'Ele e ao qual estou completamente entregue, uma vez que Ele é o mais forte. Minha "religião" não supunha qualquer relação humana com Deus, considerando a impossibilidade de situar-me diante de algo tão deficientemente conhecido. Seria necessário instruir-me melhor acerca d'Ele, a fim de tornar possível essa relação.

No capítulo "Da essência de Deus", deparei com a ideia de que Ele se afirma como "personalidade", "passível de uma representação por analogia com o eu humano, embora seja único em seu gênero, supraterrestre, d'Ele dependendo todo o universo".

Na medida em que avançava na leitura da Bíblia, essa definição foi me parecendo aceitável. Deus tem personalidade e é o Eu do universo, da mesma forma que sou o eu da minha aparência psíquica e corporal. Choquei-me, então, com um obstáculo poderoso; a personalidade supõe um caráter, e um caráter não se confunde com outro, isto é, possui qualidades determinadas. Ora, se Deus é tudo, como poderia possuir um caráter discernível? Se possui um caráter, só pode ser o Eu de um mundo subjetivo determinado. Assim pois, que espécie de caráter ou de personalidade corresponde a Ele? Tudo depende disso, pois de outra forma seria impossível estabelecer com Ele qualquer relação.

Experimentei as maiores resistências para representar Deus em analogia com o meu próprio eu. Mais do que uma blasfêmia, tal coisa me parecia de uma pretensão sem limites. Meu eu era para mim mesmo um fato de difícil apreensão. Em primeiro lugar, tinha dois aspectos contraditórios: o eu nº 1 e o eu nº 2; depois, em ambos os casos, o eu era algo de extremamente limitado: estava submetido a todas as ilusões acerca de si mesmo, aos erros, humores, pecados, às emoções e paixões, menos capaz de vitórias do que sujeito a derrotas. Além disso, era infantil, vaidoso, egoísta, arrogante, sedento de amor, exigente, injusto, suscetível, preguiçoso, irresponsável etc. Para minha grande tristeza, faltavam-lhe muitas virtudes e talentos que admirava com inveja nos outros. Segundo uma tal analogia é que deveria representar a essência de Deus?

Procurei com zelo as outras qualidades de Deus e as encontrei, tal como apreendera em minha instrução religiosa. Assim, por exemplo, achei no parágrafo 172 que "a expressão mais imediata para a essência supraterrestre de Deus é: 1º *negativa* — 'sua invisibilidade para o homem' etc., 2º *positiva* — 'sua morada no Céu' etc." Foi uma catástrofe, pois imediatamente ressurgiu a imagem blasfema de Deus que, direta ou indiretamente (por intermédio do Diabo), se impusera contra a minha vontade.

O parágrafo 183 ensinou-me que "a essência supraterrestre de Deus em face do mundo moral" consistia em Sua "justiça" e que esta não era somente a de um "juiz", mas uma expressão de sua natureza sagrada. Esperara descobrir nesse parágrafo algo sobre a obscuridade de Deus, que me preocupava: Seu espírito de vingança, Sua irascibilidade perigosa, Seu comportamento incompreensível em relação aos seres criados por Sua onipotência. Em virtude dessa onipotência deveria ter sabido de antemão o quanto eram precárias Suas criaturas. Ora, agradava-Lhe também induzi-las em tentação, ou pô-las à prova, se bem que conhecesse de antemão o resultado de Suas experiências. Assim, pois, qual o caráter de Deus? Como julgaríamos uma personalidade humana que se comportasse dessa maneira? Não ousava pensar nisso; mas li depois que, embora "bastando-se de Si Mesmo, de nada mais precisava além de

Si", tendo criado o universo "para Sua satisfação": "enquanto o mundo natural Ele cumulou com Sua bondade", "o mundo moral, ele quis cumular com Seu amor".

Em primeiro lugar, eu me detive na desconcertante palavra "satisfação". Satisfação com o quê, ou com quem? Evidentemente, com o universo, pois Ele louvava e achava boa Sua obra. Mas este era um ponto com o qual não concordava. Sem dúvida, o universo era belo além de qualquer expressão, mas tinha um aspecto terrível. No campo, numa cidadezinha de poucos habitantes, onde quase nada acontece, "a velhice, a doença e a morte" são sentidas com maior intensidade, mas abertamente e com todos os detalhes. Embora tivesse apenas 16 anos, já presenciara muitas realidades da vida dos homens e dos animais; na igreja e na escola ouvira falar frequentemente acerca do sofrimento e da corrupção do mundo. Deus manifestara uma satisfação imensa com o Paraíso, mas também cuidara de que seu esplendor não durasse muito tempo, uma vez que nele pusera a serpente venenosa, o próprio Diabo. Que satisfação poderia isso causar-lhe? Estava certo de que Biedermann não concordaria com esta ideia, mas devido à ausência usual de reflexão em matéria religiosa, que me surpreendia cada vez mais, tagarelava de um modo edificante, sem perceber as tolices que dizia. Eu não acreditava que Deus sentisse uma satisfação cruel com o sofrimento imerecido dos homens e dos animais, mas não me parecia insensato supor que Ele tivera a intenção de criar um mundo de oposições, no qual um devorava o outro e onde a vida era um nascimento em vista da morte. As "maravilhosas harmonias" das leis da natureza pareciam-me um caos penosamente subjugado e o "eterno" céu estrelado, com seus caminhos predeterminados, se me afigurava um amontoado de acasos desordenados e sem qualquer significação, pois as constelações, combinações arbitrárias, não podiam ser realmente percebidas.

Em que medida cumulava Deus com Sua bondade o mundo natural? Tal ideia continuava obscura e mesmo extremamente incerta para mim. Era, sem dúvida, um desses pontos acerca dos quais não se deve refletir, mas simplesmente crer. Se Deus é o "Sumo Bem", por que Seu mundo, Suas criaturas são tão imperfeitos, tão corrompidos, tão lamentáveis? Evidentemente porque foram infectados e confundidos pelo Diabo, pensei. Mas o Diabo é também uma criatura de Deus. Procurei, então, ler acerca do Diabo, ponto que me pareceu muito importante. Reabri minha *Dogmática* e procurei a resposta à pergunta primordial das causas do sofrimento, da imperfeição e do mal, nada encontrando a respeito. Era o cúmulo! Essa dogmática não passava certamente de um belo palavrório, pior ainda, de uma tolice consumada que apenas obscurecia a verdade. Sentia-me decepcionado, e ainda mais: indignado.

Entretanto, outros homens como eu deveriam ter procurado a verdade em outros lugares e outras épocas; homens que pensavam razoavelmente, sem tentar enganar-se a si mesmos, nem aos outros, e que não fugiam à dolorosa verdade do mundo. Foi nessa época que minha mãe, isto é, sua personalidade nº 2, me disse de repente, sem qualquer preâmbulo: "Você precisa ler um dia o *Fausto*, de Goethe." Tínhamos em casa uma bela edição de Goethe. Li *Fausto*, que foi um bálsamo milagroso para minha alma. Disse a mim mesmo: enfim, eis um homem que leva o Diabo a sério e que efetua com ele um pacto de sangue. Afinal, é um adversário que tem o poder de contrariar a intenção divina de criar um mundo perfeito. Deplorei o modo de agir de Fausto; na minha opinião, não deveria ter sido tão parcial e tão facilmente logrado. Faltara-lhe inteligência e senso moral. Perder a alma com tanta leviandade parecia-me pueril. Evidentemente, era uma cabeça oca. Minha impressão foi também de que o essencial e significativo no drama residia na figura de Mefistófeles. Francamente, não teria lamentado de forma alguma que a alma de Fausto descesse aos infernos. A punição teria sido merecida. Afinal de contas, o "Diabo enganado" não me agradava em absoluto, pois Mefisto podia ser tudo, menos um diabo estúpido que alguns anjinhos tímidos conseguiriam ludibriar. Parecia-me que Mefisto fora enganado de um modo bem diferente: não obtivera o direito que fora firmado por escrito, e Fausto, esse companheiro fanfarrão e sem caráter, trapaceara até mesmo no Além. É verdade que sua puerilidade fora, então, desmascarada; mas não me parecia que ele tivesse merecido a iniciação nos grandes mistérios. Tê-lo-ia retido um pouco mais no Purgatório! O verdadeiro problema estava centrado em Mefistófeles, figura que me obcecou e que me pareceu obscuramente relacionada com o mistério das Mães. Em todo o caso, Mefistófeles e a grande iniciação final constituíram um acontecimento extraordinário e misterioso, nos confins do mundo da minha consciência.

Vi, assim, confirmado o fato de que havia ou houvera homens que encaravam o poder do Mal no mundo e, ainda mais, que percebiam o papel misterioso desempenhado por ele no sentido de libertar o homem das trevas do sofrimento. Assim, Goethe foi para mim um profeta. Não o perdoava, porém, de haver liquidado Mefistófeles com uma simples brincadeira com um *tour de passe-passe*. Era um recurso demasiadamente teológico, leviano e irresponsável. Lamentava que Goethe também houvesse sucumbido à tendência enganosa de tornar o Mal inócuo.

No enredo do livro, Fausto era uma espécie de filósofo. Ainda que se tivesse afastado da filosofia, esta o ensinara a abrir-se à verdade. Até então eu nunca ouvira falar em filosofia, de maneira que uma nova esperança despontou no meu horizonte. "Talvez", pensei, "algum filósofo terá refletido acerca dos problemas que me preocupam e poderá esclarecer-me".

Como não havia livros de filosofia na biblioteca de meu pai (eram suspeitos, porquanto valorizavam o pensamento), tive que me contentar com o *Dicionário geral das ciências filosóficas*, de Krug, segunda edição, 1832. Mergulhei imediatamente no artigo sobre Deus. Para meu desgosto, começava pela etimologia da palavra *Deus* (*Gott*) que, *indiscutivelmente,* provinha de "bom" (*gut*), e designava o *ens sum-mum* ou *perfectissimum*. Não é possível — assim continuava o artigo — provar a existência de Deus, nem o caráter inato da ideia de Deus. Esta poderia estar *a priori* no homem, se não em *actu*, pelo menos em *potentia*. De qualquer forma, era preciso que nossa "faculdade espiritual" já tivesse "atingido um certo desenvolvimento antes de ser capaz de criar uma ideia tão sublime".

Fiquei extremamente surpreso com essa explicação. "O que se passa com esses filósofos?", perguntei a mim mesmo. É evidente que só conhecem Deus por ouvir dizer. Os teólogos são diferentes: pelo menos estão convencidos de que Deus existe, embora façam afirmações contraditórias sobre Ele. O tal de Krug exprime-se de forma empolada; vê-se, no entanto, nitidamente, que desejaria afirmar sua convicção acerca da existência de Deus. Por que, então, não o confessa francamente? Por que finge pensar que "engendramos" a ideia de Deus e que tal coisa só é possível num certo estágio de nosso desenvolvimento? Pelo que sei, os selvagens que vagueiam nus pelas florestas também têm ideias deste gênero. Não são, porém, "filósofos" que se abancam para "criar uma ideia de Deus". Eu também nunca "inventei uma ideia de Deus". Naturalmente é impossível provar Sua existência. De que maneira uma traça que se alimenta de lã da Austrália poderia demonstrar às outras traças que a Austrália existe? A existência de Deus não depende de nossas demonstrações. Como, então, cheguei à certeza de que Deus existe?

Haviam-me explicado muitas coisas acerca disso, se bem que no fundo não podia acreditar no que me diziam. Nada me convencera. Minha convicção, portanto, não provinha daí. Nem mesmo se tratava de uma ideia, de algo pensado. Eu não representara ou imaginara algo, para em seguida crer. Por exemplo, a história do "Senhor Jesus" sempre me parecera suspeita e nunca acreditara verdadeiramente nela. No entanto, me fora inculcada com insistência muito maior do que a imagem de "Deus", sempre evocada num segundo plano. Por que Deus me parecia evidente? Por que os filósofos O abordavam como se fosse uma ideia, uma espécie de suposição arbitrária que se pode "inventar" ou não, à vontade, quando verdadeiramente Ele é tão manifesto quanto uma telha que nos cai na cabeça?

De repente ficou claro para mim que Deus era uma experiência imediata e das mais convincentes. Não fora eu quem inventara a terrível história da catedral. Pelo contrário, ela me fora imposta e eu tinha sido constrangido — com a maior crueldade — a pensá-la. Mas depois uma graça indizível me invadira.

Cheguei à conclusão de que, no tocante a esse assunto, algo não ia bem com os filósofos. Com efeito, sustentavam a curiosa ideia de que Deus é apenas uma hipótese a ser discutida. Não se referiam também às ações obscuras Dele nem as explicavam, o que era decepcionante. Segundo me parecia, elas eram dignas de atenção e de um exame filosófico cuidadoso. Naturalmente, constituíam um problema que causava sérias dificuldades aos teólogos. Foi grande a minha desilusão ao constatar que os filósofos pareciam ignorá-las.

Passei, pois, para o artigo seguinte, deparando com um parágrafo relativo ao Diabo. Se alguém imaginasse o Diabo como originalmente mau — dizia o parágrafo —, perder-se-ia em contradições manifestas, isto é, cairia num dualismo. Por isso, era melhor admitir que na origem o Diabo fora criado bom e que somente se corrompera por causa de seu orgulho. Para minha grande satisfação, o autor observava que essa afirmação já pressupunha o mal que pretendia explicar, isto é, o orgulho. Enfim, a origem do mal era "inexplicada e inexplicável", o que significava para mim: o autor, como os teólogos, não quer refletir acerca dessa questão. O artigo sobre o Mal e sua origem não me trouxe qualquer esclarecimento.

O que até aqui foi relatado se refere a processos separados por longos intervalos de tempo, através de vários anos. Dizem respeito exclusivamente à minha personalidade nº 2 e foram secretos. Entregava-me a esses estudos, que me fascinavam, na biblioteca de meu pai, que eu utilizava sem permissão, às escondidas. Nos intervalos, a personalidade nº 1 lia abertamente todos os romances de Gerstaecker e as traduções dos romances clássicos ingleses. Lia também as obras da literatura alemã, principalmente os clássicos, na medida em que a escola, com suas explicações inúteis e enfadonhas do óbvio, não me indispusera contra eles. Minhas leituras não obedeciam a qualquer plano; lia incansavelmente dramas, poesia lírica, história e, mais tarde, obras de ciências naturais. Ler era interessante e também me proporcionava uma distração benéfica. As ocupações da personalidade nº 2 provocavam cada vez mais meus humores depressivos: com efeito, no domínio dos problemas religiosos encontrava todas as portas fechadas e quando acaso uma delas se abria era para me decepcionar. As outras pessoas pareciam entregues a preocupações diferentes. Sentia-me absolutamente só com minhas certezas. Gostaria de ter encontrado algum interlocutor, mas não conseguia estabelecer com os outros um verdadeiro contato: pelo contrário, sentia nos demais espanto, desconfiança e medo de mim, e isso me inibia. Deprimido e desnorteado, punha-me a imaginar se ninguém vivera experiências semelhantes às minhas. As obras eruditas também não as mencionavam. Seria eu o único a vivê-las? E por que devia ser o único? Nunca me passou pela cabeça que pudesse ter perdido a razão, pois a luz e a obscuridade de Deus, se bem que opressivas para a minha sensibilidade, não me pareciam realidades incompreensíveis.

Sentia a "singularidade" para a qual era impelido como algo de ameaçador, uma vez que significava isolamento. Isso era ainda mais desagradável pelo fato de me escolherem, injustamente, para bode expiatório quando ocorria alguma coisa errada. Além disso, um episódio me deixara uma impressão marcante. Eu era um aluno mediano na aula de alemão: essa matéria — principalmente a gramática e a sintaxe — não me interessava; despertava a minha preguiça e me entediava. Os temas de composição pareciam-me em geral superficiais e estúpidos. Consequentemente, minhas provas nessa matéria eram descuidadas e forçadas. Era aprovado com notas regulares, o que não me desagradava, pois coincidia com a minha tendência geral de passar despercebido; queria, de qualquer modo, escapar a esse "maldito isolamento na singularidade", para o qual era impelido de várias formas. Minha simpatia voltava-se para os meninos de famílias pobres que, como eu, provinham do nada e às vezes me associava também com os poucos dotados; a tolice e a ignorância destes últimos irritavam-me frequentemente; mas por outro lado me ofereciam a vantagem, ardentemente desejada, de parecer ingênuo, disfarçando meu aspecto incomum. Tal "singularidade" começara a despertar em mim o sentimento desagradável de me ver possuidor inconsciente de odiosas qualidades que afastavam de mim mestres e colegas.

Foi nessa circunstância que, como um trovão, explodiu o seguinte acontecimento: tivéramos um tema de redação que, excepcionalmente, me interessara. Pus-me a trabalhar com afinco e fiz uma composição que me pareceu cuidada e bem-realizada. Esperava pelo menos um dos primeiros lugares; não o primeiro, que atrairia a atenção, mas um dos primeiros.

Nosso professor tinha o hábito de devolver as composições na ordem de seu mérito. A melhor delas foi, naturalmente, a do primeiro da classe. Seguiram-se as outras, enquanto eu esperava inutilmente que meu nome fosse pronunciado. Em vão. "É impossível", pensava, "que minha composição seja tão ruim a ponto de vir depois das piores! O que significa isso? Serei por acaso um *hors concours* e assim, pois, desagradavelmente assinalado e isolado?"

Quando todas as composições foram comentadas, o professor fez uma pausa, tomou fôlego e disse:

— Falta ainda uma dissertação: a de Jung. É a melhor de todas e mereceria o primeiro lugar, mas infelizmente é uma fraude. De onde você a copiou? Confesse a verdade!

Levantei-me, tão espantado quanto furioso, e exclamei:

— Não a copiei; pelo contrário, esforcei-me por fazer um bom trabalho!

O professor, entretanto, começara a repreender-me:

— Você está mentindo! É incapaz de escrever uma composição como esta! Ninguém pode acreditar! De onde você a copiou?

Protestei em vão minha inocência. O professor, inabalável, replicou:

— Se eu soubesse de onde a copiou, poderia expulsá-lo da escola!

E então me voltou as costas. Meus colegas lançavam-me olhares de suspeita e vi, com terror, que pensavam: "Ah, então é isso!" Meus protestos não encontraram qualquer eco.

Senti que a partir desse instante estava marcado a fogo e que todos os caminhos possíveis para fora da minha solidão haviam sido cortados.

Profundamente decepcionado e ferido, jurei vingar-me do professor. Se a ocasião tivesse se apresentado, creio que as coisas ocorreriam segundo a lei do mais forte. Mas de que modo poderia provar que não copiara a dissertação?

Durante muitos dias essa história ocupou meu pensamento e eu sempre chegava à conclusão de que estava entregue, impotente, a um destino cego e estúpido, que fazia de mim um mentiroso e um impostor. Compreendi muitos fatos que antes me haviam parecido confusos: por exemplo, por que um professor dissera a meu pai, quando este se informara acerca do meu comportamento na escola: "Ele não ultrapassa um nível médio, mas é muito aplicado." Consideravam-me, pois, relativamente tolo e superficial. No fundo, isso não me aborrecia. Mas o que me enfurecia era o fato de me julgarem capaz de uma fraude, o que significava uma condenação moral.

Minha tristeza e cólera ameaçavam ultrapassar os limites. Porém produziu-se em mim algo que já ocorrera em outras ocasiões: fez-se de repente um grande silêncio, como se uma porta isolante me separasse de um recinto ruidoso. Fui tomado por uma curiosidade fria e no meu íntimo surgiu esta pergunta: "O que está acontecendo? Como você está agitado! O professor é evidentemente um tolo que não compreende sua maneira de ser, ou melhor, não a compreende do mesmo modo que você mesmo não se compreende. É este o motivo pelo qual se mostra desconfiado, como você também o é. Você desconfia dos outros e de si mesmo. Por isso se aproxima dos simples, dos ingênuos, daqueles que pode dominar. Quando não compreendemos algo, caímos facilmente em estados de excitação."

Diante dessas considerações *sine ira et studio* (sem ressentimento nem favor), fiquei admirado pela analogia àquele outro pensamento que se me impusera com tanta insistência, quando tentara reprimir a fantasia proibida. Evidentemente, naquela época não havia percebido a diferença entre as personalidades nº 1 e nº 2, e considerava o mundo do nº 2 como o que me dizia respeito, pessoalmente; entretanto existia sempre, no fundo, o sentimento de uma participação de alguma coisa que não estava em mim — como se eu tivesse sido tocado por um sopro vindo do universo astral e dos espaços infinitos, ou então como se um espírito invisível tivesse entrado no quarto: um espírito há muito desaparecido, mas persistente num presente intemporal, até o mais longínquo futuro. As peripécias desse gênero eram cercadas pelo halo de um nume.

Naturalmente, nessa época não teria podido me exprimir dessa maneira. Entretanto, nada acrescento agora ao meu estado de consciência de então — tento apenas esclarecer aquele mundo de penumbra com os meios de que hoje disponho.

Alguns meses depois do acontecimento que acabo de relatar, meus colegas de classe apelidaram-me de *Patriarca Abraão*. Meu nº 1 não podia compreender tal apelido, julgando-o tolo e ridículo. Mas no fundo ele me atingia. Qualquer alusão ao que se passava dentro de mim era penosa, pois quanto mais lia e tomava consciência do mundo da cidade, mais crescia a impressão de que tal realidade pertencia a uma outra ordem de coisas, diferente da imagem do mundo que crescera comigo no campo, em meio a rios e florestas, entre animais e homens, num lugarejo adormecido à luz do sol, sob um céu onde passavam as nuvens e o vento, ou envolvido por uma noite escura e misteriosa. Esse lugarejo não era apenas um ponto no mapa; era organizado e cheio de um sentido oculto, como o vasto mundo de Deus. Os homens, aparentemente, nada sabiam desse sentido, e os animais já o haviam esquecido. Eu percebia isso no olhar triste das vacas, no olho resignado dos cavalos, na submissão dos cães, tão dependentes dos homens, e até mesmo na atitude segura do gato que escolhera a casa e a granja para sua morada e território de caça. Os homens também pareciam inconscientes como os animais: olhavam a terra sob os pés e, em cima, as árvores, a fim de ver como poderiam utilizá-las e com que finalidade. À semelhança dos animais, reuniam-se grupos, acasalavam-se e lutavam entre si, sem perceber que habitavam o cosmos, o universo de Deus, a eternidade na qual tudo nasce e tudo já está morto.

Amava todos os animais de sangue quente porque são próximos e participam da nossa ignorância. Amava-os porque têm uma alma semelhante à nossa e porque, segundo acreditava, podemos compreendê-los instintivamente. Eles experimentam da mesma forma que nós — pensava eu — alegria e tristeza, amor e ódio, fome e sede, angústia e confiança, além de todos os conteúdos essenciais da existência, com exceção da linguagem e da consciência acerada da ciência. Naturalmente, admirava esta última, mas pressentia nela a possibilidade de um extravio, de um afastamento do mundo de Deus; ela poderia também significar uma degenerescência, à qual os animais são imunes. Para mim, estes eram bons, fiéis, imutáveis e dignos de confiança, enquanto os homens me inspiravam uma desconfiança crescente.

Os insetos não eram "verdadeiros animais"; os vertebrados de sangue frio constituíam um degrau intermediário, mais ou menos indiferente, um pouco acima dos insetos; estes eram objetos de observação e de coleção, curiosidades, pois me pareciam estranhos e extra-humanos, manifestações de seres impessoais, mais aparentados às plantas do que aos homens.

Com o reino vegetal começava a manifestação-terrestre do mundo de Deus, como uma forma de comunicação imediata: tal como se alguém tivesse olhado por sobre o ombro do Criador num momento em que Ele estivesse distraído, descobrindo então a maneira pela qual eram confeccionados brinquedos e peças de decoração. Quanto ao homem e aos "verdadeiros animais", eu os julgava partes de Deus, tornadas independentes. Desse modo podiam deslocar-se por iniciativa própria e escolher a própria morada. O mundo das plantas, pelo contrário, era preso aos riscos e perigos do seu habitat. Exprimia não apenas a beleza, mas também as ideias do mundo de Deus, sem a menor intenção, o menor desvio. As árvores, em particular, eram misteriosas e pareciam reproduzir imediatamente o sentido incompreensível da vida. Por esse motivo talvez é que a floresta representava o lugar perfeito para se sentir mais de perto o significado profundo e a atividade mais fremente da natureza.

Essa impressão intensificou-se quando conheci as catedrais góticas. Mas nelas, o infinito do cosmos e do caos, do sensato e do insensato, da intencionalidade impessoal e das leis mecânicas se achavam dissimuladas na pedra. Esta era, e ao mesmo tempo encerrava o mistério insondável do ser, a quintessência do espírito. Creio que nisso residia, obscuramente, meu parentesco com a pedra; tanto na coisa morta como no ser vivo jazia a natureza divina.

Naquela época, como já disse, não era capaz de formular com clareza meus sentimentos e intuições: eles se desenrolavam em meu personagem nº 2. Meu eu ativo e compreensivo, o nº 1, permanecia passivo e absorvido na esfera do "homem velho", o nº 2, que pertencia aos séculos. Eu o experimentava e à sua influência com uma espantosa irreflexão; sua presença fazia empalidecer a personalidade nº 1 até a extinção. Quando o eu que se tornava cada vez mais idêntico ao nº 1 ocupava o palco, o "homem arcaico" — se é que dele me lembrava — se transformava num sonho longínquo e irreal.

Dos 16 aos 19 anos meu dilema dissipou-se lentamente como uma nuvem. Meus estados depressivos melhoraram e o personagem nº 1 começou a preponderar. Fui absorvido pela escola e pela vida da cidade, e minha cultura, que aumentava, impregnou e recalcou cada vez mais o mundo das inspirações e dos pressentimentos. Pus-me então a aprofundar sistematicamente certos problemas que correspondiam a perguntas conscientes. Li uma pequena introdução à história da filosofia e assim adquiri uma visão de conjunto acerca de tudo o que já havia sido pensado. Com grande satisfação constatei que muitos dos meus pressentimentos tinham seus antecedentes históricos. Amei acima de tudo as ideias de Pitágoras, de Heráclito, de Empédocles e de Platão, apesar da longa trama da argumentação socrática. Eram belas e acadêmicas como uma galeria de quadros, embora longínquas. Em Meister Eckhart senti, pela primeira vez, o sopro da vida ainda que não o compreendesse muito bem. A escolástica cristã deixou-me indiferente e o intelectualismo aristotélico de São Tomás me pareceu mais árido do que um deserto. Pensava: eles pretendem atingir a força, por meio de artifícios lógicos, algo que não puderam compreender e que permanece ignorado; querem provar a si mesmos uma fé, quando na realidade se trata de uma experiência! — Davam-me a impressão de pessoas que sabiam por ouvir dizer que há elefantes, embora nunca os tivessem visto; tentavam então demonstrar logicamente, por meio de argumentos, que esses animais deviam existir tais como são. Naturalmente não compreendi de início a filosofia crítica do século XVIII. Hegel espantou-me com sua linguagem tão árdua quanto pretensiosa; considerei-o com franca desconfiança. Parecia-me um prisioneiro de seu próprio edifício de palavras agitando-se orgulhosamente na prisão.

    O grande achado de minhas investigações foi Schopenhauer. Pela primeira vez ouvi um filósofo falar do sofrimento do mundo, que salta aos olhos e nos oprime, da desordem, das paixões, do Mal, fatos que os outros filósofos apenas tomavam em consideração, esperando resolvê-los mediante a harmonia e a inteligibilidade. Encontrara, enfim, um homem que tivera a coragem de encarar a imperfeição que havia no fundamento do universo. Não falava de uma providência infinitamente boa e infinitamente sábia na Criação, nem de uma harmonia da evolução; pelo contrário, dizia claramente que o curso doloroso da história humana e a crueldade da natureza provinham de uma deficiência: a cegueira da vontade criadora do mundo. Tudo o que observara em minha infância confirmava essa visão: os peixes doentes e agonizantes, as raposas sarnentas, os pássaros mortos de frio e de fome, a tragédia impiedosa encoberta pelas campinas floridas: minhocas torturadas até a morte pelas formigas, insetos que se despedaçavam aos poucos etc. Por outro lado, minhas experiências acerca dos homens contradiziam a crença numa bondade humana original e em sua moralidade. Já me conhecia suficientemente para saber que não havia entre mim e um animal mais do que uma diferença de grau.

Aprovava sem restrições o quadro sombrio que Schopenhauer fazia do mundo, mas não concordava com sua maneira de resolver o problema. Estava certo de que seu termo "Vontade" correspondia, de certa forma, a Deus, ao Criador e que ele o considerava "cego". Como sabia por experiência própria que nenhuma blasfêmia pode ferir a Deus mas que, pelo contrário, Ele pode provocá-la para suscitar não só o aspecto luminoso e positivo do homem, como também sua obscuridade e sua oposição a Ele, a concepção de Schopenhauer não me chocou. Tomei-a como um julgamento provado pelos fatos. O que me decepcionou foi sua ideia de que o intelecto devia mostrar à Vontade cega sua própria imagem, espelhando-a, a fim de incitá-la a modificar-se. Mas como poderia a Vontade ver sua imagem num espelho sendo cega? E por que — se admitíssemos que ela pudesse ver — seria impelida a modificar-se, se a imagem só lhe mostraria o que ela desejava ver? O que significava o intelecto? Função da psique humana, ele não é um espelho, mas um espelhinho minúsculo que uma criança expõe ao sol, esperando que este se ofusque. Tudo isso me parecia extremamente inadequado. Não compreendia de forma alguma o que conduzira Schopenhauer a essa ideia.

Comecei a estudá-lo mais a fundo; sua relação com Kant pareceu-me cada vez mais evidente. A leitura das obras deste, principalmente a *Crítica da razão pura*, foi para mim um verdadeiro quebra-cabeça. Meus esforços, entretanto, foram compensados, pois acreditei ter descoberto o erro fundamental do sistema de Schopenhauer: este cometera o pecado mortal de fazer uma afirmação metafísica, hipostasiando e qualificando, no plano das coisas, um "número" ou "coisa em si". A teoria do conhecimento de Kant significou para mim uma iluminação provavelmente maior do que a pessimista imagem do mundo de Schopenhauer.

Esta evolução filosófica prolongou-se de meus 17 anos até um período avançado de meus estudos de medicina. Seu resultado foi a subversão total da minha atitude em relação ao mundo e à vida. Antes, fora tímido, ansioso, desconfiado, pálido, magro e de uma saúde aparentemente instável; tornei-me então mais seguro, sentindo um grande apetite sob todos os pontos de vista. Sabia o que queria e me esforçava por alcançá-lo. Mais acessível e comunicativo, descobri que a pobreza não é uma desvantagem e está longe de ser o motivo principal do sofrimento. Os filhos de pessoas abastadas não me pareciam favorecidos em relação aos jovens pobres e malvestidos. Felicidade e infelicidade dependiam de coisas bem mais profundas do que do dinheiro que se tem no bolso. O número de meus amigos aumentou e eram melhores do que antes. Sentia sob os pés um chão mais sólido e não me faltava a coragem de falar abertamente sobre minhas ideias. Mas logo vi que isso era um equívoco do qual me arrependi. Fiquei surpreso com a zombaria e também a recusa hostil. Admirado e decepcionado, descobri que alguns me julgavam um fanfarrão e um *blagueur*. A antiga suspeita de que eu era um trapaceiro ressurgiu, mas sob outra forma. O motivo foi também o de uma dissertação que me interessara. Eu escrevera com um cuidado todo particular, esforçando-me por aprimorar-lhe o estilo. O resultado não tardou, decepcionante:

— Eis uma composição de Jung — disse o professor. — Ela é simplesmente brilhante, mas de tal forma improvisada que é fácil constatar a falta de seriedade e de zelo com que foi escrita. Asseguro-lhe, Jung, que com essa leviandade você nunca triunfará na vida. Para isso, é necessário seriedade e consciência, trabalho e esforço. Olhe a composição de D... Sem ser brilhante, é honesta, conscienciosa e aplicada. É esse o caminho do sucesso na vida.

Não fiquei tão consternado como da primeira vez. O professor ficara — *contre coeur* — impressionado com o trabalho e não sugerira qualquer fraude. Protestei contra suas censuras, mas fui silenciado por esta observação:

— Segundo a *Ars poética*, o melhor poema é certamente aquele no qual não se sente o esforço da criação; mas não é esse o caso do seu trabalho. Estou convencido de que sua composição foi jogada levianamente sobre o papel, sem qualquer esforço.

Eu sabia, no entanto, que desenvolvera algumas ideias interessantes; o professor, porém, não se deteve nesse ponto.

Sem dúvida alguma esse caso me amargurou, porém mais penosa foi a desconfiança de meus colegas, porque me ameaçavam rejeitar ao abandono e à depressão antiga. Quebrei a cabeça perguntando a mim mesmo por que era alvo de tais calúnias. Uma análise cuidadosa da situação levou-me a compreender que desconfiavam de mim porque costumava fazer observações e alusões acerca de assuntos que não podia conhecer; por exemplo, aparentava conhecer algo sobre Kant, Schopenhauer ou então sobre a paleontologia, assuntos que não eram ensinados na escola. Essas constatações mostraram-me que, no fundo, os problemas prementes não pertencem à vida quotidiana mas, como o meu primeiro segredo, pertencem ao mundo de Deus, acerca do qual é melhor silenciar.

A partir desse momento evitei mencionar qualquer tema "esotérico" na presença de meus colegas; entre os adultos não havia ninguém com quem pudesse conversar, sem medo de ser tomado por fanfarrão e charlatão. O mais penoso entretanto foi o fato de ter sido perturbado e paralisado na tentativa de superar a separação dos dois mundos. Sempre ocorriam acontecimentos que me faziam sair da existência quotidiana, impelindo-me em direção ao infinito "mundo de Deus".

A expressão "mundo de Deus", que soa sentimental a certos ouvidos, não tinha essa conotação para mim. Pertencia ao "mundo de Deus" tudo o que era sobre-humano: a luz ofuscante, as trevas abissais, a gélida apatia do tempo e do espaço infinitos e o caráter grotesco e terrível do mundo irracional do acaso. Para mim, "Deus" era tudo, menos edificante.

IV

À medida que os anos passavam, meus pais e outras pessoas começaram a perguntar com mais insistência o que eu pretendia ser. Não sabia ao certo o que responder. Meu interesse voltava-se para diversos campos de estudo: por um lado, as ciências naturais me atraíam por serem fundadas em coisas reais e, por outro, sentia-me fascinado por tudo o que se referisse à história comparada das religiões. No primeiro caso, figuravam a zoologia, a paleontologia e a geologia; no segundo, a arqueologia greco-romana, egípcia e pré-histórica despertavam a minha curiosidade. Nessa época ignorava o quanto essa escolha de disciplinas tão diferentes correspondia à minha dupla natureza: as ciências naturais, com seus antecedentes históricos, me satisfaziam devido à sua realidade concreta; a ciência das religiões atraía-me com sua problemática espiritual, que implicava também a filosofia. Nas primeiras, lamentava a ausência do fator significativo; na segunda, a ausência do empirismo. As ciências naturais correspondiam, em larga medida, às necessidades intelectuais de minha personalidade nº 1. As disciplinas das ciências do espírito ou as disciplinas históricas, pelo contrário, representavam para o meu lado nº 2 um ensinamento benéfico.

Permaneci muito tempo nessa situação contraditória, sem atinar com o caminho desejado. Observei que meu tio mais velho, pelo lado materno, pastor em St. Alban, em Basileia, me impelia suavemente para a teologia. Não lhe escapara a extraordinária atenção com que eu seguia à mesa as discussões teológicas entre ele e seu filho, também teólogo. Eu supunha, afinal de contas, que os teólogos ligados às alturas vertiginosas da universidade poderiam saber mais acerca desses problemas que meu pai. No entanto, tais conversas à mesa não me deram a impressão de versarem sobre experiências reais, parecendo muito distantes das experiências que eu tivera: as discussões giravam principalmente em torno das doutrinas relativas aos relatos bíblicos e me causavam um certo mal-estar, devido aos inúmeros milagres citados, em que era difícil crer.

Na época em que frequentava o ginásio, meu tio costumava convidar-me para almoçar em sua casa todas as quintas-feiras. Sentia não só gratidão pelo almoço, como pela oportunidade que ele me proporcionava de acompanhar uma conversa inteligente e intelectual entre adultos. Que tais conversas existissem, já era para mim um grande acontecimento, pois no meio em que vivia nunca ouvira alguém falar sobre temas eruditos. Experimentava essa exigência em relação a meu pai, mas encontrava de sua parte apenas uma impaciência incompreensível ou uma recusa ansiosa. Só alguns anos mais tarde compreendi que meu pobre pai evitava pensar, pois sentia dúvidas profundas e dilacerantes. Fugia de si mesmo, insistindo na necessidade da fé cega que esperava atingir mediante um esforço desesperado e uma contração de todo o seu ser. E isso o fechava ao afluxo da graça.

Meu tio e meus primos discutiam tranquilamente acerca de opiniões dogmáticas dos Pais da Igreja e da teologia mais recente. Pareciam bem-acomodados na segurança de uma ordem evidente do mundo. Silenciavam o nome de Nietzsche, e Jacob Burckhardt era apenas reconhecido com reservas. Consideravam-no "liberal", "livre-pensador" além da medida, e isso tornava sua situação algo suspeita diante da ordem eterna das coisas. Sabia que meu tio ignorava o quanto eu estava afastado da teologia, embora lamentando muito ter que decepcioná-lo. Ter-me-ia sido impossível confiar-lhe meus problemas: imaginava muito bem a catástrofe que disso resultaria. Afinal de contas, não tinha com que me defender. Pelo contrário, a personalidade nº 1 ganhava francamente terreno à medida que meus conhecimentos de ciências naturais, ainda que modestos, se ampliavam, impregnados pelo materialismo científico da época. Só a grande custo, ela foi posta em xeque pelo testemunho da história e pela *Crítica da razão pura*, livro que aparentemente ninguém compreendia no círculo em que eu vivia. Meus teólogos, no entanto, citavam Kant com um tom elogioso, usando seus princípios sempre com o intuito de desacreditar pontos de vista adversos e nunca os próprios. No tocante a isso eu também nada dizia.

Sentia-me assim cada vez mais constrangido à mesa de meu tio e de sua família. As quintas-feiras tornaram-se dias negros, devido à minha má consciência habitual. Naquele clima de segurança e de calma social e espiritual eu me sentia cada vez mais deslocado, se bem que tivesse sede das gotas de estímulo espiritual que ocasionalmente emanavam desses encontros. Tinha a impressão de ser desonesto e maldito. Confessava a mim mesmo: "Sim, você é um impostor porque engana e mente a pessoas que o estimam. Não é culpa delas se vivem num ambiente de segurança espiritual e social, se nada sabem da pobreza, se sua religião é também uma profissão remunerada, se, como é evidente, não supõem que o próprio Deus pode arrancar um ser humano à ordem do próprio mundo espiritual, condenando-o à blasfêmia. Não posso lhes explicar tal coisa. Preciso, portanto, assumir o que essa situação tem de odiosa e suportá-la." Mas na verdade mal o conseguia.

Esse agravamento do conflito moral tornou meu aspecto nº 2 cada vez mais equívoco e desagradável a meus olhos. Não consegui silenciá-lo mais tempo. Tentei recalcar a personalidade nº 2, não o conseguindo. Podia esquecê-la quando estava na escola, diante de meus colegas e quando estudava ciências naturais, mas quando estava só, em casa ou ao ar livre, Schopenhauer e Kant reapareciam intensamente em meu espírito e, com eles, o grande "mundo de Deus". Meus conhecimentos de ciências naturais amoldavam-se a este último e o grande quadro se enchia de cores e formas. Então meu nº 1 e suas preocupações de escolha profissional desapareciam no horizonte, como um episódio insignificante da última década do século XIX. Depois, voltava dessas excursões pelos séculos adentro com uma espécie de ressaca. Eu, isto é, minha personalidade nº 1, vivia aqui e agora e devia decidir mais ou menos rapidamente acerca da profissão a seguir.

Meu pai falou-me várias vezes seriamente sobre esse problema: podia escolher a profissão que quisesse, menos a de teólogo! Entre nós já havia um acordo tácito: certas coisas poderiam ser ditas e feitas sem comentários. Ele nunca me questionara, por exemplo, pelo fato de quase nunca ir ao culto e jamais participar da comunhão. Quanto mais me afastava da Igreja, mais me sentia aliviado; sentia falta da música de órgão e do coral, mas não da "comunidade da paróquia". Ela nada significava para mim, pois aqueles que iam habitualmente ao templo pareciam ter menos "comunidade" entre si do que os "seculares". Estes, ainda que menos virtuosos, eram mais amáveis e seus sentimentos mais naturais, afáveis, calorosos, alegres e cordiais.

Tranquilizei meu pai: não tinha a menor vontade de ser teólogo. Hesitava entre as ciências da natureza e as ciências do espírito, fortemente atraído por ambas. Mas começava a ver que meu nº 2 não tinha *pied-à-terre*. Através dele, escapava ao "aqui e agora", sentindo-me como um dentre os milhares de olhos do universo; entretanto, por outro lado, tornava-me incapaz de erguer uma pedrinha do chão. O nº 1 revoltava-se: queria agir, ser eficaz, mas estava travado por um dilema à primeira vista insolúvel. Era necessário esperar e ver o que aconteceria. Nessa época, quando alguém me perguntava o que pretendia ser mais tarde, respondia habitualmente: filósofo, ao que associava secretamente arqueologia egípcia e assíria. Nas minhas horas de folga, em particular nas férias, ao lado de minha mãe e de minha irmã, estudava ciências naturais e filosofia. Já se fora o tempo em que corria atrás de minha mãe, protestando: "Estou aborrecido, não sei o que fazer!" As férias representavam o grande momento do ano em que podia me entreter a sós. Além disso, pelo menos no verão, meu pai se ausentava, passando geralmente suas férias em Sachseln.

Somente uma vez viajei nas férias. Tinha 14 anos e o médico me prescrevera uma estação de cura em Entlebuch, por causa da minha saúde vacilante e do meu apetite instável. Pela primeira vez fiquei só entre adultos desconhecidos, instalado na casa do padre católico da região. Isso era para mim, ao mesmo tempo, uma aventura temível e fascinante. Via pouco o padre, e sua governanta era uma pessoa lacônica e nada inquietante. Não me senti ameaçado: estava sob a vigilância de um velho médico rural que dirigia uma espécie de hotel-sanatório para convalescentes. Os hóspedes pertenciam a diversas classes: gente da aldeia, pequenos funcionários, comerciantes e algumas pessoas cultas de Basileia, entre as quais um químico que fizera o doutorado. Meu pai também era doutor em filologia e linguística. Entretanto, o químico constituiu para mim uma novidade extremamente interessante: era um doutor em ciências naturais, alguém que talvez compreendesse até mesmo o segredo das pedras! Jovem ainda, ensinou-me a jogar *croquet*, sem nada deixar transparecer de sua ciência (sem dúvida notável). Eu era muito tímido e desajeitado e, além disso, demasiado ignorante para lhe fazer perguntas. Admirei-o sem restrições, pois era o primeiro conhecedor dos segredos da natureza (ou de alguns dentre eles), que eu via em carne e osso. Sentava-se comigo à mesma *table d'hôte*, comia as mesmas coisas que eu e ocasionalmente trocava comigo algumas palavras. Sentia-me transportado à esfera superior dos adultos. O fato de poder participar das excursões dos pensionistas confirmava essa promoção. Num dos passeios visitamos uma destilaria, onde fomos convidados a provar várias bebidas. Nessa ocasião realizaram-se literalmente as clássicas palavras:

Aproximou-se então o horror:
Eis que a bebida era licor...

Os cálices sorvidos eram tão inebriantes que me levaram a um estado de consciência completamente novo e inesperado: não havia mais dentro, nem fora, eu, nem tu, personalidade n° 1, nem personalidade n° 2, prudência, nem ansiedade. O céu e a terra, o universo e tudo o que nele "rasteja ou voa", gira, ascende ou cai, tornaram-se uma só coisa. Embriagado, sentia-me ao mesmo tempo envergonhado e cheio de uma felicidade triunfante. Como que mergulhado num mar de reflexões bem-aventuradas, entregue à agitação das vagas, eu me agarrava com os olhos, com as mãos, com os pés a todos os objetos sólidos para manter o equilíbrio no caminho que ziguezagueava, entre árvores e casas oscilantes. Magnífico, pensava eu. Mas, infelizmente, um pouco além da medida! — A experiência terminou desastrosamente; entretanto, representou para mim a descoberta e o pressentimento de um sentido e de uma beleza que a minha estupidez infelizmente estragara.

No fim das férias meu pai veio buscar-me e me levou a Lucerna, onde — ó maravilha! — tomamos um barco a vapor. Nunca vira algo semelhante. Não me cansava de olhar a máquina em funcionamento. De repente avisaram que chegáramos a Vitznau. Acima da localidade ergue-se uma alta montanha, meu pai disse que era a Rigi e que um funicular levava ao seu cume. Fomos à pequena estação, onde vi a locomotiva mais estranha do mundo, com a caldeira erguida, obliquamente. Nos vagões, os assentos também eram inclinados. Meu pai pôs-me uma passagem na mão, dizendo: "Agora você pode ir sozinho ao Rigi-Kulm; espero aqui, porque duas passagens custam muito caro. Cuidado para não cair."

A alegria me emudeceu. Lá estava a enorme montanha, como eu jamais vira, semelhante às montanhas incandescentes da minha infância distante. Já era quase um homem: comprara uma bengala de bambu e um boné de jóquei inglês para a viagem, como convém àqueles que vagam pelo mundo, e agora estava diante daquela imensa montanha! Não sabia qual de nós dois era o maior: se era ela ou eu! Com seu resfolegar possante, a maravilhosa locomotiva me impelia às alturas vertiginosas, onde sempre novos abismos e novas distâncias se descortinavam ao meu olhar. Cheguei finalmente ao topo, num ar novo, leve e diferente, numa amplidão inimaginável. Sim, eu pensava, é o mundo, o meu mundo, o verdadeiro mundo, o mistério. Aqui não há professores, nem escolas, nem perguntas sem respostas; aqui não há nada a perguntar. — Eu caminhava cautelosamente pelos atalhos pois havia precipícios profundos. Era solene! O silêncio e o respeito se impunham: este era o mundo de Deus, real e palpável! Guardei tudo isso como o melhor e o mais precioso dos presentes que meu pai me oferecera.

A impressão desse passeio foi tão profunda que esqueci completamente os acontecimentos posteriores. A personalidade nº 1 também tivera o seu quinhão nessa viagem e suas impressões se mantiveram vivas durante a maior parte da minha vida. Eu me via adulto, independente, com um chapéu de feltro negro e uma bengala preciosa, no terraço de um Grande Hotel majestoso e elegante, sobre o cais de Lucerna, ou nos maravilhosos jardins de Vitznau sentado a uma pequena mesa de toalha branca sob o toldo iluminado pelo sol nascente, tomando café e comendo *croissants* cobertos de manteiga dourada e doces variados, projetando um passeio para o longo dia de verão. Depois do café, passearia tranquilamente, a passos lentos, antes de tomar o vapor que me levaria a Gotthard, ao pé das montanhas gigantescas, cujos picos são cobertos de geleiras cintilantes.

Esta fantasia reapareceu através de dezenas de anos, toda vez que, cansado depois de um grande esforço, procurava repousar. Na realidade, prometia a mim mesmo, continuamente, esse esplendor, mas nunca cumpri essa promessa.

Essa primeira viagem conscientemente vivida foi seguida por outra, um ou dois anos depois, quando fui visitar meu pai, que passava suas férias em Sachseln. Surpreendido, fiquei sabendo que ele travara relações de amizade com o padre católico da região. Achei sua atitude extraordinariamente audaciosa, mas admirei em silêncio sua coragem. Fiz uma visita ao ermitério de Flueli, onde estavam as relíquias do bem-aventurado Nicolas de Flüe. Espantava-me o fato de que os católicos soubessem que o irmão Nicolas era um bem-aventurado. Será que ele reaparecia na região para testemunhá-lo aos habitantes? Impressionado pelo *genius loci* (espírito do lugar), pude não só imaginar uma vida totalmente devotada a Deus, como compreendê-la, com uma espécie de frêmito interior; perguntava, entretanto, a mim mesmo, sem encontrar resposta: de que maneira sua mulher e seus filhos puderam suportar que aquele homem — também marido e pai — fosse um santo? Isto porque eu sentia que eram justamente certos erros e deficiências de meu pai que o tornavam digno de ser amado. Punha-me a refletir: como é possível viver com um santo? Evidentemente Nicolas de Flüe também achara difícil esse problema e se tornara eremita. A distância entre sua cela e sua casa, entretanto, não era muito grande. Não achei má essa ideia: saber que a família estava numa casa e que eu teria um pavilhão um pouco afastado, livros, uma escrivaninha e um fogão ao ar livre, onde poderia assar castanhas e suspender um caldeirão de sopa num tripé. Sendo um santo eremita, não precisaria mais ir ao templo, pois teria uma capela particular.

De Flueli, subi um trecho do caminho, perdido em meus pensamentos como num sonho. Ao voltar, descendo, surgiu à minha esquerda a silhueta esguia de uma jovem. Vestida com roupas regionais, seu rosto era lindo: cumprimentou-me com seus risonhos olhos azuis.

Descemos juntos até o vale. Creio que nossa idade devia ser aproximadamente a mesma. Não conhecia outras moças além das minhas primas, de modo que fiquei um pouco perturbado ao conversar com ela. Hesitante, comecei a explicar-lhe que estava passando alguns dias de férias na região, que era aluno no ginásio de Basileia e que depois pretendia continuar meus estudos. Enquanto falava, fui tomado por um estranho sentimento de "destino". "Ela apareceu neste instante preciso", pensei. "E caminha a meu lado, naturalmente, como se pertencêssemos um ao outro." Olhei-a de soslaio e surpreendi em seu rosto uma certa expressão de timidez e de admiração; fiquei confuso e um pouco emocionado. — Estaria o destino à espreita? Seria esse encontro um simples acaso? Uma jovem camponesa... Seria possível? Talvez seja católica e seu pároco o mesmo com o qual meu pai travou relações de amizade. Ela ignora totalmente quem sou. Não, não posso falar-lhe de Schopenhauer e da negação da vontade. Ela não parece de forma alguma inquietante! Talvez seu pároco não seja um jesuíta, um desses perigosos batinas-negras! Não posso também dizer-lhe que meu pai é um pastor luterano. Talvez ela ficasse espantada ou ofendida. Mas principalmente não devo falar-lhe em filosofia, nem no Diabo (bem mais importante do que Fausto; e que Goethe, indignamente, simplificou). Ela vive longe, no país da inocência, enquanto eu caí na realidade, no esplendor e na crueldade da Criação. Como suportaria ela este *fato*? Uma parede impenetrável nos separa. Não há nem deverá haver qualquer parentesco entre nós. Voltei a mim, o coração cheio de tristeza, e dei outro rumo à conversa. Ela ia para Sachseln? Que dia magnífico e que bela paisagem etc.

De um ponto de vista exterior este encontro foi insignificante mas subjetivamente foi de tal importância que me preocupou muitos dias, permanecendo mesmo indelével na minha memória como um marco à beira do caminho. Nessa época eu vivia ainda num clima infantil; a vida parecia uma sucessão de elementos isolados sem qualquer relação entre si. Quem poderia descobrir o fio do destino que liga São Nicolau à bela jovem que caminhou a meu lado?

Essa época da minha vida foi saturada de conflitos de ideias. Schopenhauer e o cristianismo, por um lado, não se conciliavam; por outro, meu nº 1 queria livrar-se da pressão ou da melancolia do nº 2. Mas não era este último o deprimido, e sim o nº 1, quando se lembrava do nº 2. Foi então, precisamente, que o choque dos contrários deu nascimento à primeira fantasia sistemática da minha vida. Ela apareceu por fragmentos e se originou, na medida em que me lembro, de um acontecimento que me agitara profundamente.

Foi num dia tempestuoso, o noroeste encapelava as ondas espumantes do Reno, e eu caminhava ao longo de sua margem, em direção à escola. Subitamente vi, como que vindo do norte, um barco com uma grande vela quadrada subindo o rio sob a tempestade, fato inédito para mim. Um barco a vela no Reno! Minha imaginação levantou voo. E se em lugar desse rio de corrente rápida, um lago cobrisse toda a Alsácia? Haveria então barcos a vela e grandes vapores. Basileia seria um porto digno de nota e moraríamos como que à beira-mar! Não haveria mais ginásio, nem esse longo caminho para a escola; eu seria adulto e organizaria minha vida. Haveria no meio do lago uma colina rochosa ligada à terra firme por uma estreita península, cortada por um canal; sobre este, uma ponte de madeira permitiria atingir o portal flanqueado pelas torres de uma cidadezinha medieval, construída nas encostas. No alto do rochedo ficaria um castelo, com seu torreão e mirante. Seria minha casa: não teria salões ou quaisquer pompas; seus quartos seriam de dimensões modestas, com lambris, e teria também uma biblioteca notável, onde haveria tudo que merecesse ser conhecido. Não faltaria uma coleção de armas e os baluartes seriam munidos de canhões imponentes. Enfim, uma guarnição de cinquenta homens aptos vigiaria o pequeno castelo. A cidadezinha teria algumas centenas de habitantes, seria governada por um prefeito e um conselho de anciãos. Eu seria o árbitro (embora aparecesse raramente nas reuniões), *juge de paix* e conselheiro. A cidadezinha teria um porto, onde flutuaria um navio de dois mastros munido de algumas pequenas peças de artilharia.

O *nervus rerum* (o nervo das coisas) e mesmo a *raison d'être* de toda essa história era o segredo do torreão que somente eu conhecia. Fora assaltado de repente pela seguinte ideia: na torre, do porão em abóbada à cumeeira, erguia-se uma coluna de cobre ou um cabo de aço grosso que se desfiava no alto em raminhos delgados como a copa de uma árvore, ou melhor, como um rizoma com suas pequenas radículas se erguendo no ar. Deste era retirado, através delas, algo indefinível, conduzido ao porão pela coluna de cobre cuja espessura era a de um braço. No porão havia uma aparelhagem estranha. Tratava-se de uma espécie de laboratório, no qual eu fabricava ouro com a substância secreta que as raízes de cobre retiravam do ar. Era verdadeiramente um arcano cuja natureza eu desconhecia. Não podia imaginar em que consistia o processo de metamorfose. Minha fantasia mantinha-se discreta e algo temerosa diante daquilo que se passava no laboratório. Havia como que uma proibição interior: não era permitido olhar mais de perto o processo nem aquilo que era extraído do ar. Reinava, portanto, uma atmosfera de timidez silenciosa, semelhante àquela a que Goethe se refere ao designar as "Mães": "Falar sobre elas é embaraçoso."

O "espírito" era para mim naturalmente algo inefável, mas no fundo não se distinguia essencialmente do ar muito rarefeito. Assim, pois, as raízes sugavam e transmitiam ao tronco uma espécie de essência espiritual que se tornava visível no porão sob a forma de moedas de ouro. Longe de ser um truque de mágico, tratava-se de um venerável segredo da natureza, vitalmente importante e que me fora misteriosamente revelado. Devia mantê-lo secreto diante do Conselho dos Anciãos e também diante de mim mesmo.

Felizmente, o caminho longo e aborrecido que levava à escola começou a tornar-se mais curto. Mal saía da sala de aula já me encontrava no castelo onde se processavam os trabalhos de transformação e havia sessões do conselho: os malfeitores eram condenados, resolviam-se os litígios enquanto os canhões troavam. As velas do barco eram içadas e ele zarpava conduzido com prudência para fora do porto graças a uma leve brisa; depois, aparecia atrás do rochedo, ultrapassando um forte vento noroeste. E eis que eu chegava à minha casa como se tivesse acabado de sair da escola. Saía então do meu sonho como quem abandona um veículo. Essa fantasia extremamente agradável durou alguns meses até aborrecer-me. Comecei a achá-la tola e ridícula. Em lugar de devanear pus-me a construir usando uma argamassa de pedrinhas e barro, erigindo castelos e praças habilmente fortificadas. Tomava por modelo a fortaleza de Hüningen com todos os seus detalhes, que se conservara até aquela época. Comecei a estudar ao mesmo tempo todos os planos de fortificação de Vauban, que eu descobrira, e assim fiquei conhecendo as expressões técnicas do assunto. A partir de Vauban, mergulhei no estudo dos métodos modernos de fortificação e procurei imitar-lhes a arte com os meios limitados de que dispunha. Assim preenchi minhas horas de ócio durante dois anos. Nessa época, minha inclinação pelas ciências naturais e pelo concreto reforçou-se à custa de minha personalidade nº 2.

Pensava: se sabemos tão pouco acerca das coisas reais, por que refletir sobre elas? Cada qual pode exercer sua imaginação, mas *saber*, verdadeiramente, é uma outra coisa. Permitiram-me assinar uma revista de ciências naturais cuja leitura despertava em mim um interesse apaixonado. Procurava e colecionava fósseis do Jura, minerais, insetos, ossos de mamute, ossadas humanas que encontrei num areal da planície do Reno e numa fossa comum que datava do ano 1811, perto de Hüningen. As plantas também me interessavam mas não cientificamente. Por uma razão secreta desaprovava que fossem arrancadas e dissecadas. Eram seres vivos que deviam crescer e florescer — possuíam um sentido oculto, misterioso, eram pensamentos de Deus. Devíamos olhá-las com respeito e sentir diante delas um pasmo filosófico. O que a biologia ensinava a seu respeito podia ser muito interessante, mas não era o essencial. Quanto ao que seria esse essencial, não podia concebê-lo com clareza. De que forma se situavam, por exemplo, diante da fé cristã ou da negação da vontade? Eu o ignorava. Pertenciam, evidentemente, ao estado divino da inocência que era melhor não perturbar. Quanto aos insetos, pareciam-me plantas desnaturadas, flores e frutos que haviam decidido rastejar com suas estranhas patas ou andas, voando com asas em forma de pétalas e de sépalas para cumprir seu papel de destruidores de plantas. Por causa dessa atividade, contrária à lei, condenei-os ao extermínio em massa e essas expedições punitivas eram dirigidas principalmente contra os besouros e lagartas. A "piedade para com todos os seres" limitava-se exclusivamente aos animais de sangue quente. Entre os animais de sangue frio só as rãs e os sapos eram poupados, devido à sua semelhança com os seres humanos.

ANOS DE ESTUDO

Apesar do meu interesse crescente pelas ciências naturais, voltava de vez em quando aos livros de filosofia. A necessidade de optar por uma carreira tornava-se cada vez mais urgente. Desejava ardentemente terminar minha vida de colegial, para então dedicar-me às ciências naturais: seria o meio de estudar algo de real. Mas ao formular essa ideia, era assaltado pela dúvida: não deveria estudar história e filosofia? Meu interesse voltava-se de novo para as civilizações do Egito e da Babilônia e sobretudo a arqueologia me tentava. Entretanto, meus recursos só permitiam que estudasse em Basileia, onde não havia sequer professores para isso. Assim, abandonei tal plano; mas não me decidia e adiava sempre a resolução no tocante à carreira a seguir. Meu pai começou a preocupar-se. Certa vez ouvi-o comentando: "O garoto se interessa por tudo, mas não sabe o que quer." Não pude deixar de concordar; chegado o momento de fazer o exame para a universidade em que era necessário decidir em que faculdade me inscreveria, disse então sem hesitar: "est. filos. II", isto é, estudante de ciências naturais, deixando meus colegas na dúvida se realmente queria dizer estud. filos. I ou II, de ciências ou de humanidades.

Essa decisão, aparentemente rápida, teve seus antecedentes. Algumas semanas antes, no momento em que meu nº 1 lutava com o nº 2 por causa da decisão, tive dois sonhos. No primeiro, caminhava através de uma floresta sombria ao longo do Reno. Chegando a uma pequena colina, na verdade um túmulo, comecei a cavar. Pouco depois, encontrei com grande espanto ossos de animais pré-históricos. Vivamente interessado, compreendi no mesmo instante que devia estudar a natureza, o mundo em que vivemos e todas as coisas que nos cercam.

No segundo sonho, encontrava-me de novo numa floresta. Havia córregos e no recanto mais sombrio vi, cercado por espessas brenhas, um açude circular. Na água, emergindo em parte, distingui uma forma singular e muito estranha: era um animal redondo, multicor e cintilante, composto de numerosas células pequenas, ou de órgãos semelhantes a tentáculos, um radiolário gigantesco, de cerca de um metro de diâmetro. Pareceu-me extraordinário que essa criatura magnífica tivesse ficado incólume naquele lugar oculto, sob a água clara e profunda. Isso despertou em mim um desejo intenso de saber, e então acordei com o coração batendo forte. Esses dois sonhos me impeliram irresistivelmente para o campo das ciências naturais, suprimindo as dúvidas anteriores.

Nessa ocasião eu estava plenamente convencido de que vivia num tempo e num lugar determinados e que era preciso ganhar a vida. Devia portanto optar por um caminho ou por outro e o fato de que todos os meus colegas estivessem convencidos dessa necessidade, sem qualquer perplexidade, me impressionava profundamente. Tinha mesmo a impressão de ser diferente. Mas por que a minha atitude seria singular? E qual o motivo pelo qual não conseguia fixar-me numa escolha definitiva? O esforçado D..., que meu professor de alemão erigira em modelo de aplicação e consciência, optara pela teologia. Reconheci que devia refletir sobre o assunto: se me tornasse zoólogo, por exemplo, só poderia ser professor ou, na melhor das hipóteses, um empregado de jardim zoológico. Não era uma perspectiva razoável, mesmo pretendendo pouco. Entretanto, teria preferido empregar-me num jardim zoológico do que levar uma vida de professor.

Neste impasse, ocorreu-me a ideia luminosa de que poderia estudar medicina. É estranho que este pensamento não tivesse aparecido antes, uma vez que meu avô paterno — sobre o qual tanto me haviam falado — era médico. Mas talvez fosse o motivo pelo qual sentia certa resistência contra essa profissão. "Não imitar ninguém", era a minha divisa. Pensei que a especialidade de médico começava com o estudo das ciências naturais. Por conseguinte, não ficaria de todo frustrado. Além disso, sendo tão variado o campo da medicina, haveria sempre a possibilidade de especializar-me numa direção. Optei afinal pela "ciência". Mas de que forma poderia fazer meus estudos? Precisava ganhar a vida e, como não tinha dinheiro, era impossível ir para uma universidade estrangeira e preparar-me para uma carreira científica. Poderia, na melhor das hipóteses, tornar-me um diletante da ciência. E como, além do mais, era pouco simpático aos olhos de muitos colegas e de pessoas competentes (ou seja, professores), despertando desconfiança e suscitando represnões, não tinha esperança de encontrar um protetor que apoiasse minhas aspirações. Decidi-me finalmente pelos estudos médicos, com o sentimento pouco agradável de que não era bom começar a vida por um tal compromisso. De qualquer forma, senti-me bastante aliviado por ter tomado essa decisão irrevogável.

Foi preciso então enfrentar o penoso problema de arranjar o dinheiro para os estudos. Meu pai podia fornecê-lo apenas em parte. Solicitou uma bolsa junto à universidade e, para minha vergonha, a obtive. Esse sentimento prendia-se menos ao fato de que nossa pobreza seria assim publicamente confirmada, do que à convicção de que todos os "superiores", isto é, os "competentes" não me viam com bons olhos. Jamais esperara essa bondade dos "superiores". Evidentemente, eu me aproveitara do prestígio de meu pai, homem bom e sem complicações. Sentia-me muito diferente dele. Tinha duas concepções divergentes acerca de mim mesmo: o nº 1 encarava minha personalidade nº 2 como a de um jovem pouco simpático e medianamente dotado, com reivindicações ambiciosas, um temperamento descontrolado, maneiras duvidosas, ora ingenuamente entusiasta, ora puerilmente decepcionado; no fundo, um obscurantista afastado do mundo. O nº 2 considerava o nº 1 como aquele que encarnava um dever moral difícil e ingrato, uma espécie de tarefa que deveria ser cumprida de qualquer forma, e que se tornara mais difícil devido a uma série de defeitos: preguiça esporádica, falta de coragem, depressão, entusiasmo inepto por ideias e coisas que ninguém apreciava, amizades imaginárias, estreiteza de espírito, preconceitos, estupidez (matemática!), falta de compreensão com os outros, confusão e desordem no que dizia respeito à visão do mundo; além disso, não era nem cristão, nem nada. O nº 2 não era, afinal, um caráter, mas uma *vita peracta*, nascido, vivo, morto; o tudo em um, visão total da natureza humana, de uma clareza impiedosa consigo mesmo, mas incapaz e pouco inclinado (se bem que o desejando) a exprimir-se por intermédio do espesso e obscuro nº 1. Quando o nº 2 predominava, o nº 1 ficava como um reino interior obscuro. O nº 2 se considerava como uma pedra lançada do extremo do mundo, mergulhando em silêncio no infinito da noite. Nele (no nº 2) reinava, entretanto, a luz como nos amplos recintos de um palácio real, cujas altas janelas se abriam para uma paisagem banhada de sol. Possuía sentido e continuidade histórica, num contraste violento com os acasos desconexos da vida nº 1, que não encontrava qualquer ponto de contato com o seu meio. O nº 2, pelo contrário, sentia-se num secreto acordo com a Idade Média personificada por Fausto e o peso do passado que obviamente levou Goethe à grande profundidade. Para este último (e isso era um consolo para mim), o nº 2 também fora uma realidade. Eu pressentia com horror que Fausto significava para mim mais do que o Evangelho de S. João que eu tanto amava. Em Fausto vivia algo que podia sentir de modo imediato. O Cristo de S. João era-me estranho, porém mais estranho ainda era o redentor dos outros evangelhos. Fausto era um equivalente vivo do nº 2; eu estava persuadido de que ele representava a resposta dada por Goethe à questão de seu tempo. Essa compreensão, além de consoladora, aumentava minha segurança íntima, dando-me a certeza de que eu fazia parte da sociedade humana. Não era mais o único, nem uma simples curiosidade, um *ludus* da natureza cruel. Meu padrinho e mentor era o grande Goethe.

Aqui se detinha esta compreensão provisória, pois apesar da minha admiração, criticava a solução final do *Fausto*. A desvalorização negligente de Mefisto me chocava, da mesma forma que a pretensão sem escrúpulos de Fausto, e principalmente o assassínio de Filemon e Baucis.

Nessa época tive um sonho inesquecível que me apavorou e encorajou ao mesmo tempo. De noite, num lugar desconhecido, eu avançava com dificuldade contra uma forte tempestade. Havia uma bruma espessa. Ia segurando e protegendo com as duas mãos uma pequena luz que ameaçava extinguir-se a qualquer momento. Sentia que era preciso mantê-la a qualquer custo, pois tudo dependia disso. Subitamente tive a sensação de que estava sendo seguido; olhei para trás e percebi uma forma negra e gigantesca acompanhando meus passos. No mesmo instante decidi, apesar do meu temor e sem preocupar-me com os perigos, salvar a pequena luz, através da noite e da tempestade. Ao acordar, compreendi imediatamente que sonhara com o "fantasma de Brocken", com minha própria sombra projetada na bruma pela pequena luz que eu buscava proteger. Sabia que essa pequena chama era a minha consciência, a única luz que possuía. O conhecimento de mim mesmo era o único e maior tesouro que possuía. Apesar de infinitamente pequeno e frágil comparado aos poderes da sombra, era uma luz, minha única luz.

Esse sonho trouxe-me um grande esclarecimento: sabia agora que o meu nº 1 era quem levava a luz, enquanto o nº 2 o seguia como uma sombra. Minha tarefa consistia em conservar a chama sem olhar para trás em direção à *vita peracta*, um domínio luminoso proibido, de uma espécie diferente. Era necessário continuar contra a tempestade que procurava fazer-me recuar e entrar na obscuridade imensa do mundo, onde não se vê, nem se percebe mais do que a superfície dos segredos insondáveis. Enquanto nº 1, devia progredir nos meus estudos, ganhar o pão de cada dia, numa situação de dependência em meio às complicações, às desordens, aos erros, às submissões e às derrotas. A tempestade que soprava contra mim era o tempo que flui incessantemente para o passado, permanecendo sempre nos meus calcanhares. Ele é uma sucção poderosa e atrai para si, avidamente, tudo o que existe: só escapamos dele — e por um momento — avançando corajosamente. O passado é muito real e presente, apoderando-se de todos aqueles que não podem libertar-se através de uma resposta satisfatória.

Nessa época, minha imagem do mundo sofreu uma rotação de 90 graus. Reconheci um caminho que me conduzia irremediavelmente para o exterior, rumo às limitações e obscuridade da tridimensionalidade. Parecia-me que outrora Adão abandonara da mesma forma o paraíso: este se transformara num espectro e ele deveria encontrar a luz lá, no campo pedregoso que trabalhara com o suor de sua fronte.

Perguntava a mim mesmo: "De onde veio esse sonho?" Até então achara natural que os sonhos fossem enviados diretamente por Deus *somnia a Deomissa*. Mas agora que incorporara a crítica do conhecimento, fui assaltado pela dúvida. Poder-se-ia dizer, por exemplo, que minha compreensão se desenvolveu lentamente e de repente irrompeu no sonho. O caso era precisamente este: não houve uma explicação, mas uma descrição do processo. O verdadeiro problema consistia em saber por que esse desenvolvimento se dera e por que irrompera na consciência. Eu nada tinha feito conscientemente para auxiliar tal desenvolvimento; pelo contrário, minhas simpatias voltavam-se para o outro lado. Seria preciso, pois, que algo estivesse atuando atrás dos bastidores, algo de inteligente; de qualquer modo, mais inteligente do que eu, pois jamais me teria ocorrido a ideia extraordinária de que o universo luminoso interior aparecesse à luz da consciência como uma sombra gigantesca. Compreendi, então, subitamente, uma boa parte daquilo que antes me parecera inexplicável; em particular, a sombra fria do estranho e do desconhecido que se apoderava das pessoas cada vez que eu fazia alusão a algo que evocava o reino interior.

Teria, sem dúvida, de abrir mão do nº 2, mas não deveria renegá-lo nem invalidá-lo de forma alguma diante de meus próprios olhos. Isso representaria uma automutilação, e além disso, não haveria mais qualquer possibilidade de explicar a origem dos sonhos que tive. Não duvidava de que o nº 2 tivesse relação com a produção dos sonhos e era fácil atribuir-lhe a inteligência superior postulada por eles. Sentia-me cada vez mais idêntico ao nº 1; na percepção que tinha do meu estado, o nº 1 parecia uma simples parte do nº 2, muito mais vasto e com o qual, portanto, não podia mais identificar-me. O nº 2 tornara-se, com efeito, um "fantasma", isto é, um espírito que crescera à sombra da obscuridade do mundo. Eu não sabia disso antes do sonho e, tal como posso constatar hoje, olhando para trás, essa consciência era muito vaga na época, se bem que emocionalmente eu não tinha a menor dúvida dessa interpretação.

Em todo o caso, uma separação se operara entre o nº 2 e eu, aproximando-me mais do nº 1. Este tornou-se, pelo menos alusivamente, uma personalidade de certo modo autônoma. Eu não o representava como uma individualidade precisa, a de um Zumbi, por exemplo, se bem que minha origem camponesa tornasse essa possibilidade aceitável. No campo, conforme as circunstâncias, acredita-se nessas coisas: elas são e não são ao mesmo tempo.

O único aspecto claro do nº 2 era seu caráter histórico, sua extensão no tempo, ou melhor, sua intemporalidade. É verdade que eu não o exprimia tão prolixamente, assim como não representava sua existência no espaço. Ele desempenhava o papel de um fator maldefinido, se bem que existisse definitivamente no fundo da minha vida.

O ser humano vem ao mundo com disposições físicas e espirituais particulares; em primeiro lugar, toma contato com o meio familiar e seu ambiente, com os quais se harmoniza numa certa medida, conforme sua individualidade. Mas o espírito familiar, por seu lado, traz em alto grau a marca do "espírito do tempo" que, enquanto tal, permanece inconsciente para a maioria dos homens. Quando o espírito familiar representa um *consensus omnium*, passará a significar segurança, mas se estiver em oposição ao ambiente, ou atingido por muitas contradições, criará um sentimento de insegurança diante do mundo. Ora, as crianças reagem muito menos ao que dizem os adultos do que os influxos imponderáveis da atmosfera circundante. Adaptam-se a esta inconscientemente, o que significa que nascem nelas correlações de natureza compensadora. As ideias "religiosas" particulares que me assaltaram desde a mais tenra infância nasceram espontaneamente como reação ao meu ambiente familiar, e é dessa forma que devem ser entendidas. As dúvidas religiosas às quais meu pai sucumbiria mais tarde há muito se preparavam em seu íntimo. Uma revolução desse gênero, tanto no mundo interior, como no mundo em geral, lança sua sombra precocemente e é tanto mais demorada quanto mais a consciência se revolta contra o seu poder. É compreensível que muito cedo certos pressentimentos tenham inquietado meu pai, atingindo também a mim.

Nunca tive a impressão de que tais influências emanavam de minha mãe; ela estava — não sei de que modo — ancorada num fundo invisível e profundo, que nunca me pareceu aparentado com a certeza da fé cristã. Esse fundo tinha, segundo me parecia, uma ligação com os animais, as árvores, as montanhas, os campos e os cursos d'água, o que contrastava singularmente com a superfície cristã e as manifestações convencionais de sua fé. Correspondia a minha própria atitude e por isso não me inquietava; pelo contrário, dava-me um sentimento de segurança e a convicção de que havia um fundo sólido sobre o qual poderia me apoiar. Nunca me ocorreu a ideia do "paganismo" desse fundamento. O aspecto nº 2 de minha mãe foi o apoio mais forte que senti nos conflitos que se preparavam entre a tradição paterna e as estranhas formas compensadoras que meu inconsciente tendia a criar.

Quando olho para trás, vejo quanto o desenrolar da minha infância antecipou os acontecimentos futuros e preparou os modos de adaptação ao fracasso religioso de meu pai e à perturbadora revelação da imagem do mundo de hoje. Esta última também não nasceu de um dia para o outro, mas lançou sua sombra há muito tempo. Se bem que tenhamos como homens nossa vida pessoal, nem por isso deixamos de ser, em larga medida, os representantes, as vítimas e os promotores de um espírito coletivo, cuja duração pode ser calculada em séculos. Podemos pensar durante toda a vida que seguimos nossas próprias ideias, sem descobrir que fomos os comparsas essenciais no palco do teatro universal. Pois há fatos que ignoramos e que entretanto influenciam poderosamente nossa vida por serem inconscientes.

Assim, pois, pelo menos uma parte do nosso ser vive nos séculos e essa parte é aquela que, para meu uso pessoal, chamei de nº 2. Ela não constitui uma curiosidade individual e a religião do Ocidente o prova, dirigindo-se — *expressis verbis* — ao homem interior; há cerca de dois mil anos esforça-se por fazê-lo patente à consciência superficial e ao seu personalismo: *Noli foras ire, in interiore homine habitat veritas.* (Não saias, é no interior do homem que habita a verdade.)

De 1892 a 1894 tive uma série de violentas discussões com meu pai. Ele tinha estudado línguas orientais em Gottingen, sob a direção de Ewald, e fizera sua tese sobre uma versão árabe do Cântico dos

Cânticos. Seu período heroico terminou com o exame final na universidade. Depois esqueceu seus dons filológicos; pastor em Laufen, perto das quedas do Reno, entregou-se a um entusiasmo sentimental, às lembranças de seus tempos de estudante, continuando a fumar seu longo cachimbo dessa época. A vida conjugal o decepcionara. Praticava o bem — em demasia. Consequentemente, estava quase sempre de mau humor e sofria de irritação crônica. Meus pais se esforçavam por levar uma vida piedosa e o resultado era a repetição frequente de cenas desagradáveis. Como é fácil compreender, sua fé entrou em crise, por causa dessas dificuldades.

Nessa época sua irritabilidade e insatisfação tinham aumentado e seu estado me preocupava. Minha mãe evitava tudo o que pudesse exasperá-lo e não dava margem a brigas. Eu reconhecia a sabedoria de sua atitude, mas às vezes não conseguia controlar meu temperamento. Diante das explosões emocionais de meu pai eu mantinha uma atitude passiva, mas quando seu estado de espírito parecia melhorar, tentava o diálogo, a fim de conhecer melhor o que se passava em seu íntimo e o que ele sabia sobre si mesmo. Estava convencido de que seu tormento tinha uma causa precisa ligada às suas convicções religiosas. Uma série de alusões me convenceram disso. Eu achava que a razão dessas dúvidas era a falta de uma vivência indispensável delas. As tentativas de discussão confirmaram essa impressão, pois todas as minhas perguntas eram seguidas de respostas teológicas sem vigor e que eu conhecia bem, ou de um alçar de ombros resignado que excitava meu espírito de contradição. Não podia compreender o motivo pelo qual não lutava, confrontando-se com sua situação. Percebia que minhas perguntas críticas o entristeciam, mas esperava chegar a um diálogo construtivo; parecia-me inconcebível que ele não tivesse a experiência de Deus, a mais evidente de todas. Eu estava suficientemente informado sobre a teoria do conhecimento para saber que é impossível provar a existência de Deus; mas esta se me afigurava tão evidente, que não havia necessidade de provas, da mesma forma que não é necessário provar a beleza de um alvorecer ou as angústias do mundo noturno. Procurava comunicar-lhe essa evidência, talvez desajeitadamente, esperando ajudá-lo a suportar seu destino inevitável. Era preciso que ele discutisse com alguém; na verdade, era o que fazia, com sua família ou consigo mesmo. Por que não discutia com Deus, o sombrio *auctor rerum creatorum*, o único e verdadeiro responsável pelo sofrimento do mundo? Certamente Ele lhe teria enviado um desses sonhos mágicos, de uma profundidade infinita, como aqueles que eu recebia sem pedir e que haviam selado meu destino. Não sabia como — mas era assim. Ele permitira mesmo que eu lançasse um olhar sobre Seu próprio ser; este último era evidentemente um grande mistério, que eu não devia nem podia revelar a meu pai. Tê-lo-ia talvez sugerido se meu pai estivesse em condições de apreender a experiência imediata de Deus. Mas em nossas conversas nunca chegávamos a tal ponto, nem mesmo no limiar dele; eu o abordava sempre de uma forma muito pouco psicológica, mas sim intelectual, afastando na medida do possível tudo o que pudesse tocar o sentimento, a fim de não provocar suas emoções. Tal aproximação, entretanto, atuava sempre como o pano vermelho diante do touro, provocando suas incompreensíveis crises de irritação. Eu não compreendia como um argumento totalmente racional se chocava com uma resistência emocional.

Essas discussões estéreis aborreciam-nos, a ele e a mim, e afinal acabamos cada qual com seu sentimento específico de inferioridade. A teologia nos tornara estranhos um ao outro. Isso representou para mim outra derrota irremediável, embora não chegasse a aguçar meu sentimento de solidão. Tinha o vago pressentimento de que meu pai era arrastado por um destino irremediável. Era um homem solitário. Não tinha um só amigo com o qual pudesse discutir; pelo menos, eu não conhecia ninguém em nosso ambiente que pudesse dizer-lhe as palavras salvadoras. Certa vez ouvi-o rezar. Ele lutava desesperadamente por sua fé. Fiquei extremamente emocionado e ao mesmo tempo indignado porque avaliei o quanto ele era a presa, sem esperança de libertação da Igreja e de seu pensamento teológico. Fora deslealmente abandonado por eles, que lhe haviam barrado todas as possibilidades de um contato direto com Deus. Então compreendi minha vivência em toda sua profundidade: Deus, em meu sonho, desaprovara a teologia e a Igreja fundada sobre ela. Por outro lado, tolerara a teologia como a tantas outras coisas. Parecia-me ridículo que os homens pudessem decidir acerca de uma tal evolução. Afinal, o que eram eles? Nasciam cegos e estúpidos como cãezinhos, se bem que dotados — como todas as criaturas de Deus — de uma luz escassa, incapaz de iluminar as trevas em que tateavam. Estava seguro disso e ainda mais: os teólogos que eu conhecia não pareciam ter visto de forma alguma "a luz que brilha nas trevas"; senão, por que ensinavam uma "religião teológica", que me parecia totalmente inútil, uma vez que a única coisa proposta era uma crença e sem esperança. Foi o que meu pai tentou com um esforço enorme, e fracassou. Por outro lado, não podia defender-se também do ridículo materialismo dos psiquiatras. Acaso não apelavam para a crença cega, exatamente como os teólogos? Era óbvio que faltava a esses dois mundos a crítica do conhecimento e a vivência.

Meu pai tinha a impressão de que os psiquiatras haviam descoberto no cérebro um lugar da alma, a "matéria", que nada tinha de "espiritual". Daí provinham certas advertências que me fazia: se estudasse medicina, não devia tornar-me materialista. Para mim isso significava que eu não devia sucumbir a qualquer crença, uma vez que os materialistas, da mesma forma que os teólogos, acreditavam em suas definições e eu sabia que meu pobre pai simplesmente saíra da frigideira para cair no fogo. Eu compreendi que a fé, tão enaltecida, lhe pregara uma peça fatal, não somente a ele, mas à maioria das pessoas sérias e instruídas que eu conhecia. O pecado capital da fé parecia residir no fato de preceder a vivência. Como sabiam os teólogos que Deus arranjara intencionalmente certos fatos e "abandonara" outros a si mesmos, e como sabiam os psiquiatras que a matéria possuía as propriedades do espírito humano? Eu não corria o perigo de cair no materialismo, o mesmo não se dando com meu pai. Alguém lhe falara sobre a "sugestão". Descobri que, nessa época, estava entregue à leitura do livro de Bernheim sobre o assunto, traduzido para o alemão por Sigmund Freud.[1] Este fato era novo e importante, pois até então só tinha visto meu pai ler romances e às vezes relatos de viagens. Todos os livros "inteligentes" e interessantes pareciam ser proibidos. Entretanto, nada disso parecia fazê-lo mais feliz: seus humores depressivos e sua hipocondria se multiplicavam e se agravavam. Há alguns anos queixava-se de todos os sintomas abdominais, sem que o médico pudesse constatar algo de preciso. Queixava-se agora da sensação de "ter pedras no ventre". Durante muito tempo não tomamos a sério suas queixas, mas finalmente o médico ficou preocupado. Estávamos no fim de 1895.

Na primavera tinha começado meus estudos na universidade de Basileia. O único período da minha vida em que me aborreci, o tempo de colégio terminara e as portas de ouro da *Universitas litterarum* e da liberdade acadêmica abriam-se diante de mim: ia aprender a verdade sobre a natureza e seus aspectos essenciais e adquirir o conhecimento de tudo quanto se sabia sobre o homem do ponto de vista anatômico e fisiológico e a isso se acrescentaria o conhecimento dos estados biológicos excepcionais: as doenças. Entrei, enfim, numa associação estudantil, a de Zofingia, à qual meu pai pertencera. No primeiro ano ele me acompanhou na excursão que fizemos a uma cidade produtora de vinhos, na região de Markgrafen; lá fez um discurso cheio de vivacidade que me permitiu entrever, com surpresa, o espírito jovial do seu tempo de estudante. Compreendi ao mesmo tempo, num relance, que sua vida se detivera definitivamente ao fim de seus estudos. Lembrei-me destes versos de uma canção estudantil:

Eles voltaram, os olhos postos no chão,
Para o país dos filisteus. E então
O jerum, jerum, jerum,
O quae mutatio rerum!

Estas palavras caíram pesadamente na minha alma. Ele tinha sido, tal como eu agora, um estudante entusiasta em seu primeiro semestre! O mundo se abrira para ele, como se abria para mim! Esteve diante dos tesouros infinitos do conhecimento tal como eu agora! O que poderia tê-lo quebrado, azedado, amargurado? Não achei resposta, ou melhor, achei muitas. O discurso que fez bebendo vinho nessa tarde de verão foi como que sua última lembrança vívida de outros tempos em que fora o que deveria ter sido sempre. Pouco depois, seu estado de saúde se agravou; caiu doente no fim do outono de 1895 e morreu no começo de 1896.

Nesse dia, voltei para casa depois das aulas e perguntei por ele. "Como sempre, muito fraco", disse minha mãe. Ele murmurou-lhe algumas palavras e ela me disse, indicando com o olhar seu estado delirante: "Ele quer saber se você já passou nos exames finais." Compreendi que devia mentir: "Sim, foi tudo bem." Ele suspirou aliviado e fechou os olhos. Pouco depois voltei para junto dele. Estava só. Minha mãe estava ocupada no quarto vizinho. Ele estertorava, e percebi que estava agonizando. Fiquei perto do leito, pregado no chão. Era a primeira vez que via a morte de um ser humano. De repente, ele parou de respirar. Esperei muito a respiração seguinte. Nada. Lembrei-me, então, de minha mãe e fui para o quarto vizinho: ela estava sentada, fazendo tricô perto da janela. "Ele está morrendo", disse eu. Ela aproximou-se do leito comigo e viu que estava morto. "Como tudo aconteceu depressa", disse admirada.

Os dias que se seguiram foram pesados e dolorosos. Poucas lembranças me restaram deles. De repente minha mãe disse com sua "segunda" voz, dirigindo-se a mim ou à atmosfera que me cercava: "Ele desapareceu na hora certa para você"; isto parecia significar: "Vocês não se compreendiam e ele poderia ser um obstáculo para você." — Tal atitude concordava com a personalidade nº 2 de minha mãe.

Esse "para você" tocou-me rudemente e senti que uma parte do passado estava definitivamente encerrada. Por outro lado, despertava em mim uma sensação de virilidade e liberdade. Depois da morte de meu pai instalei-me em seu quarto e tomei seu lugar na família. Assim, por exemplo, toda semana devia dar à minha mãe o dinheiro para as despesas da casa, pois ela era incapaz de lidar com as contas.

Seis semanas depois de sua morte, meu pai apareceu-me em sonho. Surgiu bruscamente diante de mim e disse que tinha voltado das férias. Tinha descansado e voltara para casa. Pensei que me censuraria, por ter-me instalado em seu quarto, mas ele não disse nada. No entanto, envergonhei-me por ter imaginado que ele tinha morrido. — Alguns dias depois o sonho se repetiu: meu pai voltara para casa, curado, e eu me censurava por tê-lo julgado morto. Perguntava a mim mesmo: "O que significa essa volta de meu pai nos sonhos? Por que tem um aspecto tão real?" Esse acontecimento inesquecível obrigou-me, pela primeira vez, a refletir sobre a vida depois da morte.

Depois da morte de meu pai surgiram graves problemas com o prosseguimento de meus estudos. Uma parte da minha família, do lado materno, achava que eu devia empregar-me como caixeiro numa casa de comércio, para ganhar dinheiro o mais depressa possível. O irmão mais moço de minha mãe ofereceu-lhe ajuda, pois o que tínhamos era insuficiente para viver. Um tio, do lado paterno, socorreu-me. Quando terminei meus estudos, devia a ele três mil francos. — O restante, ganhava como subassistente, além de ajudar uma tia velha a negociar uma pequena coleção de antiguidades. Vendi esses objetos peça por peça, vantajosamente, com um lucro que veio na hora certa.

Não lamento o tempo de pobreza, pois me ensinou a apreciar as coisas simples. Lembro-me muito bem que certa vez recebi de presente uma caixa de charutos. Senti-me um príncipe. Os charutos duraram um ano, pois não fumava mais do que um por domingo.

Olhando para trás, posso afirmar que meus anos de universidade foram felizes. Tudo era intelectualmente vivo; foi esse também o tempo da amizade. Fiz várias conferências sobre temas teológicos e psicológicos na Sociedade de Zofingia. Nossas conversas eram muito animadas e não se restringiam a problemas médicos. Discutíamos de Schopenhauer a Kant. Conhecíamos os diversos estilos de Cícero e nos interessávamos por teologia e filosofia. Tínhamos uma formação clássica e pertencíamos a uma tradição intelectual muito cultivada.

Albert Oeri era um de meus amigos mais íntimos. Nossa amizade durou até sua morte em 1950. Na realidade, essa relação era vinte anos mais velha do que nós, pois começara com a amizade de nossos pais no fim dos anos sessenta do século XIX. Mas enquanto o destino deles os separou nos anos que se seguiram, o nosso nos ligou, conservando-nos unidos até o fim pelos laços da fidelidade.

Conhecera Oeri como membro da Sociedade de Zofingia. Ele tinha muito humor, muita sensibilidade e calor, além de ser um excelente contador de histórias. Impressionava-me sabê-lo sobrinho-neto de Jacob Burckhardt, que nós, jovens estudantes de Basileia, venerávamos como o grande homem, já legendário, que vivera e atuara em nosso meio. Sim, por certos traços de sua fisionomia, por suas maneiras de se mover ou de se exprimir, Oeri nos lembrava um pouco a aparência desse homem raro. Através de meu amigo aprendi muitas coisas sobre Bachofen, que, assim como a Burckhardt, eu encontrara eventualmente na rua. Entretanto, mais do que essas exterioridades, o que me impressionava nele era o ar meditativo, a maneira de considerar os acontecimentos históricos, a maturidade de seu julgamento político, já marcante nessa época, a precisão às vezes desconcertante com a qual compreendia as personalidades contemporâneas e a capacidade de imitá-las espirituosamente. Seu ceticismo descobria a vaidade e o vazio mesmo sob os ouropéis mais brilhantes.

O terceiro membro de nosso clã era Andreas Vischer, que morreu prematuramente, depois de ter sido durante anos diretor do hospital Urfa, na Ásia Menor. Discutíamos no café Águia, em Weil, ou no Cervo, em Haltingen, diante de um copo de Markgrafler, em pleno sol, ou sob o clarão da lua. Essas conversas inesquecíveis representam o ápice da minha vida de estudante.

Como nossas profissões e moradias nos separavam, não nos encontramos com frequência no decênio seguinte. Mas quando a hora festiva do meio-dia da vida se aproximou para Oeri e para mim (tínhamos a mesma idade), o destino nos reuniu de novo muitas vezes. Aos 35 anos, sem prever o que a vida nos preparava, fizemos juntos uma viagem inesquecível no meu veleiro. Nosso mar era o lago de Zurique. A tripulação compunha-se de três jovens médicos que nessa época trabalhavam comigo. Nossa viagem a Walenstadt durou quatro dias, ida e volta. Velejávamos no Spinnaker, impelidos por um vento suave. Oeri levara a *Odisseia* na tradução alemã de Voss e leu em voz alta, durante a viagem, a aventura de Ulisses na ilha de Circe, a Nekyia, e a descida ao Hades. A luz fazia cintilar as águas do lago e uma bruma prateada iluminava suas margens.

"E então Circe, a deusa de cabelos cacheados, sublime e harmoniosa, envia-nos como bom companheiro o vento da viagem que infla com seu sopro a vela do navio de escura proa."

Entretanto, atrás das brilhantes imagens homéricas aparecia, enchendo-me de inquietação, a travessia maior do *pelagus mundi* que se abria diante de nós. Oeri, que até então hesitara, casou-se algum tempo depois; quanto a mim, o destino me presenteou, como a Odysseus, com uma Nekyia, com uma descida ao Hades sombrio.[2] Depois vieram os anos de guerra e revi raramente meu amigo. Assim terminaram as grandes palestras. Só falávamos sobre os acontecimentos do momento. Porém, estabeleceu-se, entre nós, um diálogo interior que pude adivinhar devido a certas perguntas isoladas que ele me fazia. Era um amigo inteligente, que me conhecia a seu modo. Essa compreensão tácita e sua fidelidade inalterável foram muito importantes para mim. No último decênio de sua vida encontramo-nos frequentemente, ambos pressentindo que as sombras se alongavam.

Durante a minha vida na universidade recebi muitos estímulos no tocante a problema religioso. Em casa tive o ensejo feliz de conversar com um teólogo, o vigário de meu falecido pai. Era um grande erudito, cujo interesse pelos fenômenos naturais chegava a eclipsar o meu. Devo a ele minha instrução no que se refere à patrística e à história dos dogmas; aprendi sobretudo uma quantidade de coisas sobre a teologia protestante. A teologia de Ritschl estava na ordem do dia. Sua concepção histórica e, principalmente, sua parábola da estrada de ferro me irritavam.[3] Os estudantes de teologia com quem eu falava sobre isso na Sociedade de Zofingia pareciam satisfazer-se com a ideia do efeito histórico causado pela vinda de Cristo. Esta ideia parecia-me estúpida e carente de vida. Resistia também à opinião que punha o Cristo no primeiro plano, dele fazendo o único personagem decisivo no drama entre Deus e o homem. Isto contradizia a própria concepção do Cristo, quando este afirmou que o Espírito Santo, pelo qual fora concebido, o substituíra junto aos homens depois de sua morte.

O Espírito Santo significava para mim uma ilustração adequada do Deus inconcebível. Suas ações eram de natureza sublime e, ao mesmo tempo, da espécie estranha e ambígua dos atos de Javé; eu identificava ingenuamente este último com a imagem cristã de Deus, tal como o compreendera na minha crisma.

Na época eu ainda não tinha consciência de que o Demônio propriamente dito só nascera com o cristianismo. O "Senhor Jesus" era para mim, indubitavelmente, um homem e portanto falível, um simples portador da palavra do Espírito Santo. Esta concepção nada ortodoxa, que se desviara de 90 ou 180 graus da concepção teológica, colidiu naturalmente com uma profunda incompreensão. O desencanto que senti me levou pouco a pouco a uma espécie de desinteresse resignado, robustecendo minha convicção de que só a experiência podia decidir este ponto. Podia dizer como o *Candide* de Voltaire, que li nessa época: *Tout cela est bien dit — mais il faut cultiver notre jardin*, o que significava para mim as ciências da natureza.

Durante meus primeiros anos de estudo universitário, descobri que as ciências naturais veiculavam uma infinidade de conhecimentos, mas sem grande profundidade e apenas em campos especializados. As leituras filosóficas me ensinaram que no fundo de tudo havia a realidade da psique. Sem a alma, não havia saber nem conhecimento profundo. No entanto, nunca se falava da alma. Ela era tacitamente suposta, mas mesmo quando mencionada, como em C.G. Carus, não era abordada em ideias precisas, mas segundo uma especulação filosófica de sentido ambíguo. Essa observação curiosa me deixava perplexo.

No fim do segundo semestre fiz uma descoberta: encontrei na biblioteca do pai de um companheiro de estudos, um historiador da arte, um livrinho dos anos 70 sobre a aparição de espíritos. Tratava-se de um relato a respeito dos primórdios do espiritismo, escrito por um teólogo. Minhas dúvidas iniciais dissiparam-se rapidamente: sem dúvida tratava-se, em princípio, de histórias semelhantes àquelas que desde a minha primeira infância ouvira no campo. O material era indubitavelmente autêntico. Mas a pergunta decisiva sobre a realidade física que essas histórias implicavam não era respondida com clareza. De qualquer modo, constatei que, evidentemente, em todas as épocas nos mais diversos lugares da terra as mesmas histórias eram contadas. Qual a razão disso? A eventualidade de que isso pudesse repousar em pressuposições religiosas idênticas devia ser afastada. Tratava-se então de algo relacionado com o comportamento objetivo da alma humana. Entretanto, nada se podia compreender sobre o problema essencial da natureza objetiva da alma, além do que diziam os filósofos.

Por mais estranhas e suspeitas que parecessem as observações dos espíritas, nem por isso deixavam de constituir os primeiros relatos sobre os fenômenos psíquicos objetivos. Nomes tais como os de Zoellner e de Crookes me impressionaram e li praticamente todos os livros sobre o espiritismo dessa época. Comentei o assunto com meus colegas, e com grande espanto constatei que reagiam não acreditando, por brincadeira, ou então por uma recusa ansiosa diante de tais fenômenos. Eu me espantava com a segurança de suas afirmações sobre a impossibilidade dos fantasmas, das mesas giratórias e com a certeza que tinham de que tudo isso era um embuste. Admirava-me também com a atitude de recusa que denunciava os de caráter mais medroso. É claro que não estava convicto da veracidade de tais fatos, mas afinal de contas por que não deveria haver fantasmas? De um modo geral, como poderíamos saber que algo é impossível? E o que significava aquela ansiedade? Quanto a mim, achava "essas possibilidades" extremamente interessantes e atraentes. Elas embelezavam minha existência: o mundo ganhava em profundidade. Perguntava a mim mesmo se os sonhos teriam alguma relação com os espíritos. *Os sonhos de um iluminado* de Kant caiu-me às mãos como de propósito e logo descobri também Karl Duprel, que interpretava essas ideias sob o ponto de vista filosófico e psicológico. Desenterrei Eschnmayer, Passavant, Justinus Kerner e Goerres e, além disso, li sete volumes de Swedenborg.

A personalidade nº 2 de minha mãe parecia aprovar o meu entusiasmo, mas o ambiente geral era desencorajador. Até então eu apenas colidira contra a rocha das ideias tradicionais; agora colidia com o aço dos preconceitos e com a incapacidade efetiva de abrir campo para as possibilidades não convencionais, mesmo por parte de meus amigos mais próximos. Para eles, meu interesse por essas coisas parecia ainda mais suspeito do que minhas preocupações teológicas! Tinha a sensação de ser empurrado até o limite do universo. Para eles, o assunto do meu interesse mais ardente não passava de poeiras, nuvens e até mesmo dava razão para ter medo.

Medo de quê? Eu não sabia. Afinal de contas, a ideia de que talvez certos acontecimentos escapassem às limitações das categorias de espaço, tempo e causalidade não era algo que pudesse abalar o mundo, algo de inaudito. Certos animais não pressentiam a tempestade e os tremores de terra? Não havia sonhos premonitórios da morte de certas pessoas? Relógios que se detinham no instante da morte de alguém? Copos que se partiam inesperadamente? Tudo isso era natural no mundo em que até então vivera, mas eis que de repente parecia que eu era o único a saber disso. Perguntava a mim mesmo, perplexo, em que mundo caíra! Naturalmente, esse era o mundo das cidades, que ignorava tudo acerca do campo, do mundo real das montanhas, de rios e florestas, dos animais e dos pensamentos divinos (plantas e cristais). Achei essa reflexão consoladora; em todo o caso ela aumentou minha autoestima, fazendo-me compreender que o mundo citadino, apesar da plenitude de seu douto saber, era espiritualmente limitado. Essa constatação foi, entretanto, perigosa para mim e me compeliu a atitudes de superioridade e a um gosto abusivo da crítica e da agressividade, que despertaram contra mim merecidas antipatias. Estas reforçaram as antigas dúvidas, meus sentimentos de inferioridade e humores depressivos — ciclo que decidi finalmente interromper a qualquer custo. Não queria permanecer afastado do mundo, nem adquirir a fama duvidosa de um personagem excêntrico.

Depois do primeiro exame propedêutico, tornei-me subassistente de anatomia, e no semestre seguinte o encarregado de dissecção confiou-me, para satisfação minha, a direção do curso de histologia. Interessei-me principalmente pela teoria da evolução, pela anatomia comparada e me enfronhei na teoria neovitalista. O que mais me fascinava era o ponto de vista morfológico no sentido mais amplo. Quanto à fisiologia, despertava em mim o sentimento oposto. Desagradava-me profundamente por causa da vivissecção, praticada com finalidade demonstrativa. Não podia libertar-me do sentimento de que os animais de sangue quente eram nossos parentes e não meros autômatos com cérebro. Sempre que possível, não ia às aulas de demonstração. Compreendia que era preciso experimentar usando os animais, mas nem por isso achava tais demonstrações menos bárbaras, horríveis e principalmente supérfluas. Tinha bastante imaginação para representar os processos demonstrados através da simples descrição. Minha piedade para com as criaturas não datava do meu encontro com a filosofia de Schopenhauer e suas atitudes budistas. Repousava sobre a base mais profunda de uma atitude de espírito primitivo, de identificação inconsciente com os animais. Ignorava, então, por completo essa importante realidade psicológica. Minha repulsão pela fisiologia era de tal ordem que me saí mal no exame dessa matéria. Apesar de tudo, fui aprovado.

Os semestres seguintes consagrados à clínica foram tão atarefados que só me restava pouco tempo para incursões em outros domínios; estudava Kant aos domingos. Li também, com ardor, E. von Hartmann; Nietzsche figurava em meu programa há já algum tempo, mas hesitava em lê-lo, pois me sentia insuficientemente preparado. Nessa época, ele era muito discutido e frequentemente rejeitado pelos estudantes "competentes" de filosofia. Isso permitiu-me tirar algumas conclusões acerca das resistências que reinavam nas altas esferas. A autoridade mais alta, naturalmente, era a de Jacob Burckhardt, cujas opiniões críticas sobre Nietzsche eram bastante conhecidas. Além disso, algumas pessoas que o conheceram pessoalmente narravam curiosidades a seu respeito, que não eram precisamente simpáticas. Em geral não conheciam seus livros e se atinham às suas atitudes exteriores, propícias a mal-entendidos: sua "pose" de cavalheiro, sua maneira de tocar piano, seus exageros estilísticos eram particularidades que irritavam os nervos dos habitantes da Basileia de então. Não foi isso, entretanto, que retardou minha leitura de Nietzsche (muito pelo contrário, teria sido um forte estímulo), mas eu nutria uma angústia secreta de ser parecido com ele, pelo menos no tocante ao "segredo" que o isolava de seu meio. Talvez — quem sabe — ele tivera aventuras interiores, visões que por desgraça quisera comunicar, e que ninguém compreendera. Evidentemente, era um ser fora de série ou, pelo menos, passava por tal: uma espécie de *lusus naturae*, o que eu não queria ser de forma alguma. Tinha medo de descobrir que, como Nietzsche, era um ser à parte. Naturalmente — *si parva componere magnis licet* — ele era um professor universitário, escrevera livros, atingira alturas vertiginosas; provinha, é certo, de uma família de teólogos, mas da grande e vasta Alemanha que se estendia até o mar, enquanto eu era um suíço, filho de um modesto pastor de uma cidadezinha fronteiriça. Ele falava um alemão erudito, sabia latim, grego e talvez francês, italiano e espanhol, enquanto eu dispunha com alguma firmeza apenas do dialeto germânico-basileu. De posse de todas essas maravilhas, ele tinha direito a certas excentricidades; quanto a mim, devia ignorar até mesmo em que medida poderia ser parecido com ele.

Apesar de meus temores, estava curioso e me dispus a lê-lo. Caiu-me nas mãos o livro *Considerações inaturais*. Entusiasmei-me e li em seguida *Assim falava Zaratustra*. Essa leitura, como a do *Fausto* de Goethe, foi uma de minhas impressões mais profundas. Zaratustra era o Fausto de Nietzsche, e a personalidade nº 2, o meu Zaratustra — naturalmente respeitando a distância que separa um monte de terra levantado por uma toupeira e o Mont Blanc. Achei Zaratustra mórbido. Seria ele também o meu nº 2? Essa possibilidade encheu-me de um temor que nunca ousara confessar a mim mesmo, mas que me deixava em suspenso, manifestando-se reiteradamente, de um modo inoportuno e que me obrigava a refletir sobre mim mesmo. Nietzsche descobrira o seu nº 2 mais tarde, depois da segunda metade de sua existência, ao passo que eu conhecia o meu desde a juventude. Nietzsche falava ingênua e irrefletidamente desse *arrheton*[4] (segredo), como se fizesse parte da ordem comum. Eu, entretanto, soube muito cedo que essa atitude leva a experiências negativas. Por outro lado, ele era tão genial que, muito jovem, fora convidado para ser professor em Basileia, sem pressentir no entanto o que iria acontecer-lhe. Seu gênio devia ter-lhe sugerido a tempo que algo não corria bem. Seu equívoco mórbido — pensei — fora o de expor seu nº 2 com uma ingenuidade e uma falta de reserva excessivas a um mundo totalmente ignorante de tais coisas e incapaz de compreendê-las. Ele alimentava a esperança infantil de encontrar homens que pudessem experimentar seu êxtase e compreender "a tramutação de todos os valores". Mas só encontrara filisteus eruditos e — circunstância tragicômica — fora também um deles. Como os outros, não se compreendeu a si mesmo ao cair no mundo do mistério e do indizível, pretendendo — além do mais — exibi-lo a uma massa amorfa e abandonada pelos deuses. Daí a ênfase da sua linguagem, a superabundância das metáforas, o entusiasmo épico que tentava em vão falar desse mundo votado a um saber absurdo. E — como um dançarino de corda — acabou por cair além de si mesmo. Nessa região, não se encontrava *dans le meilleur des mondes possibles*. Tornou-se, pois, um possesso, um homem que seu ambiente só admitia com meticulosa prudência. Entre meus amigos e conhecidos só dois homossexuais o aprovavam abertamente: um acabou por suicidar-se e o outro afundou-se como um gênio ignorado. Os demais, em presença do fenômeno Zaratustra, não ficaram perplexos, mas simplesmente insensíveis.

Fausto me abrira uma porta e Zaratustra fechara outra, violentamente e por muito tempo. Aconteceu comigo o mesmo que na história de um velho camponês. Suas duas vacas, por feitiçaria, ficaram com os pescoços presos num mesmo cabresto. Quando seu filho lhe perguntou como isso tinha sido possível, ele respondeu: "Henrique, não se fala dessas coisas!"

Percebi que é inútil falar aos outros sobre coisas que não sabem. Quem não compreende a injúria que inflige a seus semelhantes falando de coisas que ignoram é um ingênuo. Perdoa-se um tal descuido só ao prosador, ao jornalista, ao poeta. Compreendi que uma ideia nova, isto é, um aspecto inusitado das coisas só se afirma pelos fatos. Os fatos abandonados nem por isso desaparecem; um belo dia ressurgem, revelados por alguém que compreende seu significado. Percebi que até então só discorrera em lugar de apresentar fatos, uma vez que não os tinha nas mãos. Mais do que nunca me senti atraído pelo empirismo. Irritava-me com os filósofos que falam a respeito do que é inacessível à experiência, silenciando sempre que se trata de responder a uma experiência. Parecia-me ter caído alguma vez, em algum lugar, num vale de diamantes, sem conseguir convencer a ninguém, nem mesmo a mim, que os fragmentos de pedra que trouxera de lá — quando olhados mais de perto — eram algo mais do que simples cascalhos.

Em 1898 comecei a preocupar-me com minha futura carreira de médico. Chegara à conclusão de que devia especializar-me, mas só considerei a possibilidade de dedicar-me à cirurgia ou à medicina. Inclinei-me pela primeira por causa da minha formação particular em anatomia e da minha preferência pela anatomia patológica. É muito provável que tivesse escolhido a cirurgia como profissão se não me tivesse faltado o dinheiro indispensável. Mas já era extremamente penoso contrair dívidas para poder terminar meus estudos. Sabia que depois do exame final seria necessário começar a ganhar a vida o mais depressa possível. Foi este o motivo que me levou a pensar numa carreira de assistente de medicina em qualquer hospital do cantão, pois dessa forma era possível obter uma colocação remunerada mais rapidamente do que numa clínica; neste último caso, os empregos dependiam em grande parte da proteção ou da simpatia pessoal de seu dirigente. Dada minha popularidade duvidosa e a estranheza que eu suscitava frequentemente, não ousava pensar num acaso feliz e me contentei com a possibilidade modesta de encontrar uma vaga de assistente em algum hospital do lugar. O resto dependeria de minha aplicação, capacidade e eficácia.

Durante as férias de verão, um acontecimento exerceu uma profunda influência em mim. Certo dia, estudava em meu escritório e na sala vizinha, cuja porta estava entreaberta, minha mãe fazia tricô: era a sala de jantar, onde havia uma mesa redonda de nogueira que tinha pertencido à minha avó paterna há setenta anos. Minha mãe estava perto da janela, sentada numa poltrona, mais ou menos a um metro da mesa. Minha irmã estava na escola, e a empregada na igreja. De repente um estalido repercutiu, semelhante a um tiro de revólver. Sobressaltado, precipitei-me até a sala de onde viera o estampido. Minha mãe, espantada, mantinha-se sentada, o tricô lhe caíra das mãos. Olhando a mesa, balbuciava: "O que — o que aconteceu? Foi bem perto de mim!" Constatamos o que ocorrera: a tábua da mesa tinha rachado até mais da metade de seu comprimento, não numa parte colada, mas na madeira inteiriça. Fiquei perplexo. O que significava aquilo? A mesa era de nogueira, sólida, cuja madeira maciça secara há setenta anos, e rachara num dia de verão, apesar da umidade relativamente elevada como era habitual em nossa casa. Se o fato tivesse ocorrido perto da lareira acesa, num dia de inverno frio e seco, seria compreensível. Mas o que teria ocasionado uma tal explosão? Há acasos estranhos, pensei finalmente. Minha mãe fez um sinal com a cabeça e disse com a voz da sua personalidade nº 2: "Sim, sim, isso significa algo!" Fiquei impressionado e ao mesmo tempo contrariado por não compreender de forma alguma o que tinha acontecido.

Quatorze dias mais tarde voltei para casa às seis horas da tarde e encontrei minha mãe, minha irmã (que então tinha 14 anos) e a empregada extremamente agitadas. Uma hora antes ressoara de novo um barulho ensurdecedor. Dessa vez, não tinha sido a mesa já danificada; o estalido viera da direção do *buffet*, um móvel pesado do começo do século XIX. Elas haviam revistado o móvel, sem encontrar qualquer fenda. Comecei a examinar o *buffet* e tudo que o cercava, sem sucesso. Depois, explorei seu interior e conteúdo. Na gaveta em que se guardava a cesta de pão encontrei migalhas esparsas e, perto delas, uma faca, com a lâmina quase totalmente partida. O cabo encontrava-se num canto da cesta quadrada e nos três cantos restantes havia um pedaço de lâmina. Essa faca havia sido usada durante o café das quatro horas e depois guardada. Ninguém se aproximara mais do *buffet*.

No dia seguinte, levei a faca partida à oficina de um dos melhores cuteleiros da cidade. Ele examinou as bordas da ruptura com uma lupa e sacudiu a cabeça: "Esta faca — disse — é de boa qualidade, não há defeito no aço; alguém a partiu pedaço a pedaço, talvez introduzindo a lâmina na fenda da gaveta; ou então atirou-a de uma grande altura sobre uma pedra. É aço do bom, não pode estourar! Pregaram-lhe uma peça."[5]

Minha mãe e minha irmã estavam no quarto quando a súbita explosão as surpreendera. O nº 2 de minha mãe lançou-me um olhar significativo; eu me mantinha calado. Estava estupefato e não compreendia de forma alguma o que havia acontecido. Irritava-me ter que confessar meu profundo espanto. Por que e como a mesa rachara e a faca estourara? A hipótese do acaso me parecia uma mentira. Era improvável que algum dia o Reno corresse em direção à sua fonte, e outras possibilidades *eo ipso* também ficavam excluídas. O que tinha acontecido então?

Algumas semanas mais tarde vim a saber que alguns membros da minha família estavam lidando com mesas giratórias, em contato com uma "médium", uma jovem de pouco mais de 15 anos. Nesse círculo, pensavam colocar-me em contato com essa médium que era passível de estados de sonambulismo, além de lidar com fenômenos de espiritismo. Ao saber disso, pensei imediatamente em nossas aventuras singulares e supus que estivessem relacionadas com essa "médium". Então, organizei, regularmente, todos os sábados à noite, sessões com ela e com outras pessoas interessadas. Obtivemos comunicações, golpes nas paredes e na mesa. O fenômeno da movimentação da mesa parecia depender da "médium". Mas logo descobri que todas as condições limitadoras eram embaraçosas. Contentei-me, portanto, com a independência evidente dos golpes desferidos e voltei minha atenção para o conteúdo das comunicações. Expus os resultados de tais observações na minha tese.[6] As experiências prosseguiram durante cerca de dois anos; depois começou a manifestar-se um certo afrouxamento e surpreendi a "médium" tentando provocar fraudulentamente os fenômenos. Decidi com algum pesar interromper as experiências. Aprendi nessas sessões como nasce um nº 2, como ele impregna uma consciência infantil, que acaba por integrar. A jovem amadurecera precocemente. Aos 26 anos morreu de tuberculose. Eu a revi, certa vez, quando completara 24 anos e fiquei profundamente impressionado com a independência e com o amadurecimento de sua personalidade. Depois de sua morte seus pais me contaram que nos últimos meses de vida seu caráter se desintegrara progressivamente, devolvendo-a ao estado de uma criança de 12 anos: foi assim que dormiu seu último sono.

Tais fatos constituíram a grande experiência que sacudiu minha primeira filosofia, conduzindo-me a um ponto de vista psicológico. Tinha adquirido conhecimentos objetivos sobre a alma humana. Mas esta experiência, uma vez mais, não era passível de comunicação. Não podia confiar a ninguém este conjunto de coisas. Mais uma vez desviei-me de algo que merecia reflexão. Só alguns anos mais tarde nasceu de tudo isso minha tese de doutorado.

Na clínica médica, Friedrich von Mueller substituíra o velho Zimmermann. O espírito de Mueller despertou minha simpatia. Através dele vi como uma inteligência aguda se apodera de um problema e formula as dúvidas que, em si mesmas, já promovem uma quase solução. Quanto a ele, pareceu distinguir-me porque mais tarde, ao fim de meus estudos, me propôs acompanhá-lo como assistente a Munique, para onde tinha sido chamado. Seu oferecimento quase me levou a optar pela medicina interna. E creio que isso teria acontecido se um fato sensacional não suprimisse todas as dúvidas quanto à minha futura profissão.

Eu tinha seguido as lições clínicas de psiquiatria, mas o professor não era estimulante. E quando me lembrava dos efeitos que meu pai sofrera através de seus contatos com as clínicas e a psiquiatria em particular, não me sentia favoravelmente predisposto em relação a esta última. Ao preparar-me para os exames finais, o manual de psiquiatria foi o último livro que estudei, e esse fato não deixa de ser significativo. Sinceramente, minha expectativa não era favorável. Entretanto, lembro-me ainda de que ao abrir o livro de Krafft-Ebing[7] pensei: "Vejamos agora o que um psiquiatra tem a dizer sobre a matéria." Os cursos e a clínica não haviam deixado em mim a menor impressão. Não me lembrava mais do conteúdo dos casos clínicos apresentados, a não ser do tédio e do aborrecimento que me haviam causado.

Comecei pelo prefácio, a fim de descobrir de que maneira um psiquiatra introduz seu tema ou, melhor dizendo, de que forma justifica a própria existência. Para escusar-me dessa presunção devo lembrar que no mundo médico dessa época a psiquiatria era pouco prestigiada. Ninguém sabia grande coisa a seu respeito; não havia também uma psicologia que tivesse considerado o homem como uma totalidade e englobado suas particularidades patológicas, numa visão de conjunto. O diretor do asilo ficava fechado com seus doentes no mesmo estabelecimento, e este também se fechava em si mesmo, isolado e fora da cidade, como um velho lazareto de leprosos incuráveis. Ninguém gostava de olhar nessa direção. Os médicos sabiam pouco mais do que os leigos e, no entanto, partilhavam de seus sentimentos. A doença mental era considerada como um mal desesperado e fatal e esta sombra se projetava na psiquiatria. O psiquiatra — eu logo o saberia por experiência própria — era um personagem estranho.

Li então no prefácio: "Sem dúvida, é devido à particularidade desse domínio da ciência e à imperfeição de seu desenvolvimento, que os manuais de psiquiatria têm sempre um caráter mais ou menos subjetivo." Algumas linhas adiante, o autor denominava as psicoses "doenças da personalidade". De repente, meu coração pôs-se a bater com violência. Precisei levantar-me para tomar fôlego. Uma emoção intensa tinha se apoderado de mim: num relance, como que através de uma iluminação, compreendi que não poderia ter outra meta a não ser a psiquiatria. Somente nela poderiam confluir os dois rios do meu interesse, cavando seu leito num único percurso. Lá estava o campo comum da experiência dos dados biológicos e dos dados espirituais, que até então eu buscara inutilmente. Tratava-se, enfim, do lugar em que o encontro da natureza e do espírito se torna realidade.

Produziu-se em mim uma reação violenta quando li em Krafft-Ebing o que dizia respeito ao caráter subjetivo do manual de psiquiatria. Esta última — pensava eu — é em parte a confissão pessoal do autor que se manifesta mediante seus pressupostos e a totalidade de seu ser e que subentende a objetividade de suas constatações. O psiquiatra só pode responder à "doença da personalidade" pela totalidade da própria personalidade. Meus professores de clínica nunca me haviam dito algo de semelhante. Apesar de o manual em questão não se distinguir dos outros livros do mesmo gênero, tais esclarecimentos iluminaram o problema da psiquiatria me atraindo irremediavelmente para sua trilha.

Minha decisão fora tomada: quando a comuniquei a meu professor de medicina interna, li em seu rosto uma expressão de desapontamento e de espanto. Minha antiga ferida, o sentimento de singularidade e de isolamento tornaram-se de novo dolorosos. Mas agora eu compreendia melhor o porquê. Ninguém jamais pensou que eu pudesse interessar-me por esse mundo à parte, inclusive eu mesmo. Meus amigos ficaram admirados e desconcertados; achavam insensato que eu abandonasse a possibilidade imediata de uma carreira de medicina interna, tão valorizada naquele momento, tão atraente e invejável, por esse absurdo que era a psiquiatria.

Compreendi que optara por um caminho secundário por onde ninguém queria ou podia me seguir. Mas nada nem pessoa alguma poderia afastar-me dessa decisão: minha escolha era inabalável, um *fatum*. Dois rios tinham se reunido e me arrastavam em sua corrente poderosa, inexoravelmente para metas longínquas. Um sentimento de exaltação nascido do encontro e da unificação de uma "natureza desdobrada" transportou-me como uma onda mágica para os exames; fui aprovado, alcançando o primeiro lugar. Significativamente, o destino me deu uma rasteira (que sempre acompanha as maravilhas excessivas) na matéria que eu dominava melhor, a anatomia patológica, cometi o erro ridículo de ver apenas células epiteliais num corte microscópico, não percebendo ao lado de toda a espécie de detritos um ângulo em que se achavam os fungos. Em outras matérias tive a intuição do problema que me seria proposto e graças a isso venci certos obstáculos, "bandeira ao vento, tambores e trombetas!". Assim, pois, como que sucumbindo a uma vingança, caí grotescamente numa armadilha, na matéria em que estava mais seguro de mim mesmo. Se não fosse isso, teria passado nos exames com a nota máxima.

Outro candidato alcançou o mesmo número de pontos que eu. Era um indivíduo solitário, personalidade impenetrável para mim, e possivelmente banal. Só se podia falar com ele sobre "assuntos profissionais". Reagia a tudo com um sorriso enigmático que lembrava as figuras dos templos de Egina. Dele emanava, ao mesmo tempo, um sentimento de superioridade, uma impressão de inferioridade e de embaraço e nunca parecia completamente à vontade numa situação. Sem compreendê-lo, julgava-o, no entanto, um ambicioso quase maníaco: aparentemente, ele não participava senão dos fatos e conhecimentos médicos. Alguns anos depois de terminar seus estudos tornou-se esquizofrênico. Menciono esta coincidência como um fenômeno característico do paralelismo dos acontecimentos: em meu primeiro livro, consagrado à psicologia da demência precoce (esquizofrenia), propunha uma resposta à "doença da personalidade", com os pressupostos da minha personalidade: a psiquiatria, em seu sentido lato, é o diálogo de uma psique doente com a psique do médico, considerada "normal", o confronto da pessoa "doente" com a personalidade, em princípio também subjetiva, do médico empenhado no tratamento. Eu pretendia demonstrar que as ideias delirantes e as alucinações não eram somente sintomas específicos das doenças mentais, possuindo também um sentido humano.

Na noite da última prova, dei-me ao luxo — há tanto tempo desejado — de ir ao teatro pela primeira vez na minha vida. Até então minhas finanças não me haviam permitido tal extravagância. Sobrara um pouco do dinheiro da venda que fizera da coleção de antiguidades e isso me permitiu ir à ópera e viajar até Munique e Stuttgart.

Bizet embriagou-me e me subjugou como as vagas de um mar infinito e quando, no dia seguinte, o trem me transportou além da fronteira, rumo a um mundo mais vasto, as melodias da *Carmem* me acompanharam. Em Munique, pela primeira vez, vi antiguidades verdadeiras. Estas e a música de Bizet envolveram-me numa atmosfera cuja profundidade e importância apenas intuí, sem poder compreendê-la. Meu estado de espírito tornou-se primaveril, quase nupcial nessa semana cuja aparência exterior era sombria e cheia de brumas, do dia 1º ao dia 9 de dezembro. Em Stuttgart vi (pela última vez) minha tia, a sra. Reimer-Jung, filha de um primeiro casamento de meu avô, o professor C.G. Jung, com Virgínia de Lassaulfx. Era uma senhora de idade, encantadora, de olhos azuis e brilhantes e um temperamento muito ativo; seu marido era psiquiatra. Ela pareceu-me envolta num mundo de fantasias incompreensíveis e de lembranças irreprimíveis — último sopro de um passado prestes a desaparecer para nunca mais voltar; adeus definitivo à nostalgia da minha infância.

No dia 10 de dezembro de 1900 ocupei o meu lugar de assistente no hospital de Burghölzli, em Zurique. Estava satisfeito de instalar-me nessa cidade, pois, com o correr dos anos, Basileia me parecia cada vez mais acanhada. Seus habitantes achavam que nela tudo era "certo", de valor incontestável. Além da Birs, começava o "horror". Meus amigos não compreendiam minha partida e calculavam que eu voltasse num prazo curto. Mas isso não ocorreu. Em Basileia eu era, definitivamente, o filho do pastor Paul Jung e o neto do professor Carl Gustav Jung. Pertencia, assim, a um certo grupo intelectual e a um *set* social determinados. Sentia resistências em relação a isso, pois não queria, nem podia permitir que me envolvessem.

Considerava, entretanto, a atmosfera espiritual de Basileia superior e de um cosmopolitismo invejável. Mas o lastro da tradição era muito pesado para mim. Quando vim a Zurique, senti uma grande diferença. Não é o espírito, mas o comércio que rege as relações de Zurique com o mundo. Mas o ar é livre e gostei imensamente disso. Não se sentia em parte alguma a névoa sombria dos séculos passados, ainda que se deplorasse a ausência de um lastro cultural maior. Sinto ainda por Basileia um amor doloroso, sabendo que o tempo a mudou. Lembro-me dos dias em que era possível encontrar um Bachofen e um Jacob Burckhardt, quando, atrás da catedral, existia ainda a velha casa do cônego e a metade da antiga ponte sobre o Reno era de madeira.

Quando deixei Basileia, minha mãe sofreu com isso. Mas eu sabia que era impossível poupar-lhe essa mágoa e ela a suportou corajosamente. Vivia com minha irmã, nove anos mais nova do que eu e cuja natureza terna e doentia era diversa da minha sob todos os pontos de vista. Nascera para ser uma "solteirona"; não se casou, desenvolvendo no entanto uma personalidade notável que me causava admiração. Nascera uma *lady* e assim morreu. Foi submetida a uma operação julgada inofensiva, mas não sobreviveu a ela. Fiquei extremamente impressionado quando foi constatado que, antes de morrer, ela pusera em ordem todos os seus assuntos, até os mínimos detalhes. No fundo, sempre me fora estranha, embora sentisse um grande respeito por ela. Eu era muito mais expansivo do que ela, que pelo contrário estava sempre calma, mas que no fundo era extremamente sensível. Podia imaginá-la passando os dias num pensionato de aristocratas solteiras, como no caso da única irmã de meu avô Jung, alguns anos mais nova do que ele.[8]

Com meu trabalho no Burghözli, minha vida entrou numa realidade inteira, feita de intencionalidade, de consciência, de dever e de responsabilidade. Era o ingresso no claustro do mundo, a submissão ao voto de acreditar apenas no verossímil, no médio e no banal, naquilo que tivesse escassa significação; era o voto de renunciar a tudo o que fosse original e significativo e de banalizar tudo aquilo que não o era. Apenas importava as superfícies que nada cobriam: começo sem continuação, contingências sem relações, conhecimentos que se comprimiam em círculos cada vez menores, insuficiências que pretendiam ser problemas, horizontes de uma estreiteza opressiva, um deserto incalculável da rotina. Durante seis meses encerrei-me nas paredes desse claustro para habituar-me à vida e ao espírito de um asilo de alienados;

li, então, cinquenta volumes do *Allgemeine Zeitschrift für Psychiatrie* para fazer uma ideia da mentalidade psiquiátrica. Queria saber como o espírito humano reage à vista de sua própria destruição, pois a psiquiatria me parecia a expressão articulada dessa reação biológica que se apodera do espírito considerado são, diante da doença mental. Meus colegas pareciam-me tão interessantes quanto os doentes; foi por isso que nos anos seguintes estabeleci uma estatística, tão secreta quanto instrutiva, sobre as condições hereditárias de meus colegas suíços, tanto para minha formação pessoal, como para compreender a reação psiquiátrica.

Não é preciso dizer que a concentração e clausura voluntárias a que me submeti surpreendiam meus colegas. Naturalmente, eles não sabiam o quanto a psiquiatria me espantava, e como desejava conhecer seu conteúdo. Nessa época, não tinha ainda qualquer interesse terapêutico, mas as variantes patológicas daquilo que se chama "normalidade" me atraíam poderosamente, pois me ofereciam a possibilidade ardentemente desejada de conhecer mais a fundo a psique.

Nessas condições começou minha carreira psiquiátrica — a experiência subjetiva da qual emergiu a minha vida objetiva.

Não tenho vontade, nem capacidade de colocar-me fora de mim mesmo, a fim de olhar meu próprio destino a partir de um ponto de vista verdadeiramente objetivo. Poderia cair no frequente erro autobiográfico que consiste em alimentar a ilusão do que poderia ter sido, ou compor uma apologia *pro vita sua*. Afinal de contas, cada um de nós é um acontecimento que não pode julgar-se a si mesmo e que deve entregar-se *for better or worse* — ao julgamento dos outros.

Atividade psiquiátrica

Passei meus anos de aprendizagem na clínica psiquiátrica Burghölzli da universidade de Zurique. O problema que ocupava o primeiro plano de meu interesse e de minhas pesquisas era o seguinte: o que se passa no espírito do doente mental? Nesse momento ainda não o sabia, e entre meus colegas ninguém se interessava por isso. O ensino psiquiátrico procurava, por assim dizer, abstrair-se da personalidade doente e se contentava com os diagnósticos, com a descrição dos sintomas e dos dados estatísticos. Do ponto de vista clínico que então predominava, os médicos não se ocupavam com o doente mental enquanto ser humano, enquanto individualidade; tratava-se do doente número x, munido de uma longa lista de diagnósticos e de sintomas. Uma vez "rotulado" e carimbado com o diagnóstico, o caso era de certa forma encerrado. A psicologia do doente mental não desempenhava papel algum.

Nesta situação Freud foi essencial para mim, principalmente devido às suas pesquisas fundamentais sobre a psicologia da histeria e do sonho. Suas concepções me mostraram um caminho a seguir para as pesquisas posteriores e para a compreensão dos casos individuais. Freud introduzia a questão psicológica na psiquiatria, se bem que não fosse psiquiatra, mas neurologista.

Lembro-me ainda muito bem de um caso que nessa época me impressionou profundamente. Tratava-se de uma jovem que fora levada à clínica com o rótulo de "melancolia" e que se encontrava em meu departamento. Foram feitos todos os exames, com o cuidado usual: anamnese, testes, exame corporal etc. Diagnóstico: esquizofrenia ou, como então se chamava, "demência precoce". Prognóstico: mau.

Inicialmente, não ousei duvidar do diagnóstico. Era ainda jovem, um principiante, e não ousaria propor um diagnóstico diferente. No entanto, esse caso me parecia estranho. Tinha impressão de que não se tratava de esquizofrenia, mas de uma depressão comum, e tentei examinar a doente segundo meus próprios métodos. Ocupava-me nessa época com estudos-diagnósticos sobre as associações; fiz, pois, com a paciente a experiência das associações. Além disso, discuti com ela seus sonhos. Dessa forma consegui esclarecer seu passado, nele encontrando coisas essenciais que a anamnese comum não trouxera à luz.

Recebi desse modo as informações diretamente do inconsciente, do qual emergiu uma história obscura e trágica.

Antes de seu casamento, essa mulher conhecera um homem, filho de um grande industrial, partido que todas as jovens dos arredores cobiçavam. Como era muito bonita, acreditou poder agradá-lo e ser a escolhida. Mas, aparentemente, ele não se interessou por ela, que acabou se casando com outro.

Cinco anos mais tarde, um velho amigo visitou-a. Evocaram lembranças comuns e a certa altura ele lhe disse: "Quando você se casou, foi um choque para alguém... para X... [o filho do grande industrial]." Foi instantâneo. A depressão começou e, ao fim de algumas semanas, deu-se a catástrofe.

Certo dia estava dando banho em seus filhos; primeiro, na filha de quatro anos, depois em seu filho de dois. No país em que vivia, a distribuição de água, do ponto de vista da higiene, não era impecável. Havia água pura de fonte, para beber; mas para o banho e para lavar coisas só havia a água contaminada do rio. Enquanto banhava a filha viu que a menina chupava a esponja, mas não a impediu de fazê-lo. Quanto ao menino, fê-lo beber propositalmente um copo de água não purificada. Fez isso de modo inconsciente ou num estado de semiconsciência; ela já se achava no obscurecimento da depressão incipiente.

Pouco depois, passado o período de incubação, a menina teve tifo e morreu. Era a sua predileta. O menino escapou ileso. A depressão que já a atingira tornou-se aguda, e a mulher foi levada ao asilo.

Através da experiência de associações descobri que era uma criminosa e aprendi também muitos detalhes de seu segredo. Pareceu-me claro que era esse o motivo de sua depressão. Tratava-se essencialmente de uma perturbação psicogênica.

Do ponto de vista terapêutico, seu tratamento, até então, consistira na administração de remédios que lhe debelavam a insônia; além disso, vigiavam-na, supondo que poderia suicidar-se. De resto, nada mais se tentara, pois sua saúde física era boa.

Eu estava diante de um problema: "Devia ou não falar abertamente com ela? Devia tentar a grande operação?" Para mim isso era um problema de consciência bastante difícil, uma colisão de deveres sem igual. Teria que resolver o conflito, sozinho. Se consultasse meus colegas, certamente me diriam: "Pelo amor de Deus, não diga tais coisas a esta mulher! Ela ficará ainda mais louca!" Eu julgava, entretanto, que o efeito poderia ser inverso; não há verdade unívoca em psicologia... Uma pergunta pode ser respondida de uma forma ou de outra, conforme considerarmos ou não os fatores inconscientes. Tinha plena consciência dos riscos que também correria: se a doente caísse no abismo, eu também seria arrastado!

Decidi arriscar uma terapia, se bem que seu desfecho fosse bastante incerto. Contei à doente tudo o que descobrira através da experiência de associações. Foi extremamente difícil, pois não é pouca coisa a alguém que cometeu um crime! Foi trágico para a doente ouvir e aceitar esse fato. Mas depois de 15 dias saiu do asilo para nunca mais voltar.

Tive ainda outras razões de silenciar o fato a meus colegas: temia que discutissem esse caso, agitando talvez questões de medicina legal. Certamente, nada se poderia provar contra a doente; mas tais discussões poderiam ter consequências catastróficas para ela. Pareceu-me mais sensato que ela voltasse ao mundo para expiar sua falta. O destino já a punira bastante. Deixando o asilo, levou consigo um pesado fardo. Devia carregá-lo: sua expiação já começara com a depressão e o internamento; e a perda da filha fora algo de terrível para ela.

Em muitos casos psiquiátricos, o doente tem uma história que não é contada e que, em geral, ninguém conhece. Para mim, a verdadeira terapia só começa depois de examinada a história pessoal. Esta representa o segredo do paciente, segredo que o desesperou. Ao mesmo tempo, encerra a chave do tratamento. É, pois, indispensável que o médico saiba descobri-la. Ele deve propor perguntas que digam respeito ao homem em sua totalidade e não limitar-se apenas aos sintomas. Na maioria dos casos, não é suficiente explorar o material consciente. Conforme o caso, a experiência de associações pode abrir o caminho à interpretação dos sonhos, ou então ao longo e paciente contato com o doente.

Em 1905 tornei-me professor de psiquiatria, ocupando no mesmo ano o cargo de médico-chefe na clínica psiquiátrica da universidade de Zurique. Permaneci quatro anos nessa função. Depois, em 1909, fui obrigado a abandoná-la simplesmente porque meu trabalho se tornara excessivo. No curso dos anos, minha clientela particular aumentara de tal modo que não podia mais enfrentá-lo. Continuei, porém, minha atividade docente até 1913. Dei cursos de psicopatologia e, naturalmente, cursos sobre os fundamentos da psicanálise freudiana, assim como sobre a psicologia dos primitivos. Esses eram os temas principais. Durante os primeiros semestres os cursos mais importantes versaram sobre o hipnotismo, os trabalhos de Pierre Janet e de Flournoy. Mais tarde, o problema da psicanálise freudiana passou ao primeiro plano.

Nos cursos sobre a hipnose, ocupei-me da história pessoal dos doentes que propunha aos estudantes. Lembro-me bem de um desses casos.

Um dia, uma mulher de cerca de 58 anos, que demonstrava uma atitude religiosa diante da vida, veio visitar-me. Andava de muletas, conduzida por sua empregada. Há 17 anos sofria de uma paralisia dolorosa na perna esquerda. Fiz que se sentasse numa cadeira confortável e pedi-lhe que me contasse sua história. Começou queixando-se de seus males, depois desfiou a história de sua doença e de tudo que a ela se ligava. Finalmente a interrompi, dizendo: "Pois bem, agora não há tempo de continuar esta conversa, preciso hipnotizá-la." Apenas pronunciara estas palavras, ela fechou os olhos, entrando num transe profundo — sem a menor hipnose! Fiquei espantado, mas deixei-a tranquila. Ela começou a falar inesperadamente, a contar os sonhos mais estranhos, que evidenciavam uma profunda experiência com o inconsciente. Mas só compreendi esse fato bem mais tarde. Acreditei, nessa época, que se tratava de uma espécie de delírio. Entretanto, a situação se tornava embaraçosa. Mais de vinte estudantes assistiam a essa demonstração de hipnose.

Quando, ao fim de meia hora, quis despertar a doente, não o consegui. A situação era alarmante, e imaginei que talvez tivesse aflorado naquela mulher uma psicose latente. Passaram-se dez minutos e não conseguia acordá-la. Não queria que os estudantes percebessem minha ansiedade. Afinal ela voltou a si atordoada e confusa. Procurei tranquilizá-la: "Sou o médico, e tudo está bem." Então ela gritou: "Estou curada!" Jogando longe de si as muletas, pôs-se a andar. Senti que me ruborizava e disse aos estudantes: "Vocês podem ver o que é possível obter pela hipnose." Não tinha, porém, a menor ideia do que se passara.

Essa foi uma das experiências que me incitaram a renunciar à hipnose. Não podia compreender o que realmente ocorrera, mas a mulher se curara verdadeiramente e saiu muito feliz da clínica. Pedi que me desse notícias, pois previa uma recaída ao fim de umas 24 horas. Entretanto, as dores não voltaram e tive que aceitar, apesar de meu ceticismo, o fato de que estava curada.

No primeiro curso do semestre de verão do ano seguinte, ela reapareceu. Queixou-se dessa vez de violentas dores nas costas, que haviam começado um pouco antes. Não excluí a hipótese de que se relacionassem com o recomeço do meu curso. Talvez tivesse lido no jornal a notícia de minhas experiências. Perguntei-lhe quando a dor começara e qual fora a causa. Ela não se lembrava do fato e de nada que o explicasse. Finalmente, consegui descobrir que as dores haviam efetivamente começado no dia e na hora em que vira no jornal a notícia de meus cursos. Isso confirmava minha suposição, mas continuava a não compreender o que provocara a cura milagrosa. Hipnotizei-a de novo, ou melhor, ela caiu, como antes, espontaneamente em transe e voltou a si livre das dores.

Depois da consulta, a retive para obter alguns detalhes sobre a sua vida. Soube então que tinha um filho débil mental, que estava sob os cuidados do meu departamento. Eu de nada sabia, pois ela usava o nome do segundo marido, e o filho nascera de seu primeiro casamento. Era seu único filho. Naturalmente, ela esperara que fosse talentoso e bem-sucedido, e se decepcionara profundamente quando, ainda na infância, ele tornou-se presa de uma doença psíquica. Naquele momento eu era um jovem médico e representava tudo o que ela desejara para ele. Dessa forma todos os ambiciosos desejos de mãe heroica que ela acalentava recaíram sobre mim. Adotou-me então como filho e anunciou, *urbi et orbi*, sua cura maravilhosa.

Efetivamente, devo agradecer a ela minha fama local de mágico e, como a história logo se espalhou por toda parte, devo-lhe os primeiros clientes da minha clínica particular. Minha prática psicoterapêutica começou porque uma mãe me pusera em lugar de seu filho, doente mental! Naturalmente expliquei todas essas relações; ela aceitou tudo com compreensão e nunca mais recaiu.

Tal foi minha primeira experiência terapêutica real, e poderia mesmo dizer, minha primeira análise. Lembro-me, nitidamente, da conversa com essa velha senhora. Era inteligente e mostrou-se extremamente grata de que a tivesse levado a sério, participando de seu destino e também do destino de seu filho. Isso a ajudara.

Quando comecei a trabalhar em minha clínica particular, utilizei a hipnose, mas logo a abandonei por sentir que com ela se tateia na obscuridade. É impossível saber quanto tempo dura um progresso ou uma cura, e eu sentia sempre resistência em agir sem certeza. Não me agradava também decidir acerca do que o doente deveria fazer. Era bem mais importante descobrir a partir dele em que direção se desenvolveria naturalmente. Utilizei para isso uma minuciosa análise dos sonhos e de outras manifestações do inconsciente.

Durante os anos 1904-1905, organizei na clínica psiquiátrica um laboratório de psicopatologia experimental. Com um grupo de alunos estudava as reações psíquicas (isto é, as associações). Franz Riklin (o pai) era meu colaborador. Ludwig Binswanger escrevia, então, sua tese de doutorado sobre a experiência de associações em relação ao efeito psicogalvânico, enquanto eu redigia um estudo sobre o "Diagnóstico psicológico do estado de fato".[1] Havia também alguns americanos; entre outros, Carl Peterson e Charles Ricksher. Seus trabalhos foram publicados em revistas americanas especializadas. Devo aos "Estudos sobre as associações" o fato de ter sido convidado, mais tarde, em 1909, pela Clark University, para realizar conferências sobre os meus trabalhos. Na mesma ocasião, Freud também fora convidado. Ambos recebemos nessa ocasião o título de doutor *honoris causa*.

As experiências sobre associação e a experiência psicogalvânica tornaram-me conhecido na América; de lá vieram muitos doentes para me consultar. Guardei a lembrança de um dos primeiros casos.

Um colega americano me enviara um doente. O diagnóstico era: "neurastenia alcoólica". O prognóstico dizia: "incurável". Consequentemente meu colega aconselhara ao doente consultar certo neurologista famoso em Berlim, prevendo que minha tentativa terapêutica malograria. O doente veio para a consulta e, depois de uma pequena conversa, constatei que sofria de uma simples neurose, cuja origem psíquica ele desconhecia. Fiz a experiência de associações e compreendi que sofria as consequências de um formidável complexo materno. Nascido de uma família rica e considerada, casado com uma mulher simpática, não tinha, por assim dizer, preocupações de ordem exterior. Mas bebia demais: era uma tentativa desesperada de entrar em narcose para esquecer sua situação opressiva. Naturalmente, não conseguia livrar-se de suas dificuldades por esse caminho.

Sua mãe era a proprietária de uma grande empresa, e ele, cujos dons iam além do comum, desempenhava na firma o papel de diretor.

Para dizer a verdade, deveria ter renunciado, há muito, a essa submissão à mãe, mas não podia decidir-se a sacrificar sua excelente situação. Permanecia, pois, acorrentado a ela, que lhe proporcionava o cargo. Sempre que estavam juntos, ou quando precisava submeter-se a uma de suas decisões, começava a beber para abafar suas emoções ou, então, para desembaraçar-se delas. No fundo, não queria sair do ninho cálido e, contra o próprio instinto, sucumbiu à tentação do bem-estar e do conforto.

Depois de um curto tratamento, cessou de beber e considerou-se curado. Eu o avisei: "Não posso garantir que o senhor não caia no mesmo estado se voltar à antiga situação." Ele não acreditou em mim e voltou muito animado para a América.

Mal se encontrou novamente sob a influência da mãe, pôs-se a beber. Depois, encontrando-se ela na Suíça, chamou-me para uma consulta. Era uma mulher inteligente, mas possuída por um demônio de poder de primeira grandeza. Pude então descobrir diante do quê o filho teria que viver e percebi que ele não teria forças para resistir, era também fisicamente frágil, não podendo competir com a mãe nem nesse aspecto. Resolvi-me então a um ato de violência: sem preveni-lo, entreguei à mãe um atestado, dizendo que em razão de seu alcoolismo ele não poderia continuar por mais tempo no cargo que ocupava. Era necessário despedi-lo. Esse conselho foi seguido e, naturalmente, ele ficou furioso comigo.

O que decidi não podia, normalmente, coincidir com a consciência médica. Mas sabia que, para o bem do doente, deveria assumir essa responsabilidade.

Como evoluiu posteriormente esse homem? Separado da mãe, pôde desenvolver sua personalidade: fez uma carreira brilhante, apesar — ou por causa — do "tratamento cavalar" que lhe impusera. Sua mulher ficou-me grata; o marido não só vencera o alcoolismo, como também seguia agora seu caminho pessoal com grande sucesso.

Durante anos senti culpa em relação a esse doente, porque assinara, a despeito dele, esse atestado. Mas sabia perfeitamente que só um ato de violência poderia tê-lo salvo. Dessa forma, sua neurose desapareceu.

Recordo-me também de outro caso inesquecível. Uma senhora veio consultar-me, recusando revelar seu nome. Isso não era necessário, pois não pretendia mais do que uma consulta. Pertencia evidentemente às altas esferas da sociedade. Disse que fora médica. O que tinha a comunicar-me era uma confissão: vinte anos antes cometera um crime por ciúmes. Havia envenenado sua melhor amiga para casar-se com o marido dela. Segundo sua opinião, um crime que permanece ignorado não tem a menor importância. Desejando casar-se com o marido da amiga, devia afastá-la de seu caminho. Tal era seu ponto de vista. Os escrúpulos morais não contavam. E depois? Casara-se com o homem em questão, mas ele morrera ainda jovem, pouco tempo depois. Nos anos que se seguiram, aconteceram coisas singulares: a filha, nascida desse casamento, procurou afastar-se da mãe, logo que atingiu a idade adulta. Casou-se cedo e distanciou-se cada vez mais. Terminou desaparecendo de seu círculo, e a mãe perdeu todo o contato com ela.

Essa mulher amava apaixonadamente a equitação; possuía vários cavalos de montaria que atraíam interesse. Certo dia, descobriu que os animais ao vê-la se tornavam ariscos. Mesmo seu cavalo favorito empacava e a jogava fora da sela. Teve que renunciar à equitação. Voltou-se então para os cães. Tinha um cão-lobo, de uma beleza notável, ao qual era muito afeiçoada. E eis que o "acaso" determinou que justamente esse cão fosse atingido por uma paralisia. Ela não suportou mais: sentiu-se "moralmente liquidada". Resolveu confessar-se e por isso viera consultar-me. Não somente era criminosa, como se destruíra a si mesma. Aquele que comete um crime destrói a própria alma; quem assassina já está se justiçando. Alguém, por cometer um crime, é preso, é atingido pela punição jurídica; mas se o comete em segredo, sem a consciência moral disso, e se o crime permanece ignorado, pode ser atingido pelo castigo, como prova o caso em questão. Tudo acaba por vir à luz. Às vezes parece que até mesmo os animais e as plantas o advertem.

Por causa do crime cometido, essa mulher tornou-se estranha até aos próprios animais e caiu em solidão insuportável. Para escapar dela, fez-me seu confidente. Tinha necessidade de alguém que não fosse um criminoso. Queria encontrar um ser humano que pudesse receber sua confissão, incondicionalmente; dessa forma, reencontraria, de algum modo, uma relação com a humanidade. Evitara, no entanto, um confessor profissional; preferira um médico. Suspeitava que um confessor a escutaria por dever, para cumprir seu ofício; não consideraria os fatos por si mesmos, mas com a intenção de fazer um julgamento moral. Ela percebera que homens e animais a abandonavam, e se sentia de tal modo atingida por esse julgamento silencioso que não teria podido suportar qualquer outra condenação.

Nunca pude saber sua identidade; não tenho, também, prova alguma de que sua história fosse verdadeira. Mais tarde, muitas vezes perguntei a mim mesmo de que modo sua vida poderia continuar. Sua história ainda não havia chegado a um termo. Optara pelo suicídio? Não posso imaginar como suportaria viver nessa extrema solidão.

Os diagnósticos clínicos são importantes pelo fato de proporcionarem uma certa orientação, embora não ajudem o paciente. O ponto decisivo é a questão da "história" do doente, pois revela o fundo humano, o sofrimento humano e somente aí pode intervir a terapia do médico. Foi o que me mostrou claramente um outro caso.

Tratava-se de uma velha doente, da seção das mulheres; tinha 75 anos e já estava acamada havia quarenta. Fora internada cinquenta anos antes, mais ou menos, e ninguém se lembrava de sua entrada; todos haviam morrido nesse ínterim; apenas uma enfermeira-chefe, que trabalhava no asilo fazia já 35 anos, conhecia alguma coisa de sua história. A velha não podia mais falar e só conseguia tomar alimentos líquidos ou semilíquidos. Comia com os dedos, empurrando, por assim dizer, o alimento para dentro da boca. Às vezes demorava quase duas horas para tomar uma xícara de leite. Quando não estava ocupada em comer, fazia estranhos movimentos rítmicos com as mãos e com os braços, cujo sentido eu não compreendia. Aquele grau de destruição causado por uma doença mental impressionou-me profundamente, sem que eu encontrasse explicação. Nas consultas clínicas, o caso era apresentado como uma forma catatônica de demência precoce, o que não adiantava grande coisa, uma vez que nada esclarecia acerca do significado e da origem dos movimentos singulares que a doente fazia.

A impressão que esse caso exerceu sobre mim caracteriza minha reação à psiquiatria daquela época. Ao tornar-me assistente, tinha a impressão de nada compreender acerca do que a psiquiatria representava. Sentia-me pouco à vontade perto de meu chefe e de meus colegas, que pareciam caminhar com tanta segurança, enquanto eu tateava no escuro, indeciso. Achava que a principal tarefa da psiquiatria era compreender o que se passa no interior do espírito doente e sobre isso eu nada sabia. Estava, assim, preso a uma profissão, sem prática alguma.

Uma noite, já tarde, atravessava a seção, quando vi a velha dos movimentos enigmáticos; tornei a perguntar-me o que significavam. Procurei a antiga enfermeira-chefe e indaguei se a doente sempre se comportara daquela maneira. "Sim", respondeu, "mas a enfermeira que me precedeu contou que outrora essa mulher fazia sapatos". Consultei de novo a velha história da doente: nela, era dito que seus movimentos imitavam o conserto de sapatos. Outrora, os sapateiros remendões mantinham os sapatos entre os joelhos e puxavam os fios através do couro, fazendo gestos semelhantes. (Pode-se ver isso, ainda hoje, entre os sapateiros de aldeias.) Quando a doente morreu, um pouco mais tarde, seu irmão mais velho veio para o enterro. "Por que sua irmã ficou doente?", perguntei-lhe. Ele contou-me que ela amara um sapateiro e, por qualquer motivo, este não quisera desposá-la. Fora então que ela "enlouquecera" — os movimentos de sapateiro indicavam sua identificação com o ser amado, e isso durou até sua morte.

Tive, a partir daí, uma primeira ideia acerca das origens psíquicas da assim chamada *dementia praecox*. Voltei, então, toda a minha atenção para as reações significativas na psicose.

Lembro-me muito bem da doente cuja história fez-me compreender o fundo psicológico das psicoses e principalmente as ideias delirantes insensatas. Graças a esse caso, compreendi pela primeira vez a linguagem dos esquizofrênicos, que era julgada desprovida de qualquer sentido. Refiro-me ao caso de Babette S..., cuja história publiquei.[2] Em 1908, fiz uma conferência na câmara municipal de Zurique, e o tema versava sobre seu caso.

Ela era originária da cidade velha de Zurique, em cujas ruelas estreitas e sujas nascera e crescera, na pobreza. Sua irmã era uma prostituta e seu pai um bêbado. Com 39 anos ela adoeceu, apresentando uma forma paranoide de demência precoce, com sua característica mania de grandeza. Quando a conheci, já fazia vinte anos no asilo. Várias centenas de estudantes sofreram o impacto desse caso, com seu terrível processo de desintegração psíquica. Ela era um dos objetos clássicos de demonstração clínica. Babette era completamente louca e dizia coisas incompreensíveis. Penosamente, tentei captar os conteúdos de suas expressões absurdas. Ela afirmava por exemplo: "Eu sou a Lorelei", e isto porque o médico, quando não sabia dar uma explicação, dizia sempre: "Não sei o que isso significa." Ou então se queixava, dizendo: "Sou a representante de Sócrates", o que devia significar (como descobri mais tarde): Sou acusada tão injustamente quanto Sócrates. Expressões absurdas como "Eu sou o insubstituível *duplo polytechnicum*", "Eu sou um bolo de ameixas sobre uma base de canjica", "Eu sou germânica e helvécia, feita exclusivamente de manteiga doce", "Nápoles e eu devemos abastecer o mundo de macarrão"...Tudo isso indicava aumento de valores, isto é, compensação de um sentimento de inferioridade.

Ocupando-me de Babette e de outros casos análogos, pude convencer-me de que muitas manifestações, até então encaradas como insensatas em doentes mentais, não eram tão "loucas" como pareciam. Mais de uma vez aprendi que, em tais doentes, uma "pessoa" que podemos considerar normal está escondida em seu íntimo e de algum modo parece observar. Ocasionalmente também pode — geralmente por meio de vozes ou de sonhos — fazer observações ou objeções perfeitamente razoáveis; às vezes, por ocasião de doenças orgânicas, por exemplo, ela pode aparecer em primeiro plano, dando ao doente uma aparência quase normal.

Tratei, certa vez, de uma velha esquizofrênica, na qual vi claramente a personalidade "normal" do fundo. Era um caso incurável, mas necessitava de assistência. Como todos os outros médicos, eu também tinha doentes que devia acompanhar até a morte, sem esperança de curá-los. Essa mulher ouvia vozes disseminadas por todo o corpo, e uma delas, no meio do tórax, era a "voz de Deus". "É nela que devemos confiar", disse eu à doente, surpreendido com minha própria coragem. Em geral, essa voz fazia observações muito razoáveis e, com sua ajuda, pude vir em socorro da doente. Certa vez, a voz disse: "É preciso que ele te ouça a respeito da Bíblia!" Ela me trouxe uma velha Bíblia gasta e eu devia indicar-lhe, a cada um de nossos encontros, o capítulo a ser lido. Depois, no encontro seguinte, precisava interrogá-la a propósito da leitura anterior. Durante sete anos mantive esse contato, uma vez a cada 15 dias. Inicialmente, eu me sentia um pouco desconcertado nesse exercício, mas ao fim de certo tempo compreendi o que isso significava: mantinha-se, dessa forma, desperta a atenção da paciente, para que ela não se aprofundasse mais radicalmente no sonho desintegrante do inconsciente. O resultado foi que ao fim de seis anos as vozes disseminadas por seu corpo se concentraram no lado esquerdo, deixando completamente livre o lado direito. A intensidade do fenômeno que se processava no lado esquerdo não se duplicou; sua força permaneceu a mesma. Dir-se-ia que a doente se "curara unilateralmente". Foi um sucesso inesperado, pois não imaginara que nossa leitura da Bíblia pudesse ter um efeito terapêutico.

Ao debruçar-me sobre os doentes e seu destino, compreendera que as ideias de perseguição e as alucinações se formam em torno de um núcleo significativo. No fundo, há os dramas de uma vida, de uma esperança, de um desejo. Se não lhes compreendermos o sentido, é uma falha nossa. Nessas circunstâncias, compreendi pela primeira vez que na psicose jaz e se oculta uma psicologia geral da personalidade e nela se encontram todos os eternos incuráveis, obtusos, apáticos, se agita mais vida e sentido do que pensamos. No fundo, não descobrimos no doente mental nada de novo ou de desconhecido; encontramos nele as bases de nossa própria natureza. Nessa época, tal descoberta foi, para mim, uma poderosa revelação.

Sempre me espantei constatando o tempo que foi necessário para que a psiquiatria se detivesse no conteúdo das psicoses. Nunca se cogitara acerca das fantasias dos doentes: por que, por exemplo, um doente se julgava perseguido pelos jesuítas, outro pensava que os judeus queriam envenená-lo e um terceiro se sentia perseguido pela polícia? Não se levavam a sério os conteúdos das fantasias e se falava genericamente, em "mania de perseguição". Também acho estranho que minhas pesquisas de então estejam hoje em dia quase completamente esquecidas. Já no começo do século, eu havia tratado de esquizofrênicos através de um processo psicoterapêutico. Não foi agora que se descobriu esse método; mas foi necessário algum tempo para que se acolhesse e incorporasse a psicologia na psicoterapia.

Durante o estágio na clínica de Burghölzli, tive que tratar de meus doentes esquizofrênicos com muita discrição. Devia ser muito prudente para evitar que me acusassem de mistificador. Pois a esquizofrenia ou, como então era chamada, a "demência precoce" era considerada incurável. Dessa forma, quando se conseguia tratar com sucesso de uma esquizofrenia, simplesmente pontificavam que na realidade houvera engano no diagnóstico.

Quando Freud me fez uma visita em 1909, vindo a Zurique, apresentei-lhe a doente Babette, à qual já me referi. Após uma demonstração do caso, ele disse: "Jung, o que você descobriu nessa doente é realmente muito interessante. Mas como conseguiu suportar a proximidade dessa mulher que é um fenômeno de feiura, gastando horas e dias?" Creio que respondi a essa pergunta com um olhar perplexo, pois nunca tal pensamento me atravessara o espírito. Para mim, Babette era num certo sentido uma velha coisa amigável, pois suas ideias delirantes eram belas, e porque dizia coisas muito interessantes. E depois, nela aparecera, emergindo pouco a pouco das neblinas da insensatez e do grotesco, um perfil humano. Em relação ao caso de Babette não houve qualquer resultado terapêutico, pois sua doença era antiga. Mas vi outros casos em que esta maneira de debruçar-se profundamente sobre o caso do doente tivesse um efeito terapêutico durável.

Visto de fora, só se manifesta no doente mental a trágica destruição de que é vítima; raramente aparece a vida, o lado da alma que não está voltado para nós. Às vezes, a aparência exterior engana, como pude constatar, com grande espanto, no caso de uma jovem doente catatônica. Tinha 18 anos e pertencia a uma família culta. Aos 15 anos fora violentada pelo irmão, e os colegas da escola abusaram dela. A partir dos 16 anos, tornou-se solitária. Escondia-se de todos e por fim só conseguia se relacionar afetivamente com um cão de guarda feroz que ela procurava amansar, embora ele não lhe pertencesse. Foi-se tornando cada vez mais estranha, e aos 17 anos foi internada no asilo, onde permaneceu durante um ano e meio. Ouvia vozes, recusava alimento e se mantinha totalmente muda. Quando a vi pela primeira vez, encontrava-se num estado catatônico típico. No decorrer de muitas semanas, pouco a pouco, consegui fazê-la falar. Depois de violentas resistências, contou-me que vivera na Lua. A Lua era habitada, mas inicialmente só vira homens. Eles a haviam levado imediatamente para uma morada "sublunar" onde se encontravam suas mulheres e filhos. Sobre as altas montanhas da Lua havia um vampiro que roubava e matava mulheres e crianças, de maneira que o povo selenita estava ameaçado de aniquilamento. Esta era a razão da existência "sublunar" da metade feminina da população.

Minha doente decidiu fazer algo para os selenitas e planejou aniquilar o vampiro. Fez longos preparativos, e então esperou o animal na plataforma de uma torre construída para esse fim. Depois de algumas noites, ela o viu aproximar-se, vindo de longe, voando como um grande pássaro negro. Tomou a longa faca de sacrifício, ocultou-a na roupa e esperou sua chegada. De repente, ele estava diante dela: tinha vários pares de asas. Seu rosto e seu corpo inteiro ficavam ocultos por elas, de maneira que só podia ver-lhe as plumas. Enfureceu-se ao vê--lo. Aproximou-se, o punhal na mão. Bruscamente, as asas se abriram e ela se viu diante de um homem de uma beleza supraterrena; dotado de uma força de aço, ele a fechou em suas asas-braços, de tal modo que ela não pôde usar a faca. Por outro lado, estava tão fascinada pelo olhar do vampiro que não teria podido feri-lo. Erguendo-a do chão, ele a arrebatou em seu voo.

Feita esta revelação, conseguiu falar sem dificuldade, e suas resistências se manifestaram: achava que eu lhe vedara o caminho de volta à Lua; não podia mais deixar a Terra. Este mundo não era belo, mas a Lua era linda e nela a vida tinha sentido. Pouco depois recaiu em sua catatonia. Durante algum tempo ficou louca furiosa.

Quando saiu da clínica, dois meses depois, podia-se falar com ela; pouco a pouco compreendera que a vida na Terra era inevitável. Mas, desesperada, resistia a tal situação inevitável e suas consequências, e precisou voltar ao hospital. Fui vê-la uma vez em seu quarto e lhe disse: "Tudo isso não adianta nada; você não pode voltar para a Lua!" Ela aceitou o fato sem dizer uma palavra, com total indiferença. Ao fim de pouco tempo teve alta e se submeteu resignada ao seu destino.

Tornou-se enfermeira num sanatório. Um médico assistente cortejou-a desastradamente e ela respondeu com um tiro de revólver. Por sorte, ele ficou apenas ligeiramente ferido. Ela andava armada. Antes desse incidente, já usara um revólver carregado. Durante a última sessão, ao fim do tratamento, ela o exibira. Espantado, indaguei o que significava aquela atitude, ao que me respondeu: "Eu o teria abatido se por acaso o senhor falhasse."

Quando serenou a emoção causada pelo tiro de revólver, ela voltou para o seu país natal. Casou-se, teve vários filhos, sobreviveu a duas guerras mundiais no Oriente, sem ter recaída.

Como interpretar suas fantasias? Devido ao incesto que sofrera quando menina, sentira-se rebaixada aos olhos do mundo, mas elevada no domínio da imaginação. Foi, então, transportada para um reino mítico; pois, tradicionalmente, incesto é uma prerrogativa do rei e dos deuses. Disso resultou um afastamento total do mundo, um estado de psicose. Ela tornou-se extraterrena e perdeu o contato com os humanos. Evadiu-se numa região cósmica longínqua, no espaço celeste onde encontrou um demônio alado. Durante o tratamento, transferiu essa figura para mim, como é de regra. Fiquei, automaticamente, ameaçado de morte como qualquer homem que tentasse persuadi-la a levar uma existência humana normal. Segundo seu relato, ela traiu, de alguma forma, o demônio a meu favor, ligando-se assim a um ser da Terra. Dessa maneira voltou à vida e se casou.

Quanto a mim, passei a ver com outros olhos o sofrimento dos doentes mentais, pois sabia doravante quais eram os acontecimentos importantes de sua vida interior.

Muitas vezes me perguntaram qual era meu método psicoterapêutico ou analítico; não posso oferecer uma resposta unívoca. Cada caso exige uma terapia diferente. Quando um médico me diz que "obedece" estritamente a este ou àquele "método", duvido de seus resultados terapêuticos. Na literatura médica fala-se com tanta ênfase nas resistências do doente que isso poderia levar a pensar que se lhe tenta impor diretivas, quando é nele que, de maneira natural, devem crescer as forças de cura. A psicoterapia e as análises são tão diversas quanto os indivíduos. Trato cada doente tão individualmente quanto possível, pois a solução do problema é sempre pessoal. Não é possível estabelecer regras gerais senão *cum grano salis*, com a reserva necessária. Uma verdade psicológica só é válida se puder ser invertida. Uma solução falsa para mim pode ser justamente a verdadeira para outra pessoa.

Naturalmente, é necessário que um médico tenha o conhecimento dos assim chamados "métodos". Mas deve evitar o engajamento fixo de um caminho determinado, rotineiro. Deve se utilizar com muita prudência das hipóteses teóricas. Talvez elas sejam válidas hoje, e amanhã surgirão outras. Em minhas análises, não desempenham papel algum. Intencionalmente evito ser sistemático. A meus olhos, diante do paciente só existe a compreensão individual. Cada doente exige o emprego de uma linguagem diversa. Assim, numa análise, posso falar uma linguagem adleriana, em outra, uma linguagem freudiana.

O fato decisivo é que, enquanto ser humano, encontro-me diante de um outro ser humano. A análise é um diálogo que tem necessidade de dois interlocutores. O analista e o doente se encontram, face a face, olhos nos olhos. O médico tem alguma coisa a dizer, mas o doente também.

Em psicoterapia, como o essencial não é "aplicar um método", a formação psiquiátrica por si só é insuficiente. Tive que trabalhar muito tempo ainda depois de tornar-me psiquiatra, antes de possuir preparo necessário para a psicoterapia. Já em 1909 compreendera que não podia tratar uma psicose latente sem compreender sua simbologia. Foi então que comecei a estudar a mitologia.

Quando se tratam doentes cultos e inteligentes, os conhecimentos técnicos do psiquiatra não bastam. Livre de todas as pressuposições teóricas, é necessário que ele compreenda o que na realidade mobiliza o doente para não suscitar resistências desnecessárias. Pois não se trata de confirmar uma teoria, mas de fazer com que o doente se compreenda a si mesmo como indivíduo. Ora, isso só é possível uma vez estabelecido o confronto com as ideias coletivas, que o médico deve conhecer. Uma simples formação médica não é suficiente, porquanto o horizonte da alma humana vai muito além do gabinete de consulta.

A alma é muito mais complexa e inacessível do que o corpo. Poder-se-ia dizer que é essa metade do mundo não existente senão na medida em que dela se toma consciência. Assim, pois, a alma não é só um problema pessoal, mas um problema do mundo inteiro e é a esse mundo inteiro que o psiquiatra deve se referir.

Tal fato é de fácil constatação no mundo atual; o perigo que nos ameaça a todos não vem da natureza, mas dos homens, da alma do indivíduo e de todos. O perigo reside na alteração psíquica do homem. Tudo depende do bom ou do mau funcionamento da nossa psique. Se hoje em dia certas pessoas perderem a cabeça, poderão explodir uma bomba de hidrogênio.

Mas o psicoterapeuta não deve contentar-se em compreender o doente; é importante que ele também se compreenda a si mesmo. Por esse motivo a condição *sine qua non* de sua formação é sua própria análise: a análise didática. A terapia do doente começa, por assim dizer, na pessoa do médico. Apenas conhecendo-se a si mesmo e a seus problemas, ele poderá cuidar do doente. Antes, não. Na análise didática, o médico deve aprender a conhecer sua alma e a tomá-la a sério para que o doente possa fazer o mesmo. Perderá parte de sua alma, da mesma forma que o médico perdeu a parte de sua alma que não aprendeu a conhecer. Portanto, na análise didática não é suficiente que o médico se aproprie de um sistema de conceitos. Enquanto analisado, deve perceber que a análise lhe diz respeito, que ela é uma secção de vida real e não um método aprendido de cor "no sentido superficial do termo". O médico ou o terapeuta que não compreende tal coisa, no curso de sua análise didática, pagará isso muito caro mais tarde.

Existe, é verdade, o que se chama de "pequena psicoterapia", mas na análise propriamente dita é a personalidade inteira que é chamada à arena, tanto a do médico quanto a do doente. Muitos casos só podem ser curados se o médico se envolve pessoalmente. Quando se trata de questões cruciais, a atitude do médico é decisiva, seja se considerando um dos elementos do drama, seja, pelo contrário, ocultando-se em sua autoridade e permanecendo exterior a ele. Nas grandes crises da vida, nos momentos supremos, quando se trata de ser ou não ser, os pequenos artifícios sugestivos não são atuantes, pois o apelo é dirigido ao médico, em sua totalidade.

O terapeuta deve perceber a todo instante o modo pelo qual reage em confronto com o doente. Não se reage só com o consciente; é necessário perguntar sempre: "Como meu inconsciente vive esta situação?" É preciso, pois, tentar compreender os próprios sonhos, prestar uma atenção minuciosa em si mesmo e observar-se tanto quanto ao doente, senão o tratamento poderá fracassar; citarei um exemplo.

Eu estava tratando de uma mulher muito inteligente mas que, por diversas razões, me parecia um pouco suspeita. No começo, a análise caminhou satisfatoriamente. Depois de um certo tempo, entretanto, ocorreu-me que na análise dos sonhos minhas observações muitas vezes não atingiam o alvo e o diálogo tornou-se superficial. Decidi, pois, falar com a doente sobre isso, pois não lhe escapara que o tratamento não estava se desenvolvendo bem. Na noite que precedeu a sessão seguinte, tive um sonho: "Eu andava através de um caminho agreste num vale, ao crepúsculo. À direita erguia-se uma colina abrupta. No alto, havia um castelo; na torre mais alta uma mulher estava sentada, numa espécie de balaustrada. Para conseguir vê-la bem, precisava erguer a cabeça, forçando-a para trás." Acordei com a sensação de cãibra na nuca. Já no sonho, compreendera que essa mulher era a doente em questão.

A interpretação foi imediata: eu devia olhar a doente, posta muito mais no alto, pois sem dúvida, na realidade, eu a olhara do alto. Os sonhos são compensações da atitude consciente. Comuniquei meu sonho e sua interpretação à doente. Isso provocou uma total mudança de situação e o tratamento seguiu o curso normal.

Enquanto médico, sempre me pergunto que mensagem traz o doente. O que significa ele para mim? Se nada significa, não tenho um ponto de apoio. O médico só age onde é tocado. "Só o ferido cura."

Mas quando o médico tem uma *persona*, uma máscara que lhe serve de couraça, não tem eficácia. Levo meus doentes a sério. Talvez esteja exatamente como eles diante de um problema. Frequentemente mesmo o doente pode se constituir o apoio que convém ao ponto fraco do médico. Disso resultam muitas vezes situações delicadas, para o médico, ou precisamente para o doente.

Todo terapeuta deve ter a supervisão de um terceiro, para que haja sempre a possibilidade de um outro ponto de vista. O próprio Papa tem um confessor. Sempre aconselho aos analistas: "Tenham também um 'confessor', homem ou mulher!" As mulheres são muito bem-dotadas para isso. Elas possuem uma intuição muitas vezes excelente, uma crítica pertinente e podem perceber o jogo dos homens, e às vezes também as intrigas de sua *anima*. Elas descobrem aspectos que o homem não vê. É por esse motivo que uma mulher jamais se convence de que seu marido pode ser um super-homem!

Compreende-se que um neurótico seja submetido a uma análise; mas se é "normal", não tem necessidade disso. Posso, entretanto, afirmar que me ocorreram experiências surpreendentes com a assim chamada "normalidade". Certa vez, por exemplo, tive um aluno completamente "normal". Era médico e me procurou com as melhores recomendações de um velho colega. Fora assistente dele e ficara com a sua clientela. Seu sucesso e clientes eram normais. Com mulher e filhos normais, ele morava numa casinha normal, numa cidadezinha normal, tinha um ordenado normal e provavelmente se alimentava normalmente. Queria tornar-se analista! "O senhor sabe — disse eu — o que isso significa? Significa que deverá conhecer-se primeiro a si mesmo para tornar-se um instrumento; se não estiver em ordem, como reagirá o doente? Se não estiver convencido, como persuadirá o doente? O senhor mesmo deverá ser a matéria a ser trabalhada. Se não, que Deus o ajude! Conduzirá os doentes por caminhos falsos. Será preciso, inicialmente, que o senhor mesmo assuma a sua análise." O homem concordou comigo, mas declarou: "Nada tenho a lhe dizer que seja problemático." Eu devia ter desconfiado disso. "Pois bem", acrescentei, "examinaremos seus sonhos". "Eu não tenho sonhos", disse ele. E eu: "Mas logo o senhor os terá." Um outro teria provavelmente sonhado na noite seguinte; mas ele não podia se lembrar de sonho algum. Isso durou cerca de 15 dias e minha surpresa foi se transformando em inquietação.

Enfim, ele teve um sonho impressionante: sonhou que estava viajando por uma estrada de ferro. O trem deveria parar duas horas numa certa cidade. Como ele nunca tivesse visto essa cidade e desejasse conhecê-la, pôs-se a caminho até chegar ao centro. Encontrou aí um castelo medieval, provavelmente uma prefeitura. Caminhou através de longos corredores, entrou em belas salas, onde nas paredes estavam pendurados velhos quadros e lindos tapetes de gobelim. Em torno, havia velhos objetos preciosos. De repente, viu que começava a escurecer e que o sol se punha. Pensou: "Preciso voltar à estação." Nesse momento, percebeu que se perdera, não sabendo mais onde estava a saída; teve medo. Angustiado, apressou-se na esperança de encontrar alguém. Deparou, então, com uma porta grande e pensou, aliviado: "É a saída!" Abriu-a e se viu numa sala gigantesca; a escuridão era tão completa que não podia distinguir nitidamente a parede à sua frente. Assustado, pôs-se a correr no amplo espaço vazio, esperando achar a saída do outro lado da sala. Então bem no meio do quarto apareceu alguma coisa branca no chão. Aproximando-se, reconheceu uma criança idiota de cerca de dois anos, sentada num urinol, toda suja de fezes. Nesse momento acordou dando um grito de pânico.

Era o bastante! Tratava-se de uma psicose latente! Eu estava suando quando procurei tirá-lo de seu sonho. Falei sobre o sonho da maneira mais anódina possível. Não me detive em detalhe algum.

Eis, mais ou menos, o que traduzia o sonho: a viagem é a viagem a Zurique. Mas aí permanece pouco tempo. A criança no centro do quarto é a imagem dele mesmo, com dois anos. Entre as criancinhas esses maus modos não são comuns, mas possíveis! As fezes atraem o interesse por causa do cheiro e da cor. Quando uma criança cresce numa cidade e, principalmente, pertence a uma família severa, tal coisa pode acontecer uma vez ou outra.

Mas o médico — o sonhador — não era uma criança, era um adulto. Eis por que a imagem onírica da criança é um símbolo nefasto. Quando me contou o sonho, compreendi que a sua normalidade era uma compensação. Pude recuperá-lo *in extremis*, pois pouco faltou para que a psicose latente explodisse, e se tornasse manifesta. Era preciso impedir tal coisa. Finalmente, com a ajuda de um de seus sonhos consegui encontrar um meio plausível para pôr fim à análise didática. Ficamos mutuamente reconhecidos por esta saída. Não revelei o meu diagnóstico, mas ele observara que um pânico, que uma derrota catastrófica se aproximavam: o sonho insinuara que um perigoso doente mental o perseguia. Pouco depois, o sonhador voltou à sua terra. Nunca mais tocou no inconsciente. A tendência a ser normal correspondia a uma personalidade que não se desenvolveria, mas, pelo contrário, explodiria num confronto com o inconsciente. Essas "psicoses latentes" são as *"bêtes noires"* dos psicoterapeutas, porque frequentemente é muito difícil descobri-las. Nesses casos, é particularmente importante compreender os sonhos.

Isso nos leva à questão da análise praticada por analistas não médicos. Minha opinião é de que os não médicos devem poder estudar e também exercer a psicoterapia, se bem que, quando se trata de psicoses latentes, possam facilmente se perder. Por esse motivo, recomendo que os leigos habilitados trabalhem como analistas, mas somente sob o controle de um médico especialista. Quando têm alguma dúvida, devem aconselhar-se com ele. Já é muito difícil para os médicos reconhecer uma esquizofrenia latente e tratá-la; para o não médico isso é ainda mais difícil. Entretanto, sempre constatei que os leigos que se ocuparam de psicoterapia durante anos, e que passaram, eles próprios, por uma análise, têm conhecimentos e eficácia. Por outro lado, raros médicos praticam a psicoterapia. A profissão exige uma formação muito longa e profunda e uma cultura geral que pouquíssimos possuem.

A relação médico-doente, principalmente quando intervém uma transferência do doente ou uma identificação mais ou menos inconsciente entre médico e doente, pode conduzir ocasionalmente a fenômenos de natureza parapsicológica. Muitas vezes me ocorreu esta experiência. Fiquei particularmente impressionado com o caso de um doente que eu tirara de uma depressão psicógena. Depois disso, ele regressou à sua casa e se casou. Sua mulher, entretanto, não me via com bons olhos. Quando a vi pela primeira vez, senti uma certa inquietação. Observei que, devido à influência que eu tinha sobre seu marido e ao reconhecimento que ele sentia por mim, eu era uma pedra no seu sapato. Às vezes, as mulheres que não amam verdadeiramente os maridos sentem ciúmes e destroem as amizades deles. Querem os maridos sem admitir partilha, justamente porque não lhes pertencem. O núcleo de todo ciúme é a falta de amor.

A atitude da mulher constituía para o doente uma carga incomum e insuportável. Um ano depois de seu casamento, sob o peso dessa tensão, ele sentiu-se novamente deprimido. Eu combinara com ele — prevendo essa possibilidade — que me procurasse assim que observasse uma alteração no humor. Mas ele não o fez, e sua mulher teve parte nisso, uma vez que não dava importância ao seu humor depressivo. Ele não me procurou.

Nessa época, eu devia fazer uma conferência em B. Quase à meia-noite voltei ao hotel. Depois da conferência jantei com alguns amigos e logo fui deitar-me. Não conseguia dormir. Por volta das duas horas — tinha acabado de dormir — acordei espantado, persuadido de que alguém viera ao meu quarto; tinha também a impressão de que a porta se abrira precipitadamente. Acendi a luz, mas não vi coisa alguma. Pensei que alguém se enganara de porta; olhei no corredor, silêncio de morte. "Estranho", pensei, "alguém entrou no meu quarto!". Procurei avivar minhas lembranças e percebi que acordara com a sensação de uma dor surda, como se algo tivesse ricocheteado em minha fronte e em seguida tivesse batido na parte posterior do meu crânio. No dia seguinte recebi um telegrama me avisando que aquele doente se suicidara. Dera um tiro na cabeça. Soube mais tarde que a bala se detivera na parte posterior do crânio.

Tratava-se, nesse caso, de um verdadeiro fenômeno de sincronicidade, tal como se pode observar frequentemente numa situação arquetípica — no caso, a morte. Dada a relatividade do tempo e do espaço no inconsciente, é possível que eu tenha percebido o que se passara, em realidade, num outro lugar. O inconsciente coletivo é comum a todos os homens; é o fundamento daquilo que a Antiguidade chamava de "simpatia de todas as coisas". No caso em questão, meu inconsciente conhecia o estado do meu doente. Durante a noite inteira eu experimentara um nervosismo e uma inquietação espantosas, muito diferentes do meu humor usual.

Nunca tento converter um doente ao que quer que seja, não exerço sobre ele qualquer pressão. O que importa acima de tudo é que o doente chegue à própria concepção. Um pagão continuará um pagão; um cristão, cristão, um judeu, judeu, se for isso que exigir seu destino.

Lembro-me do caso de uma doente judia que perdera a fé. Tudo começou por um sonho que tive, no qual uma jovem desconhecida apareceu para consulta. Ela me expôs seu caso, e enquanto falava eu dizia a mim mesmo: "Não a compreendo, absolutamente, não sei do que se trata!" Mas de repente veio-me ao espírito o fato de que ela sofria de um complexo paterno incomum. Tal foi o sonho.

No dia seguinte, minha agenda dizia: consulta às quatro horas. Apareceu uma jovem judia, filha de um rico banqueiro, bonita, elegante, e muito inteligente. Tinha feito análise, mas o médico experimentara uma contratransferência, de tal forma que suplicara que não voltasse, pois senão poderia destruir seu lar.

A jovem sofria há anos de uma grave neurose de angústia que, naturalmente, piorou depois daquela experiência. Comecei pela anamnese, mas nada descobri de particular. Era uma judia ocidental, adaptada, esclarecida até a medula. No começo, não compreendi seu caso. De repente lembrei-me do meu sonho e pensei: "Meu Deus, é aquela mocinha que me apareceu em sonho." Mas como não constatava nela o menor traço de um complexo paterno, interroguei-a como de costume acerca de seu avô. Vi-a então fechar os olhos durante um curto instante, e imediatamente compreendi: é aí que a ferida dói! Pedi-lhe, então, que me falasse desse avô. Soube que ele fora rabino, pertencendo a uma seita judia: "Quer referir-se aos hassidim?" "Sim", disse ela. Continuei: "Se ele era rabino, seria talvez um Zaddik?" "Sim! Dizem que era uma espécie de santo e que tinha uma segunda visão, mas tudo isso é tolice, tais coisas não existem mais!", acrescentou.

Dessa forma terminou a anamnese; compreendi a história de sua neurose e expliquei: "Agora vou dizer-lhe uma coisa que talvez não possa aceitar: seu avô era um Zaddik. Seu pai foi infiel à religião judaica. Traiu o mistério e esqueceu Deus — e sua neurose está ligada ao medo de Deus!" Ela foi como que ferida por um raio.

Na noite seguinte tive mais um sonho. Havia uma recepção em minha casa e, ó surpresa!, a mocinha lá estava. Aproximou-se de mim, perguntando: "O senhor tem um guarda-chuva? Está chovendo tanto!" Encontrei um e, abrindo-o com dificuldade, lhe ofereci. Mas o que aconteceu? Ao entregá-lo, pus-me de joelhos como se ela fosse uma divindade!

Contei-lhe o sonho e ao fim de oito dias a neurose tinha desaparecido.[3] O sonho me mostrara que ela não era só uma pessoa superficial, mas que havia em seu íntimo uma santa. Não disponho de representações mitológicas, o essencial nela não chegava a exprimir-se. Todas as suas intenções se dirigiam para o *flirt*, os vestidos, a sexualidade, porque não conhecia outra coisa. Ela só conhecia o intelecto e levava uma vida desprovida de sentido. Na realidade, era uma criatura de Deus, que deveria cumprir Sua vontade secreta. Precisei suscitar-lhe ideias mitológicas e religiosas, pois era um desses seres que devem desenvolver uma atividade espiritual. Sua vida adquiriu então um sentido; quanto à neurose, desapareceu.

Nesse caso, não utilizei "método" algum; sentira a presença do *numen*. Expliquei-o à doente e a cura se seguiu. Eu seguira um método; só o temor a Deus atuara sobre ela.

Vi muitas vezes que os homens ficam neuróticos quando se contentam com respostas insuficientes ou falsas às questões da vida. Procuram situação, casamento, reputação, sucesso exterior e dinheiro; mas permanecem neuróticos e infelizes, mesmo quando atingem o que buscavam. Essas pessoas sofrem, frequentemente, de uma grande limitação do espírito. Sua vida não tem conteúdo suficiente, não tem sentido. Quando podem expandir-se numa personalidade mais vasta, a neurose em geral cessa. Por esse motivo a ideia de desenvolvimento, de evolução tem desde o início, segundo me parece, a maior importância.

Meus pacientes, na maioria, não eram crentes, mas pessoas que haviam perdido a fé; eram ovelhas desgarradas que vinham a mim. O crente tem na Igreja, ainda hoje, a ocasião de viver os símbolos. Basta pensar no sacrifício da missa, no batismo, na *imitatio Christi* e em muitas outras coisas. Mas viver e sentir o símbolo, dessa maneira, pressupõe a participação viva do crente e é ela que falta, frequentemente, ao homem de hoje. Em geral, o neurótico não a tem. Nesse caso ficamos reduzidos a observar se o inconsciente produz espontaneamente símbolos que substituam essa falta. E apesar de tudo fica sempre colocado o problema de saber se um homem que tem sonhos ou visões dessa espécie é capaz de lhes compreender o sentido e de aceitar as consequências.

Descrevi um caso semelhante em meu livro *Sobre os arquétipos do inconsciente coletivo*.[4] Um teólogo tem um sonho que se repete frequentemente: sonha que se acha no declive de uma colina, de onde se descortina uma linda vista sobre um vale profundo, com florestas espessas. Sabe que há muito tempo algo o havia impedido de penetrar nesse lugar. Dessa vez, entretanto, quer fazê-lo. Quando se aproxima do lago, é tomado de terror e, repentinamente, um leve golpe de vento desliza na superfície da água, que ondula e fica sombria. Ele acorda gritando de medo.

No primeiro momento, o sonho parece incompreensível; mas, sendo teólogo, deveria ter-se lembrado do "lago" cujas águas foram agitadas por um vento súbito e no qual os doentes eram mergulhados: o lago de Bethesda. Um anjo desce do céu e aflora a água, que assim adquire o poder e a virtude de curar. O vento leve é o *pneuma* que sopra onde quer. E o sonhador experimenta uma angústia infernal. Uma presença invisível se revela, um *numen*, que vive por si mesmo e em presença do qual o homem é tomado de um frêmito. Só de mau grado ele aceitou essa associação com o lago de Bethesda. Ele a recusava porque — pensava — tais ideias só aparecem na Bíblia ou, conforme o caso, nos sermões matinais de domingo. E estes nada têm a ver com a psicologia. Por outro lado, só se fala do Espírito Santo em circunstâncias solenes, mas com certeza não é um fenômeno do qual se faça experiência.

Sei que esse paciente deveria ter superado o terror, penetrando nos bastidores do seu pânico, para ultrapassá-lo. Mas nunca insisto quando o indivíduo não se mostra inclinado a seguir o próprio caminho, assumindo a sua parte de responsabilidade. Não aceito a suposição fácil de que "nada mais se trata" do que uma resistência banal. As resistências, principalmente quando são teimosas, merecem ser levadas em consideração. Muitas vezes têm um sentido de advertência que não pode ser ignorado. O remédio pode ser um veneno que nem todos suportam, ou uma operação cujo efeito é mortal quando contraindicada.

Tratando-se de vivências interiores, ao despontar o que há de mais pessoal num ser, a maioria é tomada de pânico, e muitas vezes foge. Foi o que aconteceu com o nosso teólogo. Naturalmente, sei muito bem que os teólogos se encontram numa situação mais difícil do que os outros. Por um lado, estão mais próximos do plano religioso, e por outro, também, são mais ligados pela igreja e pelo dogma. O risco da experiência interior, da aventura espiritual é estranha à maioria dos homens. A possibilidade de que se trate da realidade psíquica é anátema. É preciso que haja um fundamento "sobrenatural" ou, pelo menos, "histórico". Mas e quanto a um fundamento psíquico? Diante dessa questão explode às vezes um desprezo pela alma, tão imprevisto quanto profundo.

Na psicoterapia de hoje exige-se às vezes que o médico ou o psicoterapeuta "siga", por assim dizer, o doente e suas emoções. Não creio que seja sempre este o melhor caminho. Às vezes é necessário que o médico intervenha ativamente. Certo dia, apareceu em meu consultório uma senhora da alta nobreza que habitualmente esbofeteava seus empregados — inclusive os médicos. Ela sofria de uma neurose obsessiva e estivera em tratamento numa clínica. Naturalmente, aplicara ao médico a bofetada habitual. A seus olhos, ele não passava de um criado de categoria mais elevada. Acaso não o pagava? Ele a enviou então a outro médico: desenrolou-se a cena costumeira. Como essa senhora não era propriamente louca, e devia ser tratada com luvas de pelica, ele a recomendou a mim, pois se sentira embaraçado.

Era uma pessoa imponente — 1,80m de altura —, capaz de agredir realmente! No início tivemos uma boa conversa. Em determinado instante, porém, tive que dizer-lhe algo muito desagradável. Furiosa, ergueu-se, ameaçando bater-me. Levantei-me e lhe disse: "Pois bem, a senhora é mulher, pode bater primeiro. *Ladies first!* Depois será a minha vez!" E tal era a minha intenção. Ela sentou-se de novo no sofá, abatida. "Ninguém nunca me falou assim", lamentou-se. Mas a partir daí a terapia teve êxito. Essa doente tinha necessidade de uma reação viril. No caso, teria sido errado "seguir" a doente. Isso não lhe serviria de nada. Sofria de uma neurose obsessiva porque não podia forçar-se a limitações morais. Tais pessoas são entravadas pela natureza, isto é, mais precisamente, por sintomas constrangedores.

Há anos fiz uma estatística dos resultados de meus tratamentos. Não me lembro mais exatamente dos números, mas falando com prudência, havia um terço de verdadeiras curas, um terço de sensíveis melhoras e um terço sem qualquer resultado. Mas é difícil julgar esses casos em que não há melhora, pois certas coisas só se realizam e são compreendidas depois de vários anos e só então frutificam. Quantas vezes antigos doentes me escreveram: "Só agora, depois de dez anos, percebi o que realmente aconteceu!"

Pouquíssimos de meus doentes me abandonaram e raros os que eu tive de abandonar. Mesmo dentre esses, alguns me enviaram mais tarde relatórios positivos. Este é o motivo pelo qual muitas vezes é difícil julgar acerca do sucesso de um tratamento.

É natural que na vida prática o médico encontre homens que têm importância para ele mesmo. Ocorre-lhe encontrar personalidades que — para sua felicidade ou infelicidade — nunca despertaram o interesse público e que, apesar ou mesmo por causa disso, possuem uma envergadura pouco frequente; são seres que passaram por acontecimentos e catástrofes que ultrapassam a imaginação; ou então se trata de indivíduos de dons excepcionais, dons aos quais um outro ser, num entusiasmo inesgotável, poderia consagrar toda a sua vida; mas ocorre que se encontrem implantados numa disposição psíquica geral tão curiosamente desfavorável, a ponto de não se saber se se trata de um gênio ou de um caso de desenvolvimento fragmentário. Também não é raro que floresçam, nas circunstâncias mais inverossímeis e acrobáticas, riquezas da alma que nunca se pensaria encontrar no cotidiano da vida social. O liame relacional necessário para que se exerça a eficácia psicoterapêutica não permite ao médico subtrair-se ou furtar-se às impressões violentas que o fazem participar dos cumes e abismos do homem que se debate no sofrimento. Pois, enfim, o que significa esse famoso "liame efetivo" entre doente e médico, senão uma comparação e uma adaptação permanentes, no seio de uma confrontação dialética, das duas realidades psíquicas que se acham face a face? Ora, se tais impressões e ajustamentos, por qualquer razão, permanecem letra morta num ou noutro, todo o processo psicoterapêutico ficará aniquilado e não ocorrerá qualquer transformação. Se cada um dos protagonistas não se tornar problema, um para o outro, será impossível buscar uma resposta.

Entre os assim chamados neuróticos de hoje, um bom número não o seria em épocas mais antigas; não se teriam dissociado se tivessem vivido em tempos e lugares em que o homem ainda estivesse ligado pelo mito ao mundo dos ancestrais, vivendo a natureza e não apenas a vendo de fora; a desunião consigo mesmo teria sido poupada. Trata-se de homens que não suportam a perda do mito, que não encontram o caminho para o mundo puramente exterior, isto é, para a concepção do mundo tal como a fornecem as ciências naturais, e que também não podem satisfazer-se com o jogo puramente verbal de fantasias intelectuais, sem qualquer relação com a sabedoria.

Essas vítimas da cisão mental de nosso tempo são simples "neuróticos facultativos", cuja aparência doentia desaparece no momento em que a falha aberta entre o eu e o inconsciente se apaga. Aquele que fez uma experiência profunda dessa cisão está mais apto do que outros a adquirir uma melhor compreensão dos processos inconscientes da alma, evitando esse perigo típico que ameaça os psicólogos: a inflação. Aquele que não conhece por experiência própria o efeito numinoso dos arquétipos terá dificuldade em escapar a essa ação negativa se encontrar-se, na prática, confrontando com eles. Ele os superestimará ou subestimará pelo fato de dispor somente de uma noção intelectual, sem nenhuma medida empírica. É aqui que começam — não só para o médico — essas perigosas aberrações, a primeira das quais consiste em tentar dominar tudo pelo intelecto. Elas visam a um fim secreto, o de subtrair-se à eficácia dos arquétipos e também à experiência real, em benefício de um mundo conceitual aparentemente seguro mas artificial e que só tem duas dimensões; mundo conceitual que, com a ajuda de noções instituídas em benefício da clareza, gostaria de cobrir e ocultar toda a realidade da vida. O deslocamento para o conceitual tira à experiência sua substância para atribuí-la a um simples nome que, a partir desse instante, é posto em lugar da realidade. Uma noção não obriga ninguém, e é precisamente esta satisfação que se procura, uma vez que ela promete proteger contra a experiência. Ora, o espírito não vive através dos conceitos, mas através dos fatos e das realidades. Não é com palavras que se afasta um cão do fogo. E no entanto esse processo é repetido, infinitamente.

Eis por que os doentes mais difíceis e mais ingratos, seguindo a experiência que fiz, são, além dos mentirosos habituais, os pretensos intelectuais; pois entre eles, uma das mãos sempre ignora o que faz a outra. Eles cultivam uma psicologia de compartimentos. Com um intelecto que não é controlado por nenhum sentimento, é possível fazer tudo, resolver tudo, e no entanto a neurose não desaparece.

O encontro com meus analisandos e o confronto com o fenômeno psíquico que eles e meus doentes me propuseram, num desenrolar inesgotável de imagens, me ensinaram infinitas coisas, não somente acerca dos dados científicos, mas também relativamente à compreensão de meu próprio ser. Aprendi muito graças a eles, principalmente através de erros e fracassos. Analisei principalmente mulheres que se prestavam a isso com uma consciência, uma compreensão e uma inteligência extraordinárias. Elas contribuíram muito para me fazer descobrir novos caminhos na terapia.

Alguns desses analisandos tornaram-se meus discípulos no sentido próprio do termo e espalharam minhas ideias pelo mundo. Entre eles encontrei seres cuja amizade não foi desmentida através de dezenas de anos.

Meus doentes e analisandos puseram-me de tal modo a realidade da vida ao alcance da mão, que fui levado a esclarecer fatos essenciais. O encontro de seres humanos, de gêneros e níveis psicológicos os mais diversos, foi para mim de uma importância extrema e incomparável; seu valor foi maior do que o das conversas eloquentes com personalidades célebres. Os diálogos mais belos e cheios de consequências que tive na vida foram anônimos.

Sigmund Freud[1]

A aventura do meu desenvolvimento interior, intelectual e espiritual, havia começado pela escolha da profissão de psiquiatra. Com toda a ingenuidade, comecei a observar os doentes mentais clinicamente pelo exterior. Dessa forma, deparava com processos psíquicos de natureza surpreendente; eu os registrava e classificava sem a menor compreensão de seus conteúdos que, uma vez rotulados como "patológicos", pareciam suficientemente caracterizados. Com o tempo, meu interesse concentrou-se cada vez mais no gênero de doentes que me possibilitava a experiência de algo compreensível: os casos paranoides, de loucura maníaco-depressiva e de perturbações psicógenas. Desde o início de minha carreira psiquiátrica, os estudos de Breuer e de Freud, e também os trabalhos de Pierre Janet, me estimularam e me enriqueceram. Sobretudo as primeiras tentativas de Freud, em busca do método de análise e de interpretação dos sonhos, representam fatores decisivos para a minha compreensão das formas de expressão esquizofrênicas. Já em 1900 lera a *Interpretação dos sonhos*, de Freud.[2] Mas eu pusera o livro de lado, pois ainda não o compreendia. Com 25 anos minha experiência era insuficiente para examinar as teorias de Freud; só mais tarde isso foi possível. Em 1903, retomei a *Interpretação dos sonhos* e descobri a relação que havia entre essa obra e minhas próprias ideias. O que mais me interessava nela era, em primeiro lugar, a utilização no domínio do sonho da noção de "mecanismo do recalque", emprestada à psicologia das neuroses. A importância que eu atribuía a ela se ligava ao fato de encontrar frequentemente recalques no curso de minhas experiências de associações; a certas palavras indutoras, os pacientes não encontravam resposta associativa ou davam-na somente depois de um tempo de reação prolongado. Pareceu-me logo que tal perturbação se produzia cada vez que a palavra indutora tocava uma dor moral ou um conflito. Na maior parte das vezes, o doente não tinha consciência disso e quando eu o interrogava sobre a causa dessa perturbação, ele respondia num tom muitas vezes bastante artificial. A leitura de *Interpretação dos sonhos* de Freud ensinou-me que o mecanismo do recalque atuava nesses casos, e os fatos que eu observara concordavam com a sua teoria. Eu podia apenas confirmar suas explicações.

No que concerne ao conteúdo do recalque eu não concordava com Freud. Como causa do recalque, ele apontava o trauma sexual, e eu achava isso insatisfatório. Através do trabalho prático, conhecera numerosos casos em que a sexualidade desempenhara papel secundário, enquanto outros fatores ocupavam o lugar principal: por exemplo, o problema de adaptação social, da opressão pelas circunstâncias trágicas da vida, as exigências de prestígio etc. Mais tarde, apresentei a Freud casos desse gênero, mas ele não quis admitir como causa qualquer outro fator que não fosse a sexualidade. Isso me parecia altamente insatisfatório.

No início, não me foi fácil dar a Freud o lugar que lhe correspondia em minha vida ou assumir uma atitude justa frente a ele. Ao tomar conhecimento de suas obras, desenhava-se diante de mim uma carreira universitária; eu estava prestes a terminar um trabalho que devia me assegurar uma promoção na universidade. Ora, justamente nessa época Freud era *persona non grata* no mundo universitário, sendo prejudicial a todo cientista de renome ter relações com ele. As "pessoas importantes" só o mencionavam às escondidas e, nos congressos, só era discutido nos corredores e nunca nas sessões plenárias. Assim, pois, não me era fácil ser obrigado a constatar a concordância de minhas experiências associativas com as teorias de Freud.

Um dia, encontrava-me no laboratório, preocupado com esses problemas, quando o Diabo murmurou ao meu ouvido que eu tinha o direito de publicar o resultado de minhas experiências e conclusões sem mencionar Freud. Não me dedicara a tais experiências muito antes de compreender o que quer que seja de sua obra? Ouvi então a voz de minha segunda personalidade: "É fraudulento agir como se você não conhecesse Freud. Não se pode edificar a própria vida sobre uma mentira." O caso ficou então resolvido. A partir desse instante tomei abertamente o partido de Freud e lutei a seu favor.

Quebrei minhas primeiras lanças por sua causa em Munique, quando num congresso seu nome foi propositadamente omitido a respeito das neuroses obsessivas. Em seguida, em 1906, escrevi um artigo para a revista *Münchner Medizinische Wochenschrift* sobre a doutrina freudiana das neuroses, que havia contribuído grandemente para a compreensão das neuroses obsessivas.[3] Depois desse artigo dois professores alemães escreveram-me cartas de advertência: se eu persistisse em continuar ao lado de Freud e a defendê-lo, meu futuro universitário estaria em perigo. Respondi: "Se o que Freud diz é verdadeiro, ficarei com ele. Pouco me importa uma carreira que silenciasse a verdade e mutilasse a pesquisa." Continuei a defender Freud e suas ideias. A única diferença era que, apoiado em minhas próprias experiências, não podia concordar que todas as neuroses fossem causadas por recalques ou traumas sexuais. Tal hipótese era válida em certos casos e não em outros. Mas, de qualquer maneira, Freud abrira um novo caminho de pesquisa e a indignação do ambiente de então contra ele me parecia absurda.[4]

Encontrei pouca compreensão para as ideias expostas na *Psicologia da demência precoce*; meus colegas riam-se de mim. Foi, entretanto, por ocasião desse trabalho que se estabeleceu meu contato com Freud. Ele convidou-me para ir à sua casa, e em fevereiro de 1907 encontramo-nos pela primeira vez em Viena. Conversamos a partir de uma hora da tarde, quase ininterruptamente, durante 13 horas. Freud era a primeira personalidade verdadeiramente importante com a qual me relacionava. Ninguém entre as pessoas que eu conhecia podia se comparar com ele. Em sua atitude nada havia de trivial. Eu o achei extraordinariamente inteligente, penetrante, notável sob todos os pontos de vista. No entanto, as primeiras impressões que dele recebi permaneceram vagas, e em parte, incompreendidas.

O que ele me disse de sua teoria sexual me impressionou. Suas palavras, entretanto, não puderam remover meus escrúpulos e minhas dúvidas. Eu as expus várias vezes, mas ele me lembrava minha falta de experiência. Freud tinha razão. Naquela época eu ainda não tinha bastante experiência para justificar essas objeções. Compreendi que sua teoria sexual tinha para ele enorme importância, tanto do ponto de vista pessoal, quanto do ponto de vista filosófico. Fiquei muito impressionado com isso, mas não pude ver em que medida essa ênfase na apreciação da sexualidade estava ligada a preconceitos subjetivos dele ou até que ponto repousava em experiências objetivamente demonstráveis.

Foi principalmente sua atitude em relação ao espírito que me pareceu problemática. Cada vez que a expressão de uma espiritualidade se manifestava num homem ou numa obra de arte, ele desconfiava e recorria à hipótese da "sexualidade recalcada". Tudo o que não era imediatamente interpretável como sexualidade se reduzia, segundo ele, a "psicossexualidade". Objetei que, logicamente, levada às últimas consequências, suas hipóteses conduziam a raciocínios que destruíam toda a civilização: esta tomava a aparência de uma simples farsa, consequência mórbida do recalque sexual. "Sim", confirmou ele, "é assim mesmo. É uma maldição do destino em face da qual somos impotentes". Eu não estava absolutamente disposto a dar-lhe razão, nem a permanecer nessa atitude. Não me sentia, porém, à altura para discutir com ele.

Por ocasião de nosso primeiro encontro, outras circunstâncias me pareceram importantes; tratava-se de fatos que não pude aprofundar e compreender senão no declínio de nossa amizade. Era evidente que Freud tinha um apego extraordinário à sua teoria sexual. Quando falava sobre isso, era num tom insistente, quase ansioso, e desaparecia sua atitude habitual, crítica e cética. Uma estranha expressão de inquietude, cuja causa eu ignorava, marcava seu rosto. Isso me impressionava muito: a sexualidade era, para ele, uma realidade numinosa.

Minha impressão foi confirmada por uma conversa que tivemos cerca de três anos mais tarde (1910), novamente em Viena.

Tenho ainda uma viva lembrança de Freud me dizendo: "Meu caro Jung, prometa-me nunca abandonar a teoria sexual. É o que importa, essencialmente! Olhe, devemos fazer dela um dogma, um baluarte inabalável." Ele me dizia isso cheio de ardor, como um pai que diz ao filho: "Prometa-me uma coisa, meu caro filho: vá todos os domingos à igreja!" Um tanto espantado, perguntei-lhe: "Um baluarte — contra o quê?" Ele respondeu-me: "Contra a onda de lodo negro do..." Aqui ele hesitou um momento e então acrescentou: "... do ocultismo!" O que me alarmou em primeiro lugar foi o "baluarte" e o "dogma"; um dogma, isto é, uma profissão de fé indiscutível surge apenas quando se pretende esmagar uma dúvida, de uma vez por todas. Não se trata mais de um julgamento científico, mas revela somente uma vontade de poder pessoal.

Esse choque feriu o cerne de nossa amizade. Eu sabia que jamais poderia concordar com essa posição. Freud parecia entender por "ocultismo", aproximadamente, tudo o que a filosofia e a religião — assim como a parapsicologia nascente — diziam da alma. Mas para mim a teoria sexual era tão "oculta", isto é, não demonstrada, ainda mera hipótese como tantas outras concepções especulativas. Eu considerava uma verdade científica como uma hipótese, momentaneamente satisfatória, mas não um artigo de fé eternamente válido.

Sem compreender bem, observara nessa época uma irrupção de fatores religiosos inconscientes em Freud. Evidentemente, ele queria recrutar-me para uma defesa comum contra esses conteúdos inconscientes ameaçadores.

A impressão causada por essa conversa contribuiu para minha confusão; até então eu jamais considerara a sexualidade uma coisa flutuante, precária, à qual se deve permanecer fiel, com medo de perdê-la. Para Freud a sexualidade tinha, aparentemente, mais importância significativa do que para os demais. Era para ele uma coisa a ser observada religiosamente. Numa tal atmosfera, quaisquer interrogações e reflexões impõem em geral reserva e discrição. Dessa forma, a conversa, depois de algumas tentativas balbuciantes de minha parte, foi acabando.

Fiquei profundamente impressionado, constrangido e perturbado. Tinha o sentimento de haver lançado um olhar furtivo em direção a um país novo e desconhecido de onde afluíam nuvens de ideias novas. Parecia-me claro que Freud, proclamando sempre e insistentemente sua irreligiosidade, construíra um dogma, ou melhor, substituíra o Deus ciumento que perdera por outra imagem que se impusera a ele: a da sexualidade. Ela não era menos premente, imperiosa, exigente, ameaçadora e moralmente ambivalente. Psiquicamente falando, aquilo que é mais forte e, portanto, mais temível toma os atributos de "divino" e de "demoníaco"; da mesma forma, a "libido sexual" se revestira e desempenhara nele o papel de um deus oculto. A vantagem desta transformação consistia, para Freud, ao que parece, em que o novo princípio "numinoso" se lhe afigurava cientificamente irrecusável e livre de qualquer hipótese religiosa. Mas, no fundo, a numinosidade — enquanto classificação psicológica desses contrários, racionalmente incomensuráveis, que são Javé e a sexualidade — permanecia a mesma. Só mudara o nome, e por conseguinte o ponto de vista. Não se devia buscar no alto e sim no baixo aquilo que se perdera. Ora, que importa ao mais forte esta ou aquela designação? Se não existisse a psicologia, mas só objetos concretos, ter-se-ia, de fato, destruído um e posto outro em seu lugar. Na realidade, no domínio da experiência psicológica, absolutamente nada desapareceu do caráter premente, angustiante, obsessivo etc. Tanto antes quanto depois, o problema persiste em saber como se porá fim à angústia, à má consciência, à culpabilidade, à coação, à inconsciência, à instintividade ou como escapar disso. Se não for possível consegui-lo partindo do lado claro e idealista, talvez seja possível atingi-lo, partindo do lado obscuro e biológico.

Como chamas que subitamente se avivassem, essas ideias brilharam em meu espírito. Muito mais tarde, ao refletir sobre o caráter de Freud, elas adquiriram importância para mim e revelaram todo o seu significado. Um detalhe me preocupava particularmente: a amargura de Freud. Já em nosso primeiro encontro isso me chocara. Durante muito tempo não compreendi o motivo, até que percebi o quanto esse estado se relacionava com sua atitude em relação à sexualidade. Certamente, para ele, a sexualidade era numinosa, mas em sua terminologia, em sua teoria a considerava exclusivamente como função biológica. A animação com que falava desse tema permitia concluir que tendências ainda mais profundas ressoavam nele. Em suma: ele queria ensinar — pelo menos é o que me pareceu — que, considerada subjetivamente, a sexualidade engloba também a espiritualidade, ou possui uma significação intrínseca. Mas sua terminologia, demasiado concreta, era muito restrita para poder formular essa ideia. Minha impressão era de que, no fundo, ele trabalhava contra sua própria meta e contra si mesmo. Pois bem: haverá maior amargura do que a de um homem que é seu mais encarniçado inimigo? Citando palavras suas: ele se sentia ameaçado por uma "onda de lodo negro", ele, aquele que antes de qualquer outro tentara penetrar e tirar a limpo as profundidades negras.

Freud nunca se interrogou acerca do motivo pelo qual precisava falar continuamente sobre sexo, porque esse pensamento a tal ponto se apoderara dele. Nunca percebeu que a "monotonia da interpretação" traduzia uma fuga diante de si mesmo ou de outra parte de si que ele teria talvez que chamar de "mística". Ora, sem reconhecer esse lado de sua personalidade, era-lhe impossível pôr-se em harmonia consigo mesmo. Era cego em relação ao paradoxo e à ambiguidade dos conteúdos do inconsciente e não sabia que tudo o que dele surge tem um alto e um baixo, um interior e um exterior. Quando se fala apenas do aspecto exterior — é o que Freud fazia —, só se toma em consideração uma das metades e como consequência inevitável nasce uma reação no inconsciente.

Em face da unilateralidade de Freud, nada havia a fazer. Talvez só uma experiência interior de cunho pessoal teria podido abrir-lhe os olhos. E mesmo assim seu intelecto talvez o reconduzisse à simples "sexualidade", ou "psicossexualidade". Ele tornou-se vítima do único lado que podia identificar, e é por isso que o considero uma figura trágica: pois era um grande homem e, o que é principal, tinha o fogo sagrado.

Depois da segunda conversa em Viena compreendi a hipótese da vontade de poder elaborada por Alfred Adler, à qual, até aquele momento, eu não prestara a devida atenção: como inúmeros filhos, Adler não retivera do pai apenas o que ele dizia, mas sim o que ele *fazia*. Depois, houve o problema da confrontação do problema do amor — ou Eros — e do poder, que caiu sobre mim como uma opressiva capa de chumbo. Mais tarde, Freud disse-me que nunca lera Nietzsche. De resto, eu considerava a psicologia de Freud uma manobra da história do espírito que vinha compensar a divinização do princípio de poder realizada por Nietzsche. O problema realmente não era "Freud *versus* Adler", mas "Freud *versus* Nietzsche". Esse problema me pareceu bem mais importante do que uma contenda doméstica no domínio da psicopatologia. Surgiu-me a ideia de que Eros e o instinto de poder eram como que irmãos inimigos, filhos de *um só pai*, filhos de uma força psíquica que os motivava e — como a carga elétrica positiva e negativa — se manifestava na experiência sob a forma de oposição; o Eros como *patiens*, como uma força que se sofre passivamente, e o instinto de poder como um *agens*, como força ativa, e vice-versa. O Eros recorre tantas vezes ao instinto de poder como o instinto de poder ao Eros. O que seria um desses instintos sem o outro? O homem, por um lado, sucumbe ao instinto e, por outro, procura dominá-lo. Freud mostra como o objeto sucumbe ao instinto, Adler, como o homem utiliza o instinto para violentar o objeto. Nietzsche, entregue a seu destino e sucumbindo a ele, precisou criar um "super--homem". Freud — tal era a minha conclusão — deve ter sido de tal forma subjugado pelo poder do Eros, que procurou levá-lo, como um *numen* religioso, ao nível de dogma *aere perennius* (de dogma eterno). Isto não é um segredo para ninguém: "Zaratustra" é o anunciador de um evangelho e Freud chega a competir com a Igreja através de sua intenção de canonizar doutrinas e preceitos. É verdade que não o fez com alarde; pelo contrário, ele me atribuiu a intenção de querer passar por um profeta. Ele formula a trágica exigência e logo a apaga. É assim que se procede frequentemente no tocante às concepções numinosas; isso é justo porque, de um ponto de vista, elas são verdadeiras, enquanto, de outro, são falsas. O acontecimento numinoso vivido eleva e rebaixa simultaneamente. Se Freud tivesse apreciado melhor a verdade psicológica que faz da sexualidade algo de numinoso — ela é um Deus e um Diabo —, não teria ficado prisioneiro de uma noção biológica mesquinha. E Nietzsche, com sua exuberância, talvez não tivesse caído fora do mundo se tivesse permanecido nos fundamentos da existência humana.

Cada vez que um acontecimento numinoso faz vibrar fortemente a alma, há perigo de que se rompa o fio em que estamos suspensos. Então o ser humano pode cair num "sim" absoluto ou num "não" que também o é! "Nirdvandva" — "livre dos dois" — diz o Oriente. Não esqueci tal coisa! O pêndulo do espírito oscila entre sentido e não sentido e não entre verdadeiro e falso. O perigo do numinoso é que ele impele aos extremos e então uma verdade modesta é tomada pela *Verdade* e um erro mínimo por uma aberração fatal. Tudo passa: o que ontem era verdade hoje é erro, e o que antes de ontem era considerado um erro será talvez uma revelação amanhã... e isso é ainda mais válido na dimensão psicológica, acerca da qual, na realidade, sabemos pouquíssimo. Muitas vezes negligenciamos isso e estamos longe de levá-lo em conta: que nada, absolutamente nada existe, enquanto uma consciência, por restrita que seja — luz efêmera —, não o advirta.

Minha conversa com Freud mostrara-me quanto ele temia que a clareza numinosa de sua teoria sexual fosse extinta por uma onda de lodo negro. Assim, criava uma situação mitológica: a luta entre *luz* e *trevas*. Essa situação explica a numinosidade da questão e o recurso imediato a um meio de defesa, tirado do arsenal religioso: o dogma. No livro que escrevi pouco depois, que trata da psicologia da luta travada pelo herói,[5] retomo o fundo mitológico da estranha reação de Freud.

A interpretação sexual, por um lado, e a vontade de poder manifestada pelo dogma, por outro, me orientaram no correr dos anos para o problema tipológico, assim como para a polaridade e a energética da alma. Depois, comecei a investigação que se estendeu através de várias décadas, acerca da onda de lodo negro do ocultismo; esforcei-me por compreender as condições históricas, conscientes e inconscientes, da psicologia moderna.

Eu queria conhecer as opiniões de Freud acerca da precognição e de parapsicologia em geral. Quando fui vê-lo em 1909, em Viena, perguntei-lhe o que pensava sobre isso. Fiel a seu preconceito materialista, repeliu todo esse complexo de questões, considerando-as mera tolice. Ele apelava para um positivismo de tal modo artificial que precisei conter uma resposta cáustica. Alguns anos decorreram antes que Freud reconhecesse a seriedade da parapsicologia e o caráter de dado real dos fenômenos "ocultos".

Enquanto Freud expunha seus argumentos, eu tinha uma estranha sensação: meu diafragma parecia de ferro ardente, como se formasse uma abóboda ardente. Ao mesmo tempo um estalido ressoou na estante que estava a nosso lado, de tal forma que ambos nos assustamos. Pensamos que a estante ia desabar sobre nós. Foi exatamente essa a impressão que nos causou o estalido. Eu disse a Freud: "Eis o que se chama um fenômeno catalítico de exteriorização." "Ah", disse ele, "isso é um puro disparate!".

"De forma alguma", repliquei, "o senhor se engana, professor. E para prová-lo que tenho razão, afirmo previamente que o mesmo estalido se reproduzirá". E, de fato, apenas pronunciara estas palavras, ouviu-se o mesmo ruído na estante.

Ainda hoje ignoro de onde me veio aquela certeza. Eu sabia, porém, perfeitamente, que o ruído se reproduziria. Então, como resposta, Freud me olhou, horrorizado. Não sei o que pensou, nem o que viu. É certo, no entanto, que esse acontecimento despertou sua desconfiança em relação a mim; tive o sentimento de que lhe fizera uma afronta. Nunca mais falamos sobre isso.[6]

O ano de 1909 foi decisivo para nossas relações. Fui convidado pela Clark University (Worcester, Massachusetts) para fazer conferências sobre a experiência de associações. Independentemente, Freud também recebera um convite; decidimos fazer a viagem juntos.[7] Encontramo-nos em Bremen; Ferenczi nos acompanhava. Em Bremen produziu-se um incidente que deu margem a muitas discussões: a síncope de Freud. Ela foi provocada — indiretamente — pelo interesse que eu demonstrava pelos chamados "cadáveres dos pântanos". Eu sabia que, em certas regiões do norte da Alemanha, eles eram encontrados. Tratava-se de cadáveres, alguns dos quais datam da pré-história, de homens que se afogaram nos pântanos ou que neles foram enterrados. A água dos pântanos contém ácidos vegetais que destroem os ossos e ao mesmo tempo curtem a pele, de forma que esta e os cabelos ficam em perfeito estado de conservação. Produz-se um processo natural de mumificação, no curso do qual, sob o peso da turfa, os cadáveres se achatam completamente. Eles são encontrados às vezes quando se extrai a turfa em Holstein, na Dinamarca e na Suécia.

Eu pensava novamente sobre esses cadáveres, cuja história havia lido em Bremen, mas minhas lembranças se emaranhavam e eu os confundia com as múmias das jazidas de chumbo de Bremen. Meu interesse enervou Freud. "Por que você se importa com esses cadáveres?", perguntou-me várias vezes. Era claro que o assunto o encolerizava e, durante uma conversa sobre isso, à mesa, ele teve uma síncope. Mais tarde, disse-me que estava persuadido de que a conversa acerca de cadáveres significava que eu desejava sua morte. Fiquei extremamente surpreendido com essa opinião! Espantei-me, principalmente, por causa da intensidade de suas fantasias, a ponto de causar-lhe uma síncope.

Numa circunstância análoga, Freud teve mais uma síncope diante de mim. Foi durante o congresso psicanalítico de Munique, em 1912. Alguém começara uma conversa sobre Amenofis IV; sublinhava-se o fato de que, devido a sua atitude negativa em relação ao pai, ele destruíra as vinhetas deste, nas estelas, e que havia um complexo paterno na origem de sua importante criação de uma religião monoteísta. Isso me irritou e procurei mostrar-lhe que Amenofis fora um homem criador e profundamente religioso, cujos atos não podiam ser explicados por meros atos de resistência a seu pai. Pelo contrário, honrara a memória do pai e seu zelo destruidor só se dirigira contra o nome do deus Amon, que ele mandara apagar em toda parte. Dessa forma, isso também foi feito nas estelas de seu pai Amon-Hopet. Por outro lado, outros faraós haviam substituído, em monumentos e estátuas, os nomes de seus ancestrais reais ou divinos pelo próprio nome. Acreditavam-se autorizados para isso, devido ao fato de serem as encarnações do mesmo deus. Entretanto, não haviam inaugurado nem um novo estilo, nem uma nova religião.

Nesse momento Freud escorregou, desmaiando na cadeira. Nós o cercamos, sem saber o que fazer. Tomei-o, então, em meus braços, conduzi-o até o quarto vizinho, estendendo-o num sofá. Enquanto o carregava, vi que ele voltava um pouco a si, me olhando do fundo de sua aflição, com uma expressão que jamais esquecerei. O que quer que tenha contribuído para esse desmaio — a atmosfera era tensa —, esses dois casos têm em comum a fantasia do assassínio do pai.

Antes disso Freud me dissera várias vezes que me considerava seu sucessor. Essas alusões me perturbavam, pois sabia que jamais defenderia corretamente suas opiniões, isto é, no sentido que ele desejaria. Até então eu não conseguira ainda desenvolver minhas objeções de modo que ele as pudesse apreciar. Meu respeito por ele era sincero demais para que ousasse desafiá-lo numa explicação decisiva. A ideia de que deveria tomar, por assim dizer, a direção de um partido, contra minha convicção íntima, me era desagradável por muitos motivos. Tal papel não me convinha. Não podia sacrificar minha independência de espírito, e a perspectiva desse acréscimo de prestígio me contrariava, pois só significava para mim um afastamento de meus verdadeiros objetivos. Só me importava a pesquisa da verdade e, de forma alguma, a questão do prestígio pessoal.

Nossa viagem para os Estados Unidos, começada em Bremen em 1909, durou sete semanas. Estávamos juntos todos os dias e analisávamos nossos sonhos. Nessa época, tive alguns sonhos importantes; Freud, entretanto, não os conseguia penetrar. Não o censurei por isso, pois pode acontecer ao melhor analista não poder resolver o enigma de um sonho. Era uma falha humana que jamais me teria incitado a interromper nossas análises oníricas. Pelo contrário, elas eram muito importantes, e eu considerava nossa relação extremamente preciosa. Vi em Freud o homem mais velho, mais maduro, mais experimentado e, em mim, seu filho. Ocorreu, então, um acontecimento que representou um rude golpe para a nossa relação.

Freud teve um sonho, cujo conteúdo não posso revelar. Interpretei-o mais ou menos, acrescentando que poderia talvez adiantar algo mais, se ele me desse alguns detalhes suplementares, relativos à sua vida particular. Tal pedido provocou em Freud um olhar estranho — cheio de desconfiança —, e ele disse: "Não posso arriscar minha autoridade!" Nesse momento, entretanto, ele a perdera! Esta frase ficou gravada em minha memória. Prefigurava já, para mim, o fim iminente de nossas relações. Ele punha sua autoridade pessoal acima da verdade.

Freud, como já disse, interpretava incompletamente meus sonhos de então, ou nem isso. Eles tinham um conteúdo coletivo, e uma considerável massa de material simbólico. Principalmente um deles me pareceu importante, levando-me pela primeira vez à noção do "inconsciente coletivo": por essa razão, constituiu uma espécie de prelúdio a meu livro *Metamorfoses e símbolos da libido*.

Eis o sonho: eu estava numa casa desconhecida, de dois andares. Era a "minha" casa. Estava no segundo andar onde havia uma espécie de sala de estar, com belos móveis de estilo rococó. As paredes eram ornadas de quadros valiosos. Surpreso de que essa casa fosse minha, pensava: "Nada mal!" De repente, lembrei-me de que ainda não sabia qual era o aspecto do andar inferior. Desci a escada e cheguei ao andar térreo. Ali, tudo era mais antigo. Essa parte da casa datava do século XV ou XVI. A instalação era medieval, e o ladrilho, vermelho. Tudo estava mergulhado na penumbra. Eu passeava pelos quartos, dizendo: "Quero explorar a casa inteira!" Cheguei diante de uma porta pesada e a abri. Deparei com uma escada de pedra que conduzia à adega. Descendo-a, cheguei a uma sala muito antiga, cujo teto era em abóbada. Examinando as paredes, descobri que, entre as pedras comuns de que eram feitas, havia camadas de tijolos e pedaços de tijolo na argamassa. Reconheci que essas paredes datavam da época romana. Meu interesse chegara ao máximo. Examinei também o piso recoberto de lajes. Numa delas, descobri uma argola. Puxei-a. A laje deslocou-se e sob ela vi outra escada de degraus estreitos de pedra, que desci, chegando enfim a uma gruta baixa e rochosa. Na poeira espessa que recobria o solo havia ossadas, restos de vasos, e vestígios de uma civilização primitiva. Descobri dois crânios humanos, provavelmente muito velhos, já meio desintegrados. Depois, acordei.

    O que mais interessou a Freud nesse sonho foram os dois crânios. Falava continuamente deles e sugeriu-me que descobrisse em mim, dentro do contexto, um *desejo* eventual. O que pensava eu dos crânios? De quem eram? Naturalmente, eu sabia muito bem onde ele queria chegar: neles se dissimulariam desejos secretos de morte. "Mas, afinal de contas, o que pretende ele?", pensava comigo mesmo. De quem desejo a morte? Sentia violentas resistências contra uma tal interpretação; desconfiava também da verdadeira significação do sonho. Mas, nessa época, não tinha ainda confiança em meu julgamento e desejava conhecer a opinião de Freud. Queria saber o que ele achava; obedeci, pois, à sua intenção e disse: "minha mulher e minha cunhada" — pois era preciso citar alguém de quem valeria a pena desejar a morte!

    Eu era ainda recém-casado e sabia perfeitamente que nada em mim indicava um tal desejo. Mas não teria podido dar a Freud minhas próprias associações para interpretar o sonho sem chocar-me com sua incompreensão e com violentas resistências. Não me sentia qualificado para defrontar-me com ele. Temia também perder sua amizade se mantivesse meu ponto de vista. Por outro lado, queria saber o que resultaria de minha resposta e de que forma ele reagiria se eu o enganasse, exagerando sua própria doutrina. Assim, pois, menti.

Tinha perfeita consciência que, do ponto de vista moral, minha maneira de agir era censurável. Mas teria sido impossível, então, descobrir a Freud o mundo de meus pensamentos. Entre seu mundo e o meu havia um abismo demasiado profundo. De fato, Freud ficou como que aliviado com a minha resposta. Dessa maneira pude perceber que ele ficava desamparado diante de sonhos dessa espécie, e que buscava refúgio em sua própria doutrina. Quanto a mim, queria descobrir o verdadeiro sentido do sonho.

Era claro que a casa representava uma espécie de imagem da psique, isto é, da minha situação consciente de então, com complementos ainda inconscientes. A consciência era caracterizada pela sala de estar e parecia habitável, apesar do estilo antiquado.

No andar térreo já começava o inconsciente. Quanto mais eu descia em profundidade, mais as coisas se tornavam estranhas e obscuras. Na gruta, descobri restos de uma civilização primitiva, isto é, o mundo do homem primitivo em mim; esse mundo não podia ser atingido ou iluminado pela consciência. A alma primitiva do homem confina com a vida da alma animal, da mesma forma que as grutas dos tempos primitivos foram frequentemente habitadas por animais antes que os homens se apoderassem delas.

Tomei consciência, então, de um modo todo particular, da grande diferença que separava a atitude mental de Freud de minha própria. Eu crescera na atmosfera intensamente histórica de Basileia, no fim do século anterior, e a leitura dos velhos filósofos me proporcionara um certo conhecimento da história da psicologia. Quando refletia sobre os sonhos, ou sobre os conteúdos do inconsciente, nunca o fazia sem recorrer a comparações históricas: em meus tempos de estudante, utilizava-me para isso do velho dicionário de filosofia de Krug. Conhecia particularmente bem os autores do século XVIII e também os do começo do século XIX. Esse mundo constituíra a atmosfera de minha sala de estar do primeiro andar. Quanto a Freud, minha impressão era a de que para ele "a história do espírito humano" começava com Büchner, Moleschott, Dubois-Reymond e Darwin.

O sonho acrescentava à minha situação consciente que acabo de descrever outras camadas de consciência: o andar térreo de estilo medieval, há muito abandonado, a adega romana e, enfim, a gruta pré-histórica representavam épocas findas e níveis de consciência ultrapassados.

Durante os dias que precederam o sonho, muitos problemas me haviam preocupado ardentemente: as premissas sobre as quais repousa a psicologia freudiana? Em que categoria do pensamento humano deve ser colocada? Qual a relação entre seu personalismo quase exclusivo e os antecedentes históricos gerais? Meu sonho dava a resposta. Remontava, evidentemente, às bases da história das civilizações, que é uma história dos estados sucessivos da consciência. Descrevia, como um diagrama estrutural da alma humana, uma condição prévia de natureza essencialmente *impessoal*. Esta ideia pareceu-me evidente: *it cliked*, como dizem os ingleses; e o sonho se tornou para mim uma imagem diretriz que, em seguida, se confirmou numa medida imprevisível. Por causa desse sonho pensei, pela primeira vez, na existência de um *a priori* coletivo da psique pessoal, *a priori* que considerei primeiramente como sendo os vestígios funcionais anteriores. Só mais tarde, quando minhas experiências se multiplicaram e meu saber se consolidou, reconheci que esses modos funcionais eram formas do instinto: os arquétipos.

Nunca pude concordar com Freud que o sonho é uma "fachada" atrás da qual seu significado se dissimula, significado já existente, mas que se oculta quase que maliciosamente à consciência. Para mim, os sonhos são natureza, e não encerram a menor intenção de enganar; dizem o que podem dizer e tão bem quanto o podem como faz uma planta que nasce ou um animal que procura pasto. Os olhos também não procuram nos enganar: talvez sejamos nós que nos enganemos, porque nossos olhos são míopes! Ou então, ouvimos mal porque nossos ouvidos são um pouco surdos, mas não são eles que nos querem enganar. Muito antes de conhecer Freud, eu considerava o inconsciente — da mesma forma que os sonhos, sua expressão imediata — como um processo natural, desprovido de qualquer arbitrariedade e, acima de tudo, de qualquer intenção de prestidigitação. Não tinha qualquer motivo para supor que as malícias da consciência se estendessem também aos processos naturais do inconsciente. Pelo contrário, a experiência quotidiana me ensinou com que resistência encarniçada o inconsciente se opõe às tendências do consciente.

O sonho da casa teve um curioso efeito sobre mim: despertou meu antigo interesse pela arqueologia. Voltando a Zurique, li um livro sobre as escavações na Babilônia e diversas obras sobre os mitos. O acaso me conduziu ao *Simbolismo e mitologia dos povos antigos*, de Friedrich Creuzer,[8] e esse livro me entusiasmou. Li-o como que num transporte; levado por um interesse ardente, estudei um amontoado de materiais mitológicos e gnósticos, para enfim chegar a uma desorientação total.

Senti-me tão desamparado como outrora, na clínica, quando tentava compreender o sentido dos estados psicóticos. Tinha a impressão de estar num asilo de alienados imaginários e comecei a "tratar" todos esses centauros, ninfas, deuses e deusas, do livro de Creuzer, a analisá-los como se fossem meus doentes. No curso desses estudos não me escapou o quanto a mitologia antiga era próxima da psicologia dos primitivos, o que me impeliu a um exame intensivo desta última. O interesse que Freud manifestara no mesmo instante pelo mesmo assunto causou-me certo mal-estar, porque acreditei ver nisso uma predominância de sua doutrina em relação aos fatos.

Quando estava imerso nesses trabalhos, encontrei os materiais fantasmagóricos nascidos da imaginação de uma jovem americana que eu não conhecia, Miss Miller. Haviam sido publicados por Teodoro Flournoy, amigo paternal, que gozava de toda minha estima, nos *Archives de Psychologie*[9] (Genebra). Fiquei imediatamente impressionado pelo caráter mitológico dessas fantasias. Agiram como um catalisador sobre as ideias ainda desordenadas que eu acumulava. A partir dessas fantasias, e também dos conhecimentos que adquirira sobre a mitologia, nasceu meu livro *Metamorfoses e símbolos da libido*. Enquanto trabalhava nele, tive sonhos dos mais significativos, que já indicavam minha ruptura com Freud. Um dos mais impressionantes se desenrolava numa região montanhosa, nas proximidades da fronteira austro-helvécia. Era quase noite: vi um homem de certa idade trajando um uniforme de fiscal de alfândega da monarquia imperial e real. Um pouco curvo, passou perto de mim, sem me dar atenção. Outras pessoas também lá estavam, e através delas vim a saber que esse velho não era real, mas somente o espírito de um empregado da alfândega morto havia alguns anos. "É um desses homens que não podem morrer", disse alguém.

Essa foi a primeira parte do sonho.

Quando comecei a analisá-lo, a "alfândega" fez-me imediatamente pensar na "censura"; a "fronteira" pareceu-me significar, por um lado, a que existe entre o consciente e o inconsciente e, por outro lado, a que existe entre as opiniões de Freud e as minhas. O controle na fronteira — de uma extrema minúcia — parecia referir-se à análise. Na fronteira, as bagagens são abertas para serem examinadas, por causa do possível contrabando. Dessa forma, descobrem-se os pressupostos inconscientes. O velho empregado da alfândega, ao que parece, havia sentido tão pouca alegria e satisfação em sua carreira, que sua filosofia tinha um aspecto cinzento. Não pude afastar a analogia com Freud.

Freud tinha então, em 1911, num certo sentido, perdido sua autoridade sobre mim. Mas depois, como antes, eu o considerava uma personalidade superior, na qual projetava a imagem do pai e, no momento do sonho, essa projeção estava longe de ter desaparecido. Em presença de uma tal projeção, perde-se a objetividade e os julgamentos que se fazem são ambíguos. Por um lado, é sensível à dependência e, por outro, experimentam-se resistências. Na época desse sonho, eu tinha ainda Freud em alta estima — mas, por outro lado, minha atitude não era isenta de crítica. Essa dupla atitude indicava que, nessa situação, eu ainda estava inconsciente e ainda não a submetera à reflexão. Isso é característico a todas as projeções. O sonho me incitava a esclarecer esse assunto.

Impressionado pela personalidade de Freud, eu havia, tanto quanto possível, renunciado ao meu próprio julgamento e recalcado minha crítica. Era a condição de minha colaboração. Dizia a mim mesmo: "Freud é muito mais inteligente do que você e tem uma experiência muito mais ampla. No momento você deve contentar-se em ouvir o que ele diz, instruindo-se com ele." Depois, com grande espanto, sonhei que ele era um empregado rabugento da monarquia austríaca imperial e real, um inspetor de alfândega já morto, que continuava a "voltar". Seria isso a expressão do desejo de morte a que Freud já aludira? Não pude encontrar em mim qualquer parcela de personalidade suscetível de um tal desejo; pois eu queria, ardentemente, e com um egoísmo sem máscara, colaborar com ele e participar da riqueza de sua experiência; além disso, nossa amizade era preciosa para mim. Não tinha, pois, qualquer motivo para desejar a sua morte. Mas talvez o sonho fosse um corretivo, uma compensação de minha estima e de minha admiração conscientes que — apesar de tudo — eram excessivas. O sonho recomendava uma atitude um pouco mais crítica; eu me sentia consternado, se bem que a última frase do sonho parecesse encerrar uma alusão à sua imortalidade.

O episódio do empregado da alfândega não pusera fim ao sonho; pelo contrário, depois de um intervalo, houve uma segunda parte, impressionante. Eu estava numa cidade da Itália, entre as 12 e 13 horas. Um sol ardente inundava as ruelas. A cidade era construída sobre colinas e me lembrava um certo bairro de Basileia, o Kohlenberg. As ruelas que descem para o vale da Birsig e se estendem através da cidade são, muitas vezes, ruas em escada. Uma delas descia até a praça Barfüsser. Era Basileia, e no entanto era também uma rua italiana, talvez em Bérgamo. Sendo verão, o sol brilhava no zênite e tudo estava banhado por uma viva luz. Muitas pessoas vinham em minha direção, e eu sabia que as lojas se fechavam e que as pessoas voltavam às suas casas para almoçar. No meio desse fluxo humano caminhava um cavaleiro vestido com uma armadura. Subia a colina em direção a mim. Usava um capacete antigo com antolhos e uma cota de malhas; sobre ela trazia uma veste branca, com uma cruz vermelha tecida no peito e nas costas.

Podem imaginar a impressão que me causou um cruzado caminhando em minha direção, de repente, numa cidade moderna, ao meio-dia, na hora de maior movimento! Observei que nenhuma das outras pessoas parecia percebê-lo. Ninguém se voltava para olhá-lo. Tive a impressão de que era completamente invisível para os outros. Eu me interrogava sobre o significado dessa aparição e ouvi, como se alguém respondesse — apesar de não haver ninguém por perto —: "Sim, é uma aparição, que volta regularmente; sempre entre 12 e 13 horas, o cavaleiro passa por aqui, há muito tempo (tive a impressão de que tal coisa ocorria há séculos) e todos já sabem disso."

O sonho me causou uma profunda impressão. Entretanto, não o compreendi nessa época. Acabrunhado e perturbado, não sabia o que fazer.

O cavaleiro e o chefe da alfândega eram personagens que se opunham um ao outro. O empregado da alfândega era um fantasma, um ser que "ainda não podia morrer", uma aparição em vias de desvanecer-se. O cavaleiro, ao contrário, parecia cheio de vida e de uma realidade perfeita. A segunda parte do sonho era extremamente numinosa; a cena da fronteira sóbria e pouco impressionante; somente as reflexões que fiz a respeito me haviam tocado.

Quanto à figura enigmática do cavaleiro, não consegui articulá-la em minhas ideias, nem compreender-lhe completamente o sentido. Apenas muito tempo depois, quando meditei profundamente sobre o sonho, pude alcançar seu significado. Enquanto sonhava, sabia que o cavaleiro era do século XII, época em que a alquimia começou, assim como a busca do Santo Graal. Desde minha juventude as histórias do Graal desempenharam um grande papel em minha imaginação. Li essas histórias pela primeira vez aos 15 anos e isso foi um acontecimento inesquecível, uma impressão que nunca mais desapareceu! Desconfiava de que havia um mistério nessas histórias. Assim, pois, pareceu-me natural que o sonho evocasse de novo o mundo dos cavaleiros do Graal e sua busca; era esse o meu mundo, no mais íntimo sentido da palavra, sem relações com o de Freud. Tudo em mim buscava essa parte ainda ignorada, que pudesse dar sentido à banalidade da vida.

Sentia uma profunda decepção: através de todos os esforços do espírito indagador, não conseguia descobrir aparentemente nada, nas profundezas da alma, a não ser o "humano demasiado humano", já por demais conhecido. Cresci no campo, entre camponeses e o que o estábulo me havia ensinado aprendia também através dos chistes rabelaisianos, e das fantasias desabridas do folclore de nossos camponeses. O incesto e as perversidades não representavam para mim novidades dignas de nota e não mereciam explicações particulares. Pertenciam, como a criminalidade, ao resíduo negro que estragava o gosto da vida, pondo-me diante dos olhos, com demasiada nitidez, a fealdade e estupidez da existência humana. Que as couves tirassem seu viço do esterco era para mim um fato natural. Não encontrava nisso qualquer esclarecimento confortante. Só as pessoas da cidade parecem ignorar tudo acerca da natureza e do estábulo humano — pensei — cansado há muito tempo dessas coisas "pouco atraentes".

Naturalmente, as pessoas que nada sabem da natureza são neuróticas, pois não estão adaptadas à realidade. São ainda demasiado ingênuas, como crianças, e têm necessidade de que se lhes ensine que são humanas como todas as outras. Entretanto, esse conhecimento não basta para curar as neuroses; só recobrarão a saúde se conseguirem sair da lama quotidiana. Mas se comprazem demasiadamente no que antes fora recalcado. E de que maneira poderiam sair disso se a análise não as desperta para a consciência do que é diferente e melhor? Se a própria teoria as atola na neurose e só lhes abre como solução a decisão racional ou "razoável" de abandonar enfim as infantilidades, o que lhes restará? Pois é isso, precisamente, aquilo de que são incapazes; e como poderiam tornar-se capazes não se descobrindo algo que possa servir-lhes de ponto de apoio? Não se pode abandonar uma forma de vida sem mudá-la por outra. Uma conduta de vida razoável sob todos os pontos de vista é, em regra geral, impossível; a experiência o prova, principalmente quando, como o neurótico, se tem a tendência natural de ser desarrazoado.

Compreendi, então, por que a psicologia pessoal de Freud me interessava tanto. Minha necessidade era saber, de qualquer maneira, em que consistia sua "solução razoável". Para mim, isso era uma questão vital e me sentia pronto para grandes sacrifícios, a fim de obter a resposta. Comecei a ver claro. Ele mesmo sofria de uma neurose, de uma neurose fácil de diagnosticar, com sintomas muito incômodos, tal como pude descobrir por ocasião de nossa viagem à América. Nessa época, ele me ensinara que todos são meio neuróticos e que é preciso, portanto, ser tolerante. Entretanto, essa afirmação não me contentava; eu queria saber de que maneira se poderia evitar uma neurose. Vira que nem Freud, nem seus discípulos podiam compreender a importância que tinha, para a teoria e a prática da psicanálise, o fato de o próprio mestre não poder sair de sua própria neurose. Quando ele manifestou a intenção de identificar teoria e método para fazer disso uma série de dogmas, senti que não poderia continuar a colaborar com ele. Nada pude fazer senão me afastar.

Quando estava quase acabando de escrever *Metamorfoses e símbolos da libido*, eu sabia de antemão que o capítulo "O sacrifício" me custaria a amizade de Freud. Nele expus minha própria concepção do incesto da metamorfose decisiva do conceito de libido e de outras ideias, que representavam meu afastamento de Freud. Para mim, o incesto, só em casos extremamente raros, constitui uma complicação pessoal. Na maior parte dos casos, representa um conteúdo altamente religioso e é por este motivo que desempenha um papel decisivo em quase todas as cosmogonias e em inúmeros mitos. Mas Freud, atendo-se ao sentido literal do termo, não podia compreender o significado psíquico do incesto como símbolo. E eu sabia que ele jamais o aceitaria.

Falei sobre isso com minha mulher, comunicando-lhe meus receios. Ela tentou tranquilizar-me, porque sua opinião era de que Freud, graças à sua visão ampla, admitiria meu modo de ver, ainda que não o aceitasse. Mas, na minha opinião, ele não seria capaz de admiti-la. Durante dois meses não consegui escrever, de tal modo me sentia atormentado por esses conflitos. Deveria calar meu modo de pensar ou arriscar nossa amizade? Finalmente decidi escrever; isso custou-me a amizade de Freud.

Depois da ruptura com ele, todos os meus amigos e conhecidos se afastaram de mim. Meu livro não foi considerado uma obra séria. Passei por um místico e desse modo encerraram o assunto. Riklin e Maeder foram os únicos que ficaram a meu lado. Mas eu tinha previsto a solidão e não me iludi acerca das reações dos pretensos amigos. Muito pelo contrário, refleti profundamente sobre o assunto. Sabia que o essencial estava em jogo e que deveria tomar a peito minhas convicções. Vi que o capítulo "O sacrifício" representava o meu sacrifício. Isso posto, pude recomeçar a escrever, se bem que soubesse de antemão que ninguém compreenderia minhas ideias.

Olhando para trás, posso dizer que sou o único que prosseguiu o estudo dos dois problemas que mais interessaram a Freud: o dos "resíduos arcaicos" e o da sexualidade. Espalhou-se o erro de que não vejo o valor da sexualidade. Muito pelo contrário, ela desempenha um grande papel em minha psicologia, principalmente como expressão fundamental — mas não a única — da totalidade psíquica. Minha preocupação essencial era, no entanto, aprofundar a sexualidade, além de seu significado pessoal e seu alcance de função biológica, explicando-lhe o lado espiritual e o sentido numinoso. Exprimia, assim, o que fascinara Freud, sem que este o compreendesse. Os livros *Psicologia da transferência* e *Mysterium coniunctionis* expõem minhas ideias sobre o tema. Como expressão de um espírito ctônico,[10] a sexualidade é da maior importância. Esse espírito é a "outra face de Deus", o lado sombrio da Sua imagem. Os problemas do espírito ctônico me preocuparam desde que tomei contato com o mundo das ideias da alquimia. Em suma, essas preocupações tinham despertado no curso dessa antiga conversa com Freud, quando percebi o quanto ele estava perturbado com a sexualidade, sem poder, entretanto, explicar-me sua comoção.

O maior feito de Freud foi, sem dúvida, tomar a sério seus doentes neuróticos e se haver consagrado ao que sua psicologia tem de individual e de particular. Ele teve a coragem de dar a palavra à casuística, penetrando dessa forma na psicologia individual do doente. Poder-se-ia dizer que via com os olhos do doente, chegando assim a uma compreensão mais profunda da doença que até então não tinha sido possível. Nesse ponto, não tinha qualquer ideia preconcebida e era extremamente corajoso. Isso permitiu-lhe ultrapassar uma multidão de preconceitos. Tal como um profeta do Antigo Testamento, tentou derrubar os falsos deuses, abrindo a cortina que velava uma quantidade de desonestidades e hipocrisias, trazendo à luz, sem qualquer piedade, a podridão da alma contemporânea. Não teve medo de assumir a impopularidade de tal empreendimento. Fazendo isso, deu à nossa civilização um novo impulso, que consistia na descoberta de um acesso ao inconsciente. Reconhecendo o sonho como a mais importante fonte de informações sobre os processos do inconsciente, arrancou ao passado e ao esquecimento um valor que parecia irremediavelmente perdido. Provou empiricamente a existência de uma psique inconsciente, que antes era apenas um postulado filosófico nas filosofias de Cari Gustav Carus e Eduard von Hartman.

Não é exagero dizer que a consciência da civilização que reina hoje em dia, na medida em que reflete sobre si mesma filosoficamente, ainda não aceitou a ideia do inconsciente e de suas consequências, se bem que esteja confrontada com ele há mais de meio século. É ainda uma tarefa do futuro integrar a noção geral e básica de que nossa existência psíquica tem dois polos.

Confronto com o inconsciente

Depois da ruptura com Freud, começou para mim um período de incerteza interior e, mais que isso, de desorientação. Eu me sentia flutuando, pois ainda não encontrara minha própria posição. O que mais almejava nesse momento era adquirir uma nova atitude em relação aos meus doentes. Em primeiro lugar decidi confiar incondicionalmente naquilo que contassem sobre eles mesmos. Pus-me, então, à escuta do que o acaso trazia. Constatei logo que relatavam espontaneamente seus sonhos e fantasias; eu apenas formulava algumas perguntas, como "O que pensa disso?" ou "Como compreende isso? De onde vem essa imagem?". Das respostas e associações apresentadas por eles, as interpretações decorriam naturalmente. Deixando de lado qualquer ponto de vista teórico, apenas os ajudava a compreender por si mesmos suas imagens.

Logo percebi que era correto tomar, como base de interpretação, os sonhos tais como se apresentam. Eles são o fato do qual devemos partir. Naturalmente meu "método" engendrou uma variedade de aspectos quase inabrangível. A necessidade de um critério tornou-se cada vez mais premente, ou melhor, a urgência de uma orientação inicial pelo menos provisória.

Vivi, nesse momento, um instante de excepcional lucidez: diante de meus olhos desenrolou-se o caminho que até então percorrera. Pensei: "Possuo agora a chave para a mitologia, e poderei abrir todas as portas da psique humana inconsciente." Ouvi, então, uma voz murmurar dentro de mim: "Por que abrir todas as portas?" E logo emergiu a interrogação sobre o que já havia realizado. Eu esclarecera os mitos dos povos do passado; escrevera um livro sobre o herói, este mito em que o homem sempre viveu.

"Mas em que mito vive o homem de nossos dias?

— No mito cristão, poder-se-ia dizer.

— Por acaso vives nele?", algo perguntou em mim.

"— Respondendo com toda a honestidade, não! Não é o mito no qual vivo.

— Então não vivemos mais um mito?

— Não. Parece que não vivemos mais um mito.

— Mas qual é o mito para ti, o mito no qual vives?"

Sentia-me cada vez menos à vontade e parei de pensar. Atingira um limite.

Em 1912, na véspera do Natal, tive um sonho. Encontrava-me numa esplêndida *loggia* italiana, com colunas, piso e balaustrada de mármore. Estava sentado numa cadeira dourada de estilo Renascença, diante de uma mesa de rara beleza, talhada em pedra verde, semelhante à esmeralda. Sentado, olhava a paisagem a distância, pois a *loggia* ficava situada no alto da torre de um castelo. Meus filhos também estavam sentados à mesa.

De repente um pássaro branco baixou; era uma gaivota pequena ou uma pomba. Pousou graciosamente na mesa, perto de nós; fiz um sinal às crianças que não se movessem a fim de não assustar o belo pássaro branco. No mesmo instante a pomba transformou-se numa menina de cerca de oito anos, de cabelos de um louro dourado. Ela saiu correndo com meus filhos e, juntos, começaram a brincar nas maravilhosas colunatas do castelo.

Eu continuava mergulhado em meus pensamentos, refletindo sobre o que acabara de acontecer. A menina voltou nesse instante e cingiu-me afetuosamente o pescoço com um braço. De repente desapareceu e em seu lugar surgiu novamente a pomba falando com voz humana e lenta: "Só nas primeiras horas da noite posso transformar-me num ser humano, enquanto o pombo cuida dos 12 mortos." Dizendo isso, levantou voo no espaço azul e eu despertei.

A única coisa que consegui formular a respeito desse sonho foi que indicava uma atividade inabitual do inconsciente. Mas eu não conhecia uma técnica para chegar ao fundo dos processos interiores. O que poderia um pombo fazer com 12 mortos? Quanto à mesa de esmeralda, lembrou-me a história da *tabula smaragdina* da lenda alquimista de Hermes Trimegisto. Segundo essa lenda, Hermes Trimegisto teria legado uma mesa sobre a qual estava gravada em grego a essência da sabedoria alquimista. Pensei também nos 12 apóstolos, nos 12 meses do ano, nos signos do zodíaco. Mas não encontrei a solução do enigma. Finalmente tive de deixá-lo de lado. Não pude fazer mais do que esperar, continuar a viver, e prestar atenção às minhas fantasias.

Nessa época uma fantasia terrível repetiu-se várias vezes: havia algo de morto que continuava a viver. Por exemplo, cadáveres eram colocados em fornos crematórios e descobria-se então que ainda mostravam sinais de vida. Essas fantasias atingiram num sonho, simultaneamente, seu ponto culminante e seu fim.

Eu estava numa região que me lembrava os Alyscamps, perto de Arles. Lá existe uma alameda de sarcófagos que remonta à época dos merovíngios. No sonho, eu vinha da cidade e via diante de mim uma alameda semelhante, orlada de uma fileira de túmulos. Havia pedestais encimados por lajes sobre as quais os mortos repousavam. Jaziam em suas roupagens antigas, as mãos postas sobre o peito, à maneira dos cavaleiros das antigas capelas mortuárias em suas armaduras, com a única diferença de que em meu sonho os mortos não eram de pedra talhada, mas, de modo singular, mumificados. Parei frente ao primeiro túmulo e observei o morto. Era um personagem dos anos 1830. Interessado, olhei suas roupas. De repente ele começou a mover-se e voltou à vida. Separou as mãos e compreendi que isso ocorrera porque eu o olhara. Com um sentimento de mal-estar continuei a caminhar e me aproximei de um outro morto, que pertencia ao século XVIII. Aconteceu então a mesma coisa: enquanto o olhava, ele voltou à vida e moveu as mãos. Percorri toda a fila, até atingir o século XII. O morto era um cruzado que repousava numa cota de malha, de mãos postas. Seu corpo parecia talhado na madeira. Contemplei-o longamente convencido de que estava realmente morto. Subitamente, porém, vi que um dos dedos de sua mão esquerda começava, pouco a pouco, a se animar.

Esse sonho ocupou-me durante muito tempo. Naturalmente, no início, eu compartilhara da opinião de Freud, segundo a qual o inconsciente encerra vestígios de experiências antigas. Mas sonhos como esse e a experiência real do inconsciente levaram-me à compreensão de que tais vestígios não são apenas conteúdos mortos, nem formas gastas da vida, mas pertencem à psique viva. Minhas pesquisas posteriores confirmaram a hipótese, que no decorrer dos anos resultou na minha teoria dos arquétipos.

Os sonhos de então impressionavam-me muito, mas não me ajudavam a superar o sentimento de perplexidade que se apoderava de mim. Pelo contrário, eu vivia como que sob o domínio de uma pressão interna. Às vezes esta era tão forte que cheguei a supor que havia em mim alguma perturbação psíquica. Duas vezes passei em revista toda a minha vida em todos os seus pormenores, detendo-me particularmente nas lembranças da infância, pensando encontrar em meu passado alguma coisa que pudesse ser a causa de uma possível perturbação. Mas essa introspecção foi infrutífera e tive que confessar a mim mesmo minha ignorância. Pensei então: "Ignoro tudo a tal ponto que simplesmente farei o que me ocorrer." Abandonei-me assim, conscientemente, ao impulso do inconsciente.

A primeira coisa que se produziu foi o aparecimento de uma lembrança da infância, talvez dos meus dez ou 12 anos. Nessa época eu me entregara apaixonadamente a brinquedos de construção. Lembrei-me com clareza de que edificara casinhas e castelos, com portais e abóbadas, usando garrafas como suportes. Um pouco mais tarde, utilizei pedras naturais e terra argilosa como argamassa. Durante longos anos essas construções me fascinaram. Para minha surpresa, essa lembrança emergiu acompanhada de uma certa emoção.

"Ah, ah!", disse a mim mesmo, "aqui há vida! O garoto anda por perto e possui uma vida criativa que me falta. Mas como chegar a ela?". Parecia-me impossível que o homem adulto transpusesse a distância entre o presente e meu décimo primeiro ano de vida. Se eu quisesse, entretanto, restabelecer o contato com essa época de minha vida, só me restava voltar a ela acolhendo outra vez a criança que então se entregava aos brinquedos infantis.

Esse momento marcou um ponto crucial no meu destino. Só me abandonei a tais brincadeiras depois de repulsões infinitas, com um sentimento de extrema resignação e experimentando a dolorosa humilhação de não poder fazer outra coisa senão brincar. Pus-me, então, a colecionar pedras, trazendo-as da beira do lago ou de dentro d'água; depois comecei a construir casinhas, um castelo, uma cidade. Nessa época, porém, faltava a igreja; comecei então uma construção quadrada, encimada por um tambor hexagonal e por uma cúpula de base quadrada. Ora, uma igreja comporta também um altar. Mas algo em mim relutava em edificá-lo.

Preocupado em saber como resolveria esse problema, passeava um dia, como de costume, ao longo do lago e recolhia pedras por entre o cascalho da margem. De repente, deparei com uma pedra vermelha, uma espécie de pirâmide de quatro lados, de uns quatro centímetros de altura. Era uma lasca de pedra que de tanto ter sido rolada na água pelas vagas acabara por tomar essa forma, puro produto do acaso. Assim que a vi, soube que encontrara meu altar! Coloquei-a no meio, sob a cúpula, e enquanto fazia isso me lembrei do falo subterrâneo do meu sonho de infância. Essa conexão despertou em mim um sentimento de satisfação.

Todos os dias depois do almoço, se o tempo permitia, eu me entregava ao brinquedo de construção. Mal terminada a refeição, "brincava" até o momento em que os doentes começavam a chegar; à tarde, se meu trabalho tivesse terminado a tempo, voltava às construções. Com isso meus pensamentos se tornavam claros e conseguia apreender de modo mais preciso fantasias das quais até então tivera apenas um vago pressentimento.

Naturalmente, eu cogitava acerca da significação de meus jogos e perguntava a mim mesmo: "Para falar a verdade, o que fazes? Constróis uma pequena colônia e o fazes como se fosse um rito." Eu não sabia o que responder, mas tinha a íntima certeza de trilhar o caminho que levava ao meu mito. A construção representava apenas o início. Ela desencadeava toda uma sequência de fantasmas que mais tarde anotei meticulosamente.

Situações desse tipo repetiram-se em minha vida. Sempre que me sentia bloqueado, em períodos posteriores, eu pintava ou esculpia uma pedra: tratava-se sempre de um *rite d'entrée* que trazia pensamentos e trabalhos. Assim, por exemplo, tudo quanto escrevi este ano:[1] *Presente e futuro, um mito moderno, A propósito da consciência moral*, eclodiu no curso da escultura de uma pedra à qual me consagrei depois da morte de minha mulher.[2] A realização e o fim de sua existência, e tudo o que consequentemente se tornou claro para mim nessa ocasião, me haviam prodigiosamente arrancado de mim mesmo. Foi muito difícil estabilizar-me de novo e o contato com a pedra ajudou-me consideravelmente.

Por volta do outono de 1913, a pressão que até então sentira pareceu deslocar-se para o exterior, como se algo pairasse no ar. Efetivamente, a atmosfera parecia-me mais sombria do que antes. Não parecia tratar-se de uma situação psíquica, mas de uma realidade concreta. Essa impressão tornava-se cada vez mais intensa.

No mês de outubro, viajando sozinho, fui subitamente assaltado por uma visão: vi uma onda colossal cobrir todos os países da planície setentrional, situados entre o mar do Norte e os Alpes. As ondas estendiam-se da Inglaterra à Rússia, e das costas do mar do Norte quase até os Alpes. Quando atingiram a Suíça, vi as montanhas elevarem-se cada vez mais, como para proteger nosso país. Acabara de ocorrer uma espantosa catástrofe. Eu via vagas impetuosas e amarelas, os destroços flutuantes das obras da civilização e a morte de inúmeros seres humanos. O mar transformou-se em torrentes de sangue. Essa visão durou cerca de uma hora. Perturbado, nauseado, tive vergonha de minha fraqueza.

Passaram-se duas semanas e a visão se repetiu nas mesmas circunstâncias: porém a transformação final em sangue foi ainda mais terrível. Uma voz interior me disse: "Olha bem, isto é real e será assim; portanto, não duvides."

No inverno seguinte, alguém me perguntou o que eu pensava a respeito dos acontecimentos mundiais num futuro próximo. Respondi-lhe que não pensava nada, mas que via torrentes de sangue. A visão não me abandonava.

Perguntava a mim mesmo se essas visões aludiam a alguma revolução, mas as imagens não se precisavam. Assim, cheguei à conclusão de que essas visões me diziam respeito e supus estar sendo ameaçado por uma psicose. O pensamento da possibilidade de uma guerra não me ocorreu.

Pouco depois, na primavera ou no início do verão de 1914, um sonho se repetiu três vezes: no meio do verão um frio ártico irrompia e a terra como que se petrificava sob o gelo. Uma vez, por exemplo, vi que toda a região de Lorena, com os seus canais, estava gelada. Fora abandonada pelos homens e todos os lagos e rios encontravam-se cobertos pelo gelo. Toda a vegetação viva congelara. Essas imagens de sonhos ocorreram em abril, em maio e, pela última vez, em junho de 1914.

No terceiro sonho dessa série, um frio monstruoso, que parecia provir dos espaços cósmicos, havia invadido a Terra. Esse sonho, entretanto, teve um fim inesperado: havia uma árvore com folhas, mas sem fruto (minha árvore da vida, pensei); sob o efeito do gelo as folhas haviam-se transformado em bagos açucarados de uva, cheios de um suco benéfico. Eu colhia as uvas e as oferecia a uma grande multidão que aguardava.

No fim de julho de 1914, convidado pela British Medical Association, eu devia participar de um congresso em Aberdeen, realizando uma conferência sobre "A significação do inconsciente na psicopatologia".[3] Estava esperando que algo acontecesse, pois as visões e os sonhos que tivera me pareciam sinais do destino. No estado de espírito daquele momento, e em razão das apreensões que nutria, parecia-me desígnio do destino que eu devesse falar naquela ocasião precisamente acerca do significado do inconsciente.

No dia 1º de agosto estourou a Guerra Mundial. Minha tarefa pareceu-me então claramente definida: devia tentar compreender o que se passava e em que medida minha própria experiência estava ligada à da coletividade. Nesse sentido era preciso refletir em primeiro lugar sobre mim mesmo. Comecei anotando as fantasias que me haviam ocorrido durante o período em que me entregara à brincadeira de construção. Esse trabalho passou então para o primeiro plano.

Uma onda incessante de fantasias se desencadeou com essa atividade; fiz todo o possível para não perder a orientação e para descobrir um caminho. Eu estava mergulhado, sem qualquer ajuda, num mundo totalmente estranho, onde tudo me parecia difícil e incompreensível. Vivia numa tensão extrema e muitas vezes tinha a impressão de que blocos gigantescos desabavam sobre mim. Os trovões sucediam-se ininterruptamente. "Resistir" a tudo isso foi uma questão de força brutal. Outros nisso sucumbiram. Nietzsche, Hoelderlin e muitos outros. Mas havia em mim uma força vital, elementar, quase demoníaca e desde o início tencionara encontrar o sentido daquilo que vivera nessas fantasias. O sentimento de obedecer a uma vontade superior era inquebrantável e sua presença constante em mim me sustinha — tal um fio condutor — no cumprimento da tarefa.[4]

Sentia-me muitas vezes de tal forma agitado que recorri a exercícios de ioga para desligar-me das emoções. Mas como o meu intuito era fazer a experiência do que se passava em mim, só me entregava a tais exercícios para recobrar a calma, a fim de retomar o trabalho com o inconsciente. Quando readquiria o sentimento de mim mesmo, abandonava o controle e cedia a palavra às imagens e vozes interiores. Os hindus, pelo contrário, utilizam a ioga com a finalidade de eliminar completamente a multiplicidade das imagens e dos conteúdos psíquicos.

Na medida em que conseguia traduzir as emoções em imagens, isto é, ao encontrar as imagens que se ocultavam nas emoções, eu readquiria a paz interior. Se tivesse permanecido no plano da emoção, possivelmente eu teria sido dilacerado pelos conteúdos do inconsciente. Ou, talvez, se os tivesse reprimido, seria fatalmente vítima de uma neurose e os conteúdos do inconsciente destruir-me-iam do mesmo modo. Minha experiência ensinou-me o quanto é salutar, do ponto de vista terapêutico, tornar conscientes as imagens que residem por detrás das emoções.

Eu anotava minhas fantasias na medida do possível e me esforçava também por exprimir as condições psíquicas sob as quais apareciam. Entretanto, apenas conseguia fazê-lo através de uma linguagem muito desajeitada. Em primeiro lugar, fixei as fantasias, tais como as percebera, frequentemente numa "linguagem enfática", pois esta correspondia ao estilo dos arquétipos. Estes falam de maneira patética e empolada. Seu estilo me é penoso e fere meus sentimentos; eriça-me como o fariam um atrito de unhas na parede ou de uma faca arranhando um prato. Mas eu não sabia nesse momento do que se tratava. Assim, privado de escolha, minha única possibilidade era anotar, adotando o estilo que o inconsciente elegera. Às vezes era como se ouvisse algo com meus próprios ouvidos; às vezes eu o sentia com minha boca, como se minha língua formulasse as palavras; acontecia-me também ouvir o que eu mesmo murmurava. Sob o limiar da consciência tudo era vivo.

Desde o início, concebera o confronto com o inconsciente como uma experiência científica efetuada sobre mim mesmo e em cujo resultado eu estava vitalmente interessado. Hoje, entretanto, poderia acrescentar: tratava-se também de uma experiência tentada *comigo mesmo*. Uma das maiores dificuldades que tive de superar foi suportar meus sentimentos negativos. Abandonava-me livremente às emoções que, entretanto, não podia aprovar. Anotava as fantasias que frequentemente me pareciam insensatas e que provocavam minhas resistências. Enquanto não se compreende sua significação, elas parecem uma mistura infernal de elementos solenes e ridículos. Foi a duras penas que perseverei nessa prova através da qual o destino me desafiara. E só depois dos maiores esforços consegui enfim sair do labirinto.

Para apreender as fantasias que me agitavam de maneira subterrânea, era necessário descer a elas. Mas quanto a isso, eu tinha não só uma série de resistências, como também sentia, expressamente, angústia. Temia perder o autocontrole, tornando-me presa do inconsciente e, como psiquiatra, sabia claramente o que isso significava. No entanto, era necessário ousar e tentar apoderar-me dessas imagens. Se não o fizesse, corria o risco de ser tomado por elas. Um motivo importante na apreciação desses riscos era minha convicção de que não poderia esperar de meus doentes que tentassem aquilo que eu mesmo não ousara fazer. O pretexto de que os doentes tinham um guia ao seu lado não lograva convencer-me. Eu sabia que o suposto guia, isto é, eu mesmo, não conhecia ainda essa matéria em função de uma experiência pessoal, possuindo a seu respeito, no máximo, alguns preconceitos teóricos de valor duvidoso. A ideia de que eu ousava aventurar-me numa empresa arriscada, na qual me obstinava, não somente para mim, mas também para meus doentes, socorreu-me poderosamente em muitas fases críticas.

Foi no ano de 1913 que decidi tentar o passo decisivo — no dia 12 de dezembro. Sentado em meu escritório, considerei mais uma vez os temores que sentia, depois me abandonei à queda. O solo pareceu ceder a meus pés e fui como que precipitado numa profundidade obscura. Não pude evitar um sentimento de pânico. Mas, de repente, sem que ainda tivesse atingido uma grande profundidade, encontrei-me — com grande alívio — de pé, numa massa mole e viscosa. A escuridão era quase total; pouco a pouco meus olhos se habituaram a ela, que parecia um crepúsculo sombrio. Diante de mim estava a entrada de uma caverna obscura; um anão ali permanecia de pé. Parecia feito de couro, como se estivesse mumificado. Tive que me esgueirar, quase roçando nele, a fim de entrar pela passagem estreita e fui patinando, a água gelada alcançando-me os joelhos, até o outro lado da caverna. Percebi então que numa saliência da rocha cintilava um cristal vermelho. Ergui a pedra e embaixo havia um espaço vazio. A princípio nada distingui nele; depois percebi, no fundo, um curso d'água. Passou um cadáver flutuando na corrente: era um adolescente de cabelos louros, ferido na cabeça. Seguiu-o um enorme escaravelho negro e então surgiu, do fundo das águas, um rubro sol nascente. Ofuscado pela luz, tentei repor a pedra no orifício, mas nesse momento um líquido fez pressão e escoou através da brecha. Era sangue! Um jato espesso jorrou e senti náusea. Tive impressão de que isso se prolongou intoleravelmente. Afinal o jato de sangue estancou, terminando a visão.

Fiquei prostrado por causa dessas imagens. Naturalmente, vi que a *pièce de resistance* era um mito do herói e um mito solar, um drama da morte e da renovação, exprimindo-se a ideia do renascimento no escaravelho egípcio. Tudo deveria terminar com o aparecimento do novo dia. Mas em lugar deste surgira a insuportável onda de sangue, fenômeno excepcionalmente anormal, segundo me pareceu. Lembrei-me então da visão de sangue que tivera no outono do mesmo ano e renunciei a qualquer tentativa de compreender.

Seis dias depois (18 de dezembro de 1913), sonhei o seguinte: encontrava-me numa montanha solitária e rochosa, com um adolescente desconhecido, um selvagem de pele escura. Antes da aurora, o céu no Oriente já estava claro e as estrelas começavam a apagar-se. Sobre as montanhas ecoou a trompa de Siegfried e compreendi então que precisávamos matá-lo. Estávamos armados com fuzis e ficamos de emboscada num caminho estreito.

Súbito, Siegfried apareceu ao longe, no cume da montanha, ao primeiro raio do sol nascente. Desceu em louca disparada pelo flanco rochoso, num carro feito de ossos. Ao surgir numa volta, atiramos contra ele e o abatemos, caindo mortalmente ferido.

Cheio de desgosto e de remorsos de haver destruído algo tão belo, preparei-me para fugir, impelido pelo medo de que o crime pudesse ser descoberto. Desabou então uma violenta e copiosa chuva que, eu sabia, faria desaparecer todos os vestígios do atentado. Eu escapara do perigo de ser descoberto, a vida podia continuar, mas persistia em mim um sentimento intolerável de culpabilidade.

Depois desse sonho, acordei, refleti sobre ele, mas não conseguia compreendê-lo. Tentei adormecer de novo, mas uma voz disse: "É preciso que compreendas o sonho imediatamente!" Um impulso interior cresceu até o terrível momento em que a voz continuou: "Se não compreendes o sonho, deves dar um tiro na cabeça!" Em minha cômoda havia um revólver carregado e senti medo. Recomecei então a refletir sobre o sonho e, de repente, seu sentido se revelou: "Mas este é o problema que agita atualmente o mundo!" Siegfried representa o que os alemães queriam realizar, isto é, a imposição heroica da própria vontade. "Onde há uma vontade, há um caminho!" Era precisamente isso o que eu também quisera. Mas tal coisa não era mais possível. O sonho mostrava que a atitude encarnada por Siegfried, o herói, não correspondia mais a mim mesmo. Por esse motivo foi necessário que ele sucumbisse.

Depois da realização em sonho desse ato, eu sentia uma compaixão transbordante, como se eu mesmo tivesse sido atingido pela bala. Isso exprimia minha identidade secreta com o herói, e também com o sofrimento do homem que é obrigado a fazer uma experiência que o constrange e sacrifica seu ideal e sua atitude consciente. No entanto, era preciso pôr um termo a essa identidade com o ideal do herói, pois há valores mais altos que a vontade do eu aos quais precisamos nos submeter.

Esses pensamentos me satisfizeram no momento e adormeci de novo.

O selvagem de pele bronzeada que me acompanhara e que tomara a iniciativa da emboscada é uma encarnação da sombra primitiva. A chuva mostra que a tensão entre o consciente e o inconsciente estava se resolvendo.

Se bem que não me fosse possível então compreender o sentido do sonho além dessas poucas alusões, novas forças se liberaram em mim e me permitiram levar a bom termo a experiência com o inconsciente.

Para apreender as fantasias, eu partia muitas vezes da representação de uma descida. Certa vez, fiz várias tentativas antes de penetrar nas profundidades. Na primeira vez, atingi, por assim dizer, uma profundidade de trezentos metros. Na seguinte já se tratava de uma profundidade cósmica. Parecia uma viagem à Lua ou uma descida no vácuo. Surgiu em primeiro lugar a imagem de uma cratera e senti como se estivesse no país dos mortos. Ao pé de um alto muro rochoso vi duas figuras: a de um homem idoso de barba branca e a de uma bela jovem. Reunindo toda a minha coragem, abordei-os como se fossem seres reais. Escutei com atenção o que me diziam. O homem idoso declarou que era Elias, e isso me abalou. Quanto à moça, desconcertou-me ainda mais dizendo que se chamava Salomé! Era cega. Que estranho casal: Salomé e Elias! Entretanto, Elias assegurou-me que ele e Salomé já estavam ligados por toda a eternidade e isso aumentou ao máximo a minha confusão. Vivia com eles uma serpente negra que manifestava uma evidente inclinação por mim. Preferi dirigir-me a Elias, porque se afigurava o mais razoável dos três, parecendo dispor de uma boa compreensão. Salomé inspirava-me desconfiança. Mantive com Elias uma longa conversa, cujo sentido não consegui compreender.

Naturalmente, tentei tornar plausível a aparição dos personagens bíblicos em minha fantasia, uma vez que meu pai fora pastor. Mas isso não esclarecia coisa alguma. O que significava o homem velho? O que significava Salomé? Por que estavam juntos? Somente muitos anos mais tarde, quando meu conhecimento se ampliou, a ligação do velho com a moça me pareceu perfeitamente natural.

Ao longo das peregrinações oníricas, encontra-se mesmo muitas vezes um velho acompanhado por uma moça; e em numerosos relatos míticos encontram-se exemplos desse mesmo par. Assim, segundo a tradição gnóstica, Simão, o Mago, peregrinava com uma jovem que tirara de um bordel. Ela se chamava Helena e era tida como uma reencarnação de Helena de Troia. Klingsor e Kundry, Lao-Tsé e a dançarina são exemplos do mesmo caso.

Em minha imaginação, como já mencionei, ao lado de Elias e de Salomé havia uma terceira figura; uma grande serpente negra. Nos mitos, a serpente é muitas vezes a adversária do herói. Numerosos relatos testemunham o seu parentesco. Assim, por exemplo, diz-se que o herói tem olhos de serpente; outras vezes, depois de sua morte, o herói é transformado em serpente e venerado sob essa forma. Ou ainda, a serpente é a mãe do herói etc. Na minha fantasia, pois, a presença da serpente anunciava um mito do herói.

Salomé é uma figuração da *Anima*. É cega, pois não vê o sentido das coisas. Elias é a figuração do profeta velho e sábio: representa o elemento do conhecimento, e Salomé, o elemento erótico. Poder-se-ia dizer que esses dois personagens encarnam o Logos e o Eros. Mas tal definição já é intelectual demais. É mais significativo deixar que esses personagens sejam, primeiro, o que então me pareceram ser, isto é, expressões de processos que se desenrolavam no fundo do inconsciente.

Pouco depois dessa fantasia, outro personagem surgiu do inconsciente. Configurava-se a partir de Elias. Chamei-o Filemon.

Filemon era um pagão que trouxe à superfície uma atmosfera meio egípcia, meio helenística, de tonalidade algo gnóstica. Sua imagem apresentou-se primeiro num sonho:

Havia um céu azul, que também parecia ser o mar. Estava coberto, não de nuvens, mas de torrões de terra que pareciam desagregar-se, deixando visível, entre elas, o mar azul. A água, entretanto, era o céu azul. Subitamente, apareceu um ser alado pairando à direita. Era um velho com chifres de touro. Trazia um feixe de quatro chaves, uma das quais estava em sua mão como se fosse abrir uma porta. As asas eram semelhantes às do martim-pescador, com suas cores características.

Como não compreendesse a imagem do sonho, pintei-a para figurá-la com maior exatidão. Durante os dias em que esse sonho me preocupou, encontrei um martim-pescador morto em meu jardim, à beira do lago! Foi como se um raio me tivesse ferido. É muito raro que essas aves apareçam nos arredores de Zurique. Fiquei por isso bastante impressionado com tal coincidência. O corpo do pássaro ainda estava fresco: não devia ter morrido há mais de dois ou três dias, e não havia sinal de ferida exterior.

Filemon, da mesma forma que outros personagens da minha imaginação, trouxe-me o conhecimento decisivo de que existem na alma coisas que não são feitas pelo eu, mas que se fazem por si mesmas, possuindo vida própria. Filemon representava uma força que não era eu. Em imaginação, conversei com ele e disse-me coisas que eu não pensaria conscientemente. Percebi com clareza que era ele, e não eu, quem falava. Explicou-me que eu lidava com os pensamentos como se eu mesmo os tivesse criado; entretanto, segundo lhe parecia, eles possuem vida própria, como animais na floresta, homens numa sala ou pássaros no ar: "Quando vês homens numa sala, não pretenderias que os fizeste e que és responsável por eles", ensinou-me. Foi assim que, pouco a pouco, me informou acerca da objetividade psíquica e da "realidade da alma".

Graças aos diálogos com Filemon, esclareceu-se a diferenciação priori. Era para mim um personagem misterioso. De vez em quando me fez compreender que havia uma instância em mim capaz de enunciar coisas que eu não sabia, não pensava, e mesmo coisas com as quais não concordava.

Psicologicamente, Filemon representava uma inteligência superior. Era para mim um personagem misterioso. De vez em quando tinha a impressão de que ele era quase fisicamente real. Passeava com ele pelo jardim e o considerava uma espécie de *guru*, no sentido dado pelos hindus a esta palavra.

Cada vez que uma nova personificação se desenhava no meu horizonte mental, eu quase a sentia como uma derrota pessoal. Era como se ela dissesse: "Ignoraste isso também, por tanto tempo." E eu sentia o medo insinuar-se em mim, o medo de que a série dessas formas continuasse interminavelmente, submergindo-me em abismos de ignorância insondável. Meu eu sentia-se desvalorizado, se bem que numerosos acontecimentos exteriores pudessem tranquilizar-me sob este ponto de vista. Nessa época, no meio das minhas trevas (*horridas nostrae mentis purga tenebras*, diz a *Aurora Consurgens*),[5] nada me pareceria mais desejável do que ter um guru real e concreto, um guia dotado de um saber e de um poder soberano que me ajudasse a desenredar as criações involuntárias da minha imaginação. Foi esta tarefa que Filemon assumiu e que, sob este ponto de vista, *nolens volens*, eu devia reconhecer como "psicagogo". Ele me encaminhou para muitos esclarecimentos interiores.

Passados mais de 15 anos, recebi a visita de um hindu muito culto, idoso, amigo de Gandhi. Conversamos sobre a educação hindu, especialmente sobre a relação entre o guru e o *chelah*. Perguntei-lhe, indeciso, se ele podia falar acerca da natureza e do caráter de seu próprio guru; ao que ele respondeu com a maior naturalidade:

"Oh! sim, era Chankaracharya."

"O senhor não está se referindo ao comentador dos Vedas?", disse eu. "Ele morreu há séculos."

"Sim, é dele que estou falando", replicou meu interlocutor, com grande surpresa de minha parte.

"O senhor está falando de um espírito?", perguntei.

"Naturalmente, de um espírito", confirmou ele.

Nesse momento lembrei-me de Filemon.

"Há também gurus espirituais", acrescentou ele. "A maioria dos seres tem gurus que são homens vivos. Mas há os que têm um espírito por mestre."

Esta notícia foi para mim tão consoladora quanto esclarecedora. Eu não exorbitara o mundo dos humanos, mas fizera a experiência do que pode ocorrer a homens que têm preocupações análogas.

Mais tarde, Filemon foi relativizado pela aparição de outro personagem, que denominei *Ka*. No antigo Egito, o "Ka do Rei" era considerado sua forma terrestre, sua alma encarnada. Na minha fantasia a alma-Ka vinha de sob a terra como que de um poço profundo. Pintei-a em sua forma terrestre como um Hermes, cujo pedestal era de pedra e a parte superior de bronze. Bem no alto da imagem aparece uma asa de martim-pescador; entre esta última e a cabeça do *Ka* paira uma nebulosa redonda e luminosa. A expressão do *Ka* tem algo de demoníaco, e mesmo de mefistofélico. Segura numa das mãos uma forma semelhante a um pagode colorido ou a um cofre de relíquias; na outra segura um estilete e com este trabalha aquele objeto. O *Ka* diz sobre si mesmo: "Eu sou aquele que enterra os deuses no ouro e nas pedras preciosas."

Filemon tem um pé paralisado, mas é um espírito alado, enquanto o *Ka* é uma espécie de demônio da terra ou dos metais. Filemon encarna o aspecto espiritual, o "sentido". O *Ka*, pelo contrário, é um gênio da natureza como o *anthroparion*[6] da alquimia grega, que eu desconhecia nessa época. O *Ka* é aquele que torna tudo real, mas que vela o espírito do martim-pescador, o sentido, ou que o substitui pela beleza, pelo "eterno reflexo".

Com o tempo integrei essas duas figuras. O estudo da alquimia ajudou-me a consegui-lo.

Redigindo as anotações a respeito de minhas fantasias, certo dia perguntei a mim mesmo: "Mas afinal o que estou fazendo? Certamente tudo isso nada tem a ver com ciência. Então do que se trata?" Uma voz disse em mim: "O que fazes é arte." Fiquei profundamente surpreendido, pois nunca me teria vindo ao espírito a ideia de que minhas fantasias se relacionassem com a arte. Mas pensei: "Talvez meu inconsciente tenha elaborado uma personalidade que não é a minha, e que deseja exprimir a própria opinião." Eu sabia que a voz provinha de uma mulher, e a reconheci como sendo a de uma paciente, de uma psicopata muito dotada, que estabelecera uma forte transferência em relação a mim. Ela se tornara um personagem vivo de meu mundo interior.

Naturalmente o que eu fazia não era ciência. Então o que poderia ser, senão arte? Parecia não haver no mundo senão essas duas possibilidades! Tal é a maneira tipicamente feminina de argumentar.

Cheio de resistências, expliquei, energicamente, àquela voz que minhas fantasias nada tinham a ver com a arte. Ela calou-se então, e continuei a escrever. Mas pouco depois ela voltou ao ataque, repetindo a mesma afirmação: "O que fazes é arte." Protestei novamente: "Não, não é arte; pelo contrário, é natureza." Eu esperava uma contestação ou uma contenda. Mas como nada disso aconteceu, refleti que "a mulher em mim" talvez não dispusesse de um centro da palavra e então lhe propus que se servisse de minha linguagem. Ela aceitou o oferecimento e expôs em seguida seu ponto de vista, numa longa dissertação.

Sentia-me extremamente interessado pelo fato de que uma mulher, que provinha de meu íntimo, se imiscuísse em meus pensamentos. Refleti que provavelmente se tratava da "alma", no sentido primitivo do termo, e perguntei a mim mesmo por que a alma foi designada com o nome de *anima*. Por que é representada como sendo feminina? Compreendi mais tarde que esta figuração feminina em mim correspondia a uma personificação típica ou arquetípica no inconsciente do homem, designei-a pelo termo de *anima*. À figura correspondente, no inconsciente da mulher, chamei *animus*.

O que me impressionou em primeiro lugar foi o aspecto negativo da *anima*. Em relação a ela eu sentia timidez como se tratasse de uma presença invisível. Depois, tentei outro modo de relação, considerando as anotações de minhas fantasias como cartas dirigidas a ela. Escrevia, por assim dizer, a uma parte de mim mesmo, cujo ponto de vista era diferente da minha atitude consciente... e recebia para minha grande surpresa respostas bastante extraordinárias. Tinha a impressão de ser um paciente em análise junto a um espírito feminino! Todas as noites dedicava-me a essas notas, pois pensava: se não escrever à *anima*, ela não compreenderá minhas fantasias. Havia, entretanto, um outro motivo que me levava a essa tarefa assídua. Uma vez escritas, as coisas não podiam ser deformadas pela *anima*, nem poderia ela tecer intrigas. Nisto reside a grande diferença entre relatar mentalmente uma coisa e escrevê-la. Em minhas "cartas" eu tentava ser tão honesto quanto possível, inspirando-me no velho ditame grego: "Abandona o que possuis e receberás."

Só lentamente aprendi a distinguir meus pensamentos dos conteúdos daquela voz. Quando, por exemplo, esta queria atribuir-me banalidades, eu respondia: "É verdade, efetivamente já pensei e senti dessa maneira. Mas não sou obrigado a prender-me a isso até o fim de meus dias. Por que essa humilhação?"

O mais importante é diferenciar o consciente dos conteúdos do inconsciente. É necessário, por assim dizer, isolar estes últimos, e o modo mais fácil de fazê-lo é personificá-los, estabelecendo depois, a partir da consciência, um contato com estes personagens. Apenas dessa maneira é possível despotenciá-los, sem o que irão exercer seu poder sobre o consciente. Como os conteúdos do inconsciente possuem certo grau de autonomia, esta técnica não oferece dificuldades particulares. Mas outra coisa é familiarizar-me com o fato geral da autonomia dos conteúdos inconscientes. Entretanto, nisso reside a possibilidade mesma de uma inter-relação com o inconsciente.

Na realidade, a doente cuja voz falava dentro de mim exercia uma influência desastrosa sobre os homens. Conseguira persuadir um de meus colegas de que ele era um artista incompreendido e com isso o prejudicara gravemente. Qual a causa desse dano? Meu amigo vivia, não em função da consciência que tinha de si mesmo, mas dependendo da apreciação dos outros. Isso é perigoso. Perdendo a segurança em si mesmo, ele se tornara permeável às insinuações da *anima*. Entretanto, o que esta diz é muitas vezes de uma grande força de sedução e de uma astúcia sem limites.

Se eu tivesse as fantasias do inconsciente por manifestações artísticas, tê-las-ia contemplado com meu olho interior ou deixado que elas se desenrolassem como um filme. Não seriam mais convincentes do que qualquer percepção dos sentidos e, por outro lado, não teriam despertado em mim qualquer vestígio de dever moral. A *anima* teria podido convencer-me de que eu era um artista desconsiderado e a minha *soi-disant* natureza de artista ter-me-ia dado o direito de negligenciar o real. Se eu tivesse seguido a voz da *anima*, provavelmente acabaria dizendo a mim mesmo um belo dia: "Acaso imaginas verdadeiramente que os disparates aos quais te entregas dizem respeito à arte? De modo algum!" A ambiguidade da *anima*, mensageira do inconsciente, pode aniquilar um homem de uma vez por todas. Mas o decisivo, em última instância, é sempre o consciente, pois é ele que deve compreender as manifestações do inconsciente e tomar posição frente a elas.

Entretanto, a *anima* tem também um aspecto positivo. É ela que transmite ao consciente as imagens do inconsciente e é isso que me parecia o mais importante. Durante décadas, dirigi-me à *anima* quando minha afetividade estava perturbada e me achava intranquilo. Nessas ocasiões havia sempre algo constelado no inconsciente. Então eu interrogava a *anima*: "O que se passa contigo? O que vês? Queria sabê-lo!" Depois de algumas resistências ela produzia sempre uma imagem. Assim que essa imagem se formava, a agitação ou a tensão desapareciam. Toda a energia de minhas emoções transformava-se, dessa forma, em interesse e curiosidade por seu conteúdo. Depois eu falava com a *anima* a propósito das imagens, pois sentia a necessidade de compreendê-las, tanto quanto possível à maneira de um sonho.

Hoje, não recorro mais às conversas com a *anima*, pois não tenho mais emoções dessa natureza. Se as tivesse, agiria da mesma forma. As ideias são, agora, para mim, imediatamente conscientes, pois aprendi a aceitar e a compreender os conteúdos do inconsciente. Sei como comportar-me em face das imagens diretamente nos meus sonhos e não sinto mais a necessidade de uma intermediária.

As fantasias que nessa época me vieram ao espírito foram primeiro anotadas no *Livro negro* e mais tarde as transcrevi no *Livro vermelho*, que ornei de imagens.[7] Este contém a maioria das mandalas que desenhei.

No *Livro vermelho* tentei o ensaio ineficaz de uma elaboração estética de minhas fantasias, mas não o terminei.[8] Tomei consciência de que não me expressara numa linguagem adequada e de que ainda devia traduzi-la. Assim, pois, renunciei a tempo à "estética" e me concentrei seriamente na compreensão indispensável. Compreendera que tanta imaginação necessitava de um terreno sólido, e que eu devia voltar primeiro à realidade humana. Este, para mim, era o entendimento científico. Senti a urgência de tirar conclusões concretas dos acontecimentos que o inconsciente me havia transmitido, e isso se transformou na tarefa e no conteúdo da minha vida.

A elaboração estética do *Livro vermelho* foi-me necessária, por maior que tenha sido a irritação que às vezes me causou; através dela cheguei à compreensão da responsabilidade ética em relação às imagens. Essa atitude influenciou a conduta de minha vida de modo decisivo. Entendi que nenhuma linhagem, por mais perfeita que seja, pode substituir a vida. Se procurar fazê-lo, não somente ela se deteriorará, como também a vida. Para conseguir a liberação da tirania dos condicionamentos do inconsciente duas coisas são necessárias: desincumbirmo-nos de nossas responsabilidades intelectuais e também de nossas responsabilidades éticas.

Foi naturalmente uma ironia do destino o fato de eu ter encontrado, como psiquiatra, passo a passo, no curso de minha existência esse material psíquico que fornece as pedras com que se constrói uma psicose e que consequentemente se encontra nos manicômios. Refiro-me ao mundo de imagens inconscientes que mergulham o doente mental numa confusão funesta, mas que também é a matriz da imaginação criadora de mitos. Imaginação com que a nossa época racionalista parece ter "perdido" contato. Certamente a imaginação mítica está sempre presente em toda parte, embora seja tanto repudiada quanto temida. Parece mesmo ser uma experiência arriscada ou uma aventura duvidosa confiar-se ao caminho incerto que conduz à profundidade do inconsciente. Tal caminho passa a ser o do erro, da ambiguidade e do equívoco. Lembro-me das palavras de Goethe: "Empurra ousadamente a porta diante da qual todos procuram esquivar-se!"[9] Para mim o segundo Fausto é mais do que uma experiência literária. É um elo da *Aurea Catena*,[10] que desde os primórdios da alquimia filosófica e do gnosticismo até a Zaratustra de Nietzsche representa uma viagem de descobertas — frequentemente impopular, ambígua e perigosa — ao outro polo do mundo.

Naturalmente, nessa época em que trabalhava em torno das minhas fantasias, senti a necessidade de um "apoio neste mundo": ele me foi dado por minha família e pelo trabalho. Era vital e necessário levar uma vida ordenada e racional como contrapeso à singularidade do meu mundo interior. A família e a profissão permaneceram para mim uma base à qual eu sempre podia regressar, provando que eu era realmente um homem existente e banal. Os conteúdos do inconsciente às vezes podiam fazer-me sair dos gonzos. Mas a família, a consciência de que eu tinha um diploma de médico e de que devia socorrer meus doentes, de que tinha mulher e cinco filhos e habitava na Seestrasse, 228, em Küsnacht, eram realidades que me solicitavam. Provavam-me, dia após dia, que eu existia realmente e que não era somente uma folha varrida pelos ventos do espírito, como um Nietzsche. Nietzsche perdeu o solo debaixo dos pés porque nada mais possuía senão o mundo interior de seus pensamentos — mundo que o possuiu muito mais do que Nietzsche a ele. Ele estava desenraizado e pairava sobre a terra; por isso foi vítima do exagero e da irrealidade. Essa irrealidade representava para mim o cúmulo da abominação, pois o que eu visava era *este mundo* e *esta vida*. Por mais absorto que estivesse em meus pensamentos e tangido por eles, sempre lembrava que toda essa experiência vivida dizia respeito à minha vida real, cuja extensão e sentido eu buscava cumprir. Minha divisa era: *Hic Rhodus, hic salta!*

Assim é que minha família e minha profissão sempre foram uma realidade dispensadora de felicidade e a garantia de que eu existia de uma forma normal e verdadeira.

Progressivamente uma transformação se esboçava em mim. Em 1916 senti um impulso incoercível de exprimir e formular o que de certa forma poderia ter sido dito por Filemon. Assim nasceram os *Septem sermones ad mortuos*, em sua linguagem tão peculiar.

Tudo começou por uma espécie de inquietação, sem que eu soubesse o que ela significava nem o que *se* pretendia de mim. Havia uma atmosfera singularmente pesada em torno, como se o ar estivesse cheio de entidades fantasmagóricas. Nossa casa parecia assombrada: à noite minha filha mais velha viu uma forma branca atravessar o quarto. Outra filha, sem qualquer influência da primeira, contou que durante a noite a coberta de sua cama fora arrancada duas vezes. Meu filho de nove anos teve um pesadelo. De manhã, pediu à mãe lápis de cor e, sem que nunca tivesse feito isto antes, reproduziu a imagem do sonho. Chamou-a "a imagem do pescador": um rio atravessa no meio da figura e um pescador, com uma vara de pescar, acaba de fisgar um peixe. Na cabeça do pescador há uma chaminé, onde as chamas crepitam e de onde a fumaça sobe. O Diabo chega voando, vindo da outra margem. Protesta, reclamando que seus peixes estão sendo roubados. Sobre o pescador paira um anjo, que diz: "Não deves fazer-lhe mal algum, ele só pesca os maus peixes!" Esta figura foi desenhada por meu filho num sábado de manhã.

Domingo, às cinco horas da tarde, a campainha da porta de entrada tocou insistentemente. Era um dia claro de verão e as duas empregadas estavam na cozinha, de onde era possível ver o que se passava no espaço livre diante da porta. Eu estava relativamente perto da campainha, ouvi quando ela tocou e também pude ver o badalo em movimento. Imediatamente corremos à porta para ver quem era, mas não era ninguém! Nós nos entreolhamos, estupefatos! A atmosfera era terrivelmente opressiva. Percebi que algo ia acontecer. A casa parecia repleta de uma multidão, como se estivesse cheia de espíritos! Estavam por toda a parte, até mesmo debaixo da porta, mal se podia respirar. Naturalmente, uma pergunta ardia em mim: "Em nome do céu, o que quer isso dizer?" Houve então uma resposta uníssona e vibrante: "Nós voltamos de Jerusalém, onde não encontramos o que buscávamos." Estas palavras correspondem às primeiras linhas dos *Septem sermones ad mortuos*.

As palavras puseram-se então a fluir espontaneamente e em três noites a coisa estava escrita. Mal eu começara a escrever, toda a coorte de espíritos desvaneceu-se. A fantasmagoria terminara. A sala tornou-se tranquila, a atmosfera pura, até a noite do dia seguinte. A tensão voltou então menos intensa e tudo ocorreu da mesma forma. Isso foi em 1916.

É preciso tomar essa experiência tal como foi ou parece ter sido. Provavelmente estava ligada ao estado emocional em que me encontrava e no curso do qual podem dar-se fenômenos parapsicológicos. Tratava-se de uma constelação, enquanto *numen* de um arquétipo: "Sinais se mostram, estão no ar!" Nosso intelecto naturalmente gostaria de fazer prevalecer quanto a esse fenômeno um tipo de conhecimento das ciências naturais, ou melhor, gostaria de aniquilar toda a experiência contrária à regra. Mas como seria monótono um mundo sem exceções à regra!

Pouco antes desse acontecimento eu anotara a fantasia de que minha alma saíra voando. Fora um episódio muito significativo para mim, pois a alma, a *anima*, cria coletividade dos mortos: o inconsciente corresponde ao mítico país dos mortos, o país dos antepassados. Assim, se numa fantasia a alma desaparece, isso quer dizer que ela se retirou para o inconsciente ou para o "país dos mortos" — o que equivale à chamada perda de alma, fenômeno relativamente frequente entre os primitivos. No "país dos mortos", a alma suscita uma vivificação secreta e confere uma forma às marcas ancestrais, aos conteúdos coletivos do inconsciente. Da mesma forma que o *médium*, ela dá aos "mortos" a possibilidade de manifestar-se. Eis por que, logo depois da desaparição da alma, os "mortos" apareceram em minha casa, surgindo assim os *Septem sermones ad mortuos*.

Nessa época e depois, sempre com maior clareza, os mortos me apareceram como portadores das vozes do que ainda não tem resposta, do que ainda não tem solução e remissão. As questões às quais eu devia dar uma resposta, mediante meu destino, não me abordavam do exterior, mas provinham precisamente do mundo interior. Por isso, as conversações com os mortos, os *Septem sermones* constituem uma espécie de prelúdio àquilo que eu devia comunicar ao mundo acerca do inconsciente, uma espécie de esquema ordenador e uma interpretação dos conteúdos gerais do inconsciente.

Hoje quando olho para trás e reflito sobre o sentido do que ocorreu na época em que me consagrava às minhas fantasias, tenho a impressão de ter sido subjugado por uma mensagem poderosa. Havia nessas imagens elementos que não me diziam respeito, mas também a muitas outras pessoas. Fui tomado pelo sentimento de que não deviam pertencer somente a mim mesmo, mas à comunidade. Os conhecimentos que eu buscava e que me ocupavam ainda não faziam parte da ciência vigente naqueles dias. Eu mesmo devia realizar a primeira experiência e, por outro lado, devia tentar colocar no terreno da realidade aquilo que ia descobrindo; senão minhas experiências permaneceriam no estado de preconceitos subjetivos inviáveis. Desde esse momento pus-me a serviço da alma. Eu a amei e odiei, mas ela sempre foi minha maior riqueza. Devotar-me a ela foi a única possibilidade de suportar minha existência, vivendo-a como uma relativa totalidade.

Hoje posso dizer que nunca me afastei de minhas experiências iniciais. Todos os meus trabalhos, tudo o que criei no plano do espírito provêm das fantasias e dos sonhos iniciais. Isso começou em 1912, há cerca de cinquenta anos. Tudo o que fiz posteriormente em minha vida está contido nessas fantasias preliminares, ainda que sob a forma de emoções ou de imagens.

Minhas buscas científicas foram o meio e a única possibilidade de arrancar-me a esse caos de imagens; de outro modo esse material se agarraria a mim como ferrões ou me enlaçaria como plantas palustres. Procurei transformar cuidadosamente cada imagem, cada conteúdo, compreendendo-os racionalmente na medida do possível e, principalmente, procurei realizá-los na vida. Pois é isso em geral o que se negligencia. Deixamos as imagens emergirem, extasiando-nos talvez diante delas, e com isso nos satisfazemos. Poupa-se, em geral, o esforço de compreendê-las, e o pior é que não se encaram as consequências éticas que elas suscitam. Dessa forma aparecem os efeitos negativos do inconsciente.

Mesmo aquele que adquire uma certa compreensão das imagens do inconsciente, acreditando porém que é suficiente ater-se a tal saber, torna-se vítima de um erro perigoso. Pois quem não sente a responsabilidade ética que seus conhecimentos comportam sucumbirá ao princípio de poder. Disso poderão resultar efeitos destruidores não só para os outros, como também para a própria pessoa que sabe. As imagens do inconsciente impõem ao homem uma pesada obrigação. Sua incompreensão, assim como a falta de sentido da responsabilidade ética, priva a existência de sua totalidade e confere a muitas vidas individuais um cunho de penosa fragmentação.

Na época em que me consagrei às imagens do inconsciente, tomei a decisão de retirar-me da universidade de Zurique onde ensinara como livre-docente durante oito anos (desde 1905). A experiência do inconsciente e tudo que eu vivenciara nesse domínio me haviam perturbado intelectualmente em extremo. Depois de terminar meu livro *Wandlungen and Symbole der Libido* (1911),[11] durante três anos fiquei impossibilitado de ler qualquer obra científica. Surgiu, então, em mim a ideia de que não poderia mais participar do mundo do intelecto. Por outro lado, não estava apto para falar do que realmente ocupava meu espírito. Os materiais do inconsciente me haviam, de certa maneira, condenado ao silêncio. Não podia compreendê-los nesse momento nem dar-lhes qualquer forma. Na universidade eu ocupava um lugar de destaque e sentia que era preciso encontrar uma orientação nova, completamente diferente, antes de retomar a palavra, pois me parecia incorreto ensinar a jovens estudantes no momento em que eu próprio me achava num estado de espírito profundamente marcado pela dúvida.[12]

Essa situação me colocava diante de uma alternativa: continuar a carreira universitária — que, na época, abria-se para mim —, ou então seguir os ditames de minha personalidade interior, da "razão superior", prosseguindo na tarefa singular do meu confronto com o inconsciente.

Abandonei assim, conscientemente, minha carreira universitária, pois enquanto não levasse a termo minha experiência não poderia aparecer em público.[13] Sentia que aquilo que me conduzia era algo grande e trabalhava no que, *sub specie aeternitatis*, me parecia o mais importante. Sabia que assim preencheria minha vida e, em favor disso, estava pronto a todas as audácias.

Que importância haveria no fato de ser ou não professor? É verdade que às vezes me irritava e sentia uma revolta contra o destino, lamentando sob muitos pontos de vista o fato de não poder limitar-me ao que era geralmente compreensível. Mas as emoções dessa natureza são passageiras. No fundo, nada significam. O outro lado da questão é o que realmente importa e se nós nos concentrarmos naquilo que a personalidade interior diz e quer, a dor é logo superada. Sempre constatei esse fato e não só quando renunciei à minha carreira universitária. As primeiras experiências dessa espécie remontam à minha infância. Na juventude eu era irascível; mas cada vez que a emoção chegava a seu ponto culminante, caía e era substituída então por uma calma cósmica. Sentia-me distante de tudo e o que, um momento antes, me irritava parecia pertencer a um passado longínquo.

A consequência da minha decisão de ocupar-me de coisas que nem eu, nem outros podiam compreender, levou-me a uma grande solidão. Logo percebi isso com clareza: não podia conversar com ninguém sobre os pensamentos que me ocupavam, pois isso daria margem a equívocos. Experimentei agudamente a oposição entre o mundo interior e o mundo exterior. Não podia entender ainda o jogo harmonioso desses dois mundos, como hoje compreendo. Via, nesse momento, apenas um contraste inconciliável entre o mundo exterior e o interior.

Desde o início, entretanto, vi claramente que só estabeleceria contato com o mundo exterior e com os homens se me esforçasse por mostrar que os conteúdos da experiência psíquica são "reais" e não apenas vivências pessoais — mas sim experiências coletivas que podem repetir-se em outros homens. Foi o que procurei mostrar em meus trabalhos científicos ulteriores. Em primeiro lugar, fiz todo o possível para levar os que me eram próximos a uma nova maneira de ver. Sabia que se não o conseguisse, estaria condenado a uma solidão absoluta.

Só perto do fim da Primeira Guerra Mundial fui saindo, pouco a pouco, da obscuridade. Duas coisas concorreram para o esclarecimento da atmosfera: interrompi a relação com a senhora que sugerira terem minhas fantasias um valor artístico. Mas, principalmente, comecei a compreender as mandalas que desenhava. Foi entre 1918-1919. Pintei a primeira mandala em 1916, depois de ter escrito os *Septem sermones ad mortuos*. Naturalmente não a entendera.

Em 1918-1919, eu estava em Château-d'OEx, na função de comandante da Região Inglesa dos Internados de Guerra. Todas as manhãs, esboçava num livro de notas um pequeno desenho de forma redonda, uma mandala, que parecia corresponder à minha situação interior. A base dessas imagens podia observar, dia após dia, as transformações psíquicas que se operavam em mim. Certo dia recebi uma carta daquela senhora de tendências estetizantes, carta na qual ela defendia mais uma vez, obstinadamente, a opinião de que as fantasias que nascem do inconsciente possuem um valor artístico, pertencendo portanto ao domínio da arte. A carta me enervou: ela não era nada tola e portanto bastante persuasiva. O artista moderno esforça-se por criar arte a partir do inconsciente. No entanto, o utilitarismo e o pedantismo que transpareciam por entre as linhas dessa carta tocaram a dúvida que havia em mim, a incerteza do problema de saber se as fantasias criadas eram realmente naturais e espontâneas ou um produto arbitrário da minha imaginação. Eu não estava de forma alguma livre do preconceito geral nem da presunção da consciência segundo os quais cada ideia de algum valor que nos vem ao espírito é um mérito pessoal, enquanto as reações inferiores nasceriam ocasionalmente ou proviriam de fontes externas. A irritação e o desacordo comigo mesmo suscitaram no dia seguinte uma mandala alterada: uma parte do círculo estava amputada e a simetria, perturbada.

Só pouco a pouco compreendi o que significa propriamente a mandala: "Formação — Transformação, eis a atividade eterna do eterno sentido". A mandala exprime o si mesmo, a totalidade da personalidade que, se tudo está bem, é harmoniosa, mas que não permite o autoengano.

Meus desenhos de mandalas eram criptogramas que me eram diariamente comunicados acerca do estado de meu "Si Mesmo". Eu podia ver como meu "Si Mesmo", isto é, minha totalidade, estava em ação. É verdade que inicialmente só podia compreender tal processo intuitivamente; entretanto, os desenhos já me pareciam possuir o mais alto significado e eu os guardava como pérolas raras. Tinha o claro pressentimento de algo de central e, com o tempo, adquiri uma representação viva do Si Mesmo. Ele me aparecia como a mônada que sou e que é o meu mundo. A mandala representa essa mônada e corresponde à natureza microcósmica da alma.

Não sei quantas mandalas desenhei nessa época; em todo o caso, foram muitas. Enquanto as elaborava, voltava sempre à mesma pergunta: "Para onde me leva esse processo? Qual é a sua meta?" Eu sabia, por experiência própria, que não estava em condições de escolher por mim mesmo uma finalidade que parecesse digna de confiança. Fizera a experiência viva de que devia abandonar totalmente a ideia da soberania do eu. Fora nesse ponto que eu fracassara: quisera continuar as pesquisas científicas sobre os mitos, tais como as iniciara no *Metamorfoses e símbolos da libido*; essa tinha sido a minha meta. Mas tal não fora possível. Obrigado a viver, eu mesmo, o processo do inconsciente, tivera que me abandonar inicialmente a esse fluxo, sem saber para onde seria levado. Só quando comecei a pintar as mandalas vi que o caminho que seria necessário percorrer e cada passo que devia dar, tudo convergia para um dado ponto, o do centro. Compreendi sempre mais claramente que a mandala exprime o centro e que é a expressão de todos os caminhos: é o caminho que conduz ao centro, à individuação.

De 1918 a perto de 1920, tornou-se claro para mim que a meta do desenvolvimento psíquico é o Si Mesmo. A aproximação em direção a este último não é linear, mas circular, isto é, "circum-ambulatória". Uma evolução unívoca existe quando muito no princípio; depois, tudo não é mais que referência ao centro. Compreender isso deu-me firmeza e, progressivamente, restabeleceu-se a paz interior. Atingira, com a mandala — expressão do "si mesmo" —, a descoberta última a que poderia chegar. Alguém poderá ir além, eu não.

Mais tarde, em 1927, um sonho confirmou minhas ideias sobre o centro e o Si Mesmo. Representei-o essencialmente numa mandala que chamei "A janela para a eternidade". Essa imagem é reproduzida no livro *O segredo da flor de ouro*.[14] No ano seguinte pintei uma segunda imagem, outra mandala, que tem no centro um castelo de ouro.[15] Ao terminá-la, perguntei a mim mesmo: "Por que essa figura tem um ar tão chinês?" Eu estava impressionado pela forma e pela escolha das cores que me lembravam algo da pintura chinesa, se bem que exteriormente a mandala nada oferecesse de semelhante. Mas a imagem me dava essa impressão. Foi uma estranha coincidência receber, pouco depois, uma carta de Richard Wilhelm: ele me enviava o manuscrito de um tratado alquimista chinês taoista intitulado *O segredo da flor de ouro*, pedindo-me que lhe acrescentasse um comentário. Devorei imediatamente o manuscrito, pois o texto me fornecia uma confirmação inesperada no tocante às minhas reflexões sobre a mandala e à deambulação em torno do centro. Este foi o primeiro acontecimento que rompeu a minha solidão porque me revelou um parentesco que me dizia respeito.[16]

Em lembrança dessa coincidência, dessa "sincronicidade", escrevi sob a mandala: 1928. Enquanto estava pintando esta imagem que mostra o castelo de ouro, Richard Wilhelm me envia de Frankfurt o texto chinês milenar que trata de um castelo amarelo, o germe do corpo imortal.

O sonho do ano de 1927, ao qual já me referi, também representava uma mandala.

Encontrava-me numa cidade suja de fuligem. Chovia e a atmosfera estava carregada: era uma noite de inverno em Liverpool. Com cerca de seis companheiros suíços, eu caminhava através das ruas escuras. Tinha a impressão de que vínhamos do mar, do porto, e que a verdadeira cidade ficava no alto, sobre os penhascos. Para lá nos dirigíamos. A cidade lembrava-me Basileia: o mercado é embaixo e há uma ruela que sobe chamada Totengaesschen (ruela dos mortos), conduzindo a um planalto onde fica a praça de São Pedro e a grande igreja do mesmo nome. Quando chegamos ao planalto, encontramos uma vasta praça fracamente iluminada por lampiões onde muitas ruas desembocavam. Os quarteirões da cidade eram dispostos radialmente em torno da praça. No meio, encontrava-se um pequeno lago, no centro do qual havia uma pequena ilha. Embora tudo estivesse mergulhado na chuva, na neblina, na fumaça, numa noite frouxamente iluminada, a ilhota resplandecia à luz do sol. Nela se erguia uma árvore solitária: uma magnólia coberta de flores avermelhadas. Era como se a árvore estivesse ligada à luz do sol e como se, ao mesmo tempo, fosse a própria luz. Meus companheiros faziam observações sobre o tempo terrível e evidentemente não viam a árvore. Falavam de um outro suíço que habitava Liverpool, espantados de que ele tivesse se estabelecido nessa cidade. Eu me sentia transportado pela beleza da árvore em flor, pela ilha ensolarada e pensava: "Eu bem sei por quê", quando despertei.

A propósito de uma particularidade do sonho, devo acrescentar ainda uma observação: cada um dos quarteirões da cidade era, por sua vez, construído radialmente em torno de um centro. Este constituía uma pequena praça livre, iluminada por um lampião grande; o conjunto era, pois, uma réplica em miniatura da ilha. Eu sabia que "o outro suíço" habitava na proximidade de um desses centros secundários.

O sonho ilustra minha situação naquele momento. Vejo ainda as capas de chuva, de cor cinza-amarelada, brilhantes de umidade. Tudo era extremamente desagradável, negro, incompreensível... como eu me sentia naquela época. Mas eu tinha a visão da beleza terrestre e era ela que me dava a coragem de viver. Liverpool é *the pool of life* (o lago da vida); pois *liver*, o fígado, é, segundo uma velha concepção, a sede da vida.

À experiência viva desse sonho, associou-se em mim o sentimento de algo de definitivo. Vi que a meta nele se expressara. Essa meta é o centro e não é possível ultrapassá-lo. Através desse sonho compreendi que o Si Mesmo é um princípio, um arquétipo da orientação e do sentido: nisso reside sua função salutar. Essa compreensão veiculou pela primeira vez o pressentimento do que devia ser o meu mito.

Depois desse sonho, deixei de desenhar ou de pintar mandalas: ele exprimira o cume do desenvolvimento da consciência e me satisfazia inteiramente, pois dera uma imagem completa da minha situação. É verdade que até então eu estivera certo de me consagrar a algo pleno de sentido; mas me faltava o entendimento do que eu fazia e ninguém à minha volta teria podido compreendê-lo. A figuração do sonho forneceu-me a possibilidade de considerar com objetividade o que tanto me ocupava.

Sem uma tal visão, eu talvez tivesse perdido a orientação e tivesse sido obrigado a renunciar à minha empresa. Mas no meu sonho o sentido se expressara. Quando me separei de Freud, sabia que me aventurava no inexplorado, que caía no desconhecido. Nessa época, para dizer a verdade, não sabia mais do que Freud, mas ousara o passo no escuro. Quando ocorre então um sonho como esse, podemos senti-lo como um *actus gratiae*.

Foram necessários 45 anos para elaborar e inscrever no quadro de minha obra científica os elementos que vivi e anotei nessa época da minha vida. Quando jovem pretendia contribuir com algo de válido no domínio da ciência à qual me devotava.

Mas encontrei essa corrente de lava e a paixão nascida de seu fogo transformou e coordenou minha vida. Tal corrente de lava foi a matéria-prima que se impôs e minha obra é um esforço, mais ou menos bem-sucedido, de incluir essa matéria ardente na concepção do mundo de meu tempo. As primeiras fantasias e os primeiros sonhos foram como que um fluxo de lava líquida e incandescente; sua cristalização engendrou a pedra em que pude trabalhar.

Os anos durante os quais me detive nessas imagens interiores constituíram a época mais importante da minha vida e neles todas as coisas essenciais se decidiram. Foi então que tudo teve início e os detalhes posteriores foram apenas complementos e elucidações. Toda minha atividade ulterior consistiu em elaborar o que jorrava do inconsciente naqueles anos e que inicialmente me inundara: era a matéria-prima para a obra de uma vida inteira.

Gênese da obra

Foi no início da segunda metade de minha vida que comecei o meu confronto com o inconsciente. Foi um trabalho que se estendeu por longos anos e só depois de mais ou menos vinte anos cheguei a compreender em linhas gerais os conteúdos de minhas fantasias.

Precisava, em primeiro lugar, apresentar a prova da prefiguração histórica dessas experiências interiores, isto é, devia responder à pergunta: "Onde se encontram minhas premissas, minhas raízes na história?"

Se não conseguisse um tal testemunho, jamais poderia fornecer a confirmação daquelas ideias. Desse ponto de vista, o encontro com a alquimia foi para mim uma experiência decisiva; nela encontrei as bases históricas que até então buscara inutilmente.

A psicologia analítica faz parte essencial das ciências da natureza; entretanto, está submetida mais do que qualquer outra aos preconceitos e condicionamentos pessoais do observador. É por isso que, a fim de evitar erros mais grosseiros, ela depende, no mais alto grau, da documentação e comparação históricas.

De 1918 a 1926 lancei-me seriamente ao estudo dos gnósticos. Meu interesse ligava-se ao fato de eles terem encontrado, a seu modo, o mundo original do inconsciente. Confrontaram-se com imagens e conteúdos que, evidentemente, estavam contaminados pelo mundo dos instintos. De que modo compreendiam essas imagens? É difícil responder a tal pergunta devido à escassez de informações que chegaram até nós, e principalmente porque aquelas que nos foram transmitidas provêm quase sempre de seus adversários, os Padres da Igreja. Não é provável que os gnósticos tivessem tido alguma concepção psicológica. Além disso, estavam muito distanciados no tempo para poderem servir de ponto de partida ao meu modo de encarar as coisas. A tradição entre a gnose e o presente parecia-me rompida e, durante muito tempo, não consegui encontrar a ponte entre a gnose — ou o neoplatonismo — e o presente. Só quando comecei a compreender a alquimia pude perceber que ela constitui um liame histórico com a gnose, e assim, através dela, encontrar-se-ia restabelecida a continuidade entre o passado e o presente. A alquimia como filosofia da natureza, em vigência na Idade Média, lança uma ponte tanto para o passado, a gnose, como para o futuro, a moderna psicologia do inconsciente.

A psicologia do inconsciente foi introduzida por Freud, graças aos temas gnósticos da sexualidade, por um lado, e da autoridade paterna nociva, por outro. O tema de Javé, Deus criador e gnóstico, ressurgia no mito freudiano do pai original e no Superego, cheio da obscuridade proveniente desse pai. No mito de Freud, ele se revelava como um demônio que engendrara um mundo de decepções, de ilusões e de dor. Mas a evolução para o Materialismo, que já estava prefigurada na alquimia, preocupada com o segredo da matéria, teve como consequência fechar a visão de Freud a um outro aspecto essencial da gnose: Freud não discerniu que a imagem original do espírito constituía um outro deus superior. De acordo com a tradição gnóstica, foi esse deus superior que enviou aos homens, a fim de ajudá-los, o *Cratera* (recipiente para as misturas), o *vaso* da metamorfose em espírito.[1] O *Cratera* é um princípio feminino que não encontrou lugar no mundo patriarcal de Freud. Certamente Freud não foi o único detentor desse preconceito: no mundo espiritual católico, a Mãe de Deus e esposa do Cristo só foi acolhida recentemente, depois de séculos de hesitação, no *thalamus* (câmara nupcial celeste), recebendo assim, pelo menos, um reconhecimento aproximativo.[2] No mundo protestante e judaico, é o Pai quem reina, como antes. Em oposição a isso, o princípio feminino desempenhou na filosofia hermética da alquimia um papel primordial, tão digno quanto o do homem. Ora, no centro das minhas descobertas psicológicas encontra-se de novo um processo de transformação interior: a individuação. Antes de descobrir a alquimia tive sonhos que se repetiam, envolvendo sempre o mesmo tema: ao lado de minha casa havia uma outra, isto é, uma ala de edifício ou uma construção anexa que me era estranha. Espantava-me sempre, no sonho, o fato de não conhecer essa parte da casa que, aparentemente, sempre lá estivera.

Finalmente tive um sonho no qual me dirigia à ala desconhecida. Lá encontrei uma biblioteca maravilhosa, que provinha em grande parte dos séculos XVI e XVII. Havia nas estantes volumosos in-fólios encadernados com couro de porco. Alguns entre eles eram ilustrados com gravuras em cobre, de natureza estranha, e as imagens representavam símbolos singulares, como jamais havia visto. Não sabia, nessa época, a que se referiam esses símbolos, e só muito mais tarde reconheci que eram símbolos alquimistas. Nos sonhos, sentia a fascinação indescritível que emanava deles e de toda a biblioteca. Era uma coleção medieval de incunábulos e de gravuras do século XVI.

A ala desconhecida era uma parte da minha personalidade, um aspecto de mim mesmo. Representava algo que fazia parte de mim, mas de que eu ainda não tivera consciência. Esse edifício e, em particular, a biblioteca relacionavam-se à alquimia que nessa época me era desconhecida, e ao estudo da qual me consagraria incessantemente. Cerca de 15 anos mais tarde, reuni, na realidade, uma biblioteca semelhante à do sonho.

O sonho decisivo que anunciava meu encontro com a alquimia ocorreu por volta de 1926:

Estou no Tirol do Sul, durante a guerra. Encontro-me no *front* italiano, prestes a retirar-me com um homenzinho, um camponês, na carroça do qual nos achamos. Em torno explodem obuses e sei que é preciso nos afastarmos tão rapidamente quanto possível, pois nos encontramos em grande perigo.[3]

Tínhamos que atravessar uma ponte e depois um túnel, cuja abóbada tinha sido parcialmente destruída pelos obuses. Chegando ao fim do túnel, vimos diante de nós uma paisagem ensolarada: reconheci a região de Verona. Mais abaixo estava a cidade iluminada pelo sol. Senti-me aliviado enquanto nos dirigimos para a planície lombarda, verdejante e florida. A estrada serpenteava através de belas paisagens primaveris e admiramos arrozais, olivais e vinhedos. De repente, avistei, interceptando a estrada, um edifício grande, uma casa senhorial de grandes proporções, semelhante a um castelo de algum príncipe da Itália do Norte. Era uma morada senhorial característica, com muitas dependências e edifícios anexos. Tal como no Louvre, a rua levava ao castelo através de um grande pátio. O cocheiro e eu atravessamos um portal e pudemos então, de onde nos encontrávamos, perceber de novo a paisagem ensolarada, através de um segundo portal mais distante. Olhei em torno: à direita, a fachada da morada senhorial; à esquerda, as casas dos empregados e as cavalariças, as granjas e outras construções anexas que se estendiam ao longe.

Enquanto permanecíamos no meio do pátio, diante da entrada principal, ocorreu algo inesperado: com um baque surdo, os dois portais se fecharam. O camponês saltou do banco da carroça e gritou: "Eis-nos agora prisioneiros do século XVII!" Resignado, pensei: "Sim, é isso! Mas que fazer? Eis-nos prisioneiros por muitos anos!" Depois tive um pensamento consolador: algum dia, depois de passados esses anos, poderei sair.

Após esse sonho devotei-me à leitura de grossos volumes sobre a história do mundo, sobre a história das religiões e a história da filosofia, sem nada encontrar que pudesse explicar o sonho. Só muito mais tarde compreendi que ele se relacionava com a alquimia; foi no século XVII que esta atingiu o ponto culminante. Esquecera-me completamente do que Herbert Silberer havia escrito sobre a alquimia.[4] Quando o seu livro foi publicado, esta me pareceu uma coisa marginal e bizarra, apesar de ter apreciado muito a perspectiva anagógica, isto é, construtiva, de Silberer. Mantive então correspondência com ele e exprimi minha consideração pelo seu trabalho. Mas, como seu fim trágico o demonstra, suas *concepções* não eram acompanhadas de uma *exata e penetrante compreensão*.[5] Silberer havia utilizado principalmente materiais alquimistas que apareceram mais tarde e que não me inspiravam grande coisa; esses textos alquimistas são fantásticos e barrocos; somente quando se conhece previamente a chave interpretativa é possível ver que encerram também muitas coisas preciosas.

Só através do texto de *O segredo da flor de ouro*, que faz parte da alquimia chinesa e que Richard Wilhelm me enviou em 1928, pude aproximar-me da essência da alquimia. Nasceu em mim o desejo de conhecer os alquimistas. Pedi a um livreiro de Munique que me avisasse quando livros alquimistas passassem por suas mãos. Pouco depois, recebi as *Artis Auriferae Volumina Duo* (1593), volumosa coleção de tratados latinos entre os quais se encontra uma série de "clássicos".

Esse livro ficou quase dois anos de lado. De vez em quando, olhava as gravuras e pensava: "Meu Deus! Que absurdo! Não é possível compreender isso"; mas o livro continuava a me intrigar e resolvi estudá-lo seriamente. No inverno seguinte comecei o trabalho e logo achei a leitura fascinante e cheia de interesse. O texto continuava a parecer-me um gritante absurdo, mas certas passagens pareciam-me significativas e encontrava, às vezes, frases que julgava entender. Descobri, finalmente, que os alquimistas falavam em símbolos, já velhos conhecidos meus. Pensei então: "É fantástico e é *necessário* que aprenda a compreender." Completamente fascinado mergulhei nos volumes sempre que dispunha de tempo. Uma noite, estando absorto nesses textos, o sonho anunciador de que eu "era um prisioneiro do século XVII" voltou ao meu espírito. Compreendera enfim o seu sentido; sabia: "Sim, é isso! Eis-me condenado a estudar e a 'dedicar--me' a toda a alquimia desde o início."

Foi necessário muito tempo até encontrar o fio no labirinto do pensamento alquimista, pois nenhuma Ariadne o pusera em minhas mãos. No *Rosarium* observei que certas expressões e certos circunlóquios curiosos eram frequentemente repetidos.[6] Assim, por exemplo, *solve et coagula, unum vas, lapis, prima materia, Mercurius* etc.

Vi que essas expressões eram sempre utilizadas num sentido que eu não chegava a captar de modo seguro. Decidi então organizar um dicionário de palavras-chave com notas explicativas. Com o passar do tempo recolhi milhares de termos, e isso constituiu volumes inteiros de citações. Seguia um método puramente filológico como se estivesse decifrando uma língua desconhecida. Assim, pouco a pouco, foram fazendo sentido para mim as expressões alquimistas. Foi um trabalho que me absorveu por mais de dez anos.

Vi logo que a psicologia analítica concordava singularmente com a alquimia. As experiências dos alquimistas eram minhas experiências, e o mundo deles era, num certo sentido, o meu. Para mim, isso foi naturalmente uma descoberta ideal, uma vez que percebi a conexão histórica da psicologia do inconsciente. Esta teria agora uma base histórica. A possibilidade de comparação com a alquimia, da mesma forma que a sua continuidade espiritual, remontando até a gnose, conferia-lhe substância. Estudando os velhos textos, percebi que tudo encontrava seu lugar: o mundo das imagens, o material empírico que colecionara na minha prática, assim como as conclusões que disso havia tirado. Comecei então a perceber o que significavam tais conteúdos numa perspectiva histórica. A compreensão de seu caráter típico, que já se esboçara no curso de minhas pesquisas sobre os mitos, se aprofundara. As imagens originais e a essência dos arquétipos passaram a ocupar o centro de minhas pesquisas; tornou--se evidente para mim que não poderia existir psicologia, e muito menos psicologia do inconsciente, sem base histórica. É verdade que uma psicologia da consciência pode restringir-se ao conhecimento da vida pessoal; mas para desenredar uma neurose, já se torna necessária uma anamnese que necessita uma sondagem mais profunda do que a do simples saber da consciência; e quando, durante o tratamento, se chega a momentos em que devem ser tomadas decisões inusitadas, aparecem, então, sonhos cuja interpretação exige mais do que reminiscências pessoais.

É pela importância que a alquimia teve para mim que percebi minha ligação interior com Goethe. O segredo de Goethe foi o de ter sido tomado pelo lento movimento de elaboração de metamorfoses arquetípicas que se processam através dos séculos; ele sentiu seu *Fausto* como uma *opus magnum* ou *divinum* — uma grande obra ou uma obra divina. Tinha razão, portanto, quando dizia que *Fausto* era sua "obra-prima"; por isso sua vida foi enquadrada por esse drama. Percebe-se de modo impressionante que se tratava de uma substância viva que agia e vivia nele, a de um processo suprapessoal, o grande sonho do *mundus archetypus*.

Quanto a mim, fui tragado por esse mesmo sonho desde meus 11 anos e dele nasceu minha obra principal. Minha vida, impregnada, tecida, unificada por uma obra, foi centrada num objetivo: o de penetrar no segredo da personalidade. Tudo se explica a partir desse ponto central e toda a minha obra se relaciona com esse tema.

Com as experiências de associações (1903), começou minha atividade científica propriamente dita. Considero-as como meu primeiro trabalho realizado na linha das ciências naturais. Foi então que comecei a exprimir meus pensamentos próprios. Depois dos *Estudos diagnósticos sobre as associações* (1903), apareceram duas publicações psiquiátricas: *Psicologia da demência precoce* (1907) e *O conteúdo das psicoses* (1908). Em 1912 apareceu meu livro *Metamorfose e símbolos da libido*, que pôs fim à amizade que me ligava a Freud. Nesse momento — *nolens volens* — comecei a seguir o meu próprio caminho.

Foi trabalhando as imagens do meu próprio inconsciente que iniciei meu trajeto pessoal. Esse período durou de 1913 a 1917; depois a onda de fantasias diminuiu. Só então libertei-me da montanha mágica e pude tomar uma posição objetiva em relação às fantasias, começando a refletir sobre elas. O primeiro problema que me propus foi: "Que fazer com o inconsciente?" Em resposta nasceu a *Dialética do eu e do inconsciente*. Fiz em Paris uma conferência sobre esse tema (1916),[7] que só foi publicada em alemão mais tarde (1928), já ampliada sob a forma de livro. Nessa obra descrevi certos conteúdos típicos do inconsciente e mostrei que a atitude que o consciente assume com relação a eles não é absolutamente indiferente.

Consagrei-me paralelamente aos trabalhos preparatórios para a elaboração do meu livro sobre os *Tipos psicológicos*.[8] Uma pergunta desempenhou um grande papel na gênese dessa obra: em que eu me distinguia de Freud? E de Adler? Que diferenças havia entre as nossas concepções? Refletindo sobre isso deparei com o problema dos tipos. É o tipo que precisa e limita de antemão os julgamentos do homem. O livro sobre os tipos psicológicos trata principalmente do confronto do indivíduo com o mundo, das suas relações com os homens e coisas. Nele descrevo os diferentes aspectos da consciência, as possibilidades de sua atitude em relação ao mundo; esse livro é, em resumo, uma descrição da psicologia da consciência considerada sob um ângulo clínico. Incorporei a ele uma farta documentação: mencionei a obra de Spitteler, particularmente o *Prometeu e Epimeteu*, e também a de Schiller, de Nietzsche, inclusive uma história das ideias na Antiguidade e na Idade Média. Quando ousei enviar a Spitteler um exemplar do meu livro, ele não respondeu, mas pouco tempo depois fez uma conferência na qual dizia que seu *Prometeu e Epimeteu* "tinha tanta importância quanto uma canção sobre a chegada da primavera".

Meu livro sobre os tipos psicológicos conclui que todo julgamento de um homem é limitado pelo seu tipo de personalidade e que toda maneira de ver é relativa. Daí nasceu o problema da unidade que poderia compensar tal multiplicidade. Cheguei muito perto da noção chinesa do *tao*. Já me referi à coincidência de meu desenvolvimento interior com o envio que me fez Richard Wilhelm de um texto taoísta. Em 1929 nasceu o livro publicado em colaboração com ele: *O segredo da flor de ouro*. As minhas reflexões e pesquisas atingiram então o ponto central de minha psicologia, isto é, a ideia do *self*. Só nesse momento encontrei meu caminho de volta ao mundo. Comecei a fazer conferências e a realizar pequenas viagens. Numerosos artigos, monografias e conferências serviram, de certa forma, como escoamento das preocupações interiores que haviam durado anos. Continham respostas às perguntas formuladas por meus leitores e meus pacientes.[9]

Um tema do qual já me ocupara a fundo no livro *Metamorfose e símbolos da libido* era a teoria da libido. Eu a concebia como uma analogia psíquica da energia física mais ou menos como um conceito quantitativo e, por isso, não podia nunca ser definido em termos qualitativos. Parecia-me importante eliminar o concretismo que até então estivera ligado à teoria da libido; achava que não se devia mais falar em compulsões de fome, de agressão ou de sexualidade, mas que era preciso ver todas essas manifestações como expressões diversas da energia psíquica.

Em física também se fala de energia e das suas manifestações sob a forma de eletricidade, luz, calor etc. Ocorre o mesmo na psicologia. Aqui também se trata, em primeiro lugar, de energia (isto é, de valores de intensidade, em maior ou menor grau) e as formas de seu aparecimento podem ser as mais diversas. Então, se aceitarmos a libido como uma forma de energia, podemos chegar a uma certa unidade de concepções. Nesse momento as questões sempre controvertidas da natureza da libido — sexualidade, poder, fome ou qualquer outra coisa — passam para um segundo plano. Tentava também estabelecer dentro da psicologia uma unidade comparável à que existe nas ciências físicas no tocante à energética geral. Essa foi a meta do meu livro *A energética da alma* (1928).[10] Considero, por exemplo, os impulsos humanos como formas sob as quais se manifestam os processos energéticos, e, portanto, como forças análogas ao calor, à luz etc. Da mesma forma que não ocorreria a qualquer físico contemporâneo colocar apenas no calor a origem de todos os impulsos energéticos, da mesma forma seria pouco admissível em psicologia fazer decorrer todos esses impulsos apenas do conceito de poder ou da sexualidade. Foi esse o erro inicial de Freud. Ele retificou-o posteriormente, mediante a hipótese dos "instintos do ego", para mais tarde ainda conferir uma supremacia ao "superego".

Na *Dialética do eu e do inconsciente* eu havia somente constatado aquilo que se refere ao inconsciente e como fazê-lo, mas isso não exprimia ainda nada sobre o próprio inconsciente. Ocupando-me assiduamente das minhas fantasias, tais pesquisas fizeram-me pressentir que o inconsciente se transforma ou provoca transformações. Só descobrindo a alquimia compreendi claramente que o inconsciente é um *processo* e que as relações do ego com os conteúdos do inconsciente desencadeiam um desenvolvimento ou uma verdadeira metamorfose da psique. Nos casos individuais é possível seguir esse processo através de sonhos e fantasias. No mundo coletivo, tal processo se encontra inscrito nos diferentes sistemas religiosos e na transformação de seus símbolos. Mediante o estudo das evoluções individuais e coletivas e mediante a compreensão da simbologia alquimista cheguei ao conceito básico de toda a minha psicologia, o "processo de individuação".

Um dos aspectos essenciais dos meus trabalhos reside no fato de que muito cedo abordaram temas concernentes às concepções do mundo e trataram do confronto da psicologia com os problemas religiosos. Entretanto, só em *Psicologia e religião* (1940) e depois, em *Paracelso* (1942), falei de maneira detalhada sobre tais assuntos. O segundo capítulo dessa última obra, "Paracelso enquanto fenômeno espiritual", é particularmente significativo a esse respeito. Os escritos de *Paracelso* contêm um grande número de pensamentos originais nos quais aparece claramente sua preocupação com a alquimia, ainda que sob uma forma tardia e barroca. Foi o estudo de *Paracelso* que me levou a descrever a essência da alquimia, particularmente em suas relações com a religião e com a psicologia, ou melhor, à essência da alquimia em seu aspecto de filosofia religiosa. Realizei isso em *Psicologia e alquimia* (1944). Encontrei então o terreno que foi a base de minhas próprias experiências durante os anos de 1913 a 1917, pois o processo pelo qual passei correspondia ao processo de metamorfose alquimista, tema de *Psicologia e alquimia*.

Naturalmente, sempre se coloca novamente para mim o problema das relações da simbologia do inconsciente com a religião cristã e com as outras religiões. Não só deixo uma porta aberta à mensagem cristã, como a considero primordial para o homem do Ocidente. Ela deve, no entanto, ser vista de um novo ângulo, que corresponda às transformações seculares do espírito contemporâneo, sem o que será relegada à margem do tempo e a totalidade do homem não se encontrará mais inscrita nela.

Eis o que tentei descrever em meus trabalhos. Elaborei uma interpretação psicológica do dogma da Trindade,[11] do texto da missa, que comparei ao de Zózimo de Panópolis, alquimista e gnóstico do século III.[12] Minha tentativa de confrontar a psicologia analítica com as concepções cristãs conduziu-me finalmente à questão do Cristo como figura psicológica. Já em *Psicologia e alquimia* (1944), mostrara que a "pedra" (*lapis*), representação alquimista central, é uma figura paralela a Cristo.

Em 1939, dirigi um seminário consagrado aos "exercícios espirituais" de Inácio de Loiola. Preocupava-me ao mesmo tempo com os estudos preparatórios de *Psicologia e alquimia*. Uma noite, acordei e vi um crucifixo, ao pé do meu leito, banhado por um clarão de luz. O Cristo não era de tamanho natural, mas vi com nitidez seu corpo de ouro esverdeado. Embora magnífica, essa visão me espantou. Tais visões, entretanto, não são raras, pois vejo sempre imagens hipnagógicas plásticas.

Nesse período, refleti muito sobre a *anima Christi*, meditação contida nos *Exercícios*. A visão parecia-me sugerir que nas reflexões tinha esquecido alguma coisa: a analogia do Cristo com o *aurum nom vulgi* — o ouro que não é vulgar — e a *viriditas*, os verdores alquimistas. Quando compreendi que a imagem fazia alusão a tais símbolos alquimistas centrais, e que se tratava portanto de uma visão alquimista do Cristo, fiquei tranquilo.

O ouro verde é a qualidade viva que os alquimistas discerniam não só no homem, como também na natureza inorgânica. É a expressão de um espírito de vida, a *anima mundi* ou *filius macrocosmi*, o "Anthropos" vivo no mundo inteiro. Esse espírito está contido até mesmo na matéria inorgânica; no metal ou na pedra. Assim pois, minha visão era uma união da imagem do Cristo com o seu análogo, o filho do macrocosmo, que reside na matéria. Se o ouro verde não me tivesse chamado a atenção, teria talvez acreditado que algo de essencial estava faltando à minha concepção "cristã"; em outras palavras: minha imagem tradicional seria de algum modo insuficiente e eu deveria retomar esta ou aquela fase do desenvolvimento cristão. A importância dada ao metal indicava sem dúvida a concepção alquimista do Cristo como uma unificação do que é espiritualmente vivo e da matéria fisicamente morta.

No *Anion* (1951) retomei o problema de Cristo. Para mim não se tratava mais do problema dos seus paralelos históricos, mas de um confronto da sua figura com a psicologia. Nessa obra não considerei o Cristo como uma figura livre de todos os seus aspectos externos; procurei, pelo contrário, mostrar o desenvolvimento através dos séculos do conteúdo religioso que Ele representa. Queria estudar como o Cristo poderia ter sido previsto astrologicamente, e como fora compreendido pelo espírito não só do seu tempo, como nos dois milênios de nossa era. Eis o que queria expor, acrescentando o estudo de todas as interpretações importantes que, com o correr do tempo, foram se acumulando a seu respeito.

Durante esse trabalho surgiu também o problema da figura histórica do homem Jesus. Essa questão é cheia de significado, pois a mentalidade coletiva de sua época — arquétipo que então se formara, a imagem do "Anthropos" — precipitou-se sobre ele, quando ele não era mais do que um profeta judeu quase desconhecido. A antiga ideia do "Anthropos", cujas raízes se encontram parte na tradição judaica, parte no mito egípcio de Hórus, se apoderara dos homens no começo da era cristã, pois correspondia ao espírito do tempo. Tratava-se do "Filho do Homem", do próprio Filho de Deus, que se opunha ao *divus Augustus*, soberano desse mundo. Essa noção transformou o problema judaico originalmente do Messias num problema universal.

Seria um grande mal-entendido tomar como um simples "acaso" o fato de que Jesus, o filho do carpinteiro, anunciado pelo Evangelho, tenha se tornado o *salvator mundi*. Sua personalidade deve ter sido de uma envergadura extraordinária para poder exprimir e responder de maneira tão perfeita à expectativa geral, se bem que inconsciente, de seu tempo. Ninguém mais, senão precisamente ele, o homem Jesus, poderia ter sido o portador de tal mensagem.

O poder esmagador de Roma, encarnado no César divino, havia criado um mundo no qual não somente inúmeros indivíduos, mas povos inteiros, foram despojados da sua independência cultural e espiritual. O homem enquanto indivíduo e as comunidades culturais de hoje encontram-se diante de uma ameaça semelhante de massificação. É por isso que a possibilidade e a esperança de uma reaparição do Cristo já é discutida em muitos lugares e já se ouve mesmo um rumor visionário exprimindo uma experiência de salvação. É verdade que essa espera surge hoje sob uma forma que não é comparável à do passado, e representa um aspecto característico do "século técnico". Trata-se do fenômeno universal dos discos voadores.[13]

Como a minha finalidade era a de mostrar com a maior amplitude possível o modo pelo qual minha psicologia mantinha relação com a alquimia — ou inversamente — procurei, ao lado dos problemas religiosos, encontrar na obra alquimista analogias com dificuldades especiais de psicoterapia. A questão central, o problema principal da psicoterapia médica, é o problema da transferência. Nisso Freud e eu estávamos em perfeito acordo. Nesse ponto encontrei também uma correspondência dentro da alquimia, isto é, na representação da *conjunctio* — da união — cujo alcance chamara a atenção de Silberer. Essa correspondência já se revelara no meu livro *Psicologia e alquimia*. Minhas pesquisas levaram-me a publicar dois anos mais tarde *A psicologia da transferência* (1946) e finalmente minha obra *Mysterium Coniunctionis* (1955-1956).

Todos os problemas que me preocupavam humana ou cientificamente foram antecipados ou acompanhados por sonhos; o mesmo aconteceu em relação ao problema da transferência. Num desses sonhos ele foi evocado, ao mesmo tempo que o Cristo, por uma imagem singular e inesperada.

Sonhei de novo que minha casa tinha uma grande ala na qual jamais havia entrado. Finalmente fui visitá-la. Cheguei a uma grande porta de dois batentes. Ao abri-la, encontrei-me num espaço onde havia sido instalado um laboratório. Diante da janela havia uma mesa cheia de todos os tipos de recipientes de vidro e todo o aparelhamento de um laboratório zoológico. Era o local de trabalho de meu pai. Mas ele não estava lá. Nas paredes, prateleiras suportavam centenas de vidros que continham todas as espécies de peixes imagináveis. Estava assombrado: "Então meu pai se ocupa de ictiologia!"

Enquanto estava lá e olhava em torno, vi que uma cortina de vez em quando se inflava ao sopro de um vento forte. De repente apareceu Hans, um rapaz do campo; pedi-lhe que fosse ver por detrás da cortina se não havia alguma porta ou janela aberta. Ele obedeceu e, ao voltar, vi que estava transtornado. Uma expressão de terror lia-se em seu rosto. Disse simplesmente: "Sim, há uma coisa. É um fantasma!"

Fui então para a outra peça e encontrei uma porta que comunicava com o quarto de minha mãe; não havia ninguém. A atmosfera era opressiva e o quarto muito grande. No teto havia duas fileiras de cinco caixas suspensas, cerca de meio metro do chão. Pareciam pequenas cabanas de jardim, com uma superfície de mais ou menos dois metros quadrados; em cada uma havia dois leitos. Sabia que nesse local minha mãe, que na realidade morrera havia muito tempo, era visitada e lá instalara leitos para os espíritos. Eram espíritos que vinham aos pares; casais de espíritos, que lá passavam a noite ou mesmo o dia.[14]

Em frente ao quarto de minha mãe havia uma porta. Eu a abri e encontrei-me num imenso *hall*; lembrava-me o *hall* de um grande hotel, com cadeiras, mesas, colunas e todo o luxo habitual. Uma orquestra com instrumentos de metal tocava ruidosamente. Antes, já ouvira a música ao longe, sem saber, entretanto, de onde vinha. Não havia ninguém no *hall*, só a fanfarra executando canções, danças e marchas.

A orquestra de metais, no *hall* do hotel, indicava divertimento e mundanidade ostensiva. Atrás dessa fachada barulhenta, ninguém teria suspeitado que existia um outro mundo na casa. A imagem onírica do *hall* seria, portanto, uma caricatura de minha bonomia e jovialidade mundana. Mas isso era apenas o lado exterior; atrás, encontrava-se algo completamente diferente, sobre o qual seria impossível discorrer, ouvindo a orquestra de metais: o laboratório de peixes e o quarto onde estavam suspensas as armadilhas de espíritos. Eram locais impressionantes, nos quais reinava misterioso silêncio. Meu sentimento era este: aqui vive a noite, enquanto o *hall* representa o dia e a agitação superficial do mundo.[15]

As imagens mais importantes do sonho eram: "o quarto destinado a receber os espíritos" e o laboratório dos peixes. A primeira exprimia de um modo burlesco o problema da *conjunctio* ou da transferência. E o laboratório evocava minhas preocupações relativas ao Cristo, que é, ele próprio, o peixe (*ichthys*). Havia ali duas ordens de preocupações que, por mais de dez anos, deixaram-me perplexo. Era singular que no sonho as ocupações concernentes ao peixe fossem atribuídas a meu pai. Ele tinha de certa maneira o encargo das almas cristãs, as quais, de acordo com as concepções antigas, são peixes presos na rede de Pedro. Era também singular que minha mãe aparecesse como guardiã de almas defuntas. Assim, no sonho, meus pais tinham o encargo da *cura animarum* que, no fundo, era a minha própria tarefa. Algo se mantinha ainda inexplicado, e por isso se exprimia como que situado no plano dos pais, isto é, latente no inconsciente e portanto reservado ao futuro. Nessa época, com efeito, não me dedicara ainda à questão principal da alquimia "filosófica", à *conjunctio*; portanto, o problema que a alma do homem cristão me propunha continuava sem resposta. Da mesma forma, o grande estudo consagrado à lenda do Graal, tarefa fundamental da vida de minha mulher, também não fora terminada por ela.[16] Lembro-me quantas vezes a "busca do Graal" e o Rei-Pescador vinham-me ao espírito, enquanto estudava o símbolo do peixe em *Aníon*. Se o respeito que sentia pelo trabalho de minha mulher não me houvesse impedido, certamente teria incorporado a lenda do Graal às minhas pesquisas sobre a alquimia.

A lembrança que guardei de meu pai é a de um homem sofredor, aflito pela ferida de Amfortas, um Rei-Pescador, cuja ferida não se curava... aflito também pelo sofrimento cristão contra o qual os alquimistas procuravam a panaceia. Eu, como um ingênuo Parsifal, testemunhei essa doença durante os anos de minha juventude, e, como ele, as palavras me haviam faltado. Pressentira tudo isso apenas obscuramente.

Meu pai, na realidade, nunca se ocupara com o simbolismo da forma humana de Cristo; porém, sem ter uma clara consciência da consequência da *imitatio Christi*, sofreu literalmente até a morte o sofrimento vivido e anunciado pelo Cristo. Considerava seu sofrimento como algo de particular, sobre o qual poderia pedir conselho ao médico e não, de uma forma geral, como o sofrimento do cristão. As palavras do Apóstolo da Epístola aos Gálatas 2.20: "E se vivo, não sou mais eu, mas o Cristo que vive em mim", jamais penetraram no seu espírito, no seu significado total, pois em matéria religiosa tinha horror a todo pensamento. Queria contentar-se com a fé, mas esta lhe era infiel. Tal é muitas vezes a recompensa do *sacrificium intellectus* (sacrifício do intelecto). Nem todos compreendem essa linguagem, mas somente àqueles a quem é dado... e há os que se fazem eunucos para entrar no Reino dos Céus. Compreenda quem puder! Uma aceitação cega jamais conduz à solução; no melhor dos casos determina uma parada, uma estagnação e passa a carga à geração seguinte.

A posse dos atributos humanos (no sentido animal) indica que os deuses não atingem somente as regiões sobre-humanas, mas também as regiões sub-humanas da vida. Os animais representam de algum modo a sombra dos deuses, que a natureza acrescenta à sua imagem iluminada. Os *pisciculi Christianorum* (peixinhos dos cristãos) mostram que aqueles que seguem o Cristo também são peixes. São almas de natureza inconsciente, que têm necessidade da *cura animarum* (cura das almas). O laboratório dos peixes é, portanto, um sinônimo da cura eclesiástica da alma. Do mesmo modo que aquele que fere o outro fere a si próprio, aquele que cura cura a si mesmo. No sonho, isso é significativo: a atividade decisiva é praticada de morto a morto, isto é, num além da consciência, e assim, pois, no inconsciente.

Não havia ainda tomado consciência de um aspecto essencial de minha tarefa, e por isso não fui capaz de interpretar esse sonho de maneira satisfatória. Só pressenti seu significado, e tive de superar as maiores resistências internas antes de redigir a *Resposta a Jó*.

O germe interior dessa obra já estava em *Anion*. Nesse livro, confrontei-me com a psicologia do cristianismo; ora, Jó é de alguma forma a prefiguração do Cristo. Ambos são ligados pela ideia do sofrimento. Cristo é o servidor de Deus, lançado no sofrimento, e isso Jó o foi também. Em Cristo é o pecado do mundo que causa o sofrimento, e o sofrimento do homem cristão é a resposta ao próprio pecado. Isso conduz inevitavelmente à pergunta: mas quem é o responsável por tal pecado? Em última análise, foi Deus quem criou o mundo e seus pecados e foi Deus quem teve de suportar, Ele mesmo, em Cristo, o destino humano.

Em *Aion* encontram-se as indicações relativas aos temas difíceis do lado claro e do lado obscuro da imagem de Deus. Falei da "cólera de Deus", do mandamento que ordena temer a Deus e que desempenha no livro bíblico de Jó um papel decisivo. Jó espera que Deus o ajude de alguma forma contra Deus, o que faz aparecer a trágica contradição deste. Eis o que se tornou o tema principal da *Resposta a Jó*.

Havia forças exteriores que me levaram a escrever essa obra e que provinham do meu ambiente. Muitos problemas propostos pelo público, ou por pacientes, obrigaram-me a exprimir com clareza algo que dizia respeito ao problema religioso do homem moderno. Hesitei anos, pois estava consciente da tempestade que iria desencadear. Finalmente, tomado pela urgência e pela dificuldade, fui obrigado a dar uma resposta. Fiz isso sob a forma que o problema se impusera a mim, a de uma experiência vivida, cujas emoções eu não reprimia. Foi intencionalmente que escolhi tal forma. Procurei evitar o tom que desse a impressão de anunciar uma "verdade eterna". Minha obra não pretendia ser mais do que a voz e a interrogação de um ser isolado, que se entrega à meditação dos leitores aos quais se dirige. Jamais pensei que alguém pudesse censurar-me de pretender chegar a uma verdade metafísica. Disso acusaram-me os teólogos, uma vez que o pensamento teológico está habituado a tratar de verdades eternas. Quando o físico diz que o átomo é desta ou daquela constituição e dele constrói um modelo, não tem em mira exprimir uma verdade eterna. Mas os teólogos não conhecem o modo de pensar das ciências, ignorando particularmente o pensamento psicológico. O material da psicologia analítica, seus dados essenciais, são expressões humanas e, sobretudo, expressões humanas que se apresentam de maneira concordante em lugares diferentes e em épocas diversas.

O problema de Jó anunciou-se também, com todas as suas consequências, num sonho. Neste, eu visitava meu pai, morto há muito tempo. Ele morava no campo, num lugar desconhecido. Vi uma casa no estilo do século XVIII. Parecia muito espaçosa e era flanqueada por grandes construções anexas. Anteriormente fora um hotel de uma estação de águas; sabia também que, ao longo dos séculos, hospedara personalidades notáveis, celebridades e príncipes. Dizia-se, por outro lado, que alguns dentre eles ali morreram e seus sarcófagos foram colocados na cripta que fazia parte da casa. Meu pai era o guardião.

Entretanto, como descobri logo, ele não era apenas o guardião, mas um grande sábio, em contraste com a realidade de sua vida passada. Encontrei-o em seu escritório; estranhamente, lá estava também o dr. Y... — mais ou menos da minha idade — e seu filho, ambos psiquiatras. Depois, não sei se a uma pergunta minha, ou querendo explicar espontaneamente alguma coisa, meu pai apanhou uma grande Bíblia da estante, um grosso in-fólio, semelhante à Bíblia de Merian, que tenho em minha biblioteca. A Bíblia que meu pai tomara nas mãos era encadernada em couro de peixe brilhante. Abriu-a no Velho Testamento, no Pentateuco (suponho), e pôs-se a interpretar uma passagem. Mas falava tão rapidamente e com tal erudição, que eu não conseguia segui-lo. Observava simplesmente que suas palavras denotavam uma quantidade de conhecimentos de toda espécie: suspeitei vagamente de sua importância, sem compreendê-la ou apreciá-la. Vi que o dr. Y... não compreendia absolutamente nada, e seu filho pôs-se a rir. Pensavam que meu pai estivesse numa espécie de excitação senil, e que se comprazia num fluxo de palavras destituídas de sentido. Parecia-me claro, entretanto, que não se tratava de uma agitação doentia nem de um discurso insensato, mas de uma argumentação de tal forma inteligente e sábia que a nossa ignorância simplesmente não conseguia apreendê-la. Trata-se, ao contrário, de algo muito importante que fascinava meu pai. Por isso, invadido por pensamentos profundos, falava com tal intensidade. Encolerizei-me ao pensar quão profundamente triste era o fato de que falasse diante de três imbecis como nós.

Os dois psiquiatras representam o ponto de vista médico limitado, que me caracterizava igualmente, enquanto médico. Representam de alguma forma a minha sombra, em primeira e segunda edição, como pai e filho.

Depois, a cena mudou: meu pai e eu estávamos diante da casa, e à nossa frente havia uma espécie de granja onde certamente haviam armazenado reservas de lenha. De lá vinham ruídos surdos, como se grandes feixes de lenha caíssem ao chão ou fossem lançados a um canto. Tinha a impressão de que pelo menos dois homens ali trabalhavam, mas meu pai fez-me compreender que se tratava de fantasmas. Eram duendes que dominavam o lugar.

Depois entramos na casa e percebi que as paredes eram muito grossas. Subimos por uma escada estreita ao primeiro andar e então vimos um espetáculo estranho: a sala era muito alta, uma reprodução exata do *Diwân-i-kaas* (Sala do Conselho) do sultão Akbar em Fa-tehpur Sikri. A sala era redonda com uma galeria ao longo da parede; dela partiam quatro pontes que levavam ao centro, cuja forma era a de uma bacia. Esta repousava numa enorme coluna e constituía o trono circular do sultão que, sentado, falava aos seus conselheiros e filósofos; estes sentavam-se na galeria ao longo das paredes. O conjunto era uma gigantesca mandala, e correspondia exatamente ao *Diwân-i-kaas* que eu visitara nas Índias.

No sonho, percebi de repente que do centro se erguia uma escada muito íngreme até o alto da parede — o que não correspondia mais à realidade. No alto da escada havia uma pequena porta. Meu pai disse-me: "Vou levar-te agora à mais alta presença!" Era como se me tivesse dito *highest presence*. Depois, ajoelhou-se e tocou o solo com a fronte; eu o imitei muito emocionado. Entretanto, não sei por quê, não conseguia encostar minha fronte no chão. Faltava talvez um milímetro entre a fronte e o solo. Acompanhara o gesto de meu pai e, de repente, soube, talvez por ele mesmo, que atrás da porta, no alto, numa peça solitária, habitava Úrias, o general do rei Davi. Este último traíra vergonhosamente Úrias por causa de Betsabá, sua mulher. Davi ordenara aos seus soldados que o abandonassem ao inimigo.

Devo ainda explicar alguns pontos desse sonho. A cena do início descreve como se exterioriza a tarefa inconsciente, que me dizia respeito e que, por assim dizer, eu deixara a meu pai, isto é, relegara ao plano correspondente do inconsciente. Meu pai está claramente mergulhado na Bíblia — no Gênese? — e se esforça por transmitir-nos suas concepções. A pele de peixe designa a Bíblia como sendo um conteúdo inconsciente, pois os peixes são mudos e inconscientes. Mas meu pai não consegue fazer-nos compreender; seu público é, por um lado, incapaz e, por outro, estúpido e malevolente.

Depois desse malogro seguimos pela rua para o "outro lado", onde os duendes parecem trabalhar. Os fenômenos de duendes ocorrem comumente a adolescentes, antes da puberdade; isso significa que não amadureci ainda e que sou demasiado inconsciente. O quadro hindu ilustra o "outro lado". Quando estive na Índia, a estrutura em forma de mandala do *Diwân-i-kaas* me impressionara fortemente como representação de um conteúdo em relação a seu centro. O centro é o trono de Akbar, o Grande, que reinou num subcontinente, a modo de um "senhor desse mundo", como por exemplo Davi. Mais alto do que este, porém, está situada sua vítima inocente, o fiel general Úrias, abandonado ao inimigo. Úrias é uma prefiguração do Cristo, do homem-Deus abandonado por Deus. Davi, por outro lado, seduzira a mulher de Úrias e dela se "apropriara". Só mais tarde compreendi a alusão a Úrias: não só eu era obrigado a falar publicamente (e em meu prejuízo) da imagem ambivalente do Deus do Antigo Testamento e de suas consequências, como também a morte arrebatou minha mulher.

Tais eram as coisas que, ocultas no inconsciente, me esperavam. Devia inclinar-me diante desse destino e, no fundo, deveria tocar o chão com minha fronte para que minha submissão fosse completa. Mas alguma coisa — faltava um milímetro — impediu-me de fazê-lo. Era como que uma voz interior, dizendo: "Sim, mas não totalmente." Alguma coisa em mim se revoltava e não consentia em ser um peixe mudo. Se isso não fosse próprio do homem livre, jamais um *Livro de Jó* teria sido escrito alguns séculos antes do nascimento de Cristo. O homem reserva para si uma margem, conserva uma restrição mental, mesmo em face da decisão divina. Sem isso, onde estaria sua liberdade? E qual seria o sentido dessa senão o de torná-lo capaz de ameaçar. Aquele que a ameaça?

Mais alto que Akbar habita Úrias. E ele é mesmo, como diz o sonho, a *highest presence*, expressão que só se emprega, no fundo, em relação a Deus, abstração feita dos bizantinismos. Não posso deixar de pensar no Buda e em sua relação com os deuses. Indubitavelmente, para o crente asiático, o tatágata é o supremo absoluto. Por isso, erradamente acusou-me de ateísmos ao budismo hinaiana. Em virtude do poder dos deuses, o homem está habilitado a adquirir um conhecimento de seu Criador. Ele tem mesmo o poder de destruir a Criação em seu aspecto essencial, isto é, na consciência que o homem tem do mundo. Hoje, pela radioatividade, o homem pode suprimir toda a vida superior da superfície da Terra. A ideia de uma destruição do mundo já existe em germe no Buda: pela iluminação, a cadeia dos nidanas — o encadeamento de causalidades que leva irremissivelmente à velhice, à doença e à morte — pode ser interrompida, de forma que a ilusão do ser chegue ao seu fim. A negação da vontade, em Schopenhauer, indica profeticamente um problema do futuro que, de um modo inquietante, já nos é próximo. O sonho revela um pensamento e um pressentimento que existem na Humanidade, há muito tempo, a ideia de uma criatura que supera um pouco o criador, mas de um modo decisivo.

Depois desta digressão no mundo dos sonhos, volto aos meus livros: em *Anion* abordei um outro ciclo de problemas que precisavam ser tratados à parte. Tentei pôr em relevo a concomitância entre a aparição do Cristo e o início de uma nova era, a do mês universal do mundo dos peixes. Essa concomitância entre a vida do Cristo e o acontecimento astronômico objetivo, que é o da entrada do equinócio da primavera no signo de Peixes, é o que se chama uma sincronicidade. Eis por que o Cristo é o "Peixe" que aparece como soberano na nova era (assim como Hammurabi é o soberano do mês cósmico do Carneiro). Desses elementos, nasceu o problema da sincronicidade que descrevi no trabalho *A sincronicidade como princípio de encadeamento acausal*.[17]

O problema do Cristo, abordado no *Anion*, conduziu-me finalmente à pergunta de como o fenômeno do *Anthropos*, o grande homem que há em todo homem — psicologicamente falando, o "si mesmo" —, se exprime na experiência de cada um. Tentei dar-lhe uma resposta em *Das raízes da consciência* (1954). Esse livro trata da cooperação, das interferências do inconsciente e do consciente, do desenvolvimento do consciente fora do inconsciente e da influência e eficácia da personalidade mais vasta, do "homem-interior" na vida de cada um.

O *Mysterium Coniunctionis* constitui a conclusão do confronto da alquimia com a minha psicologia do inconsciente. Nessa obra retomei mais uma vez o problema da transferência, e segui minha primeira intenção, que era a de descrever a alquimia em toda a sua amplitude, como uma espécie de psicologia da alquimia, ou como um fundamento alquimista da psicologia das profundezas. Só com o *Mysterium Coniunctionis* minha psicologia foi definitivamente colocada na realidade e estabelecida em seu conjunto graças aos seus fundamentos históricos. Assim, minha tarefa foi cumprida e minha obra, terminada. No momento em que atingi o fundo sólido, toquei ao mesmo tempo o limite extremo daquilo que era, para mim, cientificamente atingível: o transcendente, a essência do arquétipo em si mesmo, a propósito do qual não se poderia formular mais nada de científico.

Essa visão de conjunto da minha obra é naturalmente muito sumária. No fundo, deveria ter dito muito mais ou muito menos. Este capítulo foi improvisado, e nasceu do momento, como aliás tudo o que está contado neste livro.

Minhas obras podem ser consideradas como estações de minha vida; constituem a expressão mesma do meu desenvolvimento interior, pois consagrar-se aos conteúdos do inconsciente forma o homem e determina sua evolução, sua metamorfose. Minha vida é minha ação, meu trabalho consagrado ao espírito é minha vida; seria impossível separar um do outro.

Todos os meus escritos são, de certa forma, tarefas que me foram impostas de dentro. Nasceram sob a pressão de um destino. O que escrevi transbordou de minha interioridade. Cedi a palavra ao espírito que me agitava. Nunca esperei que minha obra tivesse uma forte ressonância. Ela representa uma compensação frente ao mundo contemporâneo em que vivo e eu precisava dizer o que ninguém quer ouvir. É por isso que tantas vezes, principalmente no começo, sentia-me tão isolado. Sabia que os homens reagiriam pela recusa, pois é difícil aceitar a compensação de seu mundo consciente. Hoje posso dizer: é maravilhoso que tenha tido tanto sucesso, mais do que jamais esperei. Para mim, o essencial sempre foi dizer o que tinha a dizer. Minha impressão é a de que fiz tudo o que me foi possível. Naturalmente poderia ter sido mais e melhor, mas não em função da minha capacidade.

A TORRE

Trabalhando muito consegui, aos poucos, apoiar em terra firme minhas fantasias e os conteúdos do inconsciente. As palavras e os escritos não eram bastante reais para mim; era preciso outra coisa. Necessitava representar meus pensamentos mais íntimos e meu saber na pedra, nela inscrevendo, de algum modo, uma profissão de fé. Foi assim que comecei a construir a torre de Bollingen. Essa ideia pode parecer absurda, mas a realizei — o que foi para mim uma grande satisfação, um acontecimento significativo.[1]

Desde o princípio tive a certeza de que era necessário construir à beira da água. O encanto particular da margem do lago superior de Zurique me fascinou sempre e por isso comprei, em 1922, um terreno em Bollingen, no distrito de St. Meinrad, que pertencera à Igreja, antiga propriedade na abadia de St. Gall.

No princípio não pensei em fazer uma verdadeira casa, mas apenas uma construção de um andar, com lareira no centro e beliches ao longo das paredes, à maneira das moradas primitivas. Tinha diante dos olhos a imagem de uma cabana africana: no centro, cercado por algumas pedras, o fogo brilha e em torno dele se desenrola a existência da família. Na verdade, as cabanas primitivas realizam uma ideia de totalidade, de uma totalidade familiar, da qual participam também vários tipos de pequenos animais domésticos. Era uma cabana desse gênero que eu queria construir, uma morada que correspondesse aos sentimentos primitivos do homem. Ela devia oferecer uma sensação de refúgio e de abrigo, não só em sentido físico, mas também psíquico. Desde o começo, porém, durante os primeiros trabalhos, o plano modificou-se, por me parecer demasiadamente primitivo. Compreendi que era necessário construir uma verdadeira casa de dois andares e não apenas uma cabana de chão batido. Foi assim que nasceu, em 1923, a primeira casa de plano circular. Uma vez construída, vi que se tornara uma habitação em forma de torre.

Era poderoso o sentimento de repouso e de renovação que a torre despertara em mim desde o início. Constituía como que uma morada materna. Pouco a pouco, entretanto, tive a impressão de que não exprimia tudo o que eu desejava. Faltava algo. Foi por isso que quatro anos mais tarde, em 1927, acrescentei a ela uma construção central, com um anexo, em forma de torre.

Depois de algum tempo, experimentei de novo um sentimento de falta. A construção continuava a parecer-me muito primitiva, mesmo sob essa forma. Em 1931, depois de quatro anos, o apêndice em forma de torre foi reconstruído e tornou-se uma verdadeira torre. Nesta segunda construção reservei um aposento exclusivamente para mim. Lembrei-me das casas hindus, nas quais existe quase sempre um aposento (ainda que apenas um canto de quarto, isolado por uma cortina), lugar de retiro em que se medita cerca de meia hora ou 15 minutos, e onde se praticam exercícios de ioga.

Nesse espaço fechado vivo só comigo mesmo. Guardo a chave e ninguém pode entrar lá sem a minha permissão. No correr dos anos pintei as paredes desse quarto, exprimindo tudo o que me conduz da agitação do mundo à solidão, do presente ao intemporal. É um recanto da reflexão e da imaginação; as fantasias são muitas vezes desagradáveis e os pensamentos, árduos: é um lugar de concentração espiritual.

Em 1935, senti o desejo de ter um pedaço de terra cercado. Necessitava de um espaço mais vasto, aberto para o céu e para a natureza. Quatro anos haviam se passado. Acrescentei um pátio e uma *loggia* do lado do lago, que constituem a quarta parte do conjunto, separada das três outras do complexo principal. Nasceu assim uma quaternidade, quatro partes de construção diferente, construídas ao longo de 12 anos.

Depois da morte de minha mulher, em 1955, senti a obrigação interior de tornar-me tal como sou. Na linguagem da casa de Bollingen: descobri de repente que a parte central da construção, até então muito baixa e presa entre as duas torres, me representava, ou mais precisamente, representava meu próprio eu. Elevei-a, então, acrescentando-lhe mais um andar. Antes, não teria ousado fazê-lo; teria considerado isso uma afirmação presunçosa de mim mesmo. Tal fato traduzia, realmente, a superioridade do *ego*, adquirida com a idade, ou a da consciência. Assim, um ano após a morte de minha mulher, o conjunto estava completo. A construção da primeira torre começara em 1923, dois meses após a morte de minha mãe. Essas datas são cheias de sentido porque — como veremos — a torre está ligada aos mortos.

Desde o início, a torre foi para mim um lugar de amadurecimento — um seio materno ou uma forma materna na qual podia ser de novo como sou, como era, e como serei. A torre dava-me a impressão de que eu renascia na pedra. Nela via a realização do que, antes, era um vago pressentimento: uma representação da individuação. Um marco, *aere perennius*. Ela exerceu sobre mim uma ação benfazeja, como a aceitação daquilo que eu era. Construíra a casa em partes separadas, obedecendo unicamente às necessidades concretas do momento. Suas relações interiores jamais tinham sido objetos de minhas reflexões. Podia-se dizer que construíra a torre numa espécie de sonho. Somente mais tarde percebi o que tinha nascido, e a forma plena de sentido que disso resultara, símbolo de totalidade psíquica. Ela se desenvolvera como um grão antigo que tivesse germinado.

Em Bollingen sou mais autenticamente eu mesmo, naquilo que me concerne. Aqui sou, por assim dizer, um filho "arquivelho" de sua "mãe". Assim fala a sabedoria dos alquimistas, pois o "velho", o "arquivelho" que eu sentira em mim, quando criança, é a personalidade número dois que sempre viveu e sempre viverá, fora do tempo, filho do inconsciente materno. Em minhas fantasias, o "arquivelho" tomava a forma de Filemon e este era vivo em Bollingen.

Às vezes como que me espalho pela paisagem e nas coisas, e vivo em cada árvore, no sussurro das vagas, nas nuvens, nos animais que vão e vêm, e nos objetos. Nada há na torre que não tenha surgido e crescido ao longo dos decênios, nada a que eu não esteja ligado. Tudo tem sua história, que é também a minha história, e aqui há lugar para o domínio não espacial dos segundos planos.

Renunciei à eletricidade e acendo eu mesmo a lareira e o fogão. À tarde acendo os velhos lampiões. Não há água corrente; preciso tirá-la do poço acionando a bomba manual. Racho a lenha e cozinho. Esses trabalhos simples tornam o homem simples, e é muito difícil ser simples.

Em Bollingen mergulho no silêncio e vivo *"in modest harmony with nature"*.[2] Ideias emergem, do fundo dos séculos, antecipando portanto um futuro longínquo. Aqui se atenua o tormento de criar; aqui criação e jogo se aproximam.

Em 1950 erigi uma espécie de monumento de pedra, simbolizando o que a torre representa para mim. É uma estranha história o modo pelo qual a pedra chegou às minhas mãos.

Ao construir o muro de separação do que chamei jardim, precisava de pedras. Encomendei-as num lugar perto de Bollingen. Na minha presença, o pedreiro ditou ao proprietário da pedreira as medidas que anotara em seu caderno. Quando as pedras chegaram por barco e foram descarregadas, verificou-se que as medidas da pedra angular não conferiam com as do pedido. Em vez de uma pedra triangular, haviam mandado um cubo perfeito, de dimensões bem maiores do que as requeridas, com arestas de mais ou menos cinquenta centímetros. O pedreiro, furioso, disse aos barqueiros que podiam levá-la de volta.

Quando vi a pedra, disse: "Não! É a minha pedra, e eu preciso dela!" Logo vi que me convinha perfeitamente, e eu queria utilizá-la. Mas não sabia ainda de que modo.

Ocorreu-me imediatamente uma estrofe latina do alquimista Arnaud de Villeneuve (morto em 1313); resolvi esculpi-la na pedra. A tradução é esta:

Eis a pedra, de humilde aparência.
No que concerne ao valor, pouco vale —
Desprezam-na os tolos
E por isso mais a amam os que sabem.

Esse verso concerne à pedra (*lapis*) do alquimista, à pedra rejeitada e desprezada pelo ignorante.

Logo observei um detalhe: no plano anterior distingui, na estrutura natural da pedra, um pequeno círculo, uma espécie de olho que me fitava. Cinzelei-o e coloquei um homenzinho no centro: é o boneco que corresponde à pupila do olho, espécie de Cabiro ou de Telésforo de Esculápio. Ele usa um manto com capuz e tem uma lanterna, tal como se vê nas representações antigas. Ao mesmo tempo, é aquele que indica o caminho! Dediquei-lhe algumas palavras que me vieram ao espírito enquanto trabalhava. A inscrição é em grego; eis a tradução: "O tempo é uma criança — brincando como uma criança — sobre um tabuleiro de xadrez — o reino da criança. Eis Telésforo, que vaga pelas regiões sombrias deste cosmo e que brilha qual estrela se erguendo das profundidades. Indica o caminho das portas do sol e país dos sonhos."[3]

Essas palavras vieram-me ao espírito, uma depois da outra, enquanto trabalhava a pedra.

Na terceira face, voltada para o lago, deixei, por assim dizer, a pedra falar por si mesma, numa inscrição latina. Todas as frases são citações tiradas da alquimia. Eis a tradução:

"Sou uma órfã, sozinha; entretanto, podem encontrar-me por toda parte. Sou uma, mas oposta a mim mesma. Sou ao mesmo tempo 'adolescente' e 'velha'. Não conheci nem pai nem mãe, pois devem me ter retirado das profundezas como um peixe ou porque caí do céu, como uma pedra branca. Vagueio pelas florestas e montanhas, mas estou escondida no mais íntimo do homem. Sou mortal para cada um e no entanto a sucessão dos tempos não me atinge."

Para terminar, coloquei em latim, sob a sentença de Arnaud de Villeneuve: "Como lembrança de seu septuagésimo quinto aniversário, C.G. Jung a executou e erigiu em testemunho de reconhecimento, no ano de 1950."

Terminado o trabalho na pedra, meu olhar sempre a buscava de novo; eu me espantava e perguntava a mim mesmo se tudo isso tinha um sentido.

A pedra se acha fora da torre e é como que uma explicação desta. É uma manifestação de seu morador, mas continua incompreensível para os homens. Sabem o que pretendia gravar na parte de trás? *O grito de Merlin*! Pois o significado dessa pedra me sugere as manifestações de Merlin, saindo da floresta, quando já desaparecera deste mundo. Os homens ainda ouvem o seu chamado, diz a lenda, mas não podem compreendê-lo ou interpretá-lo.

Merlin representa a tentativa, por parte do inconsciente medieval, de estabelecer uma figura paralela à de Parsifal. Este é o herói cristão, e Merlin, filho do Diabo e de uma virgem pura, é seu irmão sombrio. No século XII, quando nasceu a lenda, não se dispunha das condições necessárias para compreender o que ela representava. Assim, acabou no exílio; daí, o *grito de Merlin*, que ressoa ainda na floresta, depois de sua morte. Esse chamado, que ninguém pôde compreender, mostra que ele continua a viver, como uma forma não redimida. No fundo, sua história não foi terminada e ele vaga ainda, até hoje, nas redondezas. Pode-se dizer que o segredo de Merlin continuou na alquimia, principalmente na figura de Mercúrio. Depois foi recolhido por minha psicologia do inconsciente, mas até hoje continua incompreendido! Para a maioria dos homens, com efeito, a vida com o inconsciente é completamente incompreensível. Saber o quanto tudo isso é estranho ao homem é uma das minhas experiências mais indeléveis.

Um dia encontrava-me em Bollingen quando já estava pronta a construção da primeira torre. Foi durante o inverno de 1923-1924. Na medida em que posso lembrar-me, não havia neve. Talvez já começara a primavera. Estava só, por uma semana, ou pouco mais. Reinava um silêncio indescritível. Jamais o percebera tão intensamente.

Uma tarde — lembro-me ainda perfeitamente — estava sentado junto ao fogo, sobre o qual colocara um caldeirão de água para lavar a louça. A água começou a ferver e a panela pôs-se a chiar. Tinha a impressão de ouvir inúmeras vozes, instrumentos de corda, ou algo semelhante a uma orquestra. Parecia uma polifonia, tipo de música que detesto; mas aquela me parecia particularmente interessante. Dir-se-ia que uma orquestra tocava dentro da torre e outra, fora. Ora dominava uma, ora outra, como se falassem alternadamente.

Sentei-me e pus-me a ouvir, fascinado. Durante mais de uma hora, escutei o concerto, essa mágica melodia da natureza. Música suave, com todas as desarmonias da natureza, pois esta não é só harmoniosa, mas também caótica e cheia de contrastes. Assim era a música, torrente de sons como, na natureza, as águas e o vento — tão estranha, que é absolutamente impossível descrevê-la.

No início da primavera de 1924, estava de novo em Bollingen. Encontrava-me só e tinha acendido o fogão. Era uma tarde silenciosa, como a que acabei de descrever. Durante a noite, passos leves me despertaram: alguém caminhava em torno da torre. Uma música longínqua aproximava-se cada vez mais e ouvi então vozes, risos, conversas. Pensei: "Quem será? O que significa isso? Só há um atalho ao longo do lago, e é raro que alguém passe por ele." Refletindo, acordei completamente e fui à janela; abri as venezianas: tudo estava em silêncio, não havia ninguém; nenhum ruído, nada. Não ventava, não havia nada, nada, absolutamente nada.

"Que coisa estranha", pensei. Estava certo de que os ruídos de passos, os risos e as conversas tinham sido reais. Mas ao que parecia fora apenas um sonho. Voltei à cama e comecei a refletir acerca de nosso poder de ilusão. Como fora possível que eu tivesse um tal sonho? Adormeci de novo e o mesmo sonho recomeçou. Ouvi novamente os passos, as conversas, os risos e a música. E, ao mesmo tempo, tive a representação visual de centenas de pessoas com roupas escuras, talvez jovens camponeses com suas roupas domingueiras, vindos da montanha, numa multidão que passava pelos dois lados da torre, batendo os pés, rindo, cantando e tocando sanfona. Irritado, pensei: "É de se mandar ao diabo!" Pensei que se tratasse de um sonho e eis que agora é verdade! Acordei, emocionado. Levantei-me depressa, abri as janelas e as venezianas, mas tudo estava como antes: noite enluarada e silêncio de morte. Pensei, então: "São simples fantasmas!"

É claro que perguntava a mim mesmo qual poderia ser o sentido de um sonho que insistia a tal ponto sobre sua realidade, e sobre o meu pseudoestado de vigília. Isso só acontece quando se trata de fantasmas. Estar acordado equivale a perceber a realidade. O sonho representa, pois, uma situação equivalente à realidade, na qual cria uma espécie de vigília. Esse gênero de sonho, ao contrário dos sonhos comuns, trai a tendência do inconsciente de transmitir ao que sonha uma verdadeira impressão do real, que a repetição sublinha ainda mais. Como fontes de tais realidades conhecemos, por um lado, as sensações corpóreas e, por outro, as figuras arquetípicas.

Naquela noite tudo era — ou pelo menos parecia ser — tão perfeitamente real que era difícil situar-me entre as duas realidades. Não sabia o que isso significava. O que representavam os jovens campônios, com sua música, passando em longa procissão? Tinha a impressão de que tinham vindo, por curiosidade, a fim de ver a torre.

Nunca mais, depois, vivi ou sonhei coisa parecida, mas essa aventura deixou-me perplexo; jamais ouvira algo semelhante. Só muito mais tarde compreendi o ocorrido, ao conhecer a crônica lucernense de Rennward Cysat, do século XVIII. Nela encontrei a seguinte história: Num pasto do monte Pilatos, particularmente deserto por causa dos fantasmas, Wotan continuaria a errar até hoje. Cysat, durante uma ascensão noturna, foi perturbado por uma procissão de pessoas que, em meio a música e a cantos, passavam de ambos os lados da cabana em que repousava — exatamente como ocorrera no episódio da torre.

No dia seguinte, Cysat interrogou o pastor em casa do qual passara a noite, procurando saber o que significava aquilo. O pastor não teve a menor dúvida: disse que deviam ser os "bem-aventurados", isto é, a legião de almas defuntas conduzidas por Wotan; elas costumavam voltar e se manifestavam desse modo. Poder-se-ia tentar explicar minha experiência como um fenômeno de solidão; o vazio e o silêncio exteriores teriam sido compensados pela imagem de uma multidão. As alucinações dos eremitas representam compensações dessa natureza. Mas quem sabe sobre que realidades se funda esse tipo de histórias? Poder-se-ia também pensar que eu tivesse sido sensibilizado pela solidão a ponto de perceber a procissão de "defuntos", que por lá passava.

A explicação do acontecimento como compensação psíquica, ou como alucinação nunca me satisfizeram. Sentia-me obrigado a levar em conta a possibilidade de sua realidade, principalmente devido à existência de um relato paralelo do século XVII.

Poder-se-ia também explicá-lo como um fenômeno de sincronicidade. Esses fenômenos mostram como os acontecimentos que acreditamos conhecer (pois os percebemos ou supomos por meio de um sentido interior) têm muitas vezes correspondências na realidade exterior. Ora, há de fato uma correspondência concreta relativa a essa experiência, pois na Idade Média houve tais procissões de jovens. Eram filas de mercenários que, principalmente na primavera, iam do centro da Suíça para Locarno, onde se reuniam na Casa di Ferro, em Minusio, e de lá continuavam até Milão. Na Itália tornavam-se soldados e combatiam, a soldo estrangeiro. Eu poderia, portanto, ter captado a imagem de um desses bandos que se organizavam todos os anos na primavera e que, com cantos e festividades, despediam-se da pátria.

Durante muito tempo ainda esse estranho sonho ocupou minha imaginação.

Quando, em 1923, começamos a construir em Bollingen, minha filha mais velha, numa visita, exclamou: "Como! Você está construindo aqui? Mas se há cadáveres!" Naturalmente pensei: "Tolice! não há nada disso!" Mas quando continuamos a construção, quatro anos mais tarde, encontramos de fato um esqueleto. Jazia a dois metros e vinte de profundidade; no seu cotovelo direito havia uma velha bala de fuzil. Pela posição em que estava, era possível imaginar que provavelmente fora lançado àquele lugar em adiantado estado de putrefação. Pertencera a uma dessas poucas dúzias de soldados franceses que, em 1799, se afogaram no Linth e em seguida foram levados às margens do lago superior. Esse acidente ocorreu depois que os austríacos fizeram saltar a ponte de Grynau, tomada de assalto pelos franceses. Uma fotografia do túmulo aberto, com o esqueleto, e a data do dia em que o cadáver foi descoberto está na torre. Foi no dia 22 de agosto de 1927.

Organizei, então, em minha propriedade, um enterro em boa e devida forma para o soldado, e dei três tiros de salva sobre sua sepultura. Depois, pus sobre ela uma pedra tumular com uma inscrição. Minha filha pressentira a presença do cadáver; sua faculdade de pressentimento é uma herança de minha avó materna.[4]

Durante o inverno de 1955-1956, esculpi os nomes de meus antepassados paternos em três lápides, que fixei na *loggia*. Pintei no teto motivos de meus brasões, dos de minha mulher e de meus genros.

Originariamente, a família Jung tinha uma fênix como animal heráldico, o que, sem dúvida, tem uma relação com a palavra Jung (jovem), Jugend (juventude), "rejuvenescimento". Mas meu avô modificou os elementos do brasão, provavelmente por reatividade ao pai. Era franco-maçom entusiasta e grão-mestre da Loja Suíça. Deve-se provavelmente a essa circunstância a modificação que introduziu nas suas armas. Assinalo esse fato que, em si, não tem importância, porque se insere no desenvolvimento histórico do meu pensamento e da minha vida. Devido à modificação introduzida por meu avô, meu brasão não tem mais a fênix de outrora: tem em cima, à direita, uma cruz azul e embaixo, à esquerda, um cacho de uvas azul sobre campo dourado; entre ambos há uma faixa azul, com uma estrela de ouro. Essa disposição simbólica é franco-maçônica ou rosa-cruciana. Da mesma forma que a rosa e a cruz representam a problemática dos contrastes rosa-crucianos (*per crucem ad rosam*), o cristão e o dionisíaco, cruz e uvas, são o símbolo do espírito celeste e do ctônico. O símbolo da união é representado pela estrela de ouro, *aurum philosophorum*.[5]

Os rosa-cruzes procedem da filosofia hermética ou alquimista. Um de seus fundadores é Michael Majer (1568-1662), conhecido alquimista, contemporâneo mais jovem de Gerardus Dorneus (fim do século XVI), menos conhecido, porém mais importante, cujos tratados ocupam o primeiro volume do *Theatrum chemicum* de 1602. Frankfurt, onde ambos viveram, parece ter sido, nessa época, o centro da filosofia alquimista. Em todo caso, Michael Majer, como conde palatino e médico da corte de Rodolfo II, era uma personalidade conhecida e estimada no lugar. Em Mainz, cidade vizinha, vivia então o doutor em medicina e jurisprudência Carl Jung, morto em 1654 e acerca do qual nada se sabe, pois nossa árvore genealógica começa com meu bisavô, Sigismund Jung, nascido no começo do século XVIII (Civis Moguntinus, cidadão de Mainz), porquanto os arquivos municipais de Mainz foram queimados quando a cidade foi sitiada durante a guerra da sucessão da Espanha. É muito provável que o erudito dr. Carl Jung conhecesse os escritos dos dois alquimistas, pois a farmacologia da época estava ainda sob a influência de Paracelso. Dorneus era um adepto fervoroso de Paracelso, sob cujo tratado *De vita longa* escreveu um volumoso comentário. (Entre os alquimistas foi ele quem mais se ocupou do que hoje se pode chamar de processo de individualização.) Devido ao fato de que uma grande parte do trabalho de minha vida foi consagrada ao estudo da problemática dos opostos, principalmente no que concerne à sua simbologia alquimista, esses acontecimentos — que são antecipações — são dignos de nota. Por isso os relato a meus leitores.

Enquanto trabalhava em minha árvore genealógica, compreendi a estranha comunhão de destinos que me ligava aos meus antepassados. Tenho a forte impressão de estar sob a influência de coisas e problemas que foram deixados incompletos e sem resposta por parte de meus pais, de meus avós e de outros antepassados. Muitas vezes parece haver numa família um carma impessoal que se transmite dos pais aos filhos. Sempre pensei que teria de responder a questões que o destino já propusera a meus antepassados, sem que estes lhes houvessem dado qualquer resposta; ou melhor, que deveria terminar ou simplesmente prosseguir, tratando de problemas que as épocas anteriores haviam deixado em suspenso. Por outro lado, é difícil saber se tais problemas são de natureza pessoal ou geral (coletiva). Parece-me ser, este último, o caso. Enquanto não é reconhecido como tal, um problema coletivo toma sempre a forma pessoal e provoca, ocasionalmente, a ilusão de uma certa desordem no domínio da psique pessoal. Efetivamente, tais perturbações ocorrem na esfera pessoal, mas não são necessariamente primárias: são secundárias e decorrem de uma mudança desfavorável do clima social. Nesse caso, portanto, não se deve procurar a causa da perturbação na ambiência pessoal, mas sim na situação coletiva. A psicoterapia ainda não levou em conta, suficientemente, esta circunstância.

Como qualquer homem capaz de uma certa introspecção, pensei inicialmente que a cisão de minha personalidade era algo de muito pessoal, e que toda a responsabilidade de tal fato era minha.

É verdade que Fausto já soprara em meus ouvidos as palavras salutares: "Duas almas, ai de mim, habitam no meu peito!" Mas não lançara qualquer luz sobre a causa dessa dissociação. A compreensão faustiana parecia aplicar-se a mim. Quando li *Fausto* não podia supor ainda quanto o estranho mito heroico de Goethe era coletivo, e profetizava o destino da Alemanha. Era por isso que me sentia pessoalmente atingido, e quando Fausto, em consequência de sua *hybris* e inflação provoca a morte de Filemon e de Baucis, acreditei ser culpado, um pouco como se, em pensamento, tivesse participado do assassinato dos dois velhos.

Essa estranha ideia alarmou-me e achei que era responsabilidade minha expiar tal crime, ou impedir que ele se reproduzisse.

Uma informação que recebi de alguém nessa época de minha juventude veio confirmar ainda essa falsa conclusão. Soube, com efeito, que corria uma lenda a propósito de meu avô Jung: ele teria sido filho natural de Goethe! Essa história irritante me tocava, e porque parecia ao mesmo tempo reforçar e explicar as reações estranhas que eu sentia em relação a *Fausto*. Não acredito na reencarnação, mas a ideia do Carma dos hindus me é naturalmente familiar. Como não tinha, nessa época, a menor noção da existência do inconsciente, não podia compreender psicologicamente minhas reações. Não sabia também, de forma alguma (como até hoje, em geral, não se sabe), que o futuro se prepara, muito tempo antes, no inconsciente e que por isso os visionários podem adivinhá-lo com anterioridade. Foi assim, por exemplo, que recebendo a notícia da coroação do imperador em Versalhes, Jakob Burckhardt exclamou: "É o declínio da Alemanha!" Os arquétipos de Wagner já batiam à porta e com eles chegava a experiência dionisíaca de Nietzsche, que seria mais justo atribuir ao deus da embriaguez, Wotan. A *hybris* da era wilhelmiana desconcertou a Europa e preparou a catástrofe de 1914.

O espírito desses tempos aprisionou-me inconscientemente nos anos de juventude (por volta de 1893), e eu não tinha meio algum de fugir dele. Fausto fez vibrar em mim uma corda e me atingiu de tal maneira que só podia compreendê-lo de um ponto de vista pessoal. O problema dos contrários, do bem e do mal, do espírito e da matéria, do claro e do obscuro, foi algo que me tocou profundamente. Fausto, filósofo inepto e ingênuo, depara com seu lado obscuro, sua sombra inquietante: Mefistófeles. A despeito de sua natureza negativa, Mefistófeles diante do sábio carcomido, que se aproxima do suicídio, representa o verdadeiro espírito da vida. Meus contrastes interiores apareciam assim sob a forma do drama. Goethe, de alguma forma, havia esboçado um esquema de meus próprios conflitos e soluções. A dicotomia Fausto-Mefisto confundia-se para mim num só homem, e esse homem era eu! Em outras palavras, sentia-me atingido, desmascarado e, uma vez que era esse o meu destino, todas as peripécias do drama me concerniam pessoalmente. Apaixonadamente, sentia-me obrigado a aceitar isso, a lutar contra aquilo; nenhuma solução me era indiferente. Mais tarde, em minha obra, parti do que Fausto deixara de lado: o respeito pelos direitos eternos do homem, a aceitação do antigo e a continuidade da cultura e da história do espírito.⁶

Tanto nossa alma quanto nosso corpo são compostos de elementos que já existiam na linhagem dos antepassados. O "novo" na alma individual é uma recombinação, variável ao infinito, de componentes extremamente antigos. Nosso corpo e nossa alma têm um caráter eminentemente histórico e não encontram no "realmente-novo-que-acaba-de-aparecer" lugar conveniente, isto é, os traços ancestrais só se encontram parcialmente realizados. Estamos longe de ter liquidado a Idade Média, a Antiguidade, o primitivismo e de ter respondido às exigências de nossa psique a respeito deles. Entrementes, somos lançados num jato de progresso que nos empurra para o futuro, com uma violência tanto mais selvagem quanto mais nos arranca de nossas raízes. Entretanto, se o antigo irrompe, é frequentemente anulado e é impossível deter o movimento para a frente. Mas é precisamente a perda de relação com o passado, a perda das raízes, que cria um tal "mal-estar na civilização", a pressa que nos faz viver mais no futuro, com suas promessas quiméricas de idade de ouro, do que no presente, que o futuro da evolução histórica ainda não atingiu. Precipitamo-nos desenfreadamente para o novo, impelidos por um sentimento crescente de mal-estar, de descontentamento, de agitação. Não vivemos mais do que possuímos, porém de promessas; não vemos mais a luz do dia presente, porém perscrutamos a sombra do futuro, esperando a verdadeira alvorada. Não queremos compreender que o melhor é sempre compensado pelo pior. A esperança de uma liberdade maior é anulada pela escravidão do Estado, sem falar dos terríveis perigos aos quais nos expõem as brilhantes descobertas da ciência. Quanto menos compreendemos o que nossos pais e avós procuraram, tanto menos compreendemos a nós mesmos, e contribuímos com todas as nossas forças para arrancar o indivíduo de seus instintos e de suas raízes: transformado em partícula da massa, obedecendo somente ao que Nietzsche chamava o espírito da gravidade.

É evidente que as reformas orientadas para a frente, isto é, por novos métodos ou *gadgets*, trazem melhorias imediatas, mas logo se tornam problemáticas e ainda por cima custam muito caro. Não aumentam em nada o bem-estar, o contentamento, a felicidade em seu conjunto. Na maioria das vezes são suavizações passageiras da existência, como, por exemplo, os processos de economizar tempo, que infelizmente só lhe precipita o ritmo, deixando-nos, assim, cada vez menos tempo. *"Omnis festinatio ex parte diaboli est"* (toda pressa vem do Diabo), costumavam dizer os antigos mestres.

As reformas que levam em conta a experiência do passado são em geral menos custosas e, por outro lado, duráveis, pois retornam aos caminhos simples e mais experimentados de outrora, e só fazem um uso moderado dos jornais, do rádio, da televisão e de todas as inovações feitas no sentido de ganhar tempo.

Falo muito neste livro de minhas concepções subjetivas que não representam, entretanto, argúcias da razão; são muito mais visões que surgem, quando, os olhos semicerrados e os ouvidos algo amortecidos, procuramos ver e ouvir as formas e a voz do ser. Se vemos e ouvimos com demasiada nitidez limitamo-nos à hora e ao minuto de hoje e não observamos se e como as nossas almas ancestrais percebem e compreendem o hoje em outros termos, e como o inconsciente reage. Dessa forma, continuamos ignaros e não sabemos se o mundo ancestral participa de nossa vida com prazer primitivo ou se, pelo contrário, volta as costas com desgosto. Nossa calma e nossa satisfação íntima dependem, em grande parte, do fato de saber se a família histórica que o indivíduo personifica está ou não de acordo com as condições efêmeras de nosso presente.

Na minha torre, em Bollingen, vive-se como há séculos. Ela durará mais do que eu; sua situação e seu estilo evocam tempos que há muito já passaram. Lá, poucas coisas lembram o presente.

Se um homem do século XVI entrasse na casa, somente o lampião de querosene e os fósforos seriam novidade para ele; com o resto ele não teria dificuldade. Nada, nela, perturbaria os mortos: nem luz elétrica, nem telefone. As almas de meus ancestrais são mantidas pela atmosfera espiritual da casa, pois respondo, bem ou mal, às questões que suas vidas deixaram em suspenso; desenhei-as nas paredes. É como se uma grande família silenciosa, ao longo dos séculos, povoasse a casa. Lá vivo meu personagem número dois, e vejo amplamente a vida que se cumpre e desaparece.

Bollingen. "A torre" em 1923, em seu primeiro estágio.

Bollingen. "A torre" em 1927, aumentada por uma parte central e um anexo em forma de torre.

Bollingen. "A torre" em 1935, religada a uma segunda torre, por um pátio e por uma *loggia*.

Bollingen. "A torre" em 1955, em sua forma definitiva.

ÁFRICA DO NORTE

No começo de 1920, um amigo me disse que empreenderia uma viagem de negócios a Túnis e me perguntou se não queria acompanhá-lo. Aceitei imediatamente. Partimos em março, primeiro para a Argélia; seguindo a costa, chegamos a Túnis e depois a Soussa, onde meu amigo ficou tratando de seus negócios.[1]

Eu estava, enfim, onde tantas vezes desejara estar, num país não europeu em que não se falava nenhuma língua da Europa, onde não dominavam os preconceitos cristãos, habitado por uma outra raça, e onde uma tradição histórica e uma concepção diferente do mundo se estampavam no rosto da multidão. Desejara muitas vezes ver, de fora, o europeu refletido num meio estrangeiro, de todos os pontos de vista. Deplorava profundamente meu desconhecimento da língua árabe, mas isso me fazia observar com maior atenção as pessoas e seu comportamento. Às vezes permanecia horas a fio sentado num bar, escutando conversas, sem entender uma só palavra. Estudava ao mesmo tempo, com atenção, a mímica e principalmente as manifestações afetivas das pessoas. Observava a mudança sutil dos gestos quando falavam com um europeu, e aprendia assim, de certo modo, a ver com outros olhos e a observar o que é o "homem branco" quando está fora de seu próprio meio.

Aquilo que o europeu considera como placidez oriental e apatia me pareceu ser uma máscara atrás da qual pressentia uma inquietude e até mesmo uma excitação que não conseguia absolutamente explicar. Pisando o solo mourisco experimentei uma preocupação estranha, que não podia compreender: sentia um cheiro bizarro no país, um cheiro de sangue que parecia embeber a terra. Veio-me então ao espírito a ideia de que esse canto de terra já liquidara três civilizações: a civilização púnica, a romana e a cristã. O que a era da tecnologia fará ao islã? É preciso esperar, para saber. Quando deixei Soussa, fui para o sul, a Sfax, e depois ao Saara e a Tozeur, a cidade dos oásis. Ela fica num planalto de certa altitude, ao pé do qual jorram fontes mornas, ligeiramente salgadas, irrigando o oásis através de mil pequenos canais. Altas tamareiras formam um teto verde, sombrio, sob o qual crescem, abundantes, pessegueiros, abricoteiros, figueiras, e, debaixo destes, o verde inacreditável das alfafas. Alguns martins-pescadores fulgurantes como joias fugiam através da folhagem. Neste relativo frescor da sombra verde moviam-se formas vestidas de branco, um número extraordinariamente elevado de pares amorosos, estreitamente enlaçados numa evidente amizade homossexual. Senti-me bruscamente transportado à Antiguidade grega, quando tal tendência era o cimento da sociedade dos homens e da *polis*, fundada sobre ela. Ficou claro para mim que, aqui, os homens falavam aos homens e as mulheres às mulheres. Encontrei raras figuras femininas, quase que totalmente veladas, como freiras. Vi algumas sem véu. O intérprete explicou-me que eram prostitutas. Nas ruas principais, os homens e as crianças constituíam o fundo do quadro.

O intérprete confirmou que a homossexualidade era frequente e natural, e me fez propostas em seguida. O bom homem não desconfiava dos pensamentos que, como o raio, se tinham apoderado de mim e iluminado a situação. Senti-me transportado para vários séculos atrás, no passado, no mundo infinitamente mais ingênuo de adolescentes que apenas começavam, com a ajuda de um frágil conhecimento do Corão, a livrar-se do estado original, crepuscular, que existia desde os tempos mais remotos, e a tomar consciência da própria existência, a fim de se protegerem da dissolução ameaçadora que vinha do norte.

Permanecia ainda sob a esmagadora impressão do tempo infinito, da existência estática, quando pensei, de repente, no meu relógio de bolso, símbolo do tempo acelerado dos europeus. Era esta, sem dúvida, a inquietante nuvem sombria que passava, ameaçadora, sobre a cabeça desses ingênuos. Subitamente, deram-me a impressão de animais selvagens que não veem o caçador, mas que o pressentem — por uma sensação imprecisa de opressão — a ele, deus do tempo, que fragmentará e encurtará em dias, horas, minutos e segundos sua duração ainda contida na eternidade.

De Tozeur, fui para o oásis de Nefta. Parti com meu intérprete, de manhã cedo, um pouco depois de o sol nascer. Montados em grandes mulas, de trote rápido, avançávamos depressa. Nas proximidades do oásis, um cavaleiro solitário, em suas vestes brancas, montado numa mula negra com belos arreios ornados de prata, veio em nossa direção; passou perto de nós sem nos saudar. Era uma aparição elegante e impressionante. Certamente não tinha relógio e, ainda menos, relógio de pulso, pois era, e sem sabê-lo, aquele que sempre gora. Faltava-lhe ainda aquela leve loucura que marca o europeu. Naturalmente, o europeu está persuadido de que não é mais o que fora no passado, mas não sabe ainda o que se tornou. Seu relógio diz-lhe que desde o que se costuma chamar de Idade Média, o tempo e seu sinônimo, o progresso, esgueirou-se pelo seu ser e subtraiu-lhe o que nunca mais virá. Com a bagagem aliviada, continua sua peregrinação rumo a metas nebulosas, com aceleração progressiva. Compensa a perda de peso e o *sentiment d'incomplétude* que lhe corresponde pela ilusão de seus sucessos: a estrada de ferro, o barco a motor, o avião, os foguetes que, por sua rapidez, roubam-lhe sempre mais de sua duração e o transportam cada vez mais para uma outra realidade de rapidez e acelerações explosivas.

Quanto mais penetrávamos no Saara, mais se retardava meu tempo; ameaçava mesmo andar ao contrário. O calor cintilante, que aumentava, contribuía fortemente para esse meu estado de sonho; quando atingimos as palmeiras e as primeiras casas do oásis, tudo se tornou como antes. Na manhã seguinte, bem cedo, despertei em meu albergue com ruídos diversos e inabituais para mim, diante da casa. Havia lá um grande espaço aberto que, deserto na noite anterior, fervilhava agora de homens, camelos, mulas e asnos. Os camelos resmungavam, manifestando através dessa cacofonia um descontentamento crônico, enquanto os asnos rivalizavam com gritos discordantes. As pessoas corriam, visivelmente excitadas, gritavam e gesticulavam, para cá e para lá. Tinham um ar selvagem e não inspiravam confiança. Meu intérprete explicou-me que iam celebrar uma grande festa naquele dia. Durante a noite, alguns clãs do deserto haviam chegado para trabalhar dois dias para o marabu, que era o administrador dos bens dos pobres e possuía numerosos campos no oásis. As pessoas que haviam chegado preparavam um novo campo e os canais de irrigação necessários.

No extremo mais afastado do lugar, elevou-se de repente uma nuvem de poeira; um estandarte verde foi desdobrado e o tambor ressoou. À frente de uma longa fila de algumas centenas de homens de aparência selvagem, que carregavam cestas de fibras e enxadas grandes e curtas, apareceu um venerável velho de barba branca, de uma dignidade natural e inimitável, que parecia ter tido sempre cem anos. Era o marabu montado em sua mula branca; em torno dele, os homens dançavam com tamborins. Por toda parte, reinava a agitação, gritos selvagens e roucos, poeira e calor. Fanático e agitado, o bando passou diante de nós, saindo do oásis, como se partisse para um combate. Segui o tumulto a uma distância razoável, porque meu intérprete não achava conveniente que me aproximasse do lugar em que "trabalhavam". Lá reinava uma agitação ainda maior, se possível; ouviam-se por toda parte tamborins e gritos selvagens; o lugar parecia um formigueiro revolvido; tudo era feito com a maior pressa. Carregando as cestas cheias de uma pesada carga de areia, os homens dançavam ao ritmo dos tambores; outros cavavam freneticamente o chão, faziam sulcos, construíam diques. Nesse caos ruidoso, o marabu cavalgava em sua mula branca com gestos dignos, doces, cansados, da velhice; aparentemente dava instruções. Onde quer que chegasse, o zelo aumentava com os gritos e o ritmo, formando esse fundo diante do qual se desenhava, com um relevo extraordinário, a pacífica figura do santo. Ao cair da tarde, a multidão estava visivelmente esgotada, serenada, e os homens logo caíram num sono profundo, perto de seus camelos. Durante a noite, depois do grande concerto habitual dos cães, baixou um completo silêncio, até os primeiros raios do sol levante; nesse momento, a invocação do muezim, que me comovia intensamente, chamava para a prece da manhã.

Para mim, foi uma lição: essas pessoas vivem por seus afetos; são conduzidas por eles. De um lado, sua consciência as orienta no espaço, comunicando-lhes as impressões vindas de fora, e, de outro, são agitadas por pulsões e afetos de ordem interior. Mas isso sem reflexão; o eu é desprovido de qualquer autonomia. No europeu, as coisas não se passam muito diferentemente; mas nós somos um pouco mais complicados. Em todo caso, dispomos de uma certa dose de vontade e de intenção refletida. O que mais nos falta é talvez a intensidade de vida.

Eu não desejaria absolutamente mudar; no entanto, estava psiquicamente contaminado e isso se exteriorizou por uma enterite infecciosa que curei em alguns dias, segundo o costume do país, com água de arroz e calomelanos.

Transbordando de impressões e de pensamentos, voltei a Túnis. Na noite anterior ao nosso embarque para Marselha tive um sonho que, segundo meu sentimento, representava a súmula dessa experiência; era o que eu desejava; estava habituado a viver sempre, simultaneamente, em dois planos: um, consciente, que queria compreender — e não o conseguia —, e o outro, inconsciente, que desejava se exprimir — e só o fazia mediante o sonho.

Sonhei que me encontrava numa cidade árabe; havia, como na maior parte dessas cidades, um forte, a casbá. A cidade se achava numa vasta planície, completamente cercada por um muro. Seu plano era quadrado, com quatro portas.

A casbá no interior da cidade — o que não é usual nessas regiões — era cercado por um fosso largo, cheio de água. Eu estava diante de uma ponte de madeira que atravessava a água e conduzia a uma porta sombria em forma de ferradura. Ela estava aberta. Desejoso de ver o interior do forte, transpus a ponte. Quando me encontrava mais ou menos no meio dela, veio em minha direção, pela porta, um belo árabe de albornoz branco, porte elegante, pele escura, quase real. Sabia que esse jovem efebo era o príncipe residente. No momento em que se aproximou de mim, me atacou, tentando lançar-me ao chão. Lutamos. Durante o combate, fomos de encontro à balaustrada, que cedeu, e caímos no fosso; ele tentou mergulhar minha cabeça na água para afogar-me. "Não", disse eu, "isso já é demais!". Então mergulhei a cabeça dele na água. Consegui fazê-lo, pois embora sentisse uma grande admiração por ele, não estava disposto a morrer. Não tinha a intenção de matá-lo, mas apenas de fazê-lo perder a consciência, tornando-o incapaz de lutar.

Depois, o cenário do sonho mudou: o jovem árabe encontrava-se comigo no meio do forte, numa grande sala octogonal, com o teto em forma de abóbada. O recinto era inteiramente branco, muito simples, e impressionante. Ao longo das paredes de mármore claro havia sofás; diante de mim, no chão, havia um livro aberto com letras negras, belíssimas, traçadas no pergaminho branco como leite. Não era escrita árabe; parecia muito mais com a escrita oiguri, do Turquestão ocidental, que eu conhecia através de fragmentos maniqueus de Turfa. Não conhecia seu conteúdo mas sentia, entretanto, que era o *meu livro*, que eu o havia escrito. O jovem príncipe, com quem acabara de lutar, estava sentado no chão, à minha direita. Expliquei-lhe que era preciso, agora que o vencera, ler o livro. Ele se negava. Abracei-o e o obriguei afinal, com bondade paternal e com paciência, a lê-lo. Sabia que isso era indispensável, e ele acabou por concordar.

Esse sonho causou-me profunda impressão. O jovem árabe é um sósia do árabe altivo que passara a cavalo, perto de nós, sem saudar-nos. Habitante da casbá, é uma representação do si mesmo, ou melhor, um mensageiro enviado do si mesmo. Pois a casbá, de onde vinha, é uma mandala perfeita: fortim cercado de um muro quadrado, com quatro portas. Seu desejo de me eliminar é uma reprodução do motivo da luta entre Jacó e o anjo: ele é — para falar a linguagem da Bíblia — como que o anjo do Senhor, mensageiro de Deus, que quer matar o homem porque não o conhece.

Na verdade, o anjo deveria ter em mim sua morada. Mas, ignorando tudo acerca do homem, só conhece a verdade "angélica". Esse é o motivo pelo qual aparece primeiramente como meu inimigo. Entretanto, eu me afirmo frente a ele. Na segunda parte do sonho, sou o senhor do fortim; ele está sentado a meus pés e é preciso que aprenda a conhecer meus pensamentos e, ao mesmo tempo, o homem.

Meu encontro com a civilização árabe me havia impressionado profundamente. A natureza emocional, mais próxima da vida, desses homens que não refletem, mas vivem segundo seus afetos, exerce um efeito poderoso, sugestivo sobre essas camadas históricas em nós, que acabamos de superar ou que, pelo menos, acreditamos ter superado. Acontece o mesmo que com o paraíso da infância, ao qual acreditamos ter escapado, mas que à menor provocação nos inflige novas derrotas. E ainda mais: nossa crença no progresso corre o perigo de entregar-nos a sonhos do futuro, tanto mais infantis quanto mais nossa consciência procura evadir-se do passado.

Mas por outro lado a infância tem a seu favor, devido à ingenuidade e à inconsciência, o poder de esboçar uma imagem mais completa do si mesmo, do homem total em sua individualidade autêntica. Disso resulta que ao ver a criança e o primitivo, o adulto civilizado é assaltado por nostalgias, provenientes de desejos e de necessidades não satisfeitas. Estes últimos originam-se nas partes da personalidade que foram apagadas pelos retoques infligidos ao conjunto da imagem do homem, em proveito da adaptação e da pessoa social.

Quando viajo pela África a fim de encontrar um lugar psíquico exterior ao europeu, meu desejo inconsciente é encontrar em mim essa parte da personalidade, tornada invisível sob a influência e a pressão do fato de ser europeu. Essa parte está em oposição inconsciente ao que sou, porque não lhe concedo lugar. De acordo com sua natureza, ela quer tornar-me inconsciente (mergulhar-me na água), a fim de me matar; inversamente, eu desejaria torná-la mais consciente mediante o conhecimento; poderíamos, assim, encontrar um *modus vivendi* em comum. A cor quase negra de sua pele dá ao árabe o caráter de "sombra";

não de sombra pessoal, mas sim étnica, que nada tem a ver com minha pessoa consciente, isto é, meu si mesmo. Como Senhor da Casbá é, por assim dizer, uma espécie de sombra do si mesmo. Para o europeu — determinado em sua maior parte pela razão — muito do que é humano permanece estranho, e isso o envaidece um pouco, porque não percebe que isso se dá à custa da intensidade de sua vida. Consequentemente a parte primitiva da personalidade é condenada a uma existência parcialmente subterrânea.

Deduz-se claramente desse sonho como o meu encontro com a África do Norte agiu sobre mim. Primeiro, fui ameaçado de ver minha consciência europeia esmagada por um ataque violento e inesperado por parte da psique inconsciente. Conscientemente, ignorava por completo essa situação; pelo contrário, não podia defender-me de experimentar um certo sentimento de superioridade porque, a cada passo, lembrava-me de meu europeísmo. Isso era inevitável e marcava uma certa distância e uma certa estranheza frente a homens tão diferentes de mim. Mas eu não estava preparado para encontrar, em mim, forças inconscientes que assumiriam com tal intensidade a causa desses outros homens, a ponto de desencadear um violento conflito. O sonho o traduzia pela imagem de uma situação destruidora.

Só compreendi a verdadeira natureza dessa perturbação alguns anos mais tarde, quando permaneci certo tempo na África Tropical: era a primeira alusão ao *going black under the skin*, perigo mental geralmente subestimado, que ameaça o europeu desenraizado na África. "Mas lá, onde está o perigo, cresce também a salvação." Essa frase de Hölderlin volta-me às vezes ao espírito em situações semelhantes. A "salvação" reside na possibilidade que temos de tornar consciente a ação inconsciente, por meio de sonhos de advertência. Eles nos revelam que algo em nós, além de não submeter-se passivamente à influência inconsciente, precipita-se ardentemente no instante de identificar-se com a sombra. Uma lembrança de infância pode apoderar-se de repente, com violenta emoção, de toda a consciência, devolvendo-nos por inteiro à situação primeira; do mesmo modo, esse meio árabe, estranho, totalmente diferente, desperta a lembrança original de uma pré-história, época longínqua tão bem conhecida, e que pensamos ter esquecido completamente. É a lembrança de uma possibilidade de vida ainda existente, mas mascarada pela civilização. Revivê-la em toda espontaneidade equivaleria a uma recaída na "barbárie". Portanto, preferimos esquecê-la. Mas se ela voltar a nós sob a forma de um conflito, é preciso mantê-la na consciência e confrontar, uma com a outra, as duas possibilidades — a que se vive e a que se esqueceu. Pois se não tivesse havido razões suficientes, o que parece esquecido não se teria manifestado de novo. Na estrutura psíquica viva, nada se produz de maneira puramente mecânica, tudo se insere na economia do conjunto, um conjunto ao qual se relaciona; tudo responde a uma finalidade e tem um sentido. Mas como a consciência não abarca jamais todo o conjunto, não pode, regra geral, compreender tal sentido. Em primeiro lugar, é preciso se contentar com a constatação dos fatos, e deixar ao futuro e a um exame ulterior o cuidado de encontrar uma resposta à questão de saber o que pode significar esse choque com a "sombra do si mesmo". Em todo caso, eu não tinha, naquela época, a menor ideia da natureza desta experiência arquetípica, e menos ainda dos paralelos históricos. Sem que eu tivesse, então, compreendido claramente o sentido último do sonho, ele se fixou para sempre na minha memória, conservando em mim o vivo desejo de voltar à África na primeira ocasião; esse desejo se realizou cinco anos mais tarde.

Os índios pueblos

Temos sempre necessidade de um ponto de vista fora do objeto de nossas preocupações a fim de podermos considerar eficazmente a alavanca da crítica. Isso é especialmente verdadeiro quando se trata de fatos psicológicos, pois estamos muito mais implicados subjetivamente neles do que em qualquer outra ciência. Como, de fato, poderíamos tomar consciência de particularidades nacionais se nunca tivéssemos tido a ocasião de olhar de fora nossa própria nação? Olhar de fora significa olhar do ponto de vista de uma outra nação. Para isso, precisamos adquirir um conceito suficiente da alma coletiva estrangeira e, nesse processo de assimilação, chocamo-nos sempre com todas as incompatibilidades que constituem o preconceito nacional e a particularidade da nação. Tudo que me irrita nos outros pode ajudar-me no conhecimento de mim mesmo. Só compreendo a Inglaterra a partir do momento em que, como suíço, percebo em que ponto não me adapto ao seu ambiente. Só compreendo a Europa, o maior dos nossos problemas, quando vejo em que ponto eu, europeu, estou à margem do mundo. Viajei muito pela América e conheci muitos americanos; devo uma grande parte da minha compreensão e de minhas críticas ao caráter europeu a tal fato; creio que nada é mais útil para o europeu do que olhar a Europa do alto de um arranha-céu. Considerei, pela primeira vez, o espetáculo da Europa, estando no Saara, no seio de uma civilização que está para a nossa, aproximadamente, como a Antiguidade romana para a época moderna. Compreendi o quanto estava fechado e aprisionado, mesmo na América, na consciência cultural do homem branco. Nessa época amadureceu em mim o desejo de levar mais longe as comparações históricas, descendo a um nível cultural ainda menos evoluído.

A viagem que realizei em seguida, em companhia de alguns amigos americanos, conduziu-me ao Novo México, onde habitam os índios pueblos, construtores de cidades. Falar de "cidades" é evidentemente exagerado. Na realidade, trata-se de aldeias. As suas casas, comprimidas e construídas umas sobre as outras, sugerem a palavra "cidade", da mesma forma que sua linguagem e toda sua maneira de ser. Foi lá que pela primeira vez tive a oportunidade de falar com um não europeu, isto é, com um homem que não pertencia à raça branca. Era chefe dos pueblos Taos, homem inteligente, de quarenta a cinquenta anos. Chamava-se Ochwiay Biano — Lago das Montanhas. Pude falar-lhe como raramente havia falado com um europeu. Evidentemente, estava fechado em seu mundo da mesma forma que um europeu está fechado no dele. Mas em que espécie de mundo! Quando falamos com um europeu, logo nos atolamos em tudo aquilo que já é conhecido há muito tempo, embora nunca compreendido, enquanto entre eles o navio flutua em mares estranhos e profundos. Nunca se sabe se o que mais nos encanta é a vista de novas margens ou a descoberta de novas vias de acesso àquilo que, conhecido desde sempre, já está também quase esquecido.

"Veja", dizia Ochwiay Biano, "como os brancos têm um ar cruel. Têm lábios finos, nariz em ponta, os rostos sulcados de rugas e deformados. Os olhos têm uma expressão fixa, estão sempre buscando algo. O que procuram? Os brancos sempre desejam alguma coisa, estão sempre inquietos, e não conhecem o repouso. Nós não sabemos o que eles querem. Não os compreendemos e achamos que são loucos!".

Perguntei-lhe então por que pensava que todos os brancos eram loucos. Respondeu-me: "Eles dizem que pensam com suas cabeças."

— Mas naturalmente! Com o que pensa você? — perguntei admirado.

— Nós pensamos aqui — disse ele, indicando o coração.

Caí numa profunda reflexão. Pela primeira vez na minha vida alguém me dera uma imagem do verdadeiro homem branco. Era como se, até então, só tivesse visto reproduções coloridas, sentimentalmente embelezadas. Esse índio encontrara nosso ponto vulnerável e pusera o dedo naquilo em que somos cegos. Senti como se algo desconhecido, e no entanto profundamente familiar, ascendesse em mim como uma neblina difusa. E, imagem após imagem, destacavam-se nessa neblina primeiro as legiões romanas, irrompendo nas cidades da Gália: Júlio César, com seus traços nitidamente cinzelados, Cipião, o Africano, Pompeu. Eu via a águia romana sobre o mar do Norte e nas margens do Nilo branco. Via Santo Agostinho transmitindo aos anglo-saxões, na ponta das lanças romanas, o credo cristão; e Carlos Magno, impondo gloriosamente aos pagãos conversões de triste fama. Depois, as hordas e as pilhagens assassinas das armadas dos Cruzados. Com um golpe de coração tornou-se nítida para mim a vaidade do romantismo tradicional das Cruzadas. Depois, foi a vez de Colombo, Cortês e dos outros conquistadores que a ferro e fogo, torturando e cristianizando, aterrorizaram até mesmo esses longínquos pueblos que sonhavam pacificamente com o Sol, seu Pai. Vi também as populações das ilhas dos mares do Sul dizimadas pela escarlatina, trazida através das roupas, a sífilis e o fogo-selvagem.

Era o bastante. Aquilo a que damos o nome de civilização, missão junto aos pagãos, expansão da civilização etc. tem uma outra face, a de uma ave de rapina cruelmente tensa, espreitando a próxima vítima, face digna de uma raça de larápios e de piratas. Todas as águias e outros animais rapaces que ornam nossos escudos heráldicos me parecem os representantes psicológicos apropriados de nossa verdadeira natureza.

Retive ainda uma outra coisa da conversa com Ochwiay Biano que tem relação tão estreita com a atmosfera particular da nossa conversa, que meu relato ficaria incompleto se não a mencionasse. Nosso encontro ocorreu no terraço do quinto andar do edifício principal. De lá viam-se indivíduos nos outros terraços, envolvidos em mantas de lã, mergulhados na contemplação do percurso do sol, que todos os dias se ergue no céu puro. Em torno de nós agrupavam-se as casas quadradas, mais baixas, feitas de adobe, com suas escadas características conduzindo do chão ao terraço ou de terraço a terraço, até os degraus superiores. (Em épocas anteriores, menos pacíficas, a entrada da casa ficava habitualmente no terraço.) Diante de nós se estendia o elevado planalto ondulado de Taos (cerca de 2.300 metros acima do nível do mar), até o horizonte onde se erguiam, a 4.000 metros de altitude, alguns cumes cônicos (antigos vulcões). Atrás, corria um rio límpido, ao longo das casas; na outra margem erguia-se um segundo *pueblo*, com suas casas avermelhadas de adobe, construídas no centro, umas sobre as outras, estranha antecipação da perspectiva de uma grande cidade americana, com seus arranha-céus no centro. Cerca de meia hora rio acima, erguia-se uma enorme montanha isolada, majestosa, a montanha que não tem nome. A lenda diz que, nos dias em que fica oculta pelas nuvens, os homens caminham para ela e desaparecem, para se entregarem a ritos misteriosos.

O índio pueblo é extremamente fechado, absolutamente inacessível no que diz respeito à religião; intencionalmente faz de suas práticas um mistério tão bem preservado que renunciei — por ser impossível — a seguir o caminho da pergunta direta. Nunca sentira, antes, uma tal atmosfera de mistério, pois as religiões do mundo civilizado de hoje são acessíveis a todos; há muito seus sacramentos perderam o caráter misterioso. Ora, aqui o ar era saturado de mistério, conhecido por todos, mas inacessível ao branco. Essa situação singular deu-me uma ideia do que podia ter sido Elêusis, cujo mistério, conhecido por toda uma nação, nunca foi traído. Compreendi o que deviam sentir Pausânias ou Heródoto ao escreverem: "...dizer o nome desse deus não me é permitido." Entretanto, eu não via nisso uma mistificação; sentia que era um segredo vital, cuja traição seria um perigo tanto para o indivíduo quanto para a coletividade. A preservação do segredo dá ao pueblo orgulho e energia para resistir ao branco todo-poderoso. Dá-lhe coesão e unidade. Senti que há uma certeza: os pueblos, como coletividade personalizada, subsistirão na medida que conservarem seus mistérios, ou enquanto estes não forem profanados.

Admirado constatava o quanto a expressão do índio se modificava ao falar de suas ideias religiosas. Na vida comum, manifesta um grande domínio sobre si mesmo e uma dignidade que chega a ser uma equanimidade quase apática. Ao falar do que se relaciona com tais mistérios, pelo contrário, é tomado por uma emoção surpreendente, que não pode dissimular, e isso respondia integralmente à minha curiosidade. Como já disse, renunciei a colocar diretamente as questões; se desejava saber de fatos importantes, fazia observações laterais e observava o rosto de meu interlocutor, para ver se nele descobria eventuais manifestações afetivas. Quando tocava no essencial, ele se calava ou dava uma resposta evasiva, manifestando uma profunda emoção; às vezes seus olhos se enchiam de lágrimas. Para eles as concepções religiosas não são teorias (que curiosas teorias arrancariam lágrimas de um homem!), mas fatos tão importantes e significativos como as realidades exteriores correspondentes.

Estava sentado no terraço, em companhia de Ochwiay Biano enquanto o Sol se elevava, cada vez mais brilhante. Apontando-o, ele me disse: "Então não é nosso Pai, aquele que se ergue no céu? Como negá-lo? Como poderia existir um outro Deus? Nada pode existir sem o Sol!" Sua excitação, que já era visível, foi aumentando. Buscava palavras e por fim exclamou: "O que pode fazer um homem sozinho nas montanhas? Sem Ele não pode nem ao menos acender o fogo!"

Perguntei-lhe se não pensava que o Sol era uma bola de fogo, formada por um deus invisível. Minha pergunta não suscitou espanto e muito menos desagrado. Simplesmente deixou-o indiferente. Tive a impressão de esbarrar num muro intransponível. A única resposta que obtive foi: "O Sol é Deus; todos podem ver isso!"

Ninguém pode se furtar à poderosa impressão que o Sol causa; no entanto, assistir a esses homens maduros, extremamente dignos, tomados de uma emoção irreprimível ao falar do Sol, foi para mim uma experiência nova, que me tocou profundamente.

Numa outra ocasião, estava à beira do rio, olhando o cume da montanha que se eleva a mais de 2.000 metros acima do planalto. Pensava justamente que lá era o teto do continente americano e que seus habitantes ficavam voltados para o Sol como os homens envoltos em mantas, de pé, nos terraços mais altos do *pueblo*, permaneciam mergulhados na muda contemplação do Sol. De repente, uma voz profunda, vibrante de uma emoção secreta, falou atrás de mim, junto ao meu ouvido esquerdo: "Não julgas que toda a vida provém da montanha?" Um índio bastante idoso caminhara silenciosamente em seus mocassins e me propusera esta questão — cujo alcance eu ignorava. Um olhar sobre o rio que desce da montanha deu-me a imagem exterior que fizera nascer aquela ideia. Evidentemente, toda a vida provinha da montanha, pois onde está a água, está também a vida; nada mais evidente. Sentia em sua pergunta uma emoção que se ampliava à palavra "montanha" e pensei no relato dos ritos misteriosos lá celebrados. Respondi-lhe: "Todos podem crer que dizes a verdade."

Infelizmente a conversa logo foi interrompida, de maneira que não pude obter uma visão mais profunda acerca do simbolismo da água e da montanha. Observei que, se os pueblos falavam a contragosto de sua religião, por outro lado, conversavam de bom grado sobre as suas relações com os americanos.

"Por que", dizia Lago das Montanhas, "os americanos não nos deixam em paz? Por que querem proibir nossas danças? Por que não querem permitir que nossos jovens saiam da escola quando devem ir ao Kiwa (lugar do culto), onde lhes ensinamos religião? Entretanto, nada fazemos contra os americanos!" Depois de um longo silêncio, continuou: "Os americanos querem proibir nossa religião. Por que não nos deixam tranquilos? O que fazemos não é somente por nós, mas também pelos americanos. E pelo mundo inteiro. Todo mundo aproveita."

Percebi, devido à sua agitação, que se referia a um elemento muito importante de sua religião. Então, perguntei-lhe: "O senhor acredita que suas práticas religiosas sejam de proveito para todo mundo?" Ele respondeu com muita vivacidade: "Naturalmente, se não o fizéssemos, o que seria do mundo?" E, com um gesto carregado de sentido, apontou o Sol.

Senti que havíamos chegado a um ponto muito delicado, no tocante aos mistérios do clã. "É preciso lembrar que somos um povo", disse ele, "que permanece no teto do mundo; somos os filhos de nosso Pai, o Sol, e graças à nossa religião ajudamos diariamente nosso Pai a atravessar o céu. Agimos assim, não só por nós mesmos, mas pelo mundo inteiro. Se cessássemos nossas práticas religiosas, em dez anos o Sol não se ergueria mais. Haveria uma noite eterna".

Compreendi, então, sobre o que repousava a "dignidade", a certeza serena do indivíduo isolado: era um filho do Sol, sua vida tinha um sentido cosmológico: não assistia ele a seu Pai — que conserva toda vida — em seu nascente e poente cotidianos? Se compararmos a isso nossa autojustificação, ou o sentido que a razão empresta à nossa vida, não podemos deixar de ficar impressionados com a nossa miséria. Precisamos sorrir, ainda que de puro ciúme, da ingenuidade dos índios e nos vangloriarmos de nossa inteligência, a fim de não descobrirmos o quanto nos empobrecemos e degeneramos. O saber não nos enriquece; pelo contrário, afasta-nos cada vez mais do mundo mítico, no qual, outrora, tínhamos direito da cidadania.

Desviemos, por um momento, nosso olhar de todo racionalismo europeu e fujamos para o ar límpido das alturas desse planalto solitário que, de um lado, desce até as vastas pradarias continentais e, do outro, ao oceano Pacífico; desembaracemo-nos, ao mesmo tempo, da nossa consciência do mundo, em troca de um horizonte ilimitado e de uma inconsciência do universo que vive além dele, e então começaremos a compreender o ponto de vista do índio pueblo. "Toda vida provém da montanha": tal é sua convicção imediata. Da mesma forma, ele tem a profunda consciência de morar no teto de um mundo infinito, perto de Deus. Tem acesso imediato ao ouvido da divindade e seu ato ritual atingirá, antes dos demais, o Sol longínquo. O caráter sagrado das montanhas, a revelação do Jeová, no Sinai, a inspiração que Nietzsche recebeu em Engadine estão na mesma linha. A ideia, absurda para nós, de que um comportamento cultural possa "fazer nascer" o Sol pela magia não é, certamente, examinando mais detidamente, menos irracional, mas é infinitamente mais familiar do que se poderia pensar à primeira vista. Nossa religião cristã — como qualquer outra religião — é impregnada pela ideia de que ações particulares, ou uma forma particular de agir, podem influenciar Deus; por exemplo, os ritos, a oração, um tipo de moral que o agrade.

Face à ação de Deus sobre o homem coloca-se o ato cultural do homem, que é uma resposta e uma "re-ação" — talvez não apenas isso, mas também uma "solicitação" ativa, uma forma de coação mágica. Sentindo-se capaz de uma réplica plenamente válida à influência todo-poderosa de Deus, e de prestar-lhe em troca uma contribuição essencial, mesmo em se tratando d'Ele, o homem se sente exaltado, pois o humano acede à dignidade de um fator metafísico. "Deus e nós" (mesmo que se trate apenas de um subentendido inconsciente): esta equivalência na relação está, sem dúvida, na base da invejável serenidade do índio pueblo. Tal homem se encontra, no sentido pleno da palavra, em seu lugar.

Quênia e Uganda

> *Tout est bien sortant des mains
> de l'Auteur des choses.*
> Rousseau

Em 1925, visitando em Londres a Wembley Exhibition, fiquei profundamente impressionado com a mostra notável das tribos que viviam sob o domínio inglês, e decidi empreender, num futuro próximo, uma viagem à África tropical. Há muito sentia o desejo de viver algum tempo num país com homens que tivessem a menor relação possível com a Europa.

No outono de 1925, fui com dois amigos, um inglês e um americano, a Mombaça. Viajamos num vapor Woerman, com muitos jovens ingleses que haviam aceitado empregos em diversas colônias africanas. Pela atmosfera, percebia-se que os passageiros não eram turistas; muitos, pelo contrário, pareciam caminhar à frente de um destino. É verdade que muitas vezes reinava uma alegria ruidosa; mas havia também uma tonalidade subjacente de seriedade inequívoca. Com efeito, muito antes de minha viagem de volta, tive notícia do destino de vários dos meus companheiros de viagem: já no curso dos dois meses seguintes, alguns morreram de malária tropical, de disenteria amebiana e de pneumonia. Entre eles figurava um jovem que sempre se sentava diante de mim, à mesa. Outro era o dr. Akley, que propugnava a favor da proteção dos gorilas, e que eu encontrara em Nova York, um pouco antes de minha viagem à África. Ao mesmo tempo que eu — mas vindo do oeste —, ele partira numa expedição para o país dos gorilas; lá morreu, enquanto eu me achava ainda no monte Elgon. Somente ao regressar soube de sua morte.

Mombaça é, na minha lembrança, uma aglomeração europeia úmida e quente, oculta numa floresta de palmeiras e de mangueiras, com um bairro hindu e outro negro, incomparavelmente pitoresca, situada num porto natural, e dominada por um velho forte português. Ficamos lá dois dias e partimos de noite para o interior, até Nairóbi, por uma ferrovia de bitola estreita, mergulhando na noite tropical.

Durante a viagem passamos, ao longo da costa, perto de numerosas aldeias negras; as pessoas conversavam, sentadas em torno de pequenas fogueiras. Logo, a estrada começou a subir. As aldeias desapareceram e nos encontramos numa noite escura como breu. Pouco a pouco, o frescor aumentou e adormeci. Só despertei quando o primeiro raio de sol anunciou o começo do dia. O trem, envolto numa nuvem de poeira avermelhada, contornava uma escarpa de rochas vermelhas. Sobre um pico, acima de nós, imóvel, vi a forma esguia, cor de terra escura, de um homem apoiado numa longa lança, olhando o trem que passava. Perto dele erguia-se um gigantesco cáctus-candelabro.

Fiquei como que enfeitiçado por esse espetáculo: era um quadro estranho, que eu jamais vira, mas que me dava, no entanto, um intenso *sentiment du déjà vu*. Tive a impressão de que já vivera esse instante uma vez, e que sempre conhecera esse mundo separado de mim apenas pelo tempo. Era como se voltasse ao país de minha juventude e conhecesse esse homem escuro que me esperava há cinco mil anos.

O tom afetivo desse acontecimento surpreendente permaneceu em mim durante toda a viagem através da África selvagem. Só posso aproximá-la de uma outra experiência do desconhecido: foi quando observei, pela primeira vez, com meu antigo chefe, prof. Eugen Bleuler, uma aparição parapsicológica. Pensara antes que morreria de susto se me ocorresse ver algo de tão impossível. Mas quando ocorreu o fenômeno, nem mesmo fiquei estupefato; achei, pelo contrário, que o fenômeno entrava na ordem dos fatos como alguma coisa óbvia conhecida há muito tempo.

Ignorava ainda que tipo de sensação provocara em mim a visão do caçador escuro e solitário. Sabia simplesmente que seu mundo era o meu há incontáveis milênios.

Um pouco absorto em meu sonho, cheguei mais ou menos ao meio-dia em Nairóbi, cidade situada a 1.800 metros de altitude, numa profusão indescritível de luz ofuscante, que me lembrava o brilho do sol de Engadine, depois das névoas hibernais das regiões baixas. Fiquei admirado ao ver que os *boys*, reunidos em bandos numerosos na estação, usavam antiquados bonés de esqui, de lã branca ou cinzenta, tais como os que são usados habitualmente em Engadine. Nos Alpes, tais bonés eram muito apreciados porque, abaixando-lhe a borda como viseira, ofereciam uma proteção eficaz contra o vento gelado; aqui protegiam contra o calor radiante.

Partindo de Nairóbi, visitamos, num pequeno Ford, os Athi Plains, grande reserva de caça. Sobre uma colina pouco elevada, na vasta savana, esperava-nos um espetáculo inigualável. Até o horizonte mais distante percebemos imensas manadas: gazelas, antílopes, gnus, zebras, javalis etc. Pastando e sacudindo as cabeças, as manadas se moviam lentamente — ouvia-se apenas o grito melancólico de uma ave de rapina. Havia o silêncio do eterno começo, do mundo como sempre fora na condição do não ser; pois até há bem pouco tempo, ninguém havia ido lá fora para saber que havia "esse mundo". Afastei-me de meus companheiros até perdê-los de vista. Tinha a impressão de estar completamente só. Era o primeiro homem, que sabia ser esse o mundo e que, através de seu conhecimento, acabara de criá-lo naquele instante.

Tornou-se então extraordinariamente claro para mim o valor cósmico da consciência: *Quod natura relinquit imperfectum, ars perficit* (O que a natureza deixa imperfeito, a arte aperfeiçoa), diz a alquimia. Eu, homem, num ato invisível de Criação, levo o mundo ao seu cumprimento, conferindo-lhe existência objetiva. Esse ato foi atribuído unicamente ao Criador, sem se perceber que nesse caso se rebaixa a vida e o ser, inclusive a alma humana, a uma máquina calculadora em seus menores detalhes, que continua a funcionar desprovida de sentido, adaptando-se a regras predeterminadas e conhecidas *a priori*. Na desolação de um tal mecanismo de relojoaria, não há lugar para o drama do homem, do mundo e de Deus; impossível um "dia novo" que conduzisse a "margens novas", mas simplesmente ao deserto de processos calculados *a priori*. Meu velho amigo pueblo voltou-me à memória: acreditava que a razão de ser dos pueblos era o dever que tinham de ajudar seu Pai, o Sol, a atravessar o céu diariamente. Eu invejara neles essa plenitude de sentido e procurara, sem esperança, nosso próprio mito. Agora o apreendia, constatando, por outro lado, que o homem é indispensável à perfeição da Criação e que, ainda mais, é o segundo criador do mundo; é o homem que dá ao mundo, pela primeira vez, a capacidade de ser objetivo — sem poder ser ouvido, devorando silenciosamente, gerando, morrendo, abanando a cabeça através de centenas de milhões de anos, o mundo se desenrolaria na noite mais profunda do não ser, para atingir um fim indeterminado. A consciência humana foi a primeira criadora da existência objetiva e do significado: foi assim que o homem encontrou seu lugar indispensável no grande processo do ser.

Pela estrada de ferro de Uganda, ainda em construção, fomos a Sigistifour (64), seu término provisório. Nossos *boys* descarregaram as bagagens volumosas da expedição. Sentei-me numa *chop box* (caixa de alimentos, que constitui a ração por cabeça) e acendi o cachimbo, meditando sobre o fato de que nos encontrávamos no limiar do *oikouméné* (gr.: 'a terra habitada'); a partir dali, pistas e atalhos se estendiam sem fim pelo continente. Logo em seguida, um inglês de certa idade que parecia um *squatter* veio ao meu encontro; sentou-se e também tirou um cachimbo do bolso. Perguntou-me para onde íamos. Quando lhe respondi, acrescentou: — *Is this the first time you are in Africa? I am here since forty years.*

— Sim — respondi. — É a primeira vez, pelo menos nesta região.

— *Then may I give you a piece of advice? You know, mister, this here country is not man's, it's God's country. So if anything should happen, just sit down and don't worry.*

Levantou-se sem cumprimentar e desapareceu na multidão dos negros que se aproximavam. Suas palavras não me pareceram desprovidas de importância e tentei representar a que estado psicológico correspondiam. Evidentemente, eram a quintessência de sua própria experiência; aqui não é o homem, é Deus quem domina; não a vontade e a intenção, mas um desígnio impenetrável.

Não terminara ainda minhas reflexões, quando soou o sinal de partida dos dois automóveis. Subimos nas bagagens, oito homens fortes, e nos amarramos o melhor que pudemos. Depois, viajamos durante horas, fortemente sacudidos; não era possível pensar. Até Kakamégas — a localidade mais próxima, sede de um D.C. (*District Commissioner*, comissário de distrito) de uma pequena guarnição de African Rifles, de um hospital e — quem acreditaria? — de um pequeno asilo de alienados — a distância era muito maior do que se supunha. A tarde declinava e bruscamente anoiteceu. No mesmo instante desencadeou-se uma tempestade tropical, com raios quase ininterruptos, trovões e um aguaceiro torrencial que, num instante, nos molhou da cabeça aos pés e transformou um regato num perigoso obstáculo.

À meia-noite e meia, sob um céu menos pesado, chegamos esgotados a Kakamégas, onde o D.C. nos recebeu solicitamente em seu *drawing-room* e nos serviu uísque. Na lareira — quão oportunamente! — ardia o fogo. No meio da sala elegante, erguia-se uma grande mesa coberta de jornais ingleses. Podia-se pensar que se tratava de uma casa de campo, no Sussex. Eu estava de tal modo cansado que não sabia se tinha sido transportado da realidade para um sonho, ou vice-versa.

Precisamos, pela primeira vez, armar nossas tendas. Por felicidade, nada nos faltava.

Na manhã seguinte, acordei com laringite e febre, e fiquei um dia acamado. Devo a tal circunstância o fato de ter conhecido o memorável canto do pássaro que se chama *brainfever bird*, notável porque canta uma gama correta, omitindo a última nota e recomeçando do início. Como música de acompanhamento para febres, é impossível imaginar algo de mais irritante.

Um outro habitante emplumado das plantações de bananeiras emite dois sons de flauta, os mais doces e melodiosos que se possa imaginar, terminando por um terceiro que constitui a mais terrível desarmonia. *Quod natura relinquit imperfectum!...* "O que a natureza deixa imperfeito!..." Só o canto do pássaro "tocador de sino" se distingue por sua beleza sempre igual. Era como se um sino soasse no horizonte.

No dia seguinte, graças à ajuda do D.C., tínhamos reunido uma coluna de carregadores, com uma escolta militar de três askaris; foi então que começamos nossa expedição para o monte Elgon, cujas encostas e a cratera, a 4.400 metros, logo se tornaram visíveis no horizonte. A pista atravessava uma savana relativamente seca, semeada de acácias guarda-sol. Toda a região era coberta de pequenos montes de dois a três metros de altura — antigas colônias de térmitas.

Para os viajantes, havia ao longo da pista casas de repouso — cabanas de adobe, redondas, cobertas de ervas, abertas e vazias. De noite, como proteção contra os intrusos, colocava-se na entrada uma lanterna acesa. Nosso cozinheiro não tinha lanterna, mas se abrigava muito contente em sua cabana mirim. Isso quase lhe foi fatal. Com efeito, no dia precedente, ele abatera uma ovelha diante de sua cabana; nós a tínhamos comprado por cinco *shillings* de Uganda. Jantamos suculentos *mutton-chops*, preparados por ele. Depois da refeição, estávamos ainda sentados e fumávamos em torno do fogo, quando ouvimos a distância, e depois cada vez mais próximos, gritos estranhos. Ora pareciam grunhidos de urso, ora uivos e ganidos de cães, ora sons estridentes semelhantes a gritos e risos histéricos. Minha primeira impressão foi: "É uma cena cômica do circo Barnum and Bailey!" Mas logo a situação se tornou ameaçadora: estávamos cercados, por todos os lados, por um bando de hienas famintas que haviam farejado o sangue da ovelha. Executavam um concerto infernal e, à luz do fogo, podiam-se ver seus olhos brilharem na erva alta da savana.

Apesar do conhecimento teórico que tínhamos da natureza das hienas, segundo o qual esses animais não atacam o homem, não estávamos muito tranquilos, principalmente quando, atrás da casa de repouso, ecoou um terrível grito humano. Pegamos imediatamente nossas armas (um fuzil Mannlicher de 9mm e um fuzil de caça) e demos alguns tiros na direção dos olhos faiscantes, enquanto o cozinheiro, tomado do mais louco terror, veio correndo para nosso lado dizendo que uma *fizi* (hiena) entrara em sua cabana e quase o matara. O acampamento inteiro estava em agitação. Provavelmente isso assustou o bando de hienas a ponto de pô-las em debandada, com ruidosos protestos. O restante da noite decorreu numa calma imperturbável, embora de início ecoassem intermináveis gargalhadas no acampamento de nossa tropa. No dia seguinte, muito cedo, o chefe local presenteou-nos com dois frangos e uma cesta cheia de ovos, pedindo-nos que ficássemos mais um dia para matar as hienas. Efetivamente, elas tinham retalhado e devorado no dia precedente um velho adormecido em sua cabana. *De Africa nihil certum!* (Na África, nada é seguro!).

Desde o romper do dia recomeçaram as palmas e gargalhadas na sessão dos *boys*, porque representavam, repetindo os acontecimentos da noite. Um deles fazia o papel do cozinheiro adormecido; um dos soldados, a hiena que se aproximava furtivamente do homem que dormia para devorá-lo. Para grande alegria do público, esse drama foi repetido nem sei quantas vezes.

A partir desse momento o cozinheiro foi apelidado de Fizi. Quanto a nós, os três brancos da caravana, já recebêramos *trademarks*. Meu amigo, o inglês, era o "pescoço vermelho", aquele que tem a nuca vermelha, pois diz a lenda que todos os ingleses têm a nuca vermelha. O americano, que possuía um variado guarda-roupa, tinha o apelido de *bwana maredadi* (o cavalheiro elegante). Como nessa época eu já tinha cabelos brancos (aos cinquenta anos), era o *Mzee* (o velho) de cem anos. A idade avançada é rara na África. Lá, poucas vezes vi homens de cabelos brancos. Mzee é também um título honorífico que me cabia como chefe da Bugishu Psychological Expedition, designação que nos fora imposta pelo Foreign Office de Londres como *lucus a non lucendo*. Fizemos uma visita aos bugishus, mas passamos a maior parte do tempo com os elgonyis.

Os negros mostraram-se excelentes conhecedores de caracteres. Uma de suas vias intuitivas de conhecimento consistia no modo inigualável de imitar a maneira de se exprimir, os gestos, o andar das pessoas, e dessa forma entravam na sua pele. Achei surpreendente o conhecimento deles sobre a natureza emocional das pessoas. Não hesitava em ter, com eles, longas conversas que muito lhes agradava. Aprendi muito desse modo.

Nossa viagem tinha um caráter semioficial, e isso nos foi muito útil. Houve facilidade no recrutamento de carregadores e, além disso, recebemos uma escolta militar. Esta não era supérflua, pois tínhamos a intenção de viajar através de regiões que ainda não estavam sob o controle dos brancos. Um capitão e dois soldados acompanhavam nosso safári ao monte Elgon.

Recebi do governador de Uganda uma carta na qual me perguntava se podia confiar à nossa guarda uma inglesa que ia voltar para o Egito através do Sudão. Nós íamos seguir o mesmo itinerário e, como já encontráramos essa senhora em Nairóbi, não tínhamos motivo algum de recusar esse pedido. Por outro lado, tínhamos uma dívida de gratidão, uma vez que o governador nos ajudara de muitas maneiras.

Menciono tal episódio para mostrar quais as vias sutis de um arquétipo que influencia nosso modo de agir. Éramos três homens, e isso por puro acaso. Convidara um terceiro amigo para nos acompanhar, mas circunstâncias adversas o haviam impedido de aceitar. Bastou isso para constelar o inconsciente ou o destino, sob a forma do arquétipo da tríade, que chama o quarto, tal como sempre ocorreu na história desse arquétipo.

Como sou inclinado a aceitar o aleatório que vem ao meu encontro, dei as boas-vindas a essa senhora que entrou em nosso grupo de três homens. Esportiva e corajosa, foi uma espécie de compensação natural de nossa masculinidade unilateral. Quando meu amigo mais jovem foi atingido mais tarde por um grave ataque de malária tropical, ficamos reconhecidos à nossa acompanhante pela experiência que adquirira como enfermeira, durante a Primeira Guerra Mundial.

Depois de nossa aventura com as hienas, sem ouvir os pedidos do chefe da tribo, continuamos o caminho. O terreno subia em leve inclinação. Os vestígios do escoamento da lava terciária se multiplicavam. Atravessamos belíssimas extensões de florestas virgens, com suas árvores enormes, cobertas de bisnagueiras, flores de um vermelho flamejante. Escaravelhos gigantes e borboletas ainda maiores, de ricas cores, animavam a orla da floresta e as clareiras. Macacos curiosos sacudiam os ramos. Logo nos encontramos *miles from anywhere* na selva. Tratava-se de um mundo paradisíaco. A região era em grande parte uma savana rasa, de solo carmesim. Caminhávamos frequentemente através das sendas indígenas, que serpenteavam pelos arbustos, em meandros incrivelmente cerrados, cujo raio de curvatura era de cerca de três a seis metros.

Nosso caminho nos conduziu à região dos nandis, através da floresta de Nandi, enorme complexo de floresta virgem. Sem incidentes, atingimos uma casa de repouso ao pé do monte Elgon que, havia dias, já aparecera diante de nós. Começamos a subir por um estreito atalho. Fomos saudados pelo chefe local, filho de um *medicine-man*, o *laibon*. Montava um pônei, o único cavalo que até então havíamos encontrado. Soube por ele que seu clã pertencia aos masaís; ele era, no entanto, independente, e vivia solitário nas vertentes do monte Elgon.

Depois de uma subida de algumas horas, chegamos a uma bela e vasta clareira, atravessada por um arroio de água fresca, cortado por uma cascata de cerca de três metros de altura. Aí nos banhamos. Estabelecêramos nosso acampamento a uma certa distância, num leve declive seco, sombreado por acácias... Na vizinhança havia uma aldeia negra (um *kraat*). Era composta de algumas casas e de uma *boma*, lugar cercado por uma sebe de *wait-a-bit-thorn*. Consegui entender-me com o chefe, em suaíli.

Ele determinou que uma mulher e suas duas filhas núbeis nos trouxessem água: andavam quase completamente nuas, vestidas apenas com uma tanga de *kauri*.[2] Eram notavelmente belas, esguias, cor de chocolate; seus movimentos possuíam uma elegante indolência. Todas as manhãs, ouvia com agrado o doce tilintar das argolas de ferro que usavam nos tornozelos, ao voltarem do regato, aparecendo por entre a erva alta com seu andar ondulante, balançando na cabeça as ânforas cheias de água. Além das argolas de ferro, enfeitavam-se com braceletes e colares de latão, brincos de cobre ou de madeira em forma de pequenos carretéis; o lábio inferior era trespassado por uma agulha de osso ou de ferro. Tinham boas maneiras e nos saudavam sempre com um sorriso tímido e encantador.

Embora aceitando os costumes, jamais conversei com uma mulher indígena, exceto uma única vez, que relatarei de passagem. Tal como é costume no sul, entre nós os homens falam com os homens e as mulheres com as mulheres. Qualquer outra atitude significa *love-making*.

Nesse caso, o branco não só compromete sua autoridade, como corre o risco do *going-black* (tornar-se preto). Observei vários casos desse tipo, muito instrutivos. Ouvi algumas vezes os negros julgarem os brancos como "um homem mau". Quando eu perguntava por quê, respondiam: "Porque deita com nossas mulheres."

Entre os elgonyis, o homem trata do gado graúdo e da caça. A mulher é, por assim dizer, idêntica à *shamba* (plantação de bananas, de batatas-doces, de cereais e de milho). Tem filhos, cabras e galinhas, habitando todos na mesma cabana redonda; sua dignidade evidente e sua harmonia natural relacionam-se com essa participação ativa nos afazeres. A noção de igualdade e de direitos para as mulheres nasceu numa época em que tal associação perdeu o sentido. A sociedade primitiva, entretanto, é regulamentada por um egoísmo e um altruísmo inconscientes, e os dois nela desempenham seu papel. Essa organização inconsciente desaparece logo que se produz uma perturbação, só passível de compensação através de um ato consciente, como não poderia deixar de ser.

Lembro-me com agrado de um dos meus informantes principais sobre as relações familiares entre os elgonyis. Era um jovem extremamente belo que se chamava Gibroat, filho de um chefe de tribo, de maneiras elegantes e amáveis, e cuja confiança eu ganhara. Aceitava de boa vontade meus cigarros, sem no entanto ter o hábito de apressar-se a receber toda espécie de presentes, como os outros. Contava-me muitas coisas interessantes e de vez em quando me visitava com polidez. Percebi que no fundo tinha alguma intenção, um desejo qualquer ainda não manifestado. Só algum tempo depois exprimiu sua intenção inesperada: queria que eu conhecesse sua família. Ora, eu sabia que ele ainda não se casara e que seus pais haviam morrido. A sua família era constituída de uma irmã mais velha, que era a segunda mulher do cunhado dele, e que tinha quatro filhos. Ele queria muito que eu a visitasse, a fim de conhecê-la. Evidentemente ela desempenhava junto a ele o papel de mãe. Aceitei porque esperava, desse modo, lançar um olhar sobre a intimidade familiar nativa.

Madame était chez elle; quando chegamos, saiu da cabana e nos saudou da maneira mais natural do mundo. Era uma bela mulher de meia-idade, isto é, de cerca de trinta anos; além da obrigatória tanga de kauri, usava braceletes e argolas nos tornozelos; nos lobos das orelhas, desmesuradamente distendidos, usava enfeites de cobre e sobre o peito a pele de algum animal selvagem. Fechara seus quatro filhos pequenos (*mtotos*) na cabana, de onde eles olhavam através das frestas da porta, rindo e brincando com animação. A meu pedido ela os soltou. Foi preciso um certo tempo para que eles se decidissem a fazê-lo. A moça tinha as maneiras requintadas do irmão, cujo rosto resplandecia com esse sucesso.

Ficamos de pé, pois não havia onde sentar, salvo o chão poeirento coberto de excremento de galinha e de cabra. O assunto girou em torno do quadro convencional das conversas de *drawing-room* meio familiares, sobre a família, as crianças, a casa e o jardim. A primeira mulher de seu marido, mais velha do que ela, cuja propriedade confinava com a dela, tinha seis filhos. A *boma* da "irmã" ficava a uma distância de mais ou menos oitenta metros. No meio, entre as duas cabanas das mulheres, e formando com elas um triângulo, ficava a cabana dos homens e atrás, mais ou menos a cinquenta metros de distância, havia outra, menor, habitada pelo filho já adulto da primeira esposa. Cada uma das mulheres possuía sua *shamba*, isto é, uma plantação de bananeiras, de batata-doce, de cereais e de milho que era visivelmente o orgulho de minha anfitriã.

A impressão que tive era de que a segurança e o sentimento de valor pessoal que se podia ler em seu comportamento repousavam, em larga medida, numa identidade com sua totalidade evidente, composta de seu mundo pessoal feito de filhos, casa, de seu gado miúdo, da *shamba* e — *last but not least* — de seu físico atraente. Quase não se mencionou o homem. Ora ele parecia estar presente, ora ausente. Naquele momento, não se sabia por onde andava. Minha anfitriã encarnava, plenamente e sem problema, tudo o que era existente, verdadeiro *pied-à-terre* para seu marido. A questão não parecia residir no fato de ele estar ou não lá, mas muito mais de que ela estivesse presente, em sua totalidade, como o centro geomagnético do esposo que errava com seus rebanhos. O que se passa no fundo dessas almas "simples" é inconsciente, portanto ignorado, e só pode ser inferido com a ajuda de um material de comparação europeu de diferenciação "avançada".

Perguntava a mim mesmo se a masculinização da mulher europeia não se relaciona com a perda de sua totalidade natural (*shamba*, filhos, gado miúdo, casa particular e fogo do átrio), como o meio de compensar seu empobrecimento; e perguntava também a mim mesmo se a feminilização do homem branco não seria também outra consequência disso. Os Estados mais racionalistas apagam ao máximo a diferença entre os sexos. O papel que a homossexualidade desempenha na sociedade moderna é enorme. É, em parte, a consequência do complexo materno e em parte um fenômeno natural (cujo fim é evitar a procriação!).

Meus companheiros de viagem, eu inclusive, tivemos a sorte de ver o mundo primitivo africano — em sua fabulosa beleza e em seu sofrimento igualmente profundo — antes de seu fim. Nossa vida no acampamento foi uma das épocas mais belas de minha vida — *procul negotiis et integer vitae scelerisque punis* (longe dos afazeres, levando uma vida intacta e pura de todo crime); eu gozava da "paz de Deus" num país ainda em estado original. Nunca vira sob esse aspecto "o homem e os outros animais" (Heródoto). Entre mim e a Europa havia milhares de léguas, a Europa, mãe de todos os demônios que, aqui, não me podiam atingir — nem telegramas, nem chamados telefônicos, nem cartas, nem visitas! Isso era uma característica essencial da Bugishu Psychological Expedition. Minhas forças psíquicas libertas mergulhavam de novo, com felicidade, na imensidão do mundo original.

Não era difícil falar todas as manhãs com os nativos curiosos, que ficavam acocorados o dia inteiro em torno do nosso acampamento, seguindo com um interesse inesgotável os nossos movimentos. Meu *headman*, o guia Ibrahim, me iniciara na etiqueta da palavra: todos os homens (as mulheres nunca vinham nos ver) deviam ficar sentados, por terra. Ibrahim arranjara um tamborete pequeno, de quatro pés, e nele eu me sentava. Começava então a alocução e explicava o *shauri*, isto é, o tema da palavra. A maior parte dos assistentes falava um jargão suaíli aceitável; eu me servia fartamente de um pequeno léxico para dar forma ao que me interessava, e isso era o bastante para que me compreendessem. O livrinho era o objeto de uma incansável admiração. Meus meios limitados de expressão obrigavam-me à necessária simplicidade. Às vezes a conversa parecia um jogo divertido de descobertas de enigmas; a palavra gozava, assim, de maior popularidade. Mas raramente estes encontros duravam mais de uma hora; os homens se fatigavam visivelmente e se queixavam, fazendo gestos eloquentes: "Ah! Estamos muito cansados!"

É claro que me interessava pelos sonhos dos negros; no começo, entretanto, foi impossível convencê-los a contar um só. Prometi alguns presentinhos, por exemplo, cigarros, fósforos, alfinetes, que eram muitíssimo apreciados por eles. Em vão! Nunca pude compreender claramente essa resistência em contar os sonhos. Suponho que a razão era, no fundo, o medo e a desconfiança. Os negros, como é sabido, têm medo de ser fotografados e temem ser privados de sua alma; talvez temessem ser prejudicados no caso de que se lhes conhecessem os sonhos. Não era o caso de nossos *boys*, somális da costa e suaílis. Possuíam um livro árabe de sonhos que consultavam diariamente durante as caminhadas. Quando ficavam na dúvida sobre alguma interpretação, vinham pedir-me conselho. Devido ao meu conhecimento do Alcorão, chamavam-me "O Homem do Livro" e me julgavam um maometano camuflado.

Conversamos certa vez com o *laibon*, o velho chefe *medicine-man*. Ele apareceu vestido com um manto maravilhoso de pele de macaco azul: era um suntuoso traje de cerimônia. Quando o interroguei acerca de seus sonhos, explicou-me com lágrimas nos olhos: "Outrora, os *laibons* tinham sonhos e sabiam quando haveria guerra ou doenças, se a chuva viria e para onde os rebanhos deviam ser levados." Seu avô ainda sonhara. Mas desde que os brancos haviam chegado à África, ninguém mais sonhava. Não havia mais necessidade de sonhos, pois agora os ingleses sabiam tudo.

Sua resposta mostrou-me que o *medicine-man* perdera sua razão de ser. A voz divina que aconselha o clã tornara-se inútil, pois os ingleses "sabem ainda mais". Outrora o *medicine-man* negociava com os deuses ou com o poder do destino e dava conselhos a seu povo. Exercia uma grande influência, da mesma forma que na Grécia antiga as palavras da Pítia gozavam de uma grande autoridade. Mas agora a autoridade do *medicine-man* fora substituída pela do D.C. Todo o valor da vida jazia agora no mundo imediato daqui debaixo, e a tomada de consciência, por parte dos negros, do poder físico, me parecia ser apenas uma questão de tempo e de vitalidade da raça.

Nosso *laibon* não era absolutamente uma figura majestosa, mas sim um senhor velho, um tanto lamuriento. Apesar disso, ou talvez mesmo por isso, era a personificação viva e impressionante da desagregação subterrânea e progressiva de um mundo ultrapassado, que jamais renasceria.

Em várias ocasiões, dirigi a conversa para os *numina*, principalmente para os ritos e as cerimônias. Sobre isso só pudera perceber alguma coisa, num lugarejo. No meio de uma rua animada, diante de uma cabana vazia, havia um lugar cuidadosamente varrido, de vários metros de diâmetro. No centro, via-se uma tanga de kauri, braceletes e argolas de tornozelo, além de brincos, fragmentos de vasos de toda espécie e um pau de escavar. Só pudemos saber que uma mulher morrera nessa cabana. Nada se falou acerca de alguma cerimônia fúnebre.

Durante a nossa sessão da palavra, as pessoas me asseguraram com ênfase que seus vizinhos do oeste eram gente "má". Quando alguém morria entre estes (meus interlocutores), o aviso era dado à aldeia mais próxima, e à noite o cadáver era transportado a meio caminho entre as duas aldeias. Do outro lado, toda espécie de presentes era trazida a esse mesmo lugar e, de manhã, o cadáver desaparecia. Insinuava-se claramente que o morto fora devorado pelos habitantes da outra aldeia. Mas entre os elgonyis nunca se fazia isso, diziam eles. É verdade que colocavam os cadáveres nas moitas e as hienas se encarregavam do enterro durante a noite. Um fato é certo: nunca encontramos um traço sequer de um enterro.

Nessa ocasião, entretanto, vim a saber que quando um homem morria, colocava-se o seu cadáver no chão, no meio da cabana. O *laibon* andava em torno do corpo, espalhando leite no chão, leite que levava num pote, murmurando: *Ayick Adhista, Adhista Ayick.*

Eu já conhecia o sentido dessas palavras, depois de um "encontro da palavra" memorável, que ocorrera pouco antes. Ao fim dessa frase, um velho gritara de repente: "De manhã, quando o Sol aparece, saímos de nossas cabanas, cuspimos nas mãos e as erguemos para o Sol." Pedi que me representassem e descrevessem a cerimônia, com precisão. Cuspiam ou sopravam vigorosamente nas mãos postas em frente à boca, voltando em seguida as palmas em direção ao Sol. Perguntei o que significava isso, por que faziam tal coisa, por que sopravam ou cuspiam nas mãos. Em vão. "Sempre fizemos isso", respondiam. Foi impossível obter alguma explicação e compreendi que, de fato, eles o faziam sem saber por quê. Não acham sentido algum nessa ação. Mas nós não cumprimos também cerimônias — acender uma árvore de Natal, esconder ovos de Páscoa etc. — sem saber ao certo por que o fazemos?

O velho disse que era essa a verdadeira religião de todos os povos. Todos os kevirondos, todos os buyandas, todas as tribos, tão longe quanto era possível ver do alto da montanha e infinitamente mais longe, todos veneravam Adhista, que é o Sol no momento em que se ergue. Só nesse instante ele era *mungu*, Deus. O primeiro crescente de ouro da lua nova na púrpura do céu do Oeste também é Deus. Mas só nesse momento, depois não.

Evidentemente nessa cerimônia dos elgonyis tratava-se de uma oferenda ao Sol, que é divino no nascente. Quanto à saliva, é a substância que, segundo a concepção primitiva, encerra a mana pessoal, a força salutar mágica e vital. A respiração é *roho* — em árabe *ruch*, em hebraico, *ruach*, em grego, *pneuma* —, vento e espírito. O ato significa, pois: "Ofereço a Deus minha alma viva." É uma prece muda, em gestos, que poderia muito bem significar "Senhor, ponho meu espírito entre Tuas mãos".

Além de Adhista, os elgonyis veneram também (como também viemos a saber) Ayik, que mora na terra e é um *sheitan* (demônio). É o criador da angústia, vento frio que açoita o viajante durante a noite. O velho assobiou uma espécie de motivo de Loki, motivo que mostrava o modo pelo qual Ayik desliza através das altas e misteriosas ervas do matagal.

Em geral, os homens da tribo acreditam que o Criador fez tudo bom e belo. Ele está acima do bem e do mal. É *m'zuri*, isto é, belo, e tudo o que faz é *m'zuri*.

Quando lhes perguntei: "E os animais daninhos, que matam o vosso gado?" Disseram-me: "O leão é bom e belo." "E as doenças terríveis?" Responderam: "Estás estendido ao Sol e isso é bom." Senti-me tocado por esse otimismo. Mas à noite, a partir das seis horas, percebi que essa filosofia cessava de repente. A partir do poente, reina um novo mundo; o mundo obscuro, o mundo de Ayik, do mal, do perigo, do medo. A filosofia otimista se apaga e começa uma filosofia de medo dos fantasmas, com práticas mágicas para afastar o mal. Com o nascente, volta o otimismo, sem que haja contradição interna.

Isso foi um acontecimento que me tocou profundamente; ouvir evocar, nas fontes do Nilo, a concepção egípcia primitiva dos dois acólitos de Osíris, Hórus e Seth: a experiência e representação original da África, que se espalhara, de algum modo, com as águas sagradas do Nilo, até a costa do Mediterrâneo. *Adhista*, Sol levante, princípio de luz, como Hórus; *Ayik*, princípio de sombra, criador da angústia.

Nesse simples ritual da morte, as palavras pronunciadas pelo *laibon* e a oferenda de leite unem os opostos, pois ele sacrifica simultaneamente aos dois; ambos têm o mesmo poder e a mesma importância, uma vez que o tempo de sua dominação, o dia e a noite têm visivelmente uma duração igual de 12 horas. O importante, porém, é o momento em que, com uma rapidez equatorial, o primeiro raio de luz surge como um projétil da obscuridade, a noite recua e cede lugar à luz cheia de vida.

A aurora, nessa latitude, era um acontecimento que sempre me subjugava. Era menos o jorrar, em si mesmo magnífico, dos primeiros raios, do que aquilo que se seguia. Logo depois do levante, eu me habituara a ficar sentado sob uma acácia guarda-sol, em minha cadeira de campo. Diante de mim, no fundo do pequeno vale, estendia-se uma fita de floresta virgem, de um verde sombrio, quase negro e, mais acima, do outro lado, aparecia a orla do planalto. Inicialmente, tudo era um violento contraste entre o claro e o escuro; depois, tudo tomava forma e contorno na luz que enchia todo o vale de uma claridade compacta. Mais acima, o horizonte irradiava uma luz branca. Pouco a pouco a luz ascendia, parecendo insinuar-se nos próprios objetos que se iluminavam por dentro e acabavam por ficar transparentes como vidros de cor, transformando tudo em cristal cintilante. O apelo do pássaro "tocador de sino" enchia o horizonte. Minha impressão, nesses momentos, era a de que me achava num templo. Era a hora mais sagrada do dia. Diante desse esplendor, eu experimentava uma admiração insaciável, ou melhor, um êxtase intemporal.

Perto do lugar em que me achava, havia um grande rochedo habitado por grandes macacos (babuínos, papiões). Todas as manhãs sentavam-se tranquilos, quase imóveis, no cume, do lado ensolarado do rochedo; mas durante o dia enchiam a floresta de barulho e de gritos agudos. Da mesma forma que eu, pareciam reverenciar o nascimento do Sol. Lembravam-me os grandes cinocéfalos do templo de Abu Simbel, no Egito, que repetem gestos de adoração. Contam sempre a mesma história: desde sempre veneramos o grande deus que salva o mundo, surgindo, como irradiante luz celeste, da grande obscuridade.

Nessa época, compreendi que, desde a origem, uma nostalgia de luz e um desejo inesgotável de sair das trevas primitivas habitam a alma. Ao cair a grande noite, tudo se impregna de profunda melancolia e de uma indizível nostalgia de luz. Isso se exprime nos olhos dos primitivos e pode ser visto também nos olhos dos animais. Há no olhar animal uma tristeza que nunca se sabe se está ligada profundamente à sua alma, ou se é o significado doloroso e pungente que emana do ser primitivo. Essa tristeza é a atmosfera da África, a experiência de sua solidão: as trevas dos primeiros tempos, um mistério maternal. Eis por que o nascimento do Sol, na manhã, é o acontecimento que subjuga os negros. O instante em que a luz se faz é Deus. Esse instante é liberador. É a experiência primitiva do momento vivido, que já se perde e esquece quando se pensa que o Sol é Deus. "Alegramo-nos de que a noite, hora em que os espíritos erram, tenha chegado ao fim!", dizem os nativos. Isso já é uma racionalização. Na realidade, pesa sobre o país uma obscuridade bem diferente da noite natural. É a noite psíquica primitiva, os inúmeros milhões de anos durante os quais tudo foi sempre tal como continua a ser hoje. A nostalgia da luz é a nostalgia da consciência.

Quando nossa felicíssima estada no monte Elgon se aproximava do fim, desarmamos com tristeza, nossas tendas e nos propusemos a voltar. Nessa época não podia imaginar que jamais reviveria uma experiência tão maravilhosa. Depois disso, porém, foram descobertas perto de Kakamégas jazidas de ouro; em meu país distante soprou o movimento Mao-Mao, e entre nós um brutal despertar interrompeu nosso sonho cultural. Descemos a vertente sul do monte Elgon. Modificava-se lentamente o caráter da paisagem. Montanhas mais altas, cobertas de espessas florestas virgens, desciam às planícies. Os nativos eram mais negros, seus corpos mais pesados e maciços, sem a elegância dos masaís. Chegamos ao país dos bugishus e ficamos algum tempo na casa de repouso, situada no alto, em Bunambale. De lá tínhamos a visão magnífica do vasto vale do Nilo. Continuamos o caminho até Mbala e alcançamos enfim Jinja, à beira do lago Vitória, em dois caminhões Ford. Carregamos as bagagens até o trem de bitola estreita que, de 15 em 15 dias, fazia o percurso até o lago Chioga. Um vapor de rodas, cuja caldeira era aquecida a lenha, transportou-nos, depois de alguns incidentes, a Masindiport. Lá, um caminhão levou as bagagens e chegamos a Masinditown, situada no planalto que separa o lago Chioga de Alberto Nyanza.

Numa aldeia que fica no caminho do lago Alberto a Rejâf, no Sudão, tivemos uma aventura inesquecível: o chefe local, homem alto, ainda jovem, apareceu com seu séquito. Eram os negros mais escuros que eu já tinha visto em minha vida. O grupo tinha um aspecto que não despertava confiança. O *mamur*[3] de Mimul nos dera três askaris para proteger-nos; mas logo vi que nem eles nem os *boys* se sentiam à vontade. Cada um deles só tinha três cartuchos para os fuzis. Dessa maneira, sua presença era apenas um gesto simbólico do governo.

Quando o chefe me propôs que organizássemos à noite um *n'goma* (dança), fiquei satisfeito com a ideia. Esperava assim que ficássemos em melhores termos com a tribo. À noite, quando todos já queriam dormir, ouvimos tocar tambor e soar as trompas, e logo apareceram cerca de sessenta homens, equipados militarmente, com lanças brilhantes, clavas e espadas, seguidos a distância por mulheres, crianças e mesmo bebês de colo que as mães traziam às costas. Era evidentemente uma enorme manifestação do clã. Apesar do calor (aproximadamente 34°) um fogo imenso foi aceso, em torno do qual as mulheres e as crianças formavam um círculo. Os homens ficavam perto delas, num círculo exterior, tal como aquele que eu observara certa vez junto a um bando de elefantes acossados. Eu não sabia absolutamente se devia alegrar-me ou sentir-me ameaçado pela chegada desse numeroso grupo. Procurei com os olhos nossos *boys* e soldados — tinham desaparecido, sem deixar vestígios! À guisa de *captatio benevolentiae* (para captar a benevolência) distribuí cigarros, fósforos, alfinetes. O coro dos homens começou a entoar poderosos cantos guerreiros, aos quais não faltava harmonia, e ao mesmo tempo começaram a bailar. As mulheres e crianças batiam os pés em torno da fogueira, os homens dançavam brandindo as armas em direção ao fogo e recuavam para avançar de novo, entoando um canto selvagem, com acompanhamento de tambores e ao som de trompas. Era uma cena selvagem e entusiasmadamente banhada pelo brilho do fogo e pela claridade mágica da lua. Meu amigo e eu saltamos para misturar-nos aos dançarinos. Dançando, eu brandia a única arma que possuía, um chicote de rinoceronte. Nos rostos radiantes pude ver que nossa participação era apreciada. O ardor dos dançarinos redobrava e todo o bando batia os pés, cantava e gritava, enquanto o suor escorria. Pouco a pouco, o ritmo da dança e dos tambores acelerou.

Sob a influência dessas danças e dessa música, os negros entram facilmente numa espécie de estado de possessão. Foi o que ocorreu. Mais ou menos às 11 horas o transbordamento começou e o espetáculo tornou-se, de repente, muito estranho. Os dançarinos formavam uma horda selvagem e eu começava a temer pelo fim de tudo aquilo. Fiz um sinal ao chefe, exprimindo que já era tempo de terminar, que ele devia partir com seu séquito a fim de que todos pudessem dormir. Mas ele queria dançar "mais uma vez, e ainda outra, e mais outra".

Lembrei-me de que um dos primos Sarasin, meus compatriotas, por ocasião de uma expedição às Celebes, havia sido atingido por uma lança perdida, durante um *n'goma* semelhante. Assim pois, sem me preocupar com os pedidos do chefe, reuni os homens, distribuí cigarros e fiz gestos e sinais para que fossem dormir. Depois, brandi com ar ameaçador, mas rindo ao mesmo tempo, meu chicote de rinoceronte; sem saber o que resultaria disso, comecei também a gritar a plenos pulmões, em suíço-alemão, que já era o bastante e que o melhor seria agora ir para a cama dormir. Eles observaram, naturalmente, que eu apenas simulava estar encolerizado; parece que era isso justamente o que convinha. Uma gargalhada geral se generalizou e, fazendo cabriolas, todos se separaram e se eclipsaram na noite, em todas as direções. Muito tempo ainda ouvimos seus gritos e seus tambores. Finalmente fez-se silêncio e, esgotados, mergulhamos no sono.

Em Rejâf, à beira do Nilo, terminou nossa expedição. Acomodamo-nos num vapor de rodas que, devido à baixa das águas, pudesse chegar em Rejâf. Sentia-me ainda cumulado por toda aquela riqueza que me fora dado viver. Era assaltado por mil pensamentos e constatava, com uma dolorosa lucidez, que minha aptidão para assimilar novas impressões e abarcar o mar sem praias de meus pensamentos chegava rapidamente ao fim. Isso me obrigou a passar em revista, mais uma vez, todas as minhas experiências e observações a fim de reter seus laços internos. Havia tomado nota de tudo o que merecia ser anotado.

Durante toda a viagem, meus sonhos haviam conservado com obstinação a tática de negar a África, tomando como ilustrações cenas do meu país; davam, assim, a impressão de que consideravam a viagem à África não como algo real, mas como um ato sintomático ou simbólico — se é lícito personificar a tal ponto os processos inconscientes. Esta hipótese se impôs, uma vez que os acontecimentos mais impressionantes da viagem pareciam intencionalmente excluídos de meus sonhos. Durante toda a viagem, só uma vez sonhei com um negro. Seu rosto me parecia singularmente conhecido, mas precisei refletir muito tempo antes de descobrir onde o havia encontrado. Lembrei-me finalmente de que era o meu barbeiro de Chattanooga, no Tennessee. Um negro americano! No sonho, ele segurava, perto de minha cabeça, um ferro bem quente de frisar, a fim de que meus cabelos ficassem *kinky*: queria que eu ficasse com cabelos crespos de negro. Eu já sentia a queimadura dolorosa no momento em que despertei, angustiado.

Considerei esse sonho uma advertência do inconsciente: no fundo, não estaria dizendo que tudo o que era primitivo constituía um perigo para mim? Nessa época estava mais perto do que nunca do *going black*. Eu sofria de um ataque de *sandfly fever* que, sem dúvida, diminuíra minha resistência psíquica. Para representar um negro ameaçador fora necessário, deixando de lado o presente, mobilizar uma lembrança de 12 anos atrás, a do meu barbeiro negro da América.

O estranho comportamento de meus sonhos corresponde, por outro lado, a um fenômeno já observado no curso da Primeira Guerra Mundial. Os soldados em luta sonhavam muito menos com a guerra do que com suas casas. Os psiquiatras militares admitiram, por princípio, retirar um homem do *front* se começasse a sonhar com muitas cenas de guerra; o que significaria não ter ele qualquer defesa psíquica contra as impressões vindas do exterior.

Paralelamente aos acontecimentos do exigente meio africano, uma linha interior foi conservada e realizada com sucesso em meus sonhos. Ela dizia respeito a meus problemas mais pessoais. A única conclusão que pude tirar foi esta: devia conservar intacta, em qualquer circunstância, minha personalidade europeia.

A perplexidade que tudo isso gerou fez nascer em mim a desconfiança de que empreendera a aventura africana com a secreta intenção de desembaraçar-me da Europa e de seus problemas, mesmo com o risco de permanecer na África como tantos outros, antes de mim. A viagem pareceu-me ser menos um estudo de psicologia primitiva (Bugishu Psychological Expedition B. P. E., letras impressas em preto nos *chop boxes!*) do que a tentativa de responder à perturbadora questão pessoal: o que vai acontecer ao psicólogo Jung *in the wilds of Africa*? Pergunta à qual procurava sempre fugir, apesar do projeto intelectual de examinar a reação de um europeu às condições de vida do mundo primitivo. Fiquei, portanto, muito admirado ao descobrir que não se tratava tanto de um estudo científico objetivo, mas de um problema pessoal agudo, ligado a muitos pontos dolorosos de minha própria psicologia. Precisei confessar que não era propriamente a Wembley Exhibition que fizera amadurecer em mim a decisão de fazer essa viagem, mas o fato de que a atmosfera na Europa estava ficando quase irrespirável para mim.

Enquanto esses pensamentos me agitavam, deslizava sobre as águas tranquilas do Nilo em direção ao Norte, rumo à Europa, ao futuro. A viagem terminou em Cartum. Lá começa o Egito. Dessa forma realizei o desejo e o projeto de aproximar-me dessa civilização, não vindo do Oeste, da Europa ou da Grécia, mas do Sul, do lado das fontes do Nilo. Mais do que pela influência complexa da Ásia, eu estava interessado pela influência hamítica na civilização egípcia. Esperara me instruir sobre isso, seguindo o curso geográfico do Nilo e também o do tempo. A maior revelação que tive a respeito foi o episódio concernente a Hórus, entre os elgonyis, tão claramente evocado pelo gesto de veneração dos babuínos de Abu Simbel, na porta sul do Egito.

O mito de Hórus é a história da luz divina que acaba de nascer. Esse mito foi expresso, depois da saída das trevas originais dos tempos pré-históricos, mediante a revelação, pela primeira vez, da salvação do homem pela cultura — isto é, pela consciência. Assim, a viagem do interior da África para o Egito tornou-se, para mim, como que o drama do nascimento da luz, estreitamente ligado a mim mesmo e à minha psicologia. Isso me trouxe um grande esclarecimento, mas não era aquele o momento de exprimi-lo em palavras. Não sabia, de antemão, o que a África me traria, mas ela detinha a resposta e a experiência satisfatória. Isso tinha mais valor, para mim, do que toda a coletânea etnológica, armas, adornos, cerâmicas, troféus de caça... Precisava saber qual seria a ação da África sobre mim, e soube.

ÍNDIA

Minha viagem à Índia (1938) não ocorreu apenas por minha iniciativa. Eu a devo ao governo inglês da Índia, que me convidou para assistir às festividades do 25º jubileu da Universidade de Calcutá.[4]

Já lera bastante sobre a filosofia indiana e me aprofundara na história religiosa desse país; estava profundamente convencido do valor da sabedoria oriental. Essa viagem significava, pois, uma excelente ocasião para tirar minhas próprias conclusões; dessa forma voltei-me para mim mesmo, como um homúnculo em sua retorta, a Índia me aflorou como um sonho pois estava à minha procura e continuava a me procurar, isto é, procurava minha própria verdade.

Essa viagem foi portanto um intervalo durante o período do meu intenso trabalho sobre a filosofia alquimista. Esse estudo não me dava tréguas: pelo contrário, incitou-me a levar comigo o primeiro volume do *Theatrum Chemicum* de 1602, que encerra os escritos mais importantes de Gerardus Dorneus. Durante a viagem estudei a fundo esse livro, do princípio ao fim. Dessa forma, uma peça fundamental e original do patrimônio do pensamento europeu foi constantemente confrontada com as impressões advindas da mentalidade e do gênio de uma civilização estrangeira. Esses dois mundos haviam nascido, em linha reta, das primeiras experiências psíquicas do inconsciente e, em seguida, haviam engendrado concepções intuitivas semelhantes ou análogas, ou pelo menos comparáveis.

Na Índia, encontrei-me pela primeira vez sob a influência direta de uma civilização estrangeira altamente diferenciada. Durante minha viagem pela África, impressões muito diversas — e não a civilização — foram determinantes. Na África do Norte nunca tive a chance de conversar com um homem que estivesse em condições de traduzir sua cultura em palavras. Agora, entretanto, apresentava-se a ocasião de falar com representantes da mentalidade indiana, e podia compará-la com a da Europa. Isso foi para mim da maior importância. Mantive longas conversas, cheias de interesse, com S. Subramanya Iyer, o guru do marajá de Mysore, de quem fui hóspede durante certo tempo, como muitas outras personalidades cujos nomes infelizmente esqueci. Mas evitei todos os possíveis encontros com os homens "santos". Evitei-os porque devia contentar-me com minha própria verdade, nada aceitando fora daquilo que pudesse atingir por mim mesmo. Teria tido a impressão de cometer um roubo se procurasse ser instruído pelos "santos", tomando sua verdade como se fosse a minha. A sabedoria deles lhes pertence; só me pertence aquilo que provém de mim mesmo. Na Europa, por um motivo ainda mais óbvio, nada posso emprestar do Oriente; preciso viver por mim mesmo, segundo o que me diz meu ser interior, ou segundo o que a natureza me traz.

Não subestimo de maneira alguma a figura densa de significado do "santo" indiano. Mas não tenho a presunção de poder apreciá-la como fenômeno isolado em seu justo valor. Por exemplo, não sei se a verdade que ele enuncia é uma revelação pessoal, que a ele pertence, ou se é um provérbio disseminado há milênios. Um incidente típico, ocorrido no Sri Lanka, volta-me à mente. Numa rua estreita, dois camponeses tiveram as rodas de seus carros encaixadas uma na outra. Em lugar da contenda que era de esperar, cada um deles murmurou contida e polidamente palavras tais como *adûkan anâtman*, cujo significado é: "perturbação passageira, nenhuma alma (individual)". Será essa atitude única, tipicamente hindu?

Na Índia o que me preocupou acima de tudo foi o problema da natureza psicológica do mal. Fiquei profundamente impressionado com a forma como esse problema se integra na vida do espírito indiano e, através dessa constatação, adquiri uma nova concepção. Analogamente, conversando com os chineses cultos, sempre fiquei impressionado em ver que era possível integrar aquilo que é considerado "mal", sem por isso "passar vergonha". Entre nós, no Ocidente, não ocorre o mesmo. Para um oriental, o problema moral não parece ocupar o primeiro plano, tal como ocorre conosco. Para ele, pertinentemente, o bem e o mal são integrados na natureza e, em suma, são apenas diferenças de grau de um único e mesmo fenômeno.

Espantava-me o fato de que a espiritualidade indiana contivesse tanto o bem quanto o mal. O cristão aspira pelo bem e sucumbe ao mal; o indiano, pelo contrário, sente-se fora do bem e do mal, ou procura obter esse estado pela meditação ou a ioga. Neste ponto, no entanto, é que surge minha objeção: numa tal atitude, nem o bem, nem o mal têm contornos próprios e isso leva a uma certa inércia. Ninguém acredita verdadeiramente no mal, ninguém acredita verdadeiramente no bem. Bem ou mal significam, no máximo, o que é o *meu* bem ou o *meu* mal, isto é, o que me parece ser bem ou mal. Poder-se-ia dizer, paradoxalmente, que a espiritualidade indiana é desprovida tanto do mal quanto do bem, ou, ainda, que se acha de tal forma oprimida pelos contrários, que precisa a qualquer custo do *nirdvandva*, isto é, da liberação dos contrastes e das dez mil coisas.

A meta do indiano não é atingir a perfeição moral, mas sim o estado de *nirdvandva*. Quer livrar-se da natureza e por conseguinte atingir pela meditação o estado sem imagens, o estado do vazio. Eu, pelo contrário, tendo a manter-me na contemplação viva da natureza e das imagens psíquicas, não quero desembaraçar-me nem dos homens, nem de mim mesmo, nem da natureza, pois tudo isso representa, a meus olhos, uma indescritível maravilha. A natureza, a alma e a vida me aparecem como uma expansão do divino. O que mais poderia desejar? Para mim, o sentido supremo do ser consiste no fato de que isso é, e não o fato de que isso não é ou não é mais.

Para mim não há liberação *à tout prix*. Não poderia desembaraçar-me de algo que não possuo, que não fiz nem vivi. Uma liberação real só é possível se fiz o que poderia fazer, se me entreguei totalmente a isso, ou se tomei totalmente parte nisso. Se me furtar a essa participação, amputarei de algum modo a parte de minha alma que a isso corresponde. É claro que essa participação pode me parecer demasiadamente penosa, e que eu tenha boas razões para não me entregar internamente a isso. Então, ver-me-ei constrangido a um *non possumus* e serei obrigado a reconhecer que talvez tenha omitido algo de essencial, que não cumpri uma tarefa. A consciência aguda de minha incapacidade compensa a ausência do ato positivo.

O homem que não atravessa o inferno de suas paixões também não as supera. Elas se mudam para a casa vizinha e poderão atear o fogo que atingirá sua casa sem que ele perceba. Se abandonarmos, deixarmos de lado, e de algum modo esquecermo-nos excessivamente de algo, correremos o risco de vê-lo reaparecer com uma violência redobrada.

Em Konarak (Orissa), encontrei um *pandit* que me guiou e instruiu por ocasião de uma visita ao templo e ao grande "Templo-carro". Da base ao cume o pagode é coberto de esculturas obscenas e refinadas. Conversamos demoradamente sobre esse fato insólito; meu guia explicou que se tratava de um meio de atingir a espiritualização. Objetei — mostrando um grupo de camponeses jovens que olhavam essas maravilhas, de boca aberta — que eles não pareciam a caminho da espiritualização, mas que se comprazíam em fantasias sexuais. Ao que meu interlocutor respondeu: "Mas é justamente disso que se trata! Como poderiam eles se espiritualizar, se não realizassem primeiro o seu carma? As imagens obscenas aí estão para lembrar-lhes seu darma (lei); de outro modo, esses inconscientes poderiam esquecê-lo!"

Achei bizarro que ele acreditasse que tais jovens — como animais fora do cio — pudessem esquecer sua sexualidade. Mas meu sábio acompanhante permaneceu inflexível, sustentando que, inconscientes como animais, eles deviam ser advertidos com ênfase. Daí a decoração exterior lembrar-lhes o seu darma, antes de entrarem no templo: se não tomassem consciência dele e o cumprissem não poderiam participar de nenhuma espiritualização.

Quando ultrapassamos o portal do templo, meu companheiro chamou-me a atenção para as "sedutoras" estátuas de duas dançarinas que, com um movimento tentador das ancas, acolhiam graciosamente o visitante. "Veja o senhor estas dançarinas", disse ele; "elas têm o mesmo significado. Naturalmente isso não nos diz respeito, pois já atingimos um grau de consciência superior. Mas para os jovens camponeses representam uma advertência e um ensinamento indispensáveis".

Quando saímos do templo e enquanto caminhávamos ao longo de uma aleia de *lingam*, disse de repente: "O senhor está vendo estas pedras? Sabe o que significam? Vou confiar-lhe um grande segredo!" Eu estava admirado, pois me parecia evidente que qualquer criança compreenderia a natureza fálica desses monumentos. Ele, porém, murmurou-me ao ouvido com a maior seriedade: "*These stones are man's private parts.*" Eu esperava que ele dissesse que as pedras representavam o grande deus Shiva. Olhei-o, boquiaberto, mas ele abanou gravemente a cabeça, como se quisesse dizer: "Sim, é isso mesmo! Sua ignorância de europeu nunca o descobriria."

Quando contei essa história a Heinrich Zimmer, ele exclamou maravilhado: "Enfim ouço algo de real sobre a Índia!"[5]

Nunca pude esquecer-me das *stupas* de Sânchi: impressionaram-me com uma força inesperada e despertaram em mim a emoção que sinto normalmente, ao descobrir alguma coisa, pessoa ou ideia cujo significado ainda permanece inconsciente. As *stupas* elevam-se sobre uma colina rochosa à qual se chega por um atalho agradável, feito de lajes de pedra numa planície verdejante. São monumentos funerários ou relicários de forma semiesférica, de acordo com o ensinamento de Buda, no *Mahâ-parinibbânasûtta*. Eles foram fielmente restaurados pelos ingleses. O maior desses monumentos é cercado de um muro com quatro pórticos trabalhados. Entrando-se por um deles, o caminho dobra à esquerda, conduzindo a um deambulatório que gira no sentido dos ponteiros de um relógio. Nos quatro pontos cardeais erguem-se estátuas do Buda. Ao terminar uma volta completa, chega-se a um segundo caminho circular, mais alto, e que gira no mesmo sentido. O vasto panorama que domina a planície, as próprias *stupas*, as ruínas do templo, o silêncio e a solidão desse lugar sagrado formam um conjunto indescritível, que me impressionou profundamente. Nunca antes me senti de tal modo fascinado por um lugar. Separei-me de meus companheiros para entregar-me totalmente àquela atmosfera.

Depois de algum tempo ouvi ao longe golpes ritmados de gongos que se aproximavam. Era um grupo de peregrinos japoneses que, em fila, caminhavam batendo num pequeno gongo. Escandiam assim a antiga prece: *Om mani padme houm*, o golpe do gongo soando na última palavra. Prostraram-se diante das *stupas* e entraram depois pelo portal. Prostraram-se novamente diante da estátua do Buda e entoaram uma espécie de canto coral. Em seguida deram duas voltas completas no deambulatório cantando um hino diante de cada estátua do Buda. Enquanto olhava, meu espírito também os acompanhava, e algo em mim lhes agradecia silenciosamente do fundo do coração por terem vindo em ajuda de sentimentos que eu não podia concatenar.

Tal comoção indicava que a colina de Sânchi representava para mim algo de central. Lá, o budismo revelou-se a mim numa nova realidade. Compreendi a vida do Buda como a realidade do si mesmo que penetrara uma vida pessoal e a reivindicara. Para o Buda, o si mesmo está acima de todos os deuses. Ele representa a essência da existência humana e do mundo em geral. Enquanto *unus mundus*, ele engloba tanto o aspecto do ser em si como aquele que é reconhecido e sem o qual não há mundo. O Buda certamente viu e compreendeu a dignidade cosmogônica da consciência humana; por isso via nitidamente que se alguém conseguisse extinguir a luz da consciência, o mundo se afundaria no nada. O mérito imortal de Schopenhauer foi o de ter compreendido ou redescoberto esse fato.

Cristo também — como o Buda — é uma encarnação do si mesmo, mas num sentido muito diferente. Ambos dominaram o mundo em si mesmos: o Buda, poder-se-ia dizer, mediante uma compreensão racional; o Cristo, tornando-se vítima segundo o destino; no cristianismo, o principal é sofrer, enquanto no budismo o mais importante é contemplar e fazer. Um e outro são justos, mas no sentido hindu o homem mais completo é o Buda. Ele é uma personalidade histórica e, portanto, mais compreensível para o homem. O Cristo é, ao mesmo tempo, homem histórico e Deus, e, por conseguinte, mais dificilmente acessível. No fundo, ele sabia apenas que devia sacrificar-se, tal como lhe fora imposto do fundo de seu ser. Seu sacrifício aconteceu para ele tal como um ato do destino. Buda agiu movido pelo conhecimento, viveu sua vida e morreu em idade avançada. É provável que a atividade de Cristo, enquanto Cristo, se tenha desenrolado em pouco tempo.[6]

Mais tarde, produziu-se no budismo a mesma transformação que no cristianismo: Buda tornou-se então a *imago* da realização do si mesmo, um modelo que se imita, pois, como disse ele, todo indivíduo que vence a cadeia dos nidanas pode tornar-se um iluminado, um Buda.

Acontece o mesmo com o cristianismo. Cristo é um modelo que vive em cada cristão, expressão de sua personalidade total. Mas a evolução histórica conduziu à *imitatio Christi*, segundo a qual o indivíduo não segue o caminho de seu próprio destino para a totalidade, mas, pelo contrário, tenta imitar o caminho que Cristo seguiu. Da mesma forma, no Oriente isso conduziu a uma fiel imitação do Buda. O fato de que o Buda se tenha tornado um modelo a ser imitado era, em si, uma debilitação de sua ideia, exatamente como a *imitatio Christi* é uma antecipação da detenção fatal da evolução da ideia cristã. Buda, pela virtude de sua compreensão, elevava-se acima dos deuses do bramanismo; do mesmo modo, Cristo podia gritar aos judeus: "Vós sois deuses!" (João, X, 34); mas os homens foram incapazes de compreender o sentido dessas palavras. Pelo contrário: o Ocidente chamado "cristão" caminha a passos de gigante para a possibilidade de destruir o mundo, em lugar de construir um mundo novo.[7]

Fui honrado, na Índia, com três diplomas de doutorado: Allahabad, Bénarès e Calcutá — o primeiro representa o islã, o segundo o hinduísmo e o terceiro a medicina e as ciências naturais indo-britânicas. Era um pouco demais, e tive a necessidade de repousar. Uma permanência de dez dias num hospital foi providencial quando tive em Calcutá uma crise de disenteria. Foi uma pequena ilha abençoada no mar inesgotável de minhas impressões; nele encontrei o chão, o ponto de apoio de onde pude considerar as dez mil coisas e seu turbilhão perturbador, as alturas e profundezas, as maravilhas da Índia e sua miséria indescritível, sua beleza e obscuridade.

Restabelecido, voltei para o hotel e tive então um sonho característico. Ei-lo: estava numa ilha desconhecida, provavelmente perto da costa sul da Inglaterra, em companhia de alguns amigos e conhecidos de Zurique. A ilha era estreita, pequena e quase desabitada, e se estendia perto de trinta quilômetros na direção norte-sul. Na costa rochosa, ao sul, elevava-se um castelo medieval, no pátio do qual formávamos um grupo de turistas. Diante de nós erguia-se uma imponente torre; através de seu portal podia-se ver uma larga escada de pedra e perceber que desembocava numa sala de colunas, fracamente iluminada pela chama das velas. Ouvi dizer que era o castelo do Graal e que à noite haveria uma "celebração do Graal". Essa informação parecia ter um caráter secreto, pois um professor alemão que se encontrava entre nós, extremamente parecido com o velho Mommsen, nada sabia a respeito. Tive com ele uma conversa muito animada e fiquei impressionado com sua erudição e brilhante inteligência. Mas havia um detalhe que me perturbava: ele falava sem cessar de um passado morto e expunha sabiamente as relações entre as fontes inglesas e francesas da história do Graal. Aparentemente não tinha consciência do sentido da lenda nem percebia sua presença viva, o que não acontecia comigo. Dava a impressão de ignorar também o ambiente imediato e real: comportava-se como se falasse numa sala de aula, diante de estudantes. Procurei inutilmente chamar sua atenção para a situação particular em que estávamos. Ele não via a escada nem as luzes de festa na sala.

Um tanto desamparado, olhei em torno de mim e descobri que me achava contra a parede de uma alta dependência do castelo, cuja parte inferior parecia coberta por uma latada. Não era de madeira, como acontece em geral, mas de ferro negro, artisticamente trabalhado, em forma de vinha com folhas, sarmentos e cachos de uvas. De dois em dois metros, nos ramos horizontais, havia casinhas parecendo pequenos nichos, também de ferro. De repente, percebi uma agitação na folhagem; pensei que fosse um rato, mas logo vi nitidamente um homenzinho encapuzado em ferro, um *cucullatus* que passava de uma casinha para a outra. "Pois bem!", disse em voz alta, admirado, dirigindo-me ao professor, "o senhor está vendo...".

Houve um hiato no sonho e a cena mudou. Nós nos encontrávamos — o mesmo grupo de antes, menos o professor — fora do castelo, num lugar rochoso, sem árvores. Eu sabia que algo ia acontecer, pois o Graal ainda não se achava no castelo e sua festa deveria ser naquela mesma noite. Dizia-se que ele estava ao norte da ilha, escondido numa casinha desabitada, a única que havia lá. Pensei que devíamos ir buscá-lo; num pequeno grupo de seis pessoas, pusemo-nos a caminho, rumo ao norte.

Depois de uma caminhada extenuante que durou várias horas, chegamos à parte mais estreita da ilha; descobri que um braço de mar a dividia em duas metades. Em sua parte mais estreita, a largura do braço de mar era mais ou menos de cem metros. O sol se pusera, caía a noite. Fatigados, deitamo-nos no chão. Não havia mais ninguém nesse lugar deserto. Nem árvores nem moitas; apenas ervas e rochedos, sem nenhuma ponte, nenhum barco! O frio era intenso e meus companheiros adormeceram um a um. Refleti sobre o que deveria fazer e cheguei à conclusão de que devia atravessar o canal a nado em busca do Graal. Quando ia me despir, acordei.

Mal tinha me livrado da esmagadora multiplicidade das impressões da Índia, e esse sonho essencialmente europeu se manifestou. Dez anos antes já constatara que, na Inglaterra, em muitos lugares, o mito do Graal era ainda bem vivo apesar de toda a erudição acumulada em torno de suas lendas e seus poemas. Isso me impressionara ainda mais, porquanto a concordância entre o mito poético e as afirmações da alquimia sobre *unum vas, una medicina, unus lapis* se tornara evidente para mim. Os mitos esquecidos pelo dia continuavam a ser contados de noite e figuras poderosas, que a consciência banaliza e reduz a futilidades ridículas, eram revivificadas e reanimadas pelas visões premonitórias dos poetas. Por isso, se bem que "sob outra forma", elas podem ser reconhecidas por um ser que medita. Os grandes de outrora não morreram como nós imaginamos; apenas mudaram de nome. "De tamanho pequeno, mas grande pelo poder", o Cabiro encapuzado entra numa nova casa.

O sonho apagou decididamente todas as impressões hindus, intensas como eram; entreguei-me a preocupações negligenciadas há muito tempo, que interessam ao Ocidente e que outrora se exprimiam pela busca do Santo Graal, assim como pela busca da "pedra filosofal". Fui arrebatado ao mundo da Índia e advertido de que ela não era minha tarefa, mas simplesmente uma etapa do caminho — certamente importante — e que devia me aproximar de minha meta. Era como se o sonho me perguntasse: "Que fazes nas Índias? É melhor que procures para teus semelhantes o cálice da salvação, *salvator mundi* de que tens tanta necessidade. Não estás a ponto de demolir tudo o que os séculos construíram?"

No Sri Lanka recolhi as últimas impressões de minha viagem. Já não é mais a Índia, mas o mar do Sul; esse país evoca um pouco o paraíso onde não podemos demorar muito tempo. Colombo é um porto internacional ativo, sobre o qual se precipitam trombas-d'água do céu sereno, entre as cinco e as seis horas: deixamo-lo para trás a fim de alcançar as colinas do interior onde está Kandy, a velha cidade real, envolta por uma neblina difusa que mantém a vegetação luxuriante em sua morna umidade. O templo de Dalada-Maligawa, que conserva a relíquia do dente sagrado de Buda, é pequeno, mas de uma beleza singular. Passei bastante tempo na biblioteca, em conversas com os monges, e contemplei os textos do cânone budista, gravados sobre folhas de prata.

Assisti nesse templo a uma inesquecível cerimônia da tarde. Moços e moças espalhavam grandes braçadas de flores de jasmim diante dos altares, cantando docemente uma prece: um mantra. Pensei que implorassem ao Buda, mas o monge que me acompanhava explicou: "Não, o Buda não existe mais! Não é possível invocá-lo, pois está no nirvana." Eles cantam: "Efêmera como a beleza destas flores é a vida. Que meu Deus partilhe comigo o mérito desta oferenda."[8] Esse canto de jovens é tipicamente hindu.

Como prelúdio à cerimônia, houve uma hora de concerto de tambor no *mandapam* ou vestíbulo dos templos hindus. Havia cinco tocadores de tambor, um em cada canto da sala quadrada, e o quinto — um belo jovem — no centro. Era o solista, verdadeiramente virtuoso em sua arte. O torso, brilhante e escuro, estava nu; usava um cinto vermelho, uma *shoka* branca (camisa longa que chega aos pés), um turbante branco; os braços estavam cobertos de braceletes faiscantes; colocou-se com seu duplo tambor aos pés do Buda de ouro, a fim de "fazer a oferenda da música"; lá, só, com belos movimentos do corpo e das mãos, ele tamborilava uma estranha melodia, com arte perfeita. Eu o via de costas. Ele se mantinha diante da entrada do *mandapam*, enquadrada de pequenas lâmpadas a óleo. O tambor fala numa língua original ao ventre ou ao plexo solar: este "não implora", mas engendra o *mantra* "meritório" ou a expressão meditativa. Não se trata, pois, da veneração de um buda não existente, mas de um dos inúmeros atos de redenção de si mesmo do homem desperto.

No início da primavera, comecei a viagem de retorno, de tal modo subjugado por minhas impressões que não desci em Mumbai, mas permaneci mergulhado nos meus textos alquimistas latinos. Entretanto, as Índias deixaram vestígios em mim que vão de um infinito a outro.

RAVENA E ROMA

Em 1913, quando fui pela primeira vez a Ravena, fiquei profundamente impressionado com o monumento funerário de Galla Placidia; pareceu-me significativo e singularmente fascinante. Vinte anos mais tarde, numa segunda visita, fui tomado pelo mesmo sentimento. Novamente o túmulo despertou em mim uma estranha e intensa impressão. Estava em companhia de uma senhora minha conhecida, e fomos do mausoléu diretamente ao batistério dos ortodoxos.

O que me chamou a atenção em primeiro lugar foi a doce luz azul que banhava a sala. Não fiquei intrigado, nem me perguntei sobre sua *origem*, nem me detive no fato de não haver uma origem para aquela luz. Fiquei, sem dúvida, admirado de ver em lugar das janelas de que me lembrava ter visto anteriormente quatro grandes afrescos em mosaicos, de uma beleza indescritível. Julguei que os havia esquecido completamente e fiquei aborrecido com a infidelidade da minha memória. O mosaico da face sul representava o batismo no Jordão; uma segunda imagem, do lado norte, representava os filhos de Israel atravessando o mar Vermelho; a terceira, a leste, logo se apagou em minha lembrança. Representava talvez Naaman no Jordão, lavado de sua lepra. A velha Bíblia de Merian que tenho em minha biblioteca contém uma representação semelhante desse milagre. O quarto mosaico, a oeste do batistério, e que olhamos em último lugar, era o mais impressionante. Representava o Cristo estendendo a mão a São Pedro prestes a desaparecer nas águas. Nós nos detivemos pelo menos vinte minutos diante desse mosaico e discutimos sobre o rito original do batismo e principalmente sobre a espantosa concepção do batismo, iniciação comportando real perigo de morte. Em tais iniciações era muitas vezes necessário que a vida fosse posta em risco, o que exprimia a ideia arquetípica da morte e do renascimento. Assim, na origem, o batismo consistia numa verdadeira imersão que evocasse, pelo menos, o perigo do afogamento.

Até hoje conservo a mais nítida lembrança do mosaico representando São Pedro afundando nas ondas; cada detalhe se apresenta diante de meus olhos: o azul do mar, as pedras do mosaico e as palavras saindo da boca de Cristo e de São Pedro que eu tentava decifrar. Ao sair do batistério fui logo comprar em Alinari as reproduções dos mosaicos; foi impossível encontrá-las. Como não tivesse muito tempo — tratava-se de uma visita rápida —, adiei essa compra, pretendendo encomendá-las de Zurique.

Na volta pedi a um conhecido que estava embarcando para Ravena que procurasse as gravuras. Mas ele não conseguiu encontrá-las, pois constatou que os mosaicos absolutamente não existiam!

Enquanto isso eu falei num seminário sobre a concepção primeira do batismo como iniciação e mencionei os mosaicos do batistério dos ortodoxos.[9] Tenho ainda gravadas na memória todas as figuras desses mosaicos. A amiga que me acompanhou recusou-se por muito tempo a acreditar que aquilo que vira "com seus próprios olhos" não existia.

É conhecida a dificuldade que há em determinar em que medida duas pessoas veem no mesmo momento a mesma coisa. Nesse caso, entretanto, pude averiguar suficientemente que ambos vimos basicamente a mesma coisa.

Esta experiência de Ravena é uma das ocorrências mais singulares da minha vida. Impossível explicá-la. Um acontecimento da história da imperatriz Galla Placidia (morta em 450) pode esclarecer algo. Por ocasião de uma travessia de Bizâncio a Ravena em pleno inverno, sobre um mar encapelado, ela fez a promessa de construir uma igreja onde seriam representados os perigos do mar, se conseguisse se salvar. Cumpriu a promessa mandando construir em Ravena a basílica de San Giovanni, que fez decorar de mosaicos. No princípio da Idade Média San Giovanni foi destruída por um incêndio com todos os seus mosaicos. Mas na Ambrosiana de Milão encontra-se ainda o esboço de um desenho representando Galla Placidia num barco. Admirado, interessei-me em saber qual poderia ter sido a vida desta mulher de inteligência e cultura superiores, ao lado de um príncipe bárbaro. Seu túmulo parecia ser o último vestígio pelo qual eu poderia ainda atingir a sua personalidade. Seu destino e maneira de ser tocavam-me muito; minha *anima* encontrava em sua natureza intensa expressão histórica que lhe convinha. Através dessa projeção fora atingido o elemento intemporal do inconsciente e essa atmosfera onde o milagre da visão se torna possível. Este, no momento em que ocorreu, em nada se distinguia da realidade.[10]

A *anima* do homem é carregada de um caráter eminentemente histórico. Como personificação do inconsciente é embebida de história e pré-história. Encerra os conteúdos do passado e substitui no homem o que ele deveria conhecer de sua pré-história. Toda a vida que foi no passado e que nele ainda vive constitui a *anima*. Em relação a ela, sempre tive a impressão de ser um bárbaro que no fundo não tem história como um ser saído do nada sem passado nem futuro.

Por ocasião do confronto com a *anima* corri realmente os perigos que vi representados nos mosaicos. Podia afogar-me, mas tive a sorte de São Pedro que, pedindo socorro, foi salvo por Jesus. Poderia ter acontecido comigo o mesmo que ao exército do faraó. Mas como São Pedro e Naaman, escapei, e a integração dos conteúdos inconscientes contribuiu de modo essencial para a complementação de minha personalidade.

O que ocorre no ser que integra em sua consciência conteúdos antes inconscientes quase escapa à descrição discursiva. O único caminho possível se dá através da experiência. Não há dúvida de que se trata de algo subjetivo.

Minha experiência no batistério de Ravena deixou-me uma impressão profunda. A partir desse momento, sei que um conteúdo interior pode ter a aparência de um fato exterior e vice-versa. As paredes reais do batistério, que meus olhos físicos deviam ver, estavam recobertas e transformadas por uma visão tão real quanto as fontes batismais que também lá estavam inalteradas. Nesse momento o que era real?

Meu caso não é absolutamente o único no gênero; mas quando ocorre conosco algo de semelhante, não podemos deixar de tomá-lo mais a sério do que quando ouvimos falar a respeito, ou quando lemos o seu relato. Em geral, diante de tais relatos sempre lançamos mão de uma série de explicações. Em todo caso, cheguei à conclusão de que seria preciso observar muito o inconsciente antes de nos determos nesta ou naquela teoria.

Viajei muito na minha vida e sempre tive um desejo enorme de ir a Roma; mas não me sentia preparado para a impressão que poderia me causar. Pompeia já fora demasiado: quase ultrapassara minha capacidade de assimilação. Só a visitei depois que meus estudos de 1910 a 1912 me permitiram penetrar um pouco na psicologia da Antiguidade. Em 1912, ia por mar, de Gênova a Nápoles. Estava no convés do navio quando contornávamos a costa na altura de Roma. Lá atrás ficava Roma! O centro ainda fumegante e ardente das velhas civilizações, encerrado nas raízes entrelaçadas da Idade Média cristã e ocidental. Lá jazia ainda a viva Antiguidade em todo o seu esplendor e crueldade.

Os homens sempre me espantam quando vão a Roma como se fossem a Paris ou a Londres. Claro que é possível tirar dessas duas cidades um prazer estético. Mas quando, a cada passo, somos tocados até o fundo do nosso ser pelo espírito que já reinou num lugar, quando aqui um fragmento de muralha, e lá uma coluna, nos fixam com uma face imediatamente reconhecível, então é diferente! Já em Pompeia, coisas imprevistas tornaram-se conscientes e certos problemas foram colocados além do meu saber.

Em 1949, em idade já avançada, querendo retomar esse projeto negligenciado, tive uma síncope na hora de comprar a passagem. E o plano de uma viagem a Roma foi cancelado para sempre.

Visões

No início de 1944 fraturei um pé e logo depois tive um enfarte cardíaco. Durante a inconsciência tive delírios e visões que provavelmente começaram quando, em perigo de morte, administraram-me oxigênio e cânfora. As imagens eram tão violentas que eu próprio concluí que estava prestes a morrer. Disse-me minha enfermeira mais tarde: "O senhor estava como que envolvido por um halo luminoso." É um fenômeno que ela observara às vezes nos agonizantes. Eu tinha atingido o limite extremo e não sei se era sonho ou êxtase. Seja o que for, aconteceram coisas muito estranhas.

Parecia-me estar muito alto no espaço cósmico. Muito ao longe, abaixo de mim, eu via o globo terrestre banhado por uma maravilhosa luz azul. Via também o mar de um azul intenso e os continentes. Justamente sob os meus pés estava o Sri Lanka e na minha frente estendia-se o subcontinente indiano. Meu campo visual não abarcava toda a Terra, mas sua forma esférica era nitidamente perceptível e seus contornos brilhavam como prata através da maravilhosa luz azul. Em certas regiões, a esfera terrestre parecia colorida ou marchetada de um verde-escuro como prata oxidada. Bem longe, à esquerda, uma larga extensão — o deserto vermelho-alaranjado da Arábia. Era como se ali a prata tivesse tomado uma tonalidade alaranjada. Adiante o mar Vermelho e mais além, como no ângulo superior esquerdo de um mapa, pude ainda perceber uma nesga do Mediterrâneo. Meu olhar voltara-se sobretudo para essa direção, ficando o restante impreciso. Evidentemente via também os cumes nevados do Himalaia, mas cercados de brumas e nuvens. Não olhava "à direita". Sabia que estava prestes a deixar a Terra.

Mais tarde informei-me de que distância dever-se-ia estar da Terra para abarcar tal amplidão: cerca de 1.500 quilômetros! O espetáculo da Terra visto dessa altura foi a experiência mais feérica e maravilhosa da minha vida.

Após um momento de contemplação eu me voltei. Postara-me, por assim dizer, dando as costas ao oceano Índico com o rosto voltado para o norte. Parecia-me agora virar em direção ao sul. Algo de novo surgiu no meu campo visual. A uma pequena distância percebi no espaço um enorme bloco de pedra, escuro como um meteorito, quase do tamanho de minha casa, talvez um pouco maior. A pedra flutuava no espaço e eu também.

Vi pedras semelhantes nas costas do golfo de Bengala. São blocos de granito marrom-escuro, nos quais às vezes se escavavam templos. Minha pedra era também um desses escuros e gigantescos blocos. Uma entrada dava acesso a um pequeno vestíbulo; à direita, sobre um banco de pedra estava sentado na posição de lótus, completamente distendido e repousado, um hindu de pele bronzeada vestido de branco. Esperava-me sem dizer uma palavra. Dois degraus conduziam a esse vestíbulo: no interior, à esquerda, abria-se o portal do templo. Vários nichos cheios de óleo de coco em que ardiam mechas cercavam a porta de uma coroa de pequenas chamas claras. Isso eu realmente vira em Kandy na ilha do Sri Lanka, quando visitava o templo do Dente Sagrado; inúmeras fileiras de lâmpadas a óleo cercavam a entrada dele.

Quando me aproximei dos degraus pelos quais se chegava ao rochedo, ocorreu-me algo estranho: tudo o que tinha sido até então se afastava de mim. Tudo o que eu acreditava, desejava ou pensava, toda a fantasmagoria da existência terrestre se desligava de mim ou me era arrancada — processo extremamente doloroso. Entretanto alguma coisa subsistia, porque me parecia então ter ao meu lado tudo o que vivera ou fizera, tudo o que se tinha desenrolado a minha volta. Poderia da mesma maneira dizer: estava perto de mim, e eu estava lá; tudo isso, de certa forma, me compunha. Eu era feito de minha história e tinha a certeza de que era bem eu. "Eu sou o feixe daquilo que se cumpriu e daquilo que foi." Esta experiência me deu a impressão de uma extrema pobreza, mas ao mesmo tempo de uma extrema satisfação. Não tinha mais nada a querer nem a desejar; poder-se-ia dizer que eu era objetivo; era aquilo que tinha vivido. No princípio, dominava o sentimento de aniquilamento, de ser roubado ou despojado; depois, isso também desapareceu. Tudo parecia ter passado; o que restava era um fato consumado sem nenhuma referência ao que tinha sido antes. Nenhum pesar de que alguma coisa se perdesse ou fosse arrebatada. Ao contrário: eu tinha tudo o que era e tinha apenas isso.

Tive ainda uma outra preocupação: enquanto me aproximava do templo, estava certo de chegar a um lugar iluminado e de aí encontrar o grupo de seres humanos aos quais na realidade pertenço. Então finalmente compreenderia — isso também era para mim uma certeza — em que relação histórica me alinhava, eu ou minha vida. Eu saberia o que houvera antes de mim, porque me tornara o que sou e para o que minha vida tenderia. Minha vida vivida me apareceu frequentemente como uma história sem começo nem fim. Tinha o sentimento de ser uma perícope histórica, um fragmento ao qual faltasse o que o precede e o que se segue. Minha vida parecia ter sido cortada por uma tesoura numa longa corrente e na qual muitas perguntas tinham ficado sem resposta. Por que aconteceu isso? Por que trouxera comigo tais condições prévias? Que fizera eu dela? O que dela resultaria? Eu tinha certeza de que receberia uma resposta a todas essas perguntas assim que penetrasse no templo da pedra. Aí compreenderia por que tudo fora assim e não de outra maneira. Eu me aproximaria de pessoas que saberiam responder à minha pergunta sobre o antes e o depois.

Enquanto pensava nessas coisas, um fato atraiu minha atenção: de baixo da Europa ergueu-se uma imagem: era meu médico, ou melhor, sua imagem, circundada por uma corrente de ouro ou por uma coroa de louros dourada. Pensei imediatamente: "Ora veja! É o médico que me assistiu! Mas agora aparece em sua forma primeira, como um *Basileus de Cos*.[1] Durante sua vida fora um avatar desse *Basileus*, a encarnação temporal da forma primeira, que existe desde sempre. Ei-lo agora em sua forma original."

Sem dúvida eu também estava na minha forma primeira. Não cheguei a percebê-lo, somente imagino que deva ter sido assim. Quando ele chegou diante de mim, pairando como uma imagem nascida das profundezas, produziu-se entre nós uma silenciosa transmissão de pensamentos. Realmente meu médico fora delegado pela Terra para trazer-me uma mensagem: protestavam contra a minha partida. Não tinha o direito de deixar a Terra e devia retornar. No momento em que percebi essa mensagem a visão desapareceu.

Decepcionei-me profundamente; tudo parecia ter sido em vão. O doloroso processo de "desfolhamento" tinha sido inútil: não me fora permitido entrar no templo nem encontrar os homens entre os quais tinha o meu lugar.

Na realidade passaram-se ainda três semanas antes que me decidisse a viver; não podia alimentar-me, tinha aversão pelos alimentos. O espetáculo da cidade e das montanhas que via do meu leito de enfermo parecia uma cortina pintada com furos negros ou uma folha de jornal rasgada com fotografias que nada me diziam. Decepcionado, pensava:

"Agora é preciso voltar 'para dentro das caixinhas!'" Parecia, com efeito, que atrás do horizonte cósmico haviam construído artificialmente um mundo de três dimensões no qual cada ser humano ocupava uma caixinha. E de agora em diante deveria de novo convencer-me que viver nesse mundo tinha algum valor! A vida e o mundo inteiro se me afiguravam uma prisão e era imensamente irritante pensar que encontraria tudo na mesma ordem. Apenas experimentara a alegria de estar despojado de tudo e eis que de novo me sentia — como todos os outros homens — preso por fios dentro de uma caixinha. Quando estava no espaço não tinha peso e nada podia me atrair. E agora, tudo terminado! Sentia resistência contra meu médico porque ele me reconduzira à vida. Por outro lado, inquietava-me por ele: "Por Deus, ele está ameaçado! Não me apareceu sob a forma primeira? Quando alguém chega a essa forma é que está para morrer e desde então pertence à sociedade de 'seus verdadeiros semelhantes'." Repentinamente tive o terrível pensamento de que ele deveria morrer — no meu lugar! Procurei fazê-lo entender da melhor maneira, mas não me compreendeu. Então me aborreci. "Por que finge ignorar que é um *Basileus de Cos* e que já reencontrou a sua forma primeira? Quer me fazer acreditar que não sabe?" Isso me irritava. Minha mulher reprovou a falta de amabilidade que eu demonstrava em relação a ele. Ela tinha razão, mas ele me contrariava, recusando-me a falar de tudo o que vivêramos em minha visão. "Deus meu, é preciso que ele preste atenção! Não pode ficar tão despreocupado assim. Gostaria de falar-lhe a fim de que tomasse cuidado consigo." Era minha firme convicção de que ele estava em perigo porque eu o vira em sua forma original.

E, com efeito, fui seu último paciente. Em 4 de abril de 1944 — sei ainda exatamente a data — fui autorizado pela primeira vez a sentar-me à beira da cama e nesse mesmo dia ele se deitou para não mais se levantar. Soube que tivera um acesso de febre. Pouco depois morreu de septicemia. Era um bom médico; tinha algo de gênio, senão não teria aparecido sob os traços do príncipe de Cos.

Durante essas semanas o ritmo de minha vida foi estranho. Durante o dia sentia-me frequentemente deprimido, miserável e fraco e ousava com dificuldade fazer um movimento; melancolicamente pensava: "Agora preciso voltar a este mundo cinzento." De tarde, adormecia e o sono durava até perto da meia-noite. Então acordava e ficava desperto, talvez uma hora, mas num estado muito particular. Ficava como que num êxtase ou numa grande beatitude. Sentia-me pairando no espaço como que abrigado no meio do universo, num vazio imenso, embora pleno do maior sentimento de felicidade possível. Era a beatitude eterna; não se pode descrevê-la, é extraordinariamente maravilhosa, eu pensava.

Os que me cercavam também pareciam encantados. A essa hora da noite, a enfermeira tinha o hábito de esquentar minha refeição, porque somente então podia tomar algum alimento e comer com apetite. Durante certo tempo pareceu-me que a enfermeira era uma velha judia, muito mais velha do que de fato era, e que preparava pratos rituais. Quando a olhava, acreditava ver um halo azul em torno de sua cabeça. Eu próprio me encontrava nos *Pardes Rimmonim*, o jardim das romãs, e aí se celebrava o casamento de Tiphereth com Malchuth.[2] Ou então era como se eu fosse o rabino Simão ben Yochai, cujas bodas eram celebradas no além. Era o casamento místico tal como aparecia nas representações da tradição cabalística. Não poderia dizer o quanto tudo isso era maravilhoso. Eu não deixava de pensar: "É o jardim das romãs! É o casamento de Malchuth com Tiphereth!" Não sei exatamente que papel eu desempenhava na celebração. No fundo, tratava-se de mim mesmo: eu era o casamento, e minha beatitude era a de um casamento feliz.

Pouco a pouco a visão do jardim das romãs se dissipou e se transformou. A essa visão se sucedeu o "casamento do cordeiro", numa Jerusalém pomposamente ornamentada. Sou incapaz de descrever os pormenores. Eram inefáveis estados de beatitude com anjos e luzes. E eu próprio era o "casamento do cordeiro". Isso também se dissipou e deu lugar a uma última visão. Eu seguia um largo vale até o fundo, aos pés de uma suave cadeia de colinas; o vale terminava num anfiteatro antigo que se situava, admiravelmente, na paisagem verdejante. E nesse teatro desenrolava-se o *hieros gamos* (matrimônio sagrado): dançarinos e dançarinas apareceram e, sobre um leito ornado de flores, Zeus-Pai do universo e Hera consumavam o *hieros gamos* tal como está descrito na *Ilíada*.

Todas essas visões eram magníficas. Eu estava mergulhado, noite após noite, na mais pura beatitude, "no meio das imagens de toda a Criação". Pouco a pouco, os motivos se misturavam e empalideciam. Comumente as visões duravam aproximadamente uma hora, depois tornava a dormir e logo de manhã sentia: "De novo uma manhã cinzenta! Volta o mundo sem cor com seu sistema de alvéolos. Que estupidez! Que terrível loucura!" Esses estados interiores eram tão fantásticos que o mundo se me afigurava risível. À medida que retornava à vida, exatamente três semanas após a primeira visão, esses estados visionários cessaram completamente.

É impossível ter uma ideia da beleza e da intensidade do sentimento durante as visões. Foi o que vivi de mais prodigioso. E que contraste o dia! Vivia então atormentado e meus nervos estavam completamente esgotados. Tudo me irritava, tudo era muito material, grosseiro, pesado e espiritualmente limitado; tudo parecia artificialmente diminuído com uma finalidade desconhecida e, no entanto, parecia ter uma força hipnótica tão decisiva que era como se fosse a própria realidade, e ao mesmo tempo era claramente discernível sua insignificância. No fundo, a partir dessa época, apesar de recuperar minha crença no mundo, jamais me libertei totalmente da impressão de que "a vida" é esse fragmento da existência, que se desenrola num sistema universal de três dimensões com essa finalidade específica.

Tenho ainda uma lembrança precisa: no início, na época do jardim das romãs, pedia à irmã que me perdoasse caso sofresse algum dano; havia tal sacralidade no quarto que lhe poderia ser prejudicial. Naturalmente ela não compreendia. Para mim a presença do sagrado criava uma atmosfera mágica, no entanto, eu temia que fosse insuportável para outra. Era por esse motivo que me desculpava; pois nada podia fazer para evitá-lo. Foi então que compreendi por que dizem que um quarto recende a "odor de santidade". Era isso! Havia no espaço um *pneuma* de inefável santidade, do qual o *mysterium coniunctionis* era a manifestação.

Nunca pensei que se pudesse viver uma tal experiência, e que uma beatitude contínua fosse possível. Essas visões e esses acontecimentos eram perfeitamente reais. Nada havia de artificialmente forçado; pelo contrário, tudo era de extrema objetividade.

Teme-se usar a expressão "eterno"; não posso, entretanto, descrever o que vivi senão como a beatitude de um estado intemporal, no qual presente, passado e futuro são um só. Tudo o que ocorre no tempo concentrava-se numa totalidade objetiva. Nada estava cindido no tempo nem podia ser medido por conceitos temporais. Poder-se-ia, antes, evocar o que fora vivido como um estado afetivo, no entanto inimaginável. Como representar que vivi simultaneamente o ontem, o hoje e o amanhã? Havia o que ainda não começara, havia o mais claro presente e algo que já chegara ao fim e, no entanto, tudo era uma e única coisa. O sentimento só poderia apreender uma soma, uma brilhante totalidade na qual está contida à espera do que vai começar, tanto quanto a surpresa do que acaba de ocorrer e a satisfação ou a decepção quanto ao resultado do que já passou. Um todo indescritível no qual estamos mergulhados e que, no entanto, podemos perceber com plena objetividade.

Mais tarde, tive ainda uma vez ocasião de viver esta objetividade: foi depois da morte de minha mulher. Ela me apareceu em sonho como se fosse uma visão. Postara-se a alguma distância e me olhava de frente. Estava na flor da idade, tinha cerca de trinta anos e trajava o vestido que minha prima, a médium, lhe fizera, talvez o mais belo que jamais usara. Seu rosto não estava alegre nem triste, mas expressava conhecimento e saber objetivos, sem a menor reação sentimental, além da perturbação dos afetos. Sabia que não era ela, mas uma imagem composta ou provocada por ela em minha intenção. Nessa imagem estava contido o início de nossas relações, os acontecimentos de nossos 53 anos de casamento e também o fim de sua vida. Diante de tal totalidade permanecemos mudos pois dificilmente podemos concebê-la. A objetividade vivida nesse sonho e nas visões pertence à individuação que se cumpriu. Esta é desprendimento dos juízos de valor e do que nós designamos por liames afetivos. Em geral o homem atribui grande importância aos laços afetivos. Ora, estes encerram sempre projeções que é preciso retirar e recuperar para chegar ao si mesmo e à objetividade. As relações afetivas são relações de desejo e de exigências, carregadas de constrangimento e servidão: espera-se sempre alguma coisa do outro, motivo pelo qual este e nós mesmos perdemos a liberdade. O conhecimento objetivo situa-se além dos intrincamentos afetivos, e parece ser o mistério central. Somente ele torna possível a verdadeira *conjunctio*.

Depois dessa doença começou um período de grande produtividade. Muitas de minhas obras principais surgiram então. O conhecimento ou a intuição do fim de todas as coisas deram-me a coragem de procurar novas formas de expressão. Não tentei mais impor meu próprio ponto de vista, mas submetia-me ao fluir dos pensamentos. Os problemas apoderavam-se de mim, amadureciam e tomavam forma.

Minha doença teve ainda outras repercussões: elas consistiram, poder-se-ia dizer, numa aceitação do ser, num "sim" incondicional ao que é, sem objeções subjetivas, numa aceitação das condições da existência como as vejo e compreendo; aceitação do meu ser como ele é simplesmente. No início da doença sentia que minha atitude anterior tinha sido um erro e que eu próprio era de qualquer forma responsável pelo acidente. Mas quando seguimos o caminho da individuação, quando vivemos nossa vida, é preciso também aceitar o erro, sem o qual a vida não será completa: nada nos garante — em nenhum instante — que não possamos cair em erro ou em perigo mortal. Pensamos talvez que haja um caminho seguro; ora, esse seria o caminho dos mortos. Então nada mais acontece e em caso algum ocorre o que é exato. Quem segue o caminho seguro está como que morto.

Foi só depois da minha doença que compreendi o quanto é importante aceitar o destino. Porque assim há um eu que não recua quando surge o incompreensível. Um eu que resiste, que suporta a verdade e que está à altura do mundo e do destino. Então uma derrota pode ser ao mesmo tempo uma vitória. Nada se perturba, nem dentro nem fora, porque nossa própria continuidade resistiu à torrente da vida e do tempo. Mas isso só acontece se não impedirmos que o destino manifeste suas intenções.

Também compreendi que devemos aceitar os pensamentos que se formam espontaneamente em nós como uma parte de nossa própria realidade e isso fora de qualquer juízo de valor. As categorias do verdadeiro e do falso certamente sempre existem, mas porque não são constrangedoras ficam à margem. Porque a existência das ideias é mais importante do que seu julgamento subjetivo. Os julgamentos, entretanto, enquanto ideias existentes, não devem ser reprimidos, porque fazem parte da expressão da totalidade.

O que aqui está relatado são lembranças que estão na origem das reflexões que se seguem sobre o além e a vida depois da morte. Trata-se de imagens e pensamentos nos quais vivi, que me trabalharam e me preocuparam. De um certo modo constituem um dos fundamentos de minhas obras que, no fundo, são apenas tentativas renovadas de dar uma resposta à questão das interferências entre o "aquém" e o "além". Ora, jamais escrevi, *expressis verbis*, a respeito da sobrevivência, porque teria sido necessário justificar meus pensamentos e isso não é possível. Mas mesmo assim abordarei esse tema.

Ainda agora, a esse respeito, só posso narrar "histórias", contar fábulas, *mythologein*: "mitologizar". Talvez a proximidade da morte seja necessária para que se tenha a indispensável liberdade de abordar o assunto. Não desejo, nem deixo de desejar, que tenhamos uma vida após a morte e absolutamente não cultivo pensamentos dessa ordem, mas para não escamotear a realidade é preciso constatar que, sem que o deseje ou procure, ideias desse gênero palpitam em mim. São verdadeiras ou falsas? Eu ignoro, mas constato sua presença e sei que podem ser expressas desde que não as reprima constrangido por um preconceito qualquer. A ideia preconcebida é um entrave e prejudica a livre e plena manifestação da vida psíquica, a qual conheço e distingo pouco demais para querer corrigi-la, pretextando conhecê-la bem. A razão crítica parece ter há pouco eliminado, juntamente com numerosas outras representações míticas, também a ideia de uma vida após a morte. Essa eliminação foi possível porque os homens, hoje, se identificam frequentemente apenas com a consciência e imaginam ser apenas aquilo que conhecem de si próprios. Ora, todo homem que de leve suspeita o que seja a psicologia poderá facilmente imaginar que esse saber é muito limitado. O racionalismo e a doutrinação são doenças do nosso tempo; pretendem ter resposta para tudo. Entretanto, muitas descobertas que consideramos impossíveis — quando nos colocamos de um ângulo limitado — serão ainda feitas. Nossas noções de espaço e tempo são apenas relativamente válidas; deixam aberto um vasto campo de variações absolutas ou relativas. Levando em conta tais possibilidades, presto viva atenção aos estranhos mitos da alma; observo o que se passa comigo e o que me acontece, estejam em concordância ou não com meus pressupostos teóricos.

Infelizmente, o lado mítico do homem encontra-se hoje frequentemente frustrado. O homem não sabe mais fabular. E com isso perde muito, pois é importante e salutar falar sobre aquilo que o espírito não pode apreender, tal como uma boa história de fantasmas, ao pé de uma lareira e fumando cachimbo.

O que significam "na realidade" os mitos ou as histórias de uma sobrevida, ou qual a realidade que aí se dissimula, certamente não sabemos. Não podemos estabelecer se têm qualquer justificativa além do seu indubitável valor de projeção antropomórfica. É preciso claramente consentir que não existe nenhuma possibilidade de chegar-se a uma certeza nesses assuntos que ultrapassam nossa compreensão.

De maneira alguma podemos representar um mundo cujas circunstâncias fossem totalmente diferentes das nossas, porque vivemos num mundo determinado que contribui para constituir e condicionar nosso espírito e nossos pressupostos psíquicos. Somos estreitamente limitados por nossa estrutura inata e é por isso que estamos, pelo ser e pelo pensamento, ligados a este mundo que é o nosso. O homem mítico reivindica certamente "algo além", mas o homem na sua responsabilidade científica não pode dar-lhe assentimento. Para a razão, o fato de "mitologizar" (*mythologein*) é uma especulação estéril, enquanto para o coração e a sensibilidade essa atividade é vital e salutar: confere à existência um brilho ao qual não se quereria renunciar. Nenhuma motivação seria suficiente, aliás, para justificar essa renúncia.

A parapsicologia aceita como prova cientificamente válida da continuidade da vida após a morte o fato de que um morto pode manifestar-se — seja como aparição, seja através de um médium — e comunicar fatos de que só ele tinha conhecimento. Mesmo que haja casos bem confirmados as questões ficam em aberto, isto é, se a aparição ou a voz são exatamente idênticas às do morto ou se são projeções psíquicas, ou ainda se as comunicações são verdadeiramente do morto ou se se originam de um saber presente no inconsciente.[1]

Apesar dos argumentos razoáveis contra uma certeza neste domínio, é preciso não esquecer que para a maior parte dos homens é de grande importância supor que sua existência atual terá uma continuidade indefinida após a morte. Vivem então mais razoavelmente, comportam-se melhor e permanecem mais tranquilos. Acaso não temos séculos e séculos à nossa frente e não dispomos de uma duração infinita? Então para que essa precipitação que não tem sentido?

Naturalmente nem todos pensam assim. Há pessoas que não sentem nenhuma necessidade de imortalidade e que se arrepiam à ideia de ficar durante milênios sentadas numa nuvem, tocando harpa! Também há outros — e são numerosos — tão maltratados pela vida e que experimentam tal desgosto pela própria existência, que um fim absoluto lhes parecerá bem mais desejável do que qualquer forma de continuidade. Mas na maior parte dos casos, a questão da imortalidade é tão premente, tão imediata, tão enraizada, que urge tentar uma concepção a esse respeito. Como será isso possível?

Minha hipótese é de que podemos alcançar esse propósito graças às alusões que nos envia o inconsciente como, por exemplo, nos sonhos. Frequentemente recusamo-nos a levar a sério essas indicações porque estamos convencidos de que não há resposta à questão. A esse ceticismo, bem compreensível, aliás, oponho as seguintes sugestões: se nos é impossível penetrar na essência de um fenômeno, devemos renunciar a fazer dele um problema intelectual. Ignoro por quais razões surgiu o universo e nunca o saberei. Devo renunciar então a transformar essa questão num problema científico e intelectual. Mas se uma ideia se oferece a mim, sobre este assunto — por exemplo no decorrer dos sonhos e nas tradições míticas —, devo então conceder-lhe atenção: devo mesmo ter bastante audácia para edificar uma concepção a seu respeito, mesmo que permaneça para sempre como uma hipótese impossível de ser verificada.

O homem deve provar que fez o possível para formar uma concepção ou uma imagem da vida após a morte — ainda que seus esforços sejam confissão de impotência. Quem não o fez sofreu uma perda. Porque a instância interrogativa que fala nele é uma herança muito antiga da humanidade, um arquétipo, rico de uma vida secreta que desejaria juntar-se à nossa vida para perfazê-la. A razão nos impõe limites muito estreitos e apenas nos convida a viver o conhecido — ainda com bastantes restrições — e num plano conhecido, como se conhecêssemos a verdadeira extensão da vida. Na realidade, nossa vida, dia após dia, ultrapassa em muito os limites de nossa consciência e, sem que saibamos, a vida do inconsciente acompanha a nossa existência. Quanto maior for o predomínio da razão crítica, tanto mais nossa vida se empobrecerá;

e quanto mais formos aptos a tornar consciente o que é mito, tanto maior será a quantidade de vida que integraremos. A superestima da razão tem algo em comum com o poder de estado absoluto: sob seu domínio o indivíduo perece.

O inconsciente nos dá uma oportunidade, pelas comunicações e alusões metafóricas que oferece. É também capaz de comunicar-nos aquilo que, pela lógica, não podemos saber. Pensemos nos fenômenos de sincronicidade, nos sonhos premonitórios e nos pressentimentos!

Um dia eu voltava de Bollingen para casa, por ocasião da Segunda Guerra Mundial. Trouxera um livro, mas não me foi possível lê-lo porque no momento em que o trem partia, a imagem de um homem que se afogava se impôs ao meu espírito; era a lembrança de um acidente que ocorrera na época do meu serviço militar. Durante todo o trajeto não pude desfazer-me da imagem. Estava exageradamente inquieto e perguntava a mim mesmo: O que se passou? Aconteceu alguma desgraça?

Em Erlenbach desci do trem e entrei em casa, sempre perseguido por essa lembrança e por minha inquietação. No jardim encontrei os filhos de minha segunda filha. Ela estava morando conosco, tendo vindo de Paris por causa da guerra. Todos pareciam um pouco atordoados, e quando perguntei "O que está acontecendo?", disseram que Adriano, o menor, caíra na água, no abrigo do barco. A água aí já era bastante profunda e, como não sabia nadar, quase se afogara. O irmão mais velho conseguira salvá-lo. O fato ocorreu exatamente no mesmo momento em que, no trem, eu fora assaltado pela lembrança.

O inconsciente dera-me um sinal. Por que não me poderia dar outras informações?

Vivi um episódio semelhante antes da morte de um membro da família de minha mulher. Sonhei, então, que o leito de minha esposa era um fosso profundo com paredes malcimentadas. Era um túmulo que despertava lembranças da Antiguidade. Ouvi nesse momento um profundo suspiro, como o de um agonizante. Uma forma que se assemelhava à de minha mulher ergueu-se da tumba e elevou-se nos ares. Trazia uma veste branca tecida de curiosos signos negros. Despertei, acordei também minha mulher e olhei o relógio. Eram três horas da manhã. O sonho era tão estranho que pensei imediatamente que podia anunciar um falecimento. Às sete horas chegou-nos a notícia de que uma prima de minha mulher falecera às três horas.

Frequentemente apenas se trata de uma premonição vaga e não de um saber antecipado. Foi assim que uma vez sonhei que participava de uma festa. Percebi minha irmã, o que me espantou bastante, pois morrera havia alguns anos. Um de meus amigos, também falecido, estava na recepção. Os outros convidados eram pessoas então vivas na época. Minha irmã se encontrava em companhia de uma senhora que eu conhecia muito bem, e já no próprio sonho concluíra que ela parecia como que tocada pela morte. Ela estava marcada, dizia a mim mesmo. No sonho sabia exatamente quem era essa senhora e que morava em Basileia. Quando desperto, embora tivesse o sonho inteiro diante de meus olhos e em toda sua vivacidade — não pude, apesar da melhor boa vontade do mundo, recordar-me de quem se tratava. Passava em revista todos os meus conhecidos de Basileia; esforçava-me, agindo assim, em descobrir alguma ressonância em mim. Em vão!

Algumas semanas mais tarde, recebi a notícia de que uma senhora de nossas relações fora vítima de um acidente fatal. Fiz imediatamente a ligação: era ela que vira em sonho sem que pudesse recordar-me. Tinha dessa senhora uma lembrança rica em pormenores: fora minha paciente durante muito tempo, até um ano antes de sua morte. Quando me esforçara para trazê-la à memória, sua imagem não aflorara no longo desfile de minhas relações de Basileia, embora devesse ter sido uma das primeiras.

Quando se passa por tais experiências, é natural que sintamos um certo respeito pelas possibilidades e faculdades do inconsciente. É preciso, no entanto, preservar o espírito crítico e lembrar-se de que "comunicações" dessa espécie podem ter também um significado subjetivo, e coincidir ou não com a realidade. Aprendi contudo, por experiência, que as concepções adquiridas a partir dessas alusões do inconsciente me trouxeram esclarecimentos e abriram perspectivas a novos pressentimentos. Guardar-me-ei, de qualquer forma, de escrever um livro de revelações, um novo *Apocalipse* sobre o assunto, mas reconheço que possuo um "mito" que suscita meu interesse e me estimula a aprofundar o problema. Os mitos são formas antiquíssimas da ciência. Quando falo do que pode ocorrer depois da morte, estou sendo animado por uma emoção interior e não posso me valer senão de sonhos e de mitos.

Naturalmente, pode-se desde o início objetar que mitos e sonhos que concernem a uma continuação da vida após a morte são fantasias simplesmente compensatórias e inerentes à nossa natureza: toda vida aspira à eternidade. A isso não tenho outro argumento a opor, senão, precisamente, o mito. Além disso, há também indícios que mostram que uma parte da psique, pelo menos, escapa às leis do espaço e do tempo. A prova científica foi estabelecida pelas experiências bastante conhecidas de Rhine.[2] Ao lado de inumeráveis casos de premonições espontâneas, de percepções não espaciais e outros fatos análogos, dos quais busquei exemplos em minha vida, essas experiências provam que, por vezes, a psique extrapola a lei da causalidade espaçotemporal. Disso resulta que as representações que temos do espaço, do tempo e também da causalidade são incompletas. Uma imagem total reclama, por assim dizer, uma nova dimensão; só então poderia ser possível dar uma explicação homogênea à totalidade dos fenômenos. É por esse motivo que ainda hoje os racionalistas persistem em pensar que as experiências parapsicológicas não existem; pois seriam fatais à sua visão do mundo. Porque se tais fenômenos podem produzir-se, a imagem racionalista do universo perde o seu valor por ser incompleta. Então a possibilidade de outra realidade, atrás das aparências, com outras referências, torna-se um problema intransponível e ficamos constrangidos em abrir os olhos para o fato de que nosso mundo de tempo, espaço e causalidade está relacionado com uma outra ordem de coisas, atrás ou sob ele, ordem na qual "aqui" e "ali", "antes" e "depois" não são essenciais. Não vejo qualquer possibilidade de contestar que ao menos uma parte de nossa existência psíquica se caracteriza por uma relatividade de espaço e de tempo. À medida que nos afastamos da consciência, essa relatividade parece elevar-se até ao não especial e a uma intemporalidade absolutas.

Não foram somente meus próprios sonhos, mas, ocasionalmente, os de outras pessoas que, revisando ou confirmando os meus, deram forma às minhas concepções a respeito de uma sobrevida. Uma de minhas alunas de quase sessenta anos teve um sonho particularmente importante, mais ou menos dois meses antes de morrer: ela chegava ao além; numa sala de aula, nos primeiros bancos, estavam sentadas várias de suas amigas falecidas. Uma atmosfera de expectativa geral reinava no ambiente. Olhou em torno, procurando um mestre ou um conferencista, mas não encontrou ninguém. Fizeram-na compreender que o conferencista era ela própria, porque todos os mortos deviam, imediatamente depois do falecimento, apresentar um relatório da soma de experiências por que passaram em vida. Os mortos se interessavam extraordinariamente pelas experiências da vida que os defuntos traziam, como se os fatos e os atos da vida terrestre fossem acontecimentos decisivos.

Em todo caso, o sonho descreve um auditório muito singular, impossível de ser encontrado na Terra: as pessoas se interessavam ardentemente pelo resultado final, psicológico, de uma vida humana, que, segundo nossa maneira de pensar, nada tem de notável — além da conclusão que dela se possa tirar. Mas se o "público" se encontra numa intemporalidade relativa, em que "escoamento", "acontecimento", "desenvolvimento" se tornaram noções aleatórias, compreende-se que possa interessar-se particularmente pelo que mais lhe falta no estado em que se encontra.

Na época em que teve esse sonho, a pessoa em questão temia morrer e procurava, tanto quanto possível, afastar essa ideia do pensamento consciente. Ora, o problema da morte deveria constituir o "centro de interesse" essencial para o homem que está envelhecendo, como também a oportunidade de familiarizar-se precisamente com essa possibilidade. Uma inelutável interrogação lhe é colocada e é necessária uma resposta de sua parte. Para esse fim ele deveria dispor de um mito da morte, porque a "razão" só lhe oferece o fosso escuro no qual está prestes a entrar; o mito poderia colocar sob seus olhos outras imagens, imagens auxiliares e enriquecedoras da vida no país dos mortos. Quem acredita nisso ou lhe concede algum crédito tem tanta razão como aquele que não crê. Mas aquele que nega avança para o nada; o outro, o que obedece ao arquétipo, segue os traços da vida até a morte. Certamente um e outro estão na incerteza, mas um vai contra o instinto, enquanto o outro caminha com ele, o que constitui uma diferença e uma vantagem para o segundo.

As figuras do inconsciente são também "ininformadas" e têm necessidade do homem ou do contato com a consciência para adquirir o saber. Quando comecei a me ocupar com o inconsciente, as "figuras imaginárias" de Salomé e de Elias desempenharam um grande papel. Em seguida passaram a um segundo plano para reaparecer cerca de dois anos mais tarde. Para meu grande espanto elas não tinham sofrido a menor mudança; falavam e se comportavam como se nesse ínterim absolutamente nada tivesse ocorrido. Entretanto, os acontecimentos mais inauditos tinham se desenrolado em minha vida. Foi-me necessário, por assim dizer, recomeçar desde o início para lhes explicar e narrar tudo o que se passara. De início fiquei bastante espantado. Só mais tarde compreendi o que tinha acontecido: as figuras de Salomé e de Elias haviam nesse meio-tempo soçobrado no inconsciente e em si próprias — poder-se-ia também dizer fora do tempo. Elas ficaram sem contato com o eu e suas circunstâncias variáveis e "ignoravam" por essa razão o que se passara no mundo da consciência.

Muito cedo eu já tinha percebido que devia instruir os personagens do inconsciente ou os "espíritos dos mortos" que frequentemente se distinguem daqueles com dificuldade. Tomei consciência disso pela primeira vez por ocasião de uma viagem de bicicleta que fiz em 1911, com um amigo, ao norte da Itália. Na volta viemos de Pávia a Arona, na parte sul do lago Maior, e aí pernoitamos. Tínhamos a intenção de seguir pelas margens do lago e de atravessar o Tessin até Faido. Desejávamos em seguida tomar o trem que segue para Zurique. Mas em Arona tive um sonho que veio modificar nossos projetos.

Nesse sonho eu me encontrava numa assembleia de ilustres espíritos dos séculos passados e experimentava um sentimento análogo ao que senti mais tarde em presença dos "ilustres ancestrais" que se encontravam na pedra negra de minha visão de 1944. Falava-se em latim. Um senhor, com uma longa cabeleira, dirigiu-me a palavra, colocando-me uma questão difícil; fui incapaz, ao despertar, de me recordar do seu conteúdo. Eu o compreendi, mas não tinha conhecimento suficiente de latim para responder nessa língua. Fiquei de tal forma confuso, que a emoção me despertou.

Logo que acordei, pus-me a pensar no trabalho que preparava — *Metamorfoses e símbolos da libido* — e experimentei tais sentimentos de inferioridade no tocante à questão a que não soubera responder, que tomei imediatamente o trem de volta para casa a fim de retomar a tarefa. Ter-me-ia sido impossível continuar a viagem de bicicleta e sacrificar desse modo mais três dias. Era necessário trabalhar e encontrar a resposta. Só muito depois é que compreendi o sonho e minha reação: o senhor de longa cabeleira era uma espécie de "espírito dos ancestrais ou dos mortos"; ele me colocara questões às quais não soubera responder. Eu estava ainda muito atrasado. Não tinha avançado bastante, mas tinha como que um obscuro pressentimento de que pelo trabalho a que então me dedicava eu responderia à questão que me fora proposta. De qualquer maneira eram meus ancestrais espirituais que me interrogavam, na esperança e na expectativa de que pudessem aprender aquilo que não tinham podido saber em seu tempo; conhecimento que só os séculos ulteriores poderiam criar e trazer-lhes. Se questão e resposta houvessem existido desde sempre, meus esforços teriam sido inúteis, pois tudo poderia ter sido descoberto, não importa em que século. Parece, com efeito, que um saber sem limites está presente na natureza, mas que tal saber não pode ser apreendido pela consciência a não ser que as condições temporais lhe sejam propícias. O mesmo ocorre provavelmente na alma do indivíduo que traz consigo, durante anos, certos pressentimentos, mas só os conscientiza tempos depois.

Quando escrevi, em seguida, os *Septem sermones ad mortuos*, foram novamente os mortos que me propuseram questões cruciais. Voltavam — diziam eles — de Jerusalém porque não tinham encontrado o que procuravam. Isso me espantou muito nessa época porque, de acordo com a opinião tradicional, são os mortos que possuem o grande saber; com efeito, devido à doutrina cristã que supõe que no além olharemos as coisas face a face, a opinião acatada é que os mortos sabem mais do que nós: mas, aparentemente, as almas dos mortos só "sabem" o que sabiam no momento da morte e nada mais. Daí seus esforços para penetrar na vida, para participar do saber dos homens. Frequentemente tenho a sensação de que elas se colocam diretamente atrás de nós, na expectativa de perceber que respostas daremos a ela e ao destino. Parece-me que o que lhe importa a todo custo é receber dos vivos — isto é, daqueles que lhes sobreviveram e que permanecem num mundo que continua a se transformar — respostas às suas questões. Os mortos questionam como se não tivessem a possibilidade de saber tudo, como se a onisciência, ou a oniconsciência, apenas pudesse ser privilégio da alma encarnada num corpo que vive. Também o espírito dos vivos parece, pelo menos num ponto, avantajar-se ao dos mortos: a aptidão em adquirir conhecimentos nítidos e decisivos. O mundo tridimensional, no tempo e no espaço, parece-me um sistema de coordenadas: o que se decompõe aqui em ordenadas e abscissas, "lá", fora do tempo e do espaço, pode aparecer talvez como uma imagem original de múltiplos aspectos ou talvez como uma nuvem difusa de conhecimentos em torno de um arquétipo. Mas um sistema de coordenadas é necessário para poder distinguir conteúdos distintos. Tal operação nos parece inconcebível num estado de onisciência difusa ou de uma consciência carente de sujeito, sem determinações espaçotemporais. O conhecimento, como a geração, pressupõe um contraste, um "cá" e um "lá", um "alto" e um "baixo", um "antes" e um "depois".

Se há uma existência consciente após a morte, parece-me que ela se situaria na mesma direção que a consciência da humanidade, que possui em cada época um limite superior mas variável. Muitos seres humanos, no momento de sua morte, não só ficaram aquém de suas próprias possibilidades, mas sobretudo muito distantes daquilo que outros homens ainda em vida tornaram consciente, daí sua reivindicação de adquirir, na morte, esta parte da consciência que não adquiriram em vida.

Cheguei a essa conclusão depois de observar sonhos em que intervinham mortos. Foi assim que me aconteceu, uma vez, sonhar que visitava um amigo falecido 15 dias antes. Quando vivo, só conhecera uma concepção convencional do mundo e nunca se apartara dessa atitude desprovida de reflexão. Sua residência ficava numa colina semelhante à de Tüllingen, perto de Basileia. Aí se elevava um velho castelo cujos muros circulares cercavam uma praça, com uma pequena igreja e algumas construções menores. Esse local lembrava-me a praça perto do castelo de Rapperswil. Era outono. As folhas das velhas árvores estavam já douradas, um doce raio de sol iluminava a paisagem. Meu amigo estava sentado à mesa com sua filha que fora estudante de psicologia em Zurique. Eu sabia que ela lhe dava esclarecimentos psicológicos indispensáveis. Estava meu amigo de tal maneira fascinado pelo que ela dizia que me saudou apenas com um gesto rápido de mão, como se quisesse dar a entender: "Não me perturbe." Sua saudação estava me despedindo!

Esse sonho me sugeria que o morto devia agora viver, por vias que me eram naturalmente desconhecidas, a realidade de sua existência psíquica, o que durante o curso de sua vida nunca fora capaz. Às imagens desse sonho associei, mais tarde, a frase "Santos anacoretas dispostos no flanco da montanha...". Os anacoretas na cena final do *Segundo Fausto* figuram representações de diversos níveis de desenvolvimento que se completam e se elevam reciprocamente.

Tive outra experiência sobre a evolução da alma após a morte quando — quase um ano depois do falecimento de minha mulher — acordei repentinamente uma noite e soube que fora até onde ela estava, no sul da França, na Provença, onde tínhamos passado um dia inteiro juntos. Ela fazia nessa região estudos sobre o Graal. Isso me pareceu muito significativo, porque ela havia morrido antes de terminar o trabalho que empreendera sobre esse assunto.

A explicação, a partir do que se tratava — a saber, que minha *anima* não tinha ainda terminado o trabalho a ela imposto —, nada me esclareceu; porque sabia muito bem que não tinha ainda terminado minha tarefa. Mas a ideia que após sua morte minha mulher trabalhava para continuar seu desenvolvimento espiritual — como quer que se conceba esta ideia — me pareceu plena de sentido e, por isso, esse sonho me foi bastante apaziguador.

Representações dessa espécie naturalmente não são adequadas e dão uma imagem insuficiente como a projeção de um volume sobre um plano, ou inversamente como a construção de uma forma quadridimensional a partir de um volume. Elas utilizam, para exprimir-se de maneira metafórica, as condições do mundo tridimensional. As matemáticas não temem criar expressões que exprimam relações que vão além de todo empirismo; da mesma forma cabe à essência de uma imaginação disciplinada esboçar, segundo princípios lógicos e na base de dados empíricos, as imagens daquilo que escapa ao entendimento, tais como, por exemplo, as indicações dos sonhos. O método que aplico neste caso é o da "implicação necessária". Corresponde este método ao princípio da amplificação na interpretação dos sonhos. É pelas implicações dos simples números inteiros que podemos mais facilmente exemplificar.

O UM, primeiro nome dos números, é uma unidade. Mas ele é também "a unidade", o Um, o Apenas Um, o Único, o Não Dois, não só um nome de número, mas também uma ideia filosófica, um arquétipo e um atributo de Deus, a mônada. É exato que o entendimento humano exprime essas afirmações, mas ao mesmo tempo está ligado e determinado pela concepção de Um e suas implicações. Em outros termos, não são afirmações arbitrárias, são determinadas pela essência do Um e, por esse motivo, necessárias. Teoricamente a mesma operação lógica poderia ser efetuada com todas as representações individuais dos números que se seguem, mas praticamente vê-se logo o fim em razão da multiplicação rápida das complicações que conduz ao incomensurável.

Qualquer outra unidade traz consigo novas propriedades e novas modificações. Assim, por exemplo, é uma propriedade do número quatro o fato de as equações do quarto grau poderem ser resolvidas, enquanto as do quinto grau não o podem. Uma "implicação necessária" do número quatro obriga, portanto, a afirmar que ele é ao mesmo tempo o ápice e o termo de uma ascensão. E à medida que, com cada nova unidade, apareçam uma ou várias novas propriedades de natureza matemática, as implicações se complicam de tal maneira que se torna impossível formulá-las.

A série infinita de números corresponde à infinidade numérica das criaturas individuais. A primeira, também ela, é composta de indivíduos e as propriedades de seus dez primeiros membros já representam — se todavia representam algo — uma cosmogonia abstrata saída da mônada. Ora, as propriedades dos números são as mesmas que as da matéria e é por isso que certas equações permitem prever o comportamento da matéria.

Este é o motivo por que desejaria que se atribuísse a outras expressões matemáticas (que existem por natureza) o poder de designar, além delas próprias, realidades não perceptíveis. Penso, por exemplo, nos produtos da imaginação que gozam do *consensus omnium* ou que são caracterizados pela grande frequência de sua aparição, e também aos motivos arquetípicos. Da mesma maneira que ignoramos a que realidade física correspondem certas equações matemáticas, o mesmo acontece com muitas realidades míticas, pois não sabemos, à primeira vista, a que realidades psíquicas elas se referem. Foram estabelecidas, por exemplo, equações que controlam a turbulência de gases em alta temperatura muito antes que estes tenham sido estudados; há muito mais tempo ainda, os mitologemas exprimem o desenrolar de certos processos subliminais e apenas hoje é que podemos explicar o que eles são.

O grau de consciência atingido, qualquer que seja ele, constitui, ao que me parece, o limite superior do conhecimento ao qual os mortos podem aceder. Daí a grande significação da vida terrestre e o valor considerável daquilo que o homem leva daqui "para o outro lado" no momento de sua morte. É somente aqui, na vida terrestre, em que se chocam os contrários, que o nível da consciência pode elevar-se. Essa parece ser a tarefa metafísica do homem — mas sem *mythologein* (sem "mitologizar") apenas pode cumpri-la parcialmente. O mito é o degrau intermediário inevitável entre o inconsciente e o consciente. Está estabelecido que o inconsciente sabe mais que o consciente, mas seu saber é de uma essência particular, de um saber eterno que, frequentemente, não tem nenhuma ligação com o "aqui" e o "agora" e não leva absolutamente em conta a linguagem que fala nosso intelecto. Somente quando damos às suas afirmações a oportunidade de "amplificar-se", como mostramos mais acima, através dos números, é que este saber do inconsciente penetra no domínio de nossa compreensão, tornando possível a percepção de um novo aspecto. Este processo se repete de maneira convincente em todas as análises de sonhos bem-sucedidas. Por esse motivo é da mais alta importância não ter opinião doutrinária preconcebida sobre o que diz um sonho. A partir do momento em que ficamos surpreendidos por "certa monotonia de interpretação" é que a interpretação tornou-se doutrinal e, por conseguinte, estéril.

Apesar de não ser possível apresentar uma prova válida no que diz respeito à sobrevivência da alma depois da morte, há fatos que dão o que pensar. Considero tais fatos como indicações sem ter a audácia, no entanto, de conferir-lhes o valor de conhecimentos.

Uma noite eu não conseguia dormir e pensava na morte repentina de um amigo, enterrado no dia anterior. Sua morte me preocupava muito. Subitamente tive a impressão de que ele estava no meu quarto, ao pé da minha cama, e que me pedia que fosse com ele. Não julgava tratar-se de uma aparição; pelo contrário, formara do morto uma imagem visual interior e tomei-a por uma fantasia. Mas, honestamente, foi-me necessário perguntar: "Que prova tenho de que se trata de uma fantasia? E se não for? Caso meu amigo esteja realmente presente, não seria uma inconveniência de minha parte tomá-lo por uma figura imaginária?" Mas também não tinha qualquer prova para acreditar que ele estivesse realmente diante de mim. Então disse a mim mesmo: "Em lugar de considerar que se trata apenas de uma fantasia, posso, da mesma maneira, aceitá-lo como se fora uma aparição, pelo menos para ver o que disso resultaria." No mesmo momento em que tive esse pensamento, ele se dirigiu para a porta e fez com que eu entrasse no jogo. Isso certamente não estava previsto. Foi-me necessário então fortalecer a argumentação. Então somente o segui em imaginação.

Ele me conduziu para fora de casa, ao jardim, à rua e finalmente à sua casa. (Na realidade apenas algumas centenas de metros a separavam da minha.) Entrei, introduziu-me em seguida em seu escritório e, subindo num tamborete, indicou-me o segundo volume de uma série de cinco, encadernados em vermelho; eles se encontravam muito alto na segunda prateleira. Então a visão se dissipou. Não conhecia sua biblioteca e ignorava que livros possuía. Por outro lado, não poderia de onde estava ler os títulos dos volumes que ele indicara, pois se encontravam na prateleira superior.

Esse fato me pareceu tão estranho que, na manhã seguinte, fui à casa da viúva e pedi autorização para entrar na biblioteca do meu falecido amigo para uma verificação. Realmente, havia debaixo da prateleira vista em minha imaginação um tamborete e, já de longe, percebi os cinco volumes encadernados em vermelho. Subi no tamborete para ler os títulos. Eram traduções dos romances de Zola. O título do segundo era: *O legado de uma morta*. Se o conteúdo me pareceu desprovido de interesse, o título era, por outro lado, muito significativo pela relação com o que se passara.

Um outro acontecimento de minha vida, que me deu o que pensar, ocorreu antes da morte de minha mãe. Quando ela morreu eu me encontrava no Tessin. Fiquei aturdido pela notícia, porque sua morte foi inesperada e brutal. Durante a noite precedente, tivera um sonho espantoso. Encontrava-me numa floresta sombria e espessa; blocos de rochedos fantásticos e gigantescos jaziam entre árvores enormes, como uma floresta virgem. Era uma paisagem heroica, primitiva. De repente ouvi um silvo estridente que parecia repercutir através do universo. Meus joelhos tremeram. Em seguida, na mata, ouvi um estrépito e um monstruoso lobo de fauces ameaçadoras saiu correndo. Vendo-o, meu sangue congelou-se nas veias. Passou por mim rapidamente e logo compreendi: o Caçador Selvagem lhe ordenara que trouxesse um ser humano. Acordei numa angústia mortal e na manhã seguinte recebi a notícia da morte de minha mãe.

Raramente um sonho me transtornou tanto, pois se fosse considerá-lo superficialmente ele pareceria dizer que o Diabo viera se apossar de minha mãe. Mas, na verdade, era o Caçador Selvagem, de "chapéu verde", que naquela noite — era um desses dias de janeiro em que sopra o *foehn* — caçava com seus lobos. Era Wotan, o deus dos ancestrais alemães que "reunia" minha mãe a seus antepassados, isto é, negativamente, às hordas selvagens e, positivamente, aos "mortos bem-aventurados". Foi sob a influência dos missionários cristãos que Wotan foi assimilado ao Diabo. Em si mesmo, é um deus significativo, um Mercúrio ou um Hermes, como os romanos discerniam claramente; é um espírito da natureza que ressurge na lenda do Graal sob os traços de Merlin e que, como *spiritus mercurialis*, constituía o arcano procurado pelos alquimistas. Assim, o sonho diz que a alma de minha mãe se encontra acolhida neste vasto contexto do Si Mesmo, além do plano cristão, na totalidade da natureza e do espírito em que os conflitos e contradições são englobados.

Voltei imediatamente para casa. À noite, no trem, experimentava um imenso sentimento de tristeza, mas no mais íntimo de meu coração eu não podia ficar aflito, e isso por uma estranha razão: durante o trajeto escutei ininterruptamente música de dança, risos e ruídos alegres, como se celebrassem um casamento. Havia um contraste brutal com a impressão apavorante provocada pelo sonho: aqui havia a jovialidade da música de dança, dos risos alegres, e era impossível deixar-me dominar totalmente pela tristeza. Ela estava sempre presente, prestes a me dominar, mas no momento seguinte já me encontrava no meio de alegres melodias. De um lado um sentimento de calor e alegria, de outro, terror e luto, numa alternância contínua de contrastes afetivos. O contraste pode explicar-se: a morte era sentida, ora do ponto de vista do eu, ora do ponto de vista da alma. No primeiro caso ela parecia uma catástrofe, como se potências más e impiedosas tivessem aniquilado um ser humano.

É que a morte também é uma terrível brutalidade — nenhum engodo é possível! — não apenas enquanto acontecimento físico, mas ainda mais como um acontecimento psíquico: um ser humano é arrancado da vida e o que permanece é um silêncio mortal e gelado. Não há mais esperança de estabelecer qualquer relação: todas as pontes estão destruídas. Homens a quem se desejaria uma longa vida são ceifados na flor da idade, enquanto os inúteis atingem uma idade avançada. Eis uma cruel realidade que não se deveria dissimular. A brutalidade e a arbitrariedade da morte podem provocar no homem tal amargura que ele chega a descrer num Deus misericordioso, na justiça e na bondade.

Entretanto, se nos colocarmos diante de outro ponto de vista, a morte parece ser um acontecimento alegre. *Sub specie aeternitatis*, ela é um casamento, um *mysterium coniunctionis* (um mistério da união). A alma, pode-se dizer, alcança a metade que lhe falta, atinge a totalidade. Nos sarcófagos gregos o elemento alegre era representado por dançarinas; nas tumbas etruscas representavam-no por meio de banquetes. Quando morreu o piedoso cabalista Rabbi Simon ben Jochai, seus amigos disseram que ele celebrava suas bodas. Hoje ainda, em muitas regiões, é costume, no Dia de Todos os Santos, organizar um piquenique sobre os túmulos. Essas manifestações mostram que a morte é sentida, por assim dizer, como uma festa.

Alguns meses antes da morte de minha mãe, em setembro de 1922, tive um sonho que me anunciava isso. Este sonho dizia respeito a meu pai e me causou grande impressão: desde sua morte — em 1896 — jamais sonhara com ele e eis que me aparece num sonho, como se tivesse voltado de uma longa viagem. Parecia rejuvenescido e não manifestava qualquer autoridade paterna. Estava ao meu lado, em minha biblioteca, e eu me alegrava extraordinariamente por saber que ele chegara. Sentia-me particularmente feliz por lhe apresentar minha esposa, meus filhos, e contar-lhe tudo o que tinha feito mostrando--lhe o homem que me tornara. Queria também falar de meu livro *Os tipos psicológicos*, recentemente publicado, mas imediatamente notei que esses assuntos o importunavam porque parecia preocupado. Tinha o ar de quem esperava qualquer coisa. Eu percebi e por isso me mantive reservado. Disse-me então que por ser eu psicólogo gostaria de consultar-me sobre a psicologia do casamento. Dispunha-me a dissertar longamente a respeito das complicações da união conjugal, mas nesse momento acordei. Não pude compreender o sonho como deveria, pois não tive a ideia de que era preciso ligá-lo à morte da minha mãe. Só o compreendi quando ela morreu subitamente em janeiro de 1923.

O casamento de meus pais não fora uma união feliz, mas uma prova de paciência sobrecarregada de múltiplas dificuldades. Ambos cometeram os erros típicos comuns a numerosos casais. Meu sonho me deveria ter feito prever a morte de minha mãe; após uma ausência de 26 anos, meu pai, no sonho, informava-se junto a um psicólogo sobre conhecimentos e aquisições mais atuais concernentes às dificuldades do matrimônio, pois chegara para ele o tempo de retomar o problema. Em seu estado intemporal, não adquirira, evidentemente, nenhum saber novo e por isso dirigia-se a um vivo que, beneficiado com as mudanças trazidas pelo tempo, pudera adquirir novos pontos de vista.

Assim fala o sonho. Incontestavelmente eu teria podido, se tivesse compreendido sua significação dentro de meu plano subjetivo, ganhar muito ainda. Mas por que tive esse sonho justamente antes da morte de minha mãe, fato de que não tivera nenhum pressentimento? O sonho está nitidamente voltado para meu pai, por quem tinha uma simpatia que, com os anos, se aprofundara.

Em decorrência de sua relatividade espaço-tempo, o inconsciente tem melhores fontes de informação que a consciência, a qual apenas dispõe de percepções sensoriais. Por esse motivo, estamos reduzidos, no que se relaciona com o mito de uma vida *post-mortem*, às escassas alusões do sonho e a outras manifestações espontâneas do inconsciente. Não podemos, já dissemos, outorgar a essas indicações o valor de conhecimentos ou de provas; mas elas podem servir de base adequada para amplificações míticas; elas permitem ao intelecto indagador esse âmbito de possibilidades absolutamente necessárias à sua atividade vital. Não havendo o mundo intermediário da fantasia mítica, o espírito fica ameaçado de congelar-se no doutrinarismo. Mas, inversamente, o interesse por tais germes míticos constitui um perigo para espíritos fracos e sugestionáveis, que poderão tomar esses pressentimentos por conhecimentos e hipostasiar fantasmas.

Um mito muito divulgado sobre o além é constituído por ideias e representações a respeito da reencarnação.

Num país em que a cultura espiritual é muito diferente e muito mais antiga do que a nossa, como a Índia, a ideia da reencarnação é, por assim dizer, natural e tão espontânea como entre nós a ideia de que Deus criou o mundo ou a existência de um *spiritus rector* (de um espírito diretor), de uma providência. Os hindus cultos sabem que não pensamos como eles, mas isso não os inquieta. De acordo com as características espirituais do oriental, a sucessão de nascimento e morte é considerada como um desenrolar sem fim, como uma roda eterna que gira sempre sem objetivo. Vivemos, discernimos, morremos e recomeçamos do início. Foi somente com Buda que aparece a ideia de um objetivo: o de superar a existência terrestre.

A necessidade mítica do homem ocidental exige a imagem de um mundo em evolução, que tenha um *começo* e um *objetivo*. O ocidental rejeita a imagem de um mundo que tenha um começo e um simples *fim*, da mesma forma que repele a representação de um ciclo estático eterno, fechado sobre si mesmo. O oriental, pelo contrário, parece poder tolerar essa ideia. Não há, evidentemente, *consensus* geral sobre qual seja a essência do mundo e os próprios astrônomos não puderam ainda chegar a um acordo a respeito desta questão. Ao homem do Ocidente o absurdo de um universo simplesmente estático é intolerável. É preciso pressupor-lhe um sentido. O oriental não tem necessidade alguma de tal pressuposto, pois que ele incorpora esse sentido. Enquanto o ocidental quer completar o sentido do mundo, o oriental esforça-se por realizar esse sentido no homem, despojando-se ele mesmo do mundo e da existência (Buda).

Daria razão tanto a um como a outro. Porque o ocidental me parece sobretudo extrovertido e o oriental introvertido. O primeiro projeta o sentido, isto é, coloca-o nos objetos; o segundo sente-o em si mesmo. Ora, o sentido porém está tanto no exterior como no interior.

Não se pode separar a ideia da reencarnação da ideia do carma. A questão decisiva é saber se o carma de um ser humano é ou não pessoal. Se o destino preestabelecido com que um ser humano entra na vida é o resultado de ações e realizações das vidas anteriores, existe então uma continuidade pessoal. Na outra hipótese, um carma é, por assim dizer, apreendido por ocasião do nascimento; incorpora-se novamente sem que haja uma continuidade pessoal.

Duas vezes os discípulos perguntaram a Buda se o carma do homem era pessoal ou impessoal. Duas vezes ele se esquivou a responder evitando comprometer-se: conhecer a resposta, disse, não contribuiria para libertar o homem da ilusão do ser. Buda considerava que lhes era mais útil meditar sobre a cadeia dos nidanas, isto é, nascimento, vida, velhice e morte, causa e efeito dos acontecimentos dolorosos.

Não sei responder se o carma que vivo é o resultado de minhas vidas passadas, ou uma aquisição de meus ancestrais, cuja herança se condensou em mim. Serei, por acaso, uma combinação de vidas ancestrais e será que reencarno de novo essas vidas? Terei vivido, antes, como personalidade determinada e terei progredido o suficiente nessa vida ulterior para poder agora esboçar uma solução? Eu o ignoro. Buda não respondeu à pergunta e posso supor que ele próprio não tinha certeza.

Posso facilmente imaginar que já vivi em séculos anteriores, e ao deparar com perguntas a que ainda não posso responder, supor que me é necessário nascer novamente, por não ter completado a tarefa que me foi imposta. Quando morrer meus atos me seguirão. É, pelo menos, o que imagino. Levarei comigo o que fiz, tendo a esperança, contudo, de não chegar ao fim de meus dias com as mãos vazias. Buda parece ter pensado assim quando procurava afastar seus discípulos de especulações inúteis.

O sentido de minha existência residir no fato da vida coloca-me uma questão. Ou, inversamente, sou eu próprio uma questão colocada ao mundo e devo fornecer minha resposta; caso contrário, estarei reduzido à resposta que o mundo me der. Tal é a tarefa vital transpessoal que cumpro com dificuldade. Talvez esta questão já tenha preocupado meus antepassados, sem que tenham encontrado uma resposta. Será por este motivo que me impressiona tanto o fato de que o final do *Fausto* não traga nenhuma solução? Ou ainda o problema do episódio dionisíaco em que Nietzsche naufragou e que parece ter escapado ao homem cristão? Ou então é o Wotan-Hermes cheio de inquietude dos meus ancestrais alemães e francos que me propõem enigmas provocantes? Ou, finalmente, será que Richard Wilhelm tinha razão quando dizia, brincando, que eu fora, numa vida anterior, um chinês rebelde que devia — à guisa de punição — descobrir na Europa sua alma oriental?

O que experimento como resultante das vidas de meus antepassados, ou como carma adquirido numa vida anterior pessoal poderia, do mesmo modo, ser perfeitamente um arquétipo impessoal que hoje mantém em suspenso o mundo inteiro e que particularmente me tomou por exemplo, o desenvolvimento secular da tríade divina e sua confrontação com o princípio feminino, ou a resposta, ainda por encontrar, à questão dos gnósticos sobre a origem do mal; em outros termos, o inacabado da imagem cristã de Deus.

Penso também numa outra possibilidade: através de um ato individual poderá surgir uma questão no mundo, cuja resposta irá constituir uma nova exigência. Por exemplo: as questões que levanto e as respostas que procuro dar a elas podem não ser satisfatórias. Nestas condições, alguém que tenha o meu carma — talvez eu mesmo — deverá então renascer para fornecer uma resposta mais completa. Por este motivo, poderei imaginar que não tornarei a nascer enquanto o mundo não sentir necessidade de uma nova resposta e, enquanto isso, terei alguns séculos de repouso, até que haja de novo necessidade de que alguém se interesse por esse gênero de coisas. Poderei então retomar de novo a tarefa, com proveito. Sinto que agora poderá ocorrer um período de calma, até que a obra realizada seja assimilada.

O problema do carma, assim como o da reencarnação ou da metempsicose, ficou obscuro para mim. Assinalo com respeito a profissão de fé indiana em favor da reencarnação e, olhando em torno, no campo de minha experiência, pergunto a mim mesmo se em algum lugar, e como, terá ocorrido algum fato que possa legitimamente evocar a reencarnação. É evidente que deixo de lado os testemunhos relativamente numerosos que acreditam na reencarnação. Uma crença prova apenas a existência do "fenômeno da crença", mas de nenhuma forma a realidade de seu conteúdo. É preciso que este se revele empiricamente, em si próprio, para que eu o aceite. Até estes últimos anos, embora tivesse tido toda a atenção, não cheguei a descobrir absolutamente nada de convincente neste campo. Mas recentemente observei em mim mesmo uma série de sonhos que, com toda a probabilidade, descrevem o processo da reencarnação de um morto de minhas relações. Era mesmo possível seguir, como uma probabilidade não totalmente negligenciável, certos aspectos dessa reencarnação até a realidade empírica. Mas como nunca mais tive ocasião de encontrar ou tomar conhecimento de algo semelhante, fiquei sem a menor possibilidade de estabelecer uma comparação. Minha observação é, pois, subjetiva e isolada. Quero somente mencionar sua existência, mas não o seu conteúdo. Devo confessar, no entanto, que a partir dessa experiência observo com maior boa vontade o problema da reencarnação, sem no entanto defender com segurança uma opinião precisa.

Se admitirmos que há uma continuação no "além", só poderemos conceber um modo de existência que seja psíquico, pois a vida da psique não tem necessidade de espaço ou tempo. A existência psíquica — e sobretudo as imagens interiores de que nos ocupamos desde agora — oferece matéria para todas as especulações míticas sobre uma vida no além, e esta eu a represento como um caminhar progressivo através do mundo das imagens. Desse modo a psique poderia ser essa existência na qual se situa o "além" ou o "país dos mortos". Inconsciente e "país dos mortos" seriam, nessa perspectiva, sinônimos.

Do ponto de vista psicológico, a "vida no além" aparece como uma sequência lógica da vida psíquica na velhice. Com efeito, à medida que o homem progride em idade, a contemplação, a reflexão e as imagens interiores desempenham, o que é natural, um papel cada vez maior: "Os velhos terão sonhos."[3] Isso indica que a alma dos velhos não está petrificada — *sero medicina paratur cum mala per longas convaluaere moras* (o remédio foi preparado tardiamente quando o mal já se agravou pela longa demora). Na velhice deixamos que as lembranças se desenrolem diante do olho interior e encontramo-nos a nós mesmos através das imagens interiores e exteriores do passado. É como se fosse o primeiro passo, uma preparação para a existência no além, da mesma maneira que, segundo a concepção de Platão, a filosofia é uma preparação para a morte.

As imagens interiores impedem que nos percamos na retrospectiva pessoal: muitos homens de idade se enredam na lembrança de acontecimentos exteriores, neles se aprisionando; mas se neste olhar para o passado houver reflexão e tradução em imagens, poderá ser um *reculer pour mieux sauter*: procuro ver a linha que conduziu minha vida no mundo e que a conduz de novo para fora deste mundo.

Em geral as representações que os homens fazem do além são determinadas por seus desejos e preconceitos. É por este motivo que frequentemente representações claras e serenas são associadas ao além. Mas isso não me convence. Custa-me imaginar que após nossa morte aterrissaremos em suaves campinas floridas. Se tudo fosse claro e bom no além, deveria haver amistosas comunicações entre nós e os numerosos espíritos bem-aventurados, e, por conseguinte, veríamos descer sobre nós, em estado pré-natal, efusões de beleza e bondade. O que acontece não é isso. Por que esta insuperável barreira entre os mortos e os vivos? A metade, pelo menos, das narrações de encontros com os espíritos dos mortos versa sobre episódios aterradores e a regra é que na morada dos mortos reina um silêncio glacial, um desprezo pela dor dos abandonados.

Se tomo consciência do que penso, involuntariamente, o mundo me aparece a tal ponto unitário que se torna impossível um "além" ao qual faltasse completamente a natureza das oposições polares. Porque "lá" deve também reinar uma "natureza" que, a seu modo, é de Deus. O mundo em que entramos após a morte será grandioso e assustador, à semelhança da divindade e da natureza que conhecemos. Também não posso conceber que o sofrimento deixe de existir nele. Certamente, o que vivi em muitas visões de 1944 (a libertação do fardo do corpo e a percepção do Sentido) trouxe-me profunda felicidade. E, no entanto, mesmo no seio desta beatitude, reinava uma obscuridade e uma carência singulares de calor humano. Pensem no rochedo negro de que me aproximei! Era negro e do granito mais duro. O que poderia isso significar? Se não houvesse qualquer imperfeição, qualquer defeito primordial no próprio fundamento da Criação, por que então esta necessidade de criar e para que esta aspiração de cumprir o que se deve? Por que a continuação da cadeia dos nidanas até o infinito? Afinal de contas, Buda opõe à ilusão penosa da existência seu *quod non* (não é assim) e o cristão espera um próximo fim deste mundo!

Acho provável que existam igualmente no além certas limitações; mas as almas dos mortos só descobrem progressivamente onde residem os limites do estado de libertação. Em algum lugar, "lá", reina uma necessidade imperiosa que condiciona o mundo e quer pôr um termo ao estado de existência no além. Esta necessidade criadora decidirá — assim penso — quais as almas que serão de novo mergulhadas na encarnação e no nascimento. Eu poderia imaginar que para algumas almas o estado de existência tridimensional seria mais feliz do que o estado "eterno". Mas isso dependerá talvez do que elas tenham levado consigo como soma de perfeição ou de imperfeição de sua existência humana.

Pode ser que uma continuação da vida tridimensional não tenha mais nenhum sentido, uma vez que a alma tenha atingido certos degraus de inteligência; que esteja liberta da necessidade de retornar à Terra e que uma compreensão superior suprima o desejo de ver-se reencarnada. Então a alma escaparia ao mundo tridimensional e atingiria o estado a que os budistas chamam de Nirvana. Mas se ainda há um carma que deva ser cumprido, a alma recai no mundo dos desejos e retorna novamente à vida, talvez sabendo mesmo que falta alguma coisa para cumprir.

No meu caso é uma aspiração apaixonada compreender o que, em última instância, suscitou o meu nascimento. É esse, com efeito, o elemento mais poderoso do meu ser. Esse instinto insaciável de compreensão criou, poder-se-ia dizer, uma consciência para conhecer o que é, o que ocorre e, por acréscimo, descobrir representações míticas a partir das fracas alusões ao que não pode ser conhecido.

Não somos, de forma alguma, capazes de demonstrar que qualquer coisa de nós se conserva eternamente. Tudo o que podemos dizer é que existe uma certa probabilidade de que alguma coisa se conserve além da morte física. E o que continua a existir é em si mesmo consciente? Também não o sabemos. Se tivermos a necessidade de opinar sobre esse assunto, talvez possamos levar em consideração aquilo que é conhecido nos fenômenos de dissociação psíquica. Com efeito, na maior parte dos casos em que se manifesta um complexo autônomo, ele aparece sob a forma de uma personalidade, como se o complexo tivesse consciência de si próprio. É por este motivo que as vozes dos doentes mentais são personificadas. Este fenômeno do complexo personificado, eu o estudei em minha tese. Poder-se-ia, se quiséssemos, invocar tal fato em favor de uma continuidade da consciência. Em favor desta hipótese, podemos citar as surpreendentes observações feitas quando ocorrem graves colapsos ou desmaios profundos, oriundos de lesões agudas do cérebro. Nos dois casos pode haver percepções do mundo exterior, assim como intensos fenômenos oníricos, mesmo que se trate de uma profunda perda de consciência. Como a superfície cerebral, que é a sede da consciência, é posta fora de circuito durante a síncope, esses fenômenos ainda hoje permanecem inexplicáveis. Eles poderiam testemunhar em favor de uma conservação, pelo menos subjetiva, da aptidão da consciência — mesmo no estado de aparente inconsciência.[4]

O problema das relações entre o "homem intemporal", o Si Mesmo, e o homem terrestre, no tempo e no espaço, suscita as mais difíceis perguntas. Dois sonhos vieram esclarecê-las.

Num sonho que tive em outubro de 1958, notei, de minha casa, dois discos de metal brilhante em forma de pequenas lentes; iam em direção ao lago, por sobre a casa, descrevendo um arco de fraca luz. Eram dois óvnis (objetos voadores não identificados). Em seguida, um outro corpo parecia dirigir-se para mim. Era uma pequena lente circular como a objetiva de um telescópio. A quatro ou cinco metros de distância, o objeto imobilizou-se por um instante, e em seguida desapareceu. Imediatamente após, um outro corpo chegou, atravessando os ares: uma pequena lente de objetiva com um prolongamento metálico que terminava numa caixa, uma espécie de lanterna mágica. A sessenta ou setenta metros de distância, parou no ar e me fitou. Acordei, tomado por um sentimento de espanto. Ainda no meio do sonho uma ideia me atravessou o espírito: "Sempre acreditamos que os óvnis fossem projeções nossas; ora, ao que parece, nós é que somos projeções deles. A lanterna mágica me projeta sob a forma de C.G. Jung, mas quem manipula o aparelho?"

Eu já sonhara certa vez sobre as relações entre o Si Mesmo e o eu. Nesse sonho de outrora eu caminhava por um atalho; atravessava uma região escarpada, o sol brilhava e tinha sob os olhos, à minha volta, um vasto panorama. Aproximei-me de uma capelinha, à beira do caminho. A porta estava entreaberta e entrei. Para meu grande espanto, não havia nenhuma estátua da Virgem nem crucifixo sobre o altar, mas simplesmente um arranjo floral magnífico. Diante do altar, no chão, vi, voltado para mim, um iogue na posição de lótus, profundamente recolhido. Olhando-o de mais perto, vi que ele tinha o meu rosto;

fiquei estupefato e acordei, pensando: "Ah! Eis aquele que me medita. Ele sonha e esse sonho sou eu." Eu sabia que quando ele despertasse eu não existiria mais.

Tive este sonho depois de minha doença em 1944. É uma parábola: meu Si Mesmo entra em meditação, por assim dizer, como um iogue e medita sobre minha forma terrestre. Poder-se-ia também dizer: ele toma a forma humana para vir à existência tridimensional, como alguém que veste um equipamento de mergulhador para lançar-se ao mar. O Si Mesmo, renunciando à existência no além, assume uma atitude religiosa, como também o indica a capela na imagem do sonho. Em sua forma terrestre pode fazer as experiências no mundo tridimensional e, com uma consciência acrescida, progredir no sentido de sua realização.

A personagem do iogue representava, de algum modo, minha totalidade pré-natal inconsciente e o Oriente longínquo — como acontece frequentemente nos sonhos — um estado psíquico oposto à consciência e que nos é estranho. Como a lanterna mágica, a meditação do iogue "projeta" também minha realidade empírica. Em geral, aprendemos esta conexão causal em sentido inverso: descobrimos nas produções do inconsciente símbolos de mandalas, isto é, figuras circulares ou quaternidades que exprimem a totalidade e, quando queremos exprimir a totalidade, utilizamos precisamente tais figuras. Nossa base é a consciência do eu, um campo numinoso que constitui nosso mundo e que está centrado num ponto focal: o eu. A partir deste ponto iluminado nosso olhar mergulha num mundo obscuro e enigmático e não saberíamos dizer em que medida os traços e as sombras que ali discernimos são criação de nossa consciência, ou em que proporção elas possuem uma realidade própria. Uma observação superficial dá-se por satisfeita admitindo que a consciência cria essas sombras. Mas se olharmos mais de perto perceberemos que as imagens inconscientes não são em geral produtos do consciente, mas possuem sua própria realidade e espontaneidade. Apesar disso, nós as consideramos como espécies de fenômenos marginais. Os dois sonhos tendem à inversão total das conexões entre a consciência do eu e o inconsciente, fazendo do inconsciente o criador da pessoa empírica. A inversão indica que, na opinião do "outro lado em nós", nossa existência inconsciente é a existência real e que o nosso mundo consciente é uma espécie de ilusão ou uma realidade aparente forjada em vista de um certo objetivo, à semelhança do sonho que parece ser real quando nele estamos mergulhados. Está claro que esta visão das coisas assemelha-se muito com a concepção do mundo oriental, na medida em que este crê na Maya.[5]

A totalidade inconsciente parece-me, pois, ser o verdadeiro *spiritus rector* de todo fenômeno biológico e psíquico. Ela tende à realização total e, no que concerne ao homem, à tomada de consciência total. A tomada de consciência é cultura no sentido mais vasto do termo, e, por conseguinte, o conhecimento de si mesmo é a essência e, o coração deste processo. É indubitável que o Oriente atribuiu ao Si Mesmo um valor divino e segundo a velha concepção do cristianismo o autoconhecimento é o caminho que conduz à *cognitio Dei*.

Para o homem a questão decisiva é esta: você se refere ou não ao infinito? Tal é o critério de sua vida. Se sei que o ilimitado é essencial então não me deixo prender a futilidades e a coisas que não são fundamentais. Se o ignoro, insisto que o mundo reconheça em mim certo valor, por esta ou aquela qualidade que considero propriedade pessoal: "meus dons" ou "minha beleza", talvez. Quanto mais o homem acentua uma falsa posse, menos pode sentir o essencial e tanto mais insatisfatória lhe parecerá a vida. Sente-se limitado porque suas intenções são cerceadas e disso resulta inveja e ciúme. Se compreendermos e sentirmos que já nesta vida estamos relacionados com o infinito, os desejos e atitudes se modificam. Finalmente, só valemos pelo essencial e se não acedemos a ele a vida foi desperdiçada. Em nossas relações com os outros é também decisivo saber se o infinito se exprime ou não.

Mas só alcanço o sentimento do ilimitado se me limito ao extremo. A maior limitação do homem é o Si Mesmo; ele se manifesta na constatação vivida: "Sou apenas isso!" Somente a consciência de minha estreita limitação no meu Si Mesmo me vincula ao ilimitado do inconsciente. É quando me torno consciente disso que me sinto ao mesmo tempo limitado e eterno. Tomando consciência do que minha combinação pessoal comporta de unicidade, isto é, em definitivo, de limitação, abre-se para mim a possibilidade de conscientizar também o infinito. Mas somente desta maneira. Numa época exclusivamente orientada para o alargamento do espaço vital, assim como para o crescimento a todo custo do saber racional, a suprema exigência é ter consciência de sua unicidade e limitação. Ora, unicidade e limitação são sinônimos. Sem tal consciência não pode haver percepção do ilimitado — e, portanto, nenhuma tomada de consciência do infinito —, mas simplesmente uma identificação totalmente ilusória com o ilimitado, que se manifesta na embriaguez dos grandes números e na reivindicação sem limites dos poderes políticos.

Nossa época colocou a tônica no homem daqui, suscitando assim uma impregnação demoníaca do homem e de todo seu mundo. A aparição dos ditadores e de toda a miséria que eles trouxeram provém de que os homens foram despojados de todo o sentido do além, pela visão curta de seres que se acreditavam muito inteligentes. Assim o homem tornou-se presa do inconsciente. Sua maior tarefa, porém, deveria ser tomar consciência daquilo que, provido do inconsciente, urge e se impõe a ele, em vez de ficar inconsciente ou de com ele se identificar. Porque nos dois casos ele é infiel à sua vocação, que é criar consciência. À medida que somos capazes de discernir, o único sentido da existência é acendermos a luz nas trevas do ser puro e simples. Pode-se mesmo supor que, da mesma forma que o inconsciente age sobre nós, o aumento de nossa consciência tem, por sua vez, uma ação de ricochete sobre o inconsciente.

Últimos pensamentos

Minha biografia seria incompleta se as reflexões que se seguem neste capítulo não fossem anexadas. Elas constituem esclarecimentos indispensáveis, ainda que corram o risco de parecer teóricas aos olhos do leitor. Mas esta "teoria" é uma forma de existência que fez parte de minha vida; estabelece um modo de ser, tão necessário para mim quanto comer ou beber.

I

Um dos dados mais característicos do cristianismo é o fato de que antecipa em seus dogmas um processo de metamorfose na divindade, e consequentemente uma transformação histórica. Isso ocorre sob a forma do novo mito resultante de uma cisão no Céu, à qual se faz alusão pela primeira vez no mito da Criação. De acordo com este mito, um antagonista do Criador aparece como serpente e induz os primeiros homens à desobediência, mediante a promessa de uma consciência amplificada (*Cientes bonum et malum*). A segunda alusão é a queda dos anjos, invasão "precipitada" do mundo humano pelos conteúdos inconscientes. Os anjos pertencem a um gênero singular: são o que são e não podem ser algo de diferente. Entidades em si mesmas desprovidas de alma, representam os pensamentos e as intuições de seu Senhor. No caso da queda dos anjos, não se trata unicamente de "maus" anjos. Eles determinam o efeito bem conhecido da *inflação*, que podemos observar hoje no delírio dos ditadores: os anjos criam com os homens uma *raça de gigantes* que finalmente se dispõe a devorar a humanidade, tal como nos é relatado no *Livro de Enoch*.

Mas o terceiro e decisivo degrau do mito é a própria realização de Deus sob a forma humana, em cumprimento à ideia do *Velho Testamento* no tocante às bodas divinas e suas consequências. Já no cristianismo primitivo a ideia da Encarnação derivara da concepção do *Christus in nobis*. Assim, a totalidade inconsciente irrompera no domínio psíquico da experiência interior e conferira ao homem uma intuição de sua estrutura total. Acontecimento decisivo, não somente para o homem, como também para o Criador: aos olhos daqueles que tinham sido libertos das trevas, Ele se despojava de Seus elementos sombrios e nefastos e se tornava o *summum bonum*. Este mito manteve-se vivo e inalterável durante um milênio, até o século XI,[1] momento em que apareceram os primeiros sinais de uma transformação ulterior da consciência. A partir de então, os sintomas da inquietação e da dúvida multiplicaram-se, e a imagem de uma catástrofe universal começou a esboçar-se no segundo milênio, isto é, antes de mais nada, a imagem de uma ameaça à consciência. Essa ameaça exprimiu-se no fenômeno dos gigantes, num desvio da consciência: "Nada é maior do que o homem e suas ações." Perdeu-se o caráter transcendente do mito cristão e, com ele, a visão cristã da totalidade que se perfaz no além.

À luz seguiu-se a sombra, o outro lado do Criador. Este desenvolvimento atinge o ponto culminante no século XX. O mundo cristão confronta-se agora com o princípio do mal, isto é, com a injustiça, a tirania, a mentira, a escravidão e a opressão das consciências. Se essa manifestação inequívoca do mal parecia ter atingido uma forma permanente no povo russo, foi entre os alemães que eclodiu como o primeiro incêndio gigantesco e devastador. E assim tornou-se evidente e irrefutável a que alto grau o cristianismo do século XX fora minado e esvaziado. Em face disso, o mal não poderia mais ser banalizado pelo eufemismo da *privatio boni* (privação do bem). O mal tornou-se uma realidade determinante. Não é mais possível desembaraçar-se dele por meio de uma simples troca de nomes; é necessário aprender a *conviver* com ele, pois ele quer participar da vida. Até a hora atual, ainda é inconcebível como isso será possível sem maiores danos.

De qualquer maneira, necessitamos de uma nova orientação, isto é, de uma *metanoia* (conversão). Quando se toca no mal, corre-se o risco iminente de se sucumbir a ele. Ora, o homem, de modo geral, não deve sucumbir nem mesmo ao bem. Um pretenso bem ao qual se sucumbe perde seu caráter moral, não porque tenha se tornado um mal em si, mas porque determina consequências más, simplesmente porque se sucumbiu a ele. Qualquer que seja a forma que revele o excesso a que nos entregamos, como o álcool, a morfina ou o idealismo, é nociva. Nunca devemos sucumbir à sedução daquilo que é prejudicial.

O critério da ação ética não pode mais consistir no fato de que aquilo que é considerado bom tome o caráter de um imperativo categórico; inversamente, o que é considerado mau não deve ser evitado de modo absoluto. Quando reconhecemos a realidade do mal, o bem toma necessariamente um caráter relativo e aparece como uma das metades de dois termos opostos. O mesmo ocorre com o mal. Os dois constituem, juntamente, um todo paradoxal. Isso significa que tanto o bem quanto o mal perderam o caráter absoluto e que somos obrigados a tomar consciência de que representam *julgamentos*.

A imperfeição de todo julgamento faz-nos, entretanto, perguntar se nossa opinião, em cada caso particular, é justa. Podemos sucumbir a um julgamento falso, mas isso só concerne ao problema ético, na medida que nos sentimos incertos de nossa apreciação moral. Mas nem por isso devemos deixar de tomar nossas decisões sobre o plano ético. A relatividade do "bem" e do "mal" ou do mau não significa de forma alguma que essas categorias não sejam válidas ou não existam. O julgamento moral existe sempre e em toda parte, com suas consequências características. Como já assinalei, uma injustiça cometida, ou somente projetada, ou ainda pensada, vingar-se-á de nossa alma, no passado como no futuro, qualquer que seja o curso do mundo. São os conteúdos do julgamento que mudam, submetidos às condições de tempo e de lugar, e em consequência destes. A apreciação moral baseia-se sempre no código de costumes, que parece seguro e nos instiga a discernir o bem do mal. Mas quando sabemos como essa base é frágil, a decisão ética torna-se um ato criador subjetivo, sobre o que não podemos estar certos — senão *Deo concedente* (com a graça de Deus) —, e isso quer dizer que necessitamos de um impulso espontâneo e decisivo que emana do inconsciente. A ética, o ato de decidir entre o bem e o mal, não está implicada em seu princípio; apenas se tornou mais difícil para nós. Nada pode poupar-nos do tormento da decisão ética. Mas por mais rude que isso possa parecer, é necessário, em certas circunstâncias, ter a liberdade de evitar o que é reconhecido como moralmente bom, e fazer o que é estigmatizado como mal, se a decisão ética o exigir. Em outras palavras: é necessário não sucumbir a qualquer um dos dois termos opostos. Contra a unilateralidade dos opostos, temos, sob uma forma moral, o *neti neti* (nem isto, nem aquilo) da filosofia hindu. Nesta perspectiva, o código moral será, em certos casos, irremediavelmente abolido, e a decisão ética dependerá do indivíduo. Isto não representa nada de novo, pois já significou, no correr dos tempos pré-psicológicos, o que se chama de conflito de deveres.

O indivíduo, porém, é, em regra geral, de tal modo inconsciente, que não percebe suas possibilidades de decisão; por isso procura ansiosamente as regras e as leis exteriores às quais possa ater-se nos momentos de perplexidade. Abstração feita das insuficiências humanas, a educação é em grande parte a culpada por esse estado de coisas: ela procura suas normas exclusivamente no que é normal, e nunca se refere à experiência pessoal do indivíduo. Ensina-se frequentemente um idealismo que não pode ser satisfeito, e as pessoas que o defendem são conscientes de que nunca os viveram nem jamais os viverão. Quem, por conseguinte, desejar encontrar uma resposta para o problema do mal, tal como é colocado hoje em dia, necessita em primeiro lugar de um *conhecimento de si mesmo*, isto é, de um conhecimento tão profundo quanto possível de sua totalidade. Deve saber, sem se poupar, a soma de atos vergonhosos e bons de que é capaz, sem considerar a primeira como ilusória ou a segunda como real. Ambas são verdadeiras enquanto possibilidades e não poderá escapar a elas se quiser viver (como obviamente deveria) sem mentir para si mesmo e sem vangloriar-se.

Mas, em geral, estamos de tal modo distanciados desse nível de consciência que essa perspectiva parece quase sem esperança, se bem que exista em muitos indivíduos modernos a possibilidade de um conhecimento profundo de si mesmo. Tal conhecimento é necessário, pois só em função dele pode-se atingir aquela camada profunda, aquele núcleo da natureza humana no qual se encontram os instintos. Estes são fatores dinâmicos, presentes *a priori*, dos quais dependem, em última análise, as decisões éticas de nossa consciência. Eles compõem o inconsciente e seus conteúdos, a propósito do que não há julgamento definitivo. Não podemos ter preconceitos em relação ao inconsciente, pois é impossível abranger sua natureza pelo conhecimento, nem demarcar suas fronteiras racionais. Só podemos chegar ao conhecimento da natureza mediante uma ciência que amplie o consciente, e é por isso que um conhecimento aprofundado de si mesmo requer uma ciência: a psicologia. Seria impossível construir uma luneta astronômica, ou um microscópio, com as próprias mãos e com boa vontade sem que se tivessem sólidas noções de óptica.

Atualmente, necessitamos da psicologia por razões vitais. Estamos perplexos, aturdidos e desorientados diante dos fenômenos do nacional-socialismo e do bolchevismo, pelo fato de que nada sabemos do homem, ou porque vemos apenas a metade banal e deformada de sua imagem. Se tivéssemos um certo conhecimento de nós mesmos, o caso seria outro. Ergue-se diante de nós a terrível questão do mal e não o percebemos, sem falar da resposta que urge dar a ela. Mesmo que esse mal fosse visto, não se compreenderia "como as coisas chegaram a esse ponto". Um chefe de Estado declarou recentemente, dando provas de uma ingenuidade genial, que não possuía "imaginação para o mal". Isto me parece muito pertinente: *nós não possuímos* nenhuma imaginação para o mal, mas ela *nos possui*.

Alguns nada querem saber sobre o mal e outros com ele se identificam. Tal é a situação psicológica do mundo atual. Alguns ainda se imaginam cristãos e pretendem calcar com os pés o suposto mal, enquanto outros sucumbem a ele, sem discernir mais o bem. O mal tornou-se, hoje, uma grande potência visível: metade da humanidade apoia-se numa doutrina fabricada a golpes de elucubrações humanas; a outra, sofre a falta de um mito apropriado à situação.

No que se refere aos povos cristãos, o cristianismo deliquescente negligenciou desenvolver seu mito no decurso dos séculos. O cristianismo recusou ouvir aqueles que davam expressão à dinâmica obscura das representações míticas. Um Gioacchino da Fiore, um Meister Eckhart, um Jacob Boehme, e muitos outros, foram mantidos em segredo para a grande maioria dos homens. O único raio de luz é Pio XII e seu dogma,[2] mas nem mesmo se compreende o que eu pretendo dizer com isto. Não se compreende que um mito morre quando não vive mais ou quando seu desenvolvimento cessa. Nosso mito emudeceu e não mais nos responde. A culpa, porém, não cabe a ele, tal como está contido nas *Sagradas Escrituras*, mas a nós que não continuamos a desenvolvê-lo; pelo contrário, impedimos todas as tentativas efetuadas nesse sentido. Em sua forma original, o mito mostra bem os pontos a partir dos quais poderiam nascer as possibilidades de seu desenvolvimento. Por exemplo, as palavras postas na boca de Cristo: "Mostrai-vos, portanto, astutos como a serpente e cândidos como as pombas." Por que teríamos a necessidade de ser astutos como a serpente? E quanto à candura da pomba? "... Se não voltardes ao estado de infância..." (Mateus XVIII, 3). Mas quem sabe o que as crianças realmente são? Que moral justifica o Senhor quando usurpa o asno de que tem necessidade para entrar em Jerusalém como vitorioso? E quanto à sua irritação semelhante à de uma criança, quando maldiz a figueira? Que moral se segue à parábola do intendente infiel? E qual será esse conhecimento profundo e de tão grande alcance para nós, que encontramos nas palavras apócrifas do Senhor, "Meu amigo, se sabes o que fazes, és feliz, mas se não o sabes, és um maldito e um transgressor da Lei"?³ O que quer dizer, finalmente, aquilo que Paulo professa (Romanos VII, 19), "... eu não faço o bem que quero e cometo o mal que não quero"? E eu silencio diante das profecias inequívocas contidas no *Apocalipse*, às quais, em geral, não se dá crédito, porque são muito embaraçosas.

A questão colocada outrora pelos gnósticos — "De onde vem o mal?" — não encontrou resposta no mundo cristão. E a alusão de Orígenes a uma possível redenção do Diabo tornou-se heresia. Mas hoje a questão nos assedia e precisamos dar uma resposta. Permanecemos de mãos vazias, espantados, perplexos, e nem mesmo percebemos que nenhum mito nos ajuda, agora que temos tanta necessidade dele. Em consequência à situação política e aos acontecimentos terríveis, isto é, demoníacos da ciência, sentimos calafrios secretos e pressentimentos obscuros. Mas não sabemos o que fazer e poucos são aqueles que chegam à conclusão de que, desta vez, trata-se da *alma do homem*, há muito esquecida.

O desenvolvimento posterior do mito deveria, sem dúvida, reportar-se ao momento em que o Espírito Santo se revelou aos Apóstolos, fazendo-os filhos de Deus; não somente a eles, mas a todos os que, através deles e depois deles, receberam a filiação — o estado de filho de Deus —, participando assim da certeza de que não eram apenas *animalia* autóctones, nascidos da terra, mas que, pelo fato de serem "duas vezes nascidos", se enraizavam na divindade. Sua existência visível, corpórea, era desta terra; mas sua humanidade invisível, interior, tinha origem e futuro na primeira imagem da totalidade, no Pai eterno, tal como se exprime o mito da história cristã da salvação.

Assim como o Criador é uma totalidade, Sua criatura, e, consequentemente, Seu filho, deve também ser total. Seria impossível suprimir o que quer que fosse da representação da totalidade divina; mas sem que houvesse consciência daquilo que ocorria, houve uma cisão na totalidade. Um reino de luz e um reino de trevas nascera. Tal resultado já estava preparado antes do aparecimento de Cristo, como é possível constatar, entre outros, no *Livro de Jó* ou no *Livro de Enoch*, pré-cristão, e bastante difundido.

Essa dissociação metafísica continuou abertamente no cristianismo: Satã, que, no *Antigo Testamento*, pertencia ainda ao séquito imediato de Jeová, passou a representar a oposição eterna e diametral ao mundo de Deus. Foi impossível extirpá-lo depois disso. Assim, pois, não é de admirar que já no começo do século XI aparecesse a crença de que o criador do mundo não fosse Deus, mas o Diabo. Isso foi no início da segunda metade da era cristã, quando o mito da queda dos anjos já havia relatado que os anjos que perderam a graça divina é que haviam ensinado aos homens as ciências e as artes perigosas. O que diriam esses antigos narradores depois do acontecimento de Hiroshima?

A visão genial de Jacob Boehme discerniu a dualidade intrínseca da imagem de Deus e colaborou, assim, na elaboração posterior do mito. O símbolo da mandala esboçada por Boehme representa o deus dissociado; seu círculo interior, com efeito, se cinde em dois semicírculos que se contrapõem e se dão reciprocamente as costas.[4]

Uma vez que, segundo as premissas dogmáticas do cristianismo, Deus é inteiramente presente em cada uma das três pessoas da Trindade, Ele deve encontrar-Se também, totalmente, em cada uma das partes que recebeu o Espírito Santo. Desse modo, cada ser humano pode participar de Deus em sua totalidade e, assim, à filiação, ao estado de filho de Deus. A *complexio oppositorum* (complementaridade dos opostos) no seio da imagem de Deus penetra assim no homem, e isso não sob a forma de uma unidade, mas de um conflito, a metade tenebrosa da imagem se chocando com a representação já recebida de que Deus é "luz". É esse o processo que se desenrola em nosso tempo, sem que os mestres responsáveis pelos homens o tenham compreendido, se bem que sua tarefa fosse discernir esses desenvolvimentos. É verdade que todos sabem que estamos num ponto de mudança importante das idades, mas a crença é que esse ponto de mudança é suscitado pela fissão ou fusão do átomo, ou pelos foguetes interplanetários. E, como de costume, a cegueira é completa no que diz respeito à alma humana.

À medida que a imagem de Deus é, psicologicamente, uma ilustração e uma manifestação das profundezas da alma, e à medida que esta começa a se tornar consciente sob a forma de uma profunda dissociação que atinge a política mundial, uma compensação psíquica chama pouco a pouco a atenção. Manifesta-se através de imagens unitárias, de pequenos discos que aparecem espontaneamente e que representam uma síntese dos contrastes situados no interior da alma. Creio que a esse fato se liga o rumor mundial em torno dos objeto voadores não identificados (óvnis), comumente chamados discos voadores, que apareceram pela primeira vez em 1945. Esse rumor ora se apoia em visões, ora em certas realidades. Esses "objetos não identificados" são interpretados como máquinas voadoras provenientes de outros planetas, ou mesmo da "quarta dimensão".

Há mais de quarenta anos (1918), descobri a existência de um símbolo aparentemente central, de natureza semelhante, no decurso de minhas pesquisas sobre o inconsciente coletivo: o símbolo da mandala. Para estar seguro de minhas ideias, acumulei outras observações durante mais de dez anos, antes de publicar, em 1929, sob uma forma provisória e pela primeira vez, a minha descoberta.[5] A mandala é uma imagem arquetípica cuja existência é verificável através de séculos e milênios. Designa a totalidade do si mesmo, ou ilustra a totalidade dos fundamentos da alma — no sentido mítico, a manifestação da divindade encarnada no homem. Em oposição à mandala de Boehme, a mandala moderna visa à unidade, isto é, representa uma compensação da cisão, isto é, sua superação antecipada. Como tal processo ocorre no inconsciente coletivo, manifesta-se por toda parte. É o que mostra o rumor a respeito dos "discos voadores", sintoma de uma disposição mental genérica em vigência.

À medida que o tratamento analítico torna a "sombra" consciente, cria uma cisão e uma tensão entre os opostos, os quais, por sua vez, procuram equilibrar-se numa unidade. A ligação se processará mediante símbolos. A confrontação entre os opostos chega ao limite do suportável quando é levada a sério ou quando se é levado a sério pelos opostos. O *tertium non datur* (não há um terceiro termo) da lógica se confirma: é impossível entrever uma terceira solução.

Entretanto, quando tudo se processa de modo satisfatório, esta terceira solução se apresenta de maneira espontânea, naturalmente. É então — e somente então — convincente, sentida como aquilo que se chama "graça". A solução que nasce da confrontação e da luta dos opostos é, na maioria das vezes, constituída por uma mistura inextricável de dados conscientes e inconscientes, e é por isso que se pode considerá-la um "símbolo" (uma moeda cortada em duas, cujas metades se encaixam perfeitamente).[6] Esta solução representa o resultado da cooperação entre o consciente e o inconsciente; representa uma analogia com a imagem de Deus, sob forma de mandala, que é indubitavelmente o esquema mais simples de uma representação da totalidade, oferecendo-se espontaneamente à imaginação para figurar os opostos, sua luta e conciliação em nós. A confrontação que é, inicialmente, de natureza puramente pessoal, logo é acompanhada pela intuição e pelo conhecimento de que a tensão subjetiva entre os opostos é, no todo, um caso particular das tensões conflitantes do mundo.

Pois nossa psique é estruturada à imagem da estrutura do mundo, e o que ocorre num plano maior se produz também no quadro mais ínfimo e subjetivo da alma. Por este motivo, a imagem de Deus é sempre uma projeção da experiência interior vivida no momento da confrontação com um opositor poderosíssimo. Este é figurado por objetos que deram origem à experiência interior e que, a partir daí, guardaram uma significação numinosa; ou então é caracterizado por uma numinosidade e pela força subjugante dele. No último caso, a imaginação se liberta do simples plano do objeto e tenta esboçar a imagem de uma entidade invisível, que existe atrás das aparências. Penso aqui na mais simples das formas fundamentais da mandala, a circunferência, e na divisão mais simples do círculo (mentalmente): o quadrado e a cruz.

Tais experiências têm uma influência benigna ou devastadora no homem. Este não pode apreendê-las, compreendê-las, nem dominá-las. Não pode livrar-se delas ou escapar-lhes, e por este motivo as sente como relativamente subjugantes ou mesmo onipotentes. Reconhecendo com precisão que elas não provêm de sua personalidade consciente, o homem as designa de *mana*, Demônio ou Deus. O conhecimento científico utiliza o termo "inconsciente", confessando assim sua ignorância na matéria, o que é compreensível, uma vez que esse tipo de conhecimento nada pode saber da psique, porquanto só através dela pode atingir o conhecimento. Eis por que não é possível discutir ou afirmar a validade da designação de *mana*, Demônio ou Deus, mas unicamente constatar que o sentimento de algo estranho ligado à experiência de algo objetivo é autêntico.

Sabemos que acontecem coisas totalmente desconhecidas e estranhas em nossas vidas. Da mesma forma, sabemos que não fabricamos um sonho ou uma ideia, mas que ambos nascem como que por si mesmos. Assim o que se abate sobre nós é um efeito que provém do *mana*, de um demônio, de Deus ou do inconsciente. As três primeiras designações possuem a grande vantagem de abranger e evocar a qualidade emocional do numinoso, enquanto a última — o inconsciente — é banal e, portanto, mais próxima da realidade.

O conceito de inconsciente inclui o plano das coisas experimentáveis, isto é, a realidade cotidiana, tal como é conhecida e abordável. O inconsciente é um conceito demasiado neutro e racional para que, na prática, possa se mostrar de grande ajuda à imaginação. Ele foi forjado precisamente para o uso científico; portanto, é mais apto para uma abordagem das coisas sem paixão e sem exigências metafísicas, do que conceitos transcendentes que são passíveis de crítica e podem desviar para um certo fanatismo.

Daí, prefiro o termo "inconsciente", sabendo perfeitamente que poderia também falar de "Deus" ou do "Demônio" se quisesse me exprimir de maneira mítica. À medida que me exprimo miticamente, "mana", "Demônio", "Deus" são sinônimos de inconsciente, pois sabemos a respeito dos primeiros tanto ou tão pouco quanto do último. *Acreditamos* simplesmente saber mais sobre os primeiros, o que, na verdade, para certos fins, é muito mais útil e muito mais eficaz do que recorrer a um conceito científico.

A grande vantagem dos conceitos de "Demônio" e "Deus" está em permitir uma objetivação bem melhor do defrontar-se, ou seja, da *personificação* deles. Suas qualidades emocionais lhes conferem vida e eficácia. Ódio e amor, medo e veneração surgem no teatro da confrontação e a dramatizam em grau supremo. Dessa forma, o que era simplesmente "exposto", se torna "atuado".[7] O desafio é lançado ao homem total e é com toda a sua realidade que ele se empenha no combate. Só dessa forma o homem pode atingir a totalidade e "Deus pode nascer", isto é, participar da realidade humana e associar-se ao homem sob a forma de "homem". Por esse ato de encarnação o homem, isto é, o eu, é substituído interiormente por "Deus" e Deus se torna exteriormente o homem de acordo com as palavras de Cristo: "Quem me viu, viu meu Pai" (João XIV, 9).

Esta constatação faz aparecer o inconveniente da terminologia mítica. A representação de Deus, tal como habitualmente é feita pelo homem cristão, é a de um Pai onipotente, onisciente, cheio de bondade, o Criador do mundo. Para esse Deus tornar-se homem é indispensável uma formidável *kenosis* (esvaziamento)[8] que reduza a totalidade divina à escala infinitesimal do homem; e mesmo que isso aconteça, é difícil compreender como o homem não explodiria, despedaçado pela encarnação. Por isso, a especulação dogmática precisou dotar o Cristo de qualidades que o situam além da condição humana habitual. Falta-lhe, antes de mais nada, a *macula peccati* (a mancha do pecado) e isto já o faz um homem-Deus ou um semideus. A imagem cristã de Deus não pode, sem contradições, encarnar-se no homem empírico, abstração feita de que o homem exterior parece pouco apto para fornecer a representação adequada de um deus.

O mito deve, enfim, levar a sério o monoteísmo e abandonar o dualismo (nascido oficialmente) que até hoje faz subsistir um eterno e tenebroso antagonista ao lado de um bem todo-poderoso. O mito deve permitir que se exprima a *complexio oppositorum* filosófica de um Nicolas de Cusa e a ambivalência moral que se encontra em Jacob Boehme. Somente assim poderão ser atribuídos ao Deus único a totalidade e a síntese dos opostos que lhe são próprias. Quem já experimentou o fato de que os opostos, "por sua própria natureza", podem unificar-se graças ao símbolo, de tal modo que não tendam mais a dispersar-se, nem a se combater mas, contrariamente, tendam a completar-se reciprocamente e a dar à vida uma forma plena de sentido, não terá mais dificuldades diante da ambivalência da imagem de um Deus da natureza e da Criação. Compreenderá precisamente o mito do "tornar-se homem", necessário a Deus, mensagem cristã essencial como uma confrontação criadora do homem com os elementos contrários, assim como sua síntese na totalidade da personalidade, o si mesmo. Os contrastes interiores necessários na imagem de um Deus criador podem ser reconciliados na unidade e totalidade do si mesmo, enquanto *coniunctio oppositorum*. Na experiência do si mesmo não se cogita mais de superar o contraste "Deus e homem", como anteriormente, mas da oposição no próprio seio da imagem de Deus. É esse o sentido do "serviço de Deus", isto é, do serviço que o homem pode prestar a Deus, para que a luz nasça das trevas, para que o Criador tome consciência de Sua Criação, e que o homem tome consciência de si mesmo.

Tal é a meta, ou uma das metas, que integra o homem na Criação de maneira sensata e que, ao mesmo tempo, confere um sentido a ela. Foi esse mito explicativo que cresceu em mim no decorrer de decênios. Trata-se de uma meta que posso reconhecer e apreciar e que graças a isso me satisfaz.

Em virtude de suas faculdades de reflexão, o homem elevou-se acima do reino animal e, mediante seu espírito, demonstra que é precisamente pelo desenvolvimento da consciência que a natureza investiu-o de grande valor. Graças a tal desenvolvimento, ele se apodera da natureza, reconhece a existência do mundo e, por isso mesmo, o confirma de qualquer forma ao Criador. Por isso, o mundo torna-se um fenômeno, o que não seria, sem reflexão consciente. Se o Criador fosse consciente de si mesmo, não teria necessidade das criaturas conscientes; não é provável, também, que os caminhos da Criação, indiretos no mais alto grau, e desperdiçando milhões de anos na criação de inumeráveis espécies e criaturas, correspondam a uma intenção polarizada para uma meta. A história da natureza nos conta a metamorfose fortuita e ao acaso das espécies, que através de centenas de milhões de anos devoraram e se entredevoraram. A história biológica e política da humanidade também nos ensina exaustivamente sobre isso. Mas a história do espírito se inscreve num outro registro. É aqui que se introduz o milagre da consciência refletiva, segundo a cosmogonia. A importância da consciência é de tal forma vasta que não se pode deixar de supor que o elemento *sentido* jazia provavelmente oculto em todo o aparato biológico, monstruoso e aparentemente insensato, e que enfim pôde manifestar-se como que por acaso, na escala dos animais de sangue quente e cérebro diferenciado, não de modo intencional ou previsto, mas como que pressentido através de um "impulso obscuro", intuitivo e tateante.[9]

Exprimindo tais pensamentos, não imagino ter dito algo de definitivo a respeito do sentido e do mito do homem; creio, porém, que isso é o que pode e deve ser dito ao fim do *eon* de Pisces, diante do *eon* que se aproxima, o de Aquário, cuja forma é humana. O Aquário vem depois de dois Peixes, em oposição (uma *coniunctio oppositorum*) e parece figurar o Si Mesmo. De um modo soberano, ele derrama o conteúdo do seu cântaro na boca do *Piscis austrinus*[10] que representa um filho, um elemento ainda inconsciente. Deste surgirá, depois de um *eon* ainda mais vasto, de cerca de dois mil anos, um futuro evocado pelo símbolo do Capricórnio. O Capricórnio ou *aigokeros* é o monstro cabra-peixe,[11] simbolizando a união das montanhas e das profundezas do mar, um contraste de dois animais em junção inseparável. Este ser singular poderia facilmente representar a imagem primitiva de um Deus criador que se confronta com o "homem", o *anthropos*. A respeito dessa imagem permaneço em silêncio; o mesmo ocorre no que diz respeito ao material de experiências disponível, isto é, os produtos do inconsciente de outros homens que conheci, ou documentos históricos. Quando uma compreensão não é clara por si mesma, toda especulação é destituída de sentido, que só sobrevém quando existem elementos objetivos, como no caso do *eon* de Aquário.

Ignoramos até que ponto poderá levar o processo da tomada de consciência e para onde conduzirá o homem. Existe, na história da Criação, um *novum* (um elemento novo), ao qual não existe qualquer termo de comparação. Por este motivo não se pode saber que potencialidades encerra, nem se é lícito prever para a espécie do *Homo sapiens* um desabrochar e depois um desaparecer, tal como aconteceu em relação aos animais pré-históricos. A biologia é incapaz de nos fornecer um só argumento contrário a tais possibilidades.

O homem satisfaz à necessidade da expressão mítica quando possui uma representação que explique suficientemente o sentido da existência humana no cosmos, representação que provém da totalidade da alma, isto é, da cooperação do consciente e do inconsciente. A carência do sentido impede a plenitude da vida e significa, portanto, doença. O sentido torna muitas coisas, talvez tudo, suportável. Jamais alguma ciência substituirá o mito e jamais o mito poderá nascer de alguma ciência. Não é "Deus" que é um mito, mas o mito que é a revelação de uma vida divina no homem. Não somos nós que inventamos o mito, é ele que nos fala como "Verbo de Deus". O "Verbo de Deus" vem a nós e não temos nenhum meio de distinguir "se" e "como" ele é diferente de Deus. Nada há que não seja conhecido e humano a respeito do Verbo, salvo a circunstância de que surgiu espontaneamente diante de nós e nos dominou. Ele não depende de nosso arbítrio. Impossível explicar uma "inspiração". Sabemos que a "ideia que nos vem ao espírito" não é fruto de nossas elucubrações, mas vinda de "algum lugar", que nos invade. E quanto ao sonho premonitório, como poderíamos atribuí-lo à nossa própria razão? Em casos semelhantes, ignora-se muitas vezes e por muito tempo que o sonho contenha um saber prévio e a distância.

O Verbo nos ocorre; nós sofremos a sua ação, pois estamos expostos a uma profunda insegurança; para Deus, enquanto *complexio oppositorum*, "todas as coisas são possíveis" no sentido mais amplo da expressão, isto é, verdade e erro, bem e mal. O mito é ou pode ser equívoco, tal como o oráculo de Delfos ou um sonho. Não podemos, nem devemos, renunciar ao uso da razão; e não devemos também abandonar a esperança de que o instinto se precipite em nossa ajuda. Neste caso, um deus nos apoiaria contra Deus, tal como Jó o compreendera. Pois tudo aquilo que se exprime através da "outra vontade" é uma condição humana, elaborada pelo pensamento do homem, por suas palavras, suas imagens e todas as suas limitações. É por isso que o homem refere tudo a si mesmo quando começa a pensar desajeitadamente em termos psicológicos, acreditando que tudo provém de sua intenção e de "si próprio". Pressupõe dessa forma, com uma ingenuidade infantil, que conhece todos os seus domínios e que sabe "o que ele próprio é". Não desconfia que a fraqueza de sua consciência e o medo correspondente do inconsciente o impedem de distinguir o que inventou intencionalmente daquilo que proveio de outra fonte. Não tem objetividade diante de si próprio e não pode ainda considerar-se como esse fenômeno que afinal de contas é obrigado a constatar e ao qual — *for better or worse* — é idêntico. Inicialmente, sofre a ação das coisas, elas lhe ocorrem, "caem sobre ele" e só muito penosamente consegue conquistar e manter uma esfera de relativa liberdade.

Apenas quando alcança tal conquista — e somente então — conseguirá reconhecer que está confrontado com seus fundamentos involuntários, com as circunstâncias dadas por seu embasamento, que não teria meios de impedir. Mas seus fundamentos não se limitam unicamente a fatos passados; pelo contrário, vivem com ele, como base permanente de sua existência, e sua consciência depende de sua colaboração, pelo menos tanto quanto do mundo físico circundante.

Esses dados que assaltam o homem e a ele se impõem, poderosamente, tanto vindos de fora como de dentro, consubstanciam-se na representação da divindade e é com a ajuda do mito que ele pode descrever seus efeitos; o homem compreendeu o mito como "Verbo de Deus", isto é, como inspiração e revelação daquilo que as realidades do "outro lado" têm de numinoso.

II

A melhor maneira do indivíduo se proteger do risco de confundir-se com os outros é a posse de um segredo que queira ou deva guardar. Todo o início da formação de sociedades implica a necessidade de uma organização secreta. Quando não há motivos suficientemente imperiosos para a manutenção do segredo, inventam-se ou "arranjam-se" segredos que só são "conhecidos" ou "compreendidos" pelos que têm o privilégio de iniciação. Assim foi entre os rosa-cruzes e muitas outras sociedades secretas. Entre as pseudossecretas existem — ó ironia! — as que nem mesmo são conhecidas pelos iniciados; por exemplo, as que emprestaram seus "segredos" principalmente à tradição alquimista.

A necessidade de cercar-se de mistério é de importância vital no estágio primitivo, pois o segredo compartilhado constitui o cimento da coesão do grupo. No estágio social, o segredo representa uma compensação salutar da falta de coesão da personalidade individual, que submerge e se dispersa mediante recaídas sucessivas na identidade primitiva inconsciente com os outros. A busca da meta, sendo ela o indivíduo consciente de suas particularidades, torna-se um longo trabalho educativo, quase sem esperança, devido ao seguinte fato: uma comunidade constituída por indivíduos isolados, que tiverem o privilégio da iniciação, não pode se reconstituir senão através de uma identidade inconsciente, mesmo quando se trata de uma identidade socialmente diferenciada.

A sociedade secreta é um estágio intermediário no caminho da individuação: confia-se ainda a uma organização coletiva a tarefa de ser diferenciado por ela, isto é, ainda não se compreendeu que é tarefa do indivíduo ficar de pé, por si mesmo, e ser diferente dos demais. Todas as identidades coletivas, quer se refiram a organizações, quer a profissões de fé relativas a tal ou qual *ismo* etc., ameaçam e se opõem ao cumprimento dessa tarefa. Essas identidades coletivas são muletas para os paralíticos, escudos para os ansiosos, divãs para os preguiçosos, recreio para os irresponsáveis, mas também albergues para os pobres e fracos, o porto protetor para os náufragos, o seio da família para os órfãos, a meta gloriosa e ardentemente desejada para os que se extraviaram e se decepcionaram, a Terra Prometida para os peregrinos extenuados, o rebanho e o cercado seguro para as ovelhas desgarradas e a mãe que significa nutrição e crescimento.

Por este motivo não se deve considerar esse grau intermediário um obstáculo; ele representa, ao contrário, e ainda por muito tempo, a única possibilidade de existência do indivíduo que hoje, mais do que nunca, se encontra ameaçado pelo anonimato. O fato de pertencer a uma organização coletiva é tão importante na nossa época que tem mesmo o direito de parecer como meta definitiva, enquanto toda tentativa de sugerir ao homem a eventualidade de um passo a mais no caminho da autonomia pessoal é considerada presunção, desafio prometeico, fantasia ou mesmo impossibilidade.

Mas pode acontecer que alguém, por motivos importantes, se sinta constrangido a procurar o seu caminho, por seus próprios meios, em direção a horizontes mais largos, porquanto não encontra em nenhuma forma, em nenhum molde, em nenhum dos envoltórios, em nenhum dos meios de vida que lhe são oferecidos, aquele que lhe convém. E então irá só, representando sua própria sociedade. Será sua própria multiplicidade que se compõe de numerosas opiniões e numerosas tendências, nem todas seguindo, necessariamente, o mesmo sentido. Pelo contrário, estará em estado de dúvida em relação a si mesmo, e sofrerá grandes dificuldades para conduzir sua própria multiplicidade a uma ação homogênea e integrada. Mas o fato de estar exteriormente protegido pelas formas sociais de um desses graus intermediários, aos quais acabamos de nos referir, não implica que esteja protegido da multiplicidade interior que o cinde intimamente e o impele a voltar ao desvio que representa a identidade com o mundo exterior.

Assim como o iniciado, graças ao segredo da sociedade, não se marginaliza e participa de uma coletividade menos diferenciada, o indivíduo isolado tem necessidade, para caminhar solitário, de um segredo que, por qualquer motivo, não deva nem possa revelar. Tal segredo o obriga a isolar-se em seu projeto individual. Muitos indivíduos não podem suportar tal isolamento. São os neuróticos que brincam de esconde-esconde com os outros e consigo mesmo, sem se levar a sério, nem aos outros. Regra geral, essas pessoas sacrificam sua meta individual à necessidade da adaptação social, encorajadas por todas as opiniões, todas as convicções e todos os ideais do ambiente. Por outro lado, não há argumento racional contra estes últimos. Só um segredo que não se pode trair, isto é, um segredo que nos inspira medo ou que não poderíamos formular conceitualmente (e que, por isso, pertence aparentemente à categoria das "loucuras"), pode impedir a regressão inevitável ao coletivo.

A necessidade de um tal segredo é, em muitos casos, tão grande que suscita pensamentos e ações, cuja responsabilidade é quase impossível de se suportar. Às vezes, atrás de tais atitudes, seria falso ver apenas arbitrariedade e presunção; pelo contrário, trata-se de uma *dira necessitas* (cruel necessidade) inexplicável para o próprio indivíduo e que se apodera dele como um destino inelutável que mostra a ele — *ad oculos* —, talvez pela primeira vez em sua vida, a existência de fatores estranhos, mais poderosos do que ele, no seio de seus mais íntimos domínios, e dos quais se acreditava senhor.

Um exemplo significativo é a história de Jacó, que lutou com o anjo, saiu com a anca deslocada, mas que desse modo evitou cometer um assassínio. O Jacó dessa época tinha a vantagem de que todos acreditaram em sua história. Um Jacó de hoje apenas encontraria por toda parte um sorriso eloquente. Dessa forma, ele preferirá não tocar no assunto, sobretudo se tiver que formar uma opinião pessoal sobre o enviado de Jeová. Assim, querendo ou não, tem a posse de um segredo indiscutível, e sai do círculo da coletividade. Naturalmente, sua restrição mental surgirá em pleno dia se não conseguir ser hipócrita durante toda a vida. Mas tornar-se-á neurótico quem quiser fazer as duas coisas ao mesmo tempo: seguir sua meta individual e adaptar-se à coletividade. Um "Jacó" não confessa que o anjo é o mais forte, pois nunca afirmou a impossibilidade de o anjo se afastar, mancando.

Aquele que, impelido por seu *daimon*, ousa ultrapassar as fronteiras desse estado intermediário marcado pela pertinência a uma coletividade penetra, por assim dizer, no "inexplorado para sempre inexplorável", onde não há mais caminhos seguros que o guiem nem abrigos que estendam sobre ele um teto protetor. Nessa região, não há mais leis, no caso de uma situação inesperada, como, por exemplo, um conflito de deveres, que não se pode resolver à força. Habitualmente uma excursão desse tipo nessa *no man's land* dura até que uma situação conflitante apareça no horizonte. Quando ocorre o conflito, ou quando se lhe sente o cheiro, mesmo de longe, a excursão finda rapidamente. Se, nessas condições, alguém "dá no pé", eu não o censuraria. Mas se, pelo contrário, alguém se pavoneia e considera um mérito o que foi fraqueza e covardia, eu não poderia aprová-lo. Como meu desprezo não faz mal a ninguém, posso exprimi-lo com toda a tranquilidade.

Mas se alguém assume a responsabilidade de resolver uma situação litigiosa de deveres contraditórios, debatendo a questão em face do juiz perante o qual comparece dia e noite, encontrar-se-á eventualmente na posição do "homem-só": possui um segredo que não admite qualquer debate público pela excelente razão de que esse homem já é fiador perante si mesmo de uma acusação impiedosa e de uma defesa obstinada; nenhum juiz temporal ou espiritual poderia devolver-lhe o sono. De resto, se ele não conhecesse previamente, até a náusea, as decisões desses eventuais juízes, os fatos nunca teriam chegado a um conflito de deveres. Este último sempre supõe uma consciência elevada de suas responsabilidades. É justamente esta virtude que lhe proíbe a aceitação de uma decisão coletiva; e por esse motivo o júri do mundo exterior é transposto para o mundo interior onde uma decisão será tomada, a portas fechadas.

Esta transformação confere ao indivíduo uma significação antes ignorada. Ele será, doravante, não só seu eu bem conhecido e socialmente definido, como também a instância que negocia o que ele vale em si mesmo. Nada aumenta mais a tomada de consciência do que a confrontação interior com os fatores opostos. Não só a acusação coloca sobre a mesa os dados desconhecidos, como a defesa também passa a procurar argumentos em que até então não havia pensado. Disso resulta que uma parte importante do mundo exterior é transportada para o mundo interior, e esse mesmo elemento é subtraído ao mundo exterior; por outro lado, o mundo interior ganha na mesma proporção e é elevado à dignidade de um tribunal de decisão ética. O eu, que antes era unívoco, por assim dizer, perde a prerrogativa de ser simplesmente o acusador e adquire, em troca, o inconveniente de também ter que ser acusado. O eu torna-se ambivalente, ambíguo e fica mesmo entre a bigorna e o martelo. *Torna-se consciente de uma polaridade de opostos que lhe é "sobreordenada".*

Ainda que se discuta e se argumente até o dia do Juízo Final, nem todos os conflitos de deveres serão realmente "resolvidos". Talvez nenhum conflito seja efetivamente "resolvido". Um belo dia, entretanto, a decisão simplesmente se apresenta como uma espécie de curto-circuito. A vida prática não tolera ser mantida em suspenso por uma eterna contradição. Os pares de opostos e sua contradição inerente, entretanto, não desaparecem, se bem que por um momento passem para o segundo plano, em prol do impulso da ação. Os pares de opostos ameaçam constantemente a unidade da personalidade e sempre de novo enredam a vida em contradições.

Considerando tal situação, parece recomendável "ficar em casa", isto é, nunca desertar dos cercados e abrigos coletivos, pois só eles prometem garantia contra os conflitos interiores. Aquele que não for *obrigado* a abandonar pai e mãe estará, seguramente, mais abrigado junto deles. Mas são numerosos os que se sentem impelidos para fora do lar, num caminho individual. Sem demora conhecerão o positivo e o negativo da natureza humana.

Do mesmo modo que toda energia procede de polos opostos, a alma possui também uma *polaridade* interior, pressuposição inalienável de sua vitalidade, como Heráclito já o reconheceu. Tanto teórica quanto praticamente, essa polaridade é inerente a tudo o que vive. Diante dessa poderosa condição mantém-se a unidade facilmente perturbável do eu que se formou, de modo progressivo, ao longo de milênios e só com ajuda de inúmeras medidas de proteção. A elaboração mesma de um eu parece ter sido possível graças ao fato de que todos os opostos tendem, reciprocamente, a equilibrar-se. Isto ocorre no processo energético que começa pela tensão entre o frio e o quente, o alto e o baixo etc. A energia, que é a base da vida psíquica consciente, preexiste a esta última, e é por conseguinte inicialmente inconsciente. Quando aflora à consciência, se apresenta primeiro projetada em figuras como *mana*, deuses, demônios etc., cujo *numen* parece ser a fonte de força que condiciona sua existência, enquanto essa energia é concebida sob a forma dessas imagens. Mas à medida que essa forma se esfuma e se torna ineficaz, o eu, isto é, o homem empírico, parece tomar posse dessa fonte de força, e isso no sentido pleno desta proposição ambígua: por um lado, ele busca tomar posse desta energia, a fim de ser seu senhor até o ponto de acreditar que a possui; por outro lado, é possuído por ela.

Esta situação grotesca, entretanto, ocorre quando apenas os conteúdos da consciência passam por formas de existência do psíquico. Neste caso, a inflação devida a projeções recorrentes não pode ser evitada. Mas quando se admite a existência de uma psique inconsciente, os conteúdos das projeções podem ser integrados em formas instintivas inatas que precedem a consciência. Graças a isso, a objetividade e a autonomia da consciência são mantidas e a inflação é evitada. Os arquétipos que preexistem à consciência e que a condicionam aparecem então no papel que realmente desempenham: o de formas estruturais *a priori* do fundamento instintivo da consciência. Não constituem absolutamente um em-si das coisas, mas sim formas em que são percebidas, consideradas e compreendidas. Naturalmente, os arquétipos não representam a única base da aparência das representações. Eles são apenas os fundamentos da parte coletiva de uma concepção. Enquanto constituem uma qualidade do instinto, participam de sua natureza dinâmica e possuem, por conseguinte, uma energia específica que determina, às vezes de forma constrangedora, modos de comportamento, impulsões. Isso quer dizer que em certas circunstâncias os arquétipos têm uma força de possessividade e de obsessão (numinosidade!). Concebê-los sob a forma de *daimonia* (poderes sobrenaturais) corresponde perfeitamente à sua natureza.

Se alguém, por acaso, acreditar que uma tal formulação possa alterar de algum modo a *natureza* das coisas, denotará que é excessiva sua crença no valor das palavras. Os dados reais não mudam quando aplicamos a eles outros nomes. Só nós poderíamos, casualmente, ser afetados. Se alguém concebesse "Deus" como um "puro nada", isso nada teria a ver com o princípio que nos ultrapassa. Continuaríamos tão possuídos por Ele quanto antes. Não amputamos absolutamente a realidade mudando-lhe o nome; no máximo poderemos tomar uma falsa atitude em relação a ela, se o nome novo implicar uma negação; inversamente, a denominação positiva de uma coisa incognoscível poderá colocar-nos diante dela numa atitude positiva. É por isso que quando aplicamos a "Deus" a denominação de "arquétipo" nada exprimimos sobre sua natureza própria. Mas reconhecemos, assim, que "Deus" está inscrito nessa parte de nossa alma preexistente à nossa consciência e que, portanto, Ele não pode ser uma invenção desta última. Dessa forma, Deus não é nem afastado nem aniquilado mas, pelo contrário, é posto na proximidade daquilo que se pode experimentar. Esta circunstância não deixa de ser essencial: é comum a suspeita de que uma coisa não experimentável não existe. Tal suspeita leva alguns pretensos crentes (que não se dão ao trabalho de examinar mais a fundo a questão) a nomear de ateísmo, ou então de gnosticismo, a minha tentativa de reconstituir a alma primitiva inconsciente; de qualquer modo não reconhecem qualquer realidade psíquica como a do inconsciente. Se este significa alguma coisa, deve compor-se das fases percorridas antes do desenvolvimento histórico de nossa psique consciente.

Quase todos concordam que a hipótese de o homem ter sido criado em toda a sua glória no sexto dia da Criação, sem degrau anterior, é muito simplista e arcaica para nos satisfazer. Mas em relação à psique, as concepções arcaicas continuam em vigor: a psique não teria antecedentes arquetípicos; seria uma *tabula rasa*, uma criação inteiramente nova, que tem origem na ocasião do nascimento. Em suma, seria apenas o que ela mesma imagina ser.

A consciência é filogenética e ontogeneticamente secundária. Já é tempo de esta evidência ser enfim admitida. O corpo tem uma pré--história anatômica de milhões de anos — o mesmo acontece com o sistema psíquico. O corpo humano atual representa em cada uma de suas partes o resultado desse desenvolvimento, transparecendo as etapas prévias de seu presente; o mesmo acontece com a psique. A consciência começou, segundo a perspectiva de seu desenvolvimento histórico, num estado quase animal de inconsciência, que a criança repete em sua diferenciação. A psique da criança, em estado pré-consciente, é nada menos que *tabula rasa*; pode-se reconhecer, de todos os pontos de vista, que é pré-formada individualmente e equipada com todos os instintos especificamente humanos, inclusive com os fundamentos *a priori* das funções superiores.

É sobre esta base complexa que o eu se forma e é ela que o conduzirá ao longo da vida. Quando tal base não preenche seu papel de apoio o eu se detém e morre. A existência e a realidade dessa base são de importância vital. Comparado a ela, o mundo exterior tem uma significação secundária, pois afinal o que significará esse mundo exterior se me faltar o impulso endógeno que, normalmente, me incita a apoderar-me dele? Jamais uma vontade consciente substituirá o instinto de vida. Esse instinto surge em nós, do íntimo, como uma obrigação, uma vontade, uma ordem, e quando o chamamos de *daimon* pessoal, como sempre aconteceu e acontece, pelo menos exprimimos de forma pertinente a situação psicológica. E mesmo quando tentamos circunscrever mais precisamente, mediante o conceito de arquétipo, o ponto em que o *daimon* nos agarra, nada eliminamos e nada podemos fazer para nos aproximar da fonte da vida.

É muito natural, pois, que na qualidade de *psiquiatra* (que significa "médico da alma") eu me incline para tal concepção; pois o que me interessa, em primeiro lugar, é saber como ajudar meus doentes a encontrar sua base e sua saúde. Através da experiência percebi a soma de conhecimentos que tal tarefa implica! Mas o mesmo ocorreu com a medicina em geral. Ela não progrediu descobrindo a cura mediante truques que teriam simplificado enormemente seus métodos. Pelo contrário, enveredou, a perder de vista, por complicações em grande parte devidas a empréstimos feitos a todas as ciências possíveis. Quanto a mim, não pretendo interferir de forma alguma em outras matérias; procuro simplesmente utilizar seus conhecimentos em meu domínio. Naturalmente, tenho o dever de justificar essas utilizações e suas consequências. Pois descobertas são feitas quando se transferem conhecimentos de um domínio para outro, a fim de empregá-los de maneira prática. Quantos achados não teriam ocorrido se os raios X deixassem de ser utilizados em medicina, por serem uma descoberta da física! Quanto ao fato de que, em certos casos, possa haver perigo na terapia pelos raios X, isso interessa ao médico, mas não necessariamente ao físico, que se serve desses raios de outra maneira e para outros fins. O físico não pensará que o médico pretende iludi-lo ao chamar-lhe a atenção para certas propriedades nocivas ou salutares da radioscopia.

Quando uso, por exemplo, conhecimentos históricos ou teológicos no domínio da psicoterapia, eles aparecem naturalmente sob uma nova luz e levam a outras conclusões que não aqueles limitados domínios de sua especialidade, onde servem para outros fins.

O fato de que uma polaridade está na base do dinamismo psíquico implica que a problemática dos opostos, no sentido mais amplo, penetra no campo de discussão psicológica, com todos os seus aspectos religiosos e filosóficos. Estes, então, perdem o caráter independente que possuem em seu domínio especializado, e isto, necessariamente, porque são premidos, interrogados, de um ângulo psicológico; não são mais considerados do ângulo da verdade filosófica ou religiosa, mas examinados, no sentido de apurar o que comportam de significação e de fundamento psicológicos.

Livres da pretensão de constituírem verdades independentes, o fato de serem consideradas empiricamente, isto é, segundo a perspectiva das ciências de observação, faz com que tais verdades sejam sobretudo e antes de mais nada *fenômenos psíquicos*. Este fato me parece indiscutível. Essas verdades pretendem ser fundadas em si mesmas e por elas mesmas; mas o modo psicológico de considerar as coisas perturba essa pretensão: isso não exclui, simplesmente, a possibilidade de que tal exigência seja vista como ilegítima, mas lhe consagra uma atenção toda particular. A psicologia ignora julgamentos tais como: "isso é *apenas* religioso" ou "isso é *apenas* filosófico", ao contrário da censura que a ela se dirige frequentemente, em particular por parte do mundo teológico: "isso é *apenas* psíquico".

Todas as expressões possíveis e imagináveis, quaisquer que sejam, são produtos da psique. Entre outras coisas, a psique aparece como um processo dinâmico que repousa sobre antíteses e sobre o caráter antitético de seus conteúdos, podendo ser representada como uma tensão entre dois polos. Como os princípios explicativos não devem ser multiplicados além do necessário, e a perspectiva energética foi satisfatória enquanto princípio explicativo das ciências físicas, podemos limitar-nos a ela também no que diz respeito à psicologia. Não há qualquer dado seguro que demonstre que outra concepção seja mais adaptada; além disso, o caráter antitético, a polaridade da psique e de seus conteúdos se revelaram como um dos resultados essenciais da experiência psicológica.

Se a concepção energética da psique é correta, todas as constatações que procuram ultrapassar as fronteiras da polaridade psíquica, como, por exemplo, as afirmações a respeito de uma realidade metafísica, serão paradoxais se pretenderem reivindicar qualquer validade.

A psique não pode ir além de si mesma, isto é, não pode estabelecer o estatuto de qualquer verdade absoluta, pois a polaridade que lhe é inerente condiciona a relatividade de suas afirmações. Sempre que a psique proclama verdades absolutas — como, por exemplo, "a essência eterna é o movimento", ou "a essência eterna é o Uno" — ela cai, *nolens volens*, num ou noutro dos polos opostos. Poder-se-ia também afirmar: "a essência eterna é a imobilidade", ou "a essência eterna é o Todo". Caindo na unilateralidade, a psique se desintegra e perde a faculdade de discernimento. Degenera numa sucessão de estados psíquicos irrefletidos (porquanto se mostram refratários à reflexão), cada um deles acreditando-se fundado em si mesmo porque não vê ou não pode ainda ver outros estados.

Isso não exprime, naturalmente, qualquer julgamento de valor, mas formula o fato de que, muitas vezes ou mesmo inevitavelmente, se ultrapassa a fronteira, pois "tudo é transição". A tese é seguida pela antítese e, entre as duas, nasce um terceiro termo, uma *lysis*, uma solução que não era perceptível anteriormente. Através desse processo a psique, mais uma vez, manifesta sua natureza antitética, sem sair realmente de seus próprios limites.

Mediante o esforço de mostrar as limitações da psique, não quero de forma alguma sugerir que existe *somente* a psique. Mas quando e na medida em que se trata de percepção e de conhecimento, não temos meios de ver além da psique. A ciência está implicitamente convencida de que existe um objeto não psíquico transcendente. Mas sabe também como é difícil reconhecer a natureza real do objeto, particularmente quando o órgão das percepções é deficiente ou inexistente, ou quando as formas de pensamento que lhes seriam adaptadas não existem ou ainda estão por ser criadas. No caso em que nem nossos órgãos sensoriais nem seus aparelhos auxiliares artificiais nos garantem a existência de um objeto real, as dificuldades aumentam em proporções gigantescas, de maneira que se é simplesmente tentado a negar tal objeto.

Nunca cheguei a uma conclusão precipitada desse tipo, porque nunca acreditei que nossas percepções pudessem apreender todas as formas de existência. Por isso estabeleci o postulado de que o fenômeno das configurações arquetípicas — acontecimentos psíquicos por excelência — repousa sobre a existência de uma base *psicoide*, isto é, condicionalmente psíquica, mas ligado a outras formas de ser. Por falta de elementos empíricos, não conheço as formas de existência que são correntemente designadas pelo termo "espiritual". Do ponto de vista da ciência, não é importante o que eu possa *crer* a esse respeito. Devo reconhecer minha ignorância. Mas na medida em que os arquétipos se revelam *eficazes*, são para mim *efetivos*, se bem que eu não saiba em que consistem realmente. É verdade que isso é válido não só em relação a eles, mas à natureza mesma da psique. De qualquer modo que se exprima, ela nunca poderá ir além de si mesma. Toda a compreensão e tudo o que se compreendeu é fenômeno psíquico, e nessa medida encontramo-nos desesperadamente fechados num mundo unicamente psíquico. No entanto, temos muitos motivos para supor como existente, além desse véu, o objeto absoluto mas incompreendido que nos condiciona e nos influencia, mesmo nos casos em que é impossível qualquer constatação concreta — particularmente no das manifestações psíquicas. No entanto, o que se constata a propósito das possibilidades e das impossibilidades vale, de maneira absoluta, só no interior dos domínios especializados, em cujos limites elas foram formuladas. Fora desses domínios tais constatações são meras presunções.

Se bem que de um ponto de vista objetivo seja vedado fazer constatações às cegas, isto é, sem razões suficientes, nem por isso algumas deixam de ser efetuadas, aparentemente sem razões objetivas. Trata-se, nesse caso, de uma motivação psicodinâmica comumente qualificada de subjetiva, e que se considera como sendo puramente pessoal. Comete-se, desse modo, o erro de não distinguir se a constatação operada emana de um sujeito isolado, suscitada então por motivações estritamente pessoais, ou se ela se apresenta *em geral*, emanando pois de um *pattern*, de um modelo dinâmico que existe coletivamente. Neste último caso, deveríamos concebê-la não como subjetiva, mas como psicologicamente objetiva, um número maior ou menor de indivíduos sendo levados, por um impulso interior, a manifestar-se de forma idêntica, sentindo como vitalmente necessária esta ou aquela concepção. Como o arquétipo não é simplesmente uma forma inativa, mas dotado de uma energia específica, pode ser considerado como a causa eficiente de tais constatações e compreendido como o sujeito que as determina. Em outras palavras: não é o homem, enquanto pessoa, que faz a constatação, mas o arquétipo que se exprime através dele. Se essa expressão é sufocada ou se não é levada em conta aparecem manifestações psíquicas de carência, tal como o demonstra a experiência médica e mesmo um simples conhecimento habitual dos homens. No nível individual aparecerão sintomas neuróticos; quando se trata de indivíduos incapazes de uma neurose, nascerão edificações delirantes coletivas.

As manifestações dos arquétipos repousam sobre precondicionamentos instintivos e nada têm a ver com a razão; além de não serem fundadas racionalmente, não podem ser afastadas por uma argumentação racional. Foram e são desde sempre partes da imagem do mundo, "representações coletivas", tal como Levy-Bruhl acertadamente as chamou. O eu e sua vontade desempenham, certamente, um grande papel. Mas num alto grau e de um modo que lhe é geralmente inconsciente, o que o eu quer é contrabalançado pela autonomia e numinosidade dos processos arquetípicos. A consideração efetiva destes constitui a essência da religião, na medida que esta é passível de uma aproximação psicológica.

III

Aqui se impõe uma outra realidade: ao lado do campo da reflexão, há outro domínio, pelo menos tão vasto quanto ele, ou talvez ainda mais vasto, onde a compreensão racional e a descrição dificilmente encontram algo que possam captar. É o domínio do Eros. Na Antiguidade, este era considerado como um deus cuja divindade ultrapassava as fronteiras do humano e que, portanto, não podia ser nem compreendido nem descrito. Eu poderia tentar abordar, como tantos outros o fizeram antes de mim, esse *daimon*, cuja eficácia se estende das alturas infinitas do Céu aos abismos tenebrosos do Inferno; mas falta-me a coragem de procurar a linguagem capaz de exprimir adequadamente o paradoxo infinito do amor. Eros é um *kosmogonos*, um criador, pai e mãe de toda consciência. A fórmula condicional de São Paulo, "... se eu não tiver amor...", parece-me ser o primeiro de todos os conhecimentos e a própria essência da divindade. Qualquer que seja a interpretação erudita da frase "Deus é amor" (João IV, 8-16), seu próprio enunciado confirma a divindade como *complexio oppositorum* — complementaridade, convivência dos opostos.

Tanto minha experiência médica como minha vida pessoal colocaram-me constantemente diante do mistério do amor e nunca fui capaz de dar-lhe uma resposta válida. Como Jó, tive de tapar a boca com a mão: "Prefiro tapar a boca com a mão. — Falei uma vez... não repetirei; — duas vezes... eu... nada acrescentarei." Trata-se do que há de maior e de mais ínfimo, do mais longínquo e do mais próximo, do mais alto e do mais baixo e nunca qualquer um desses termos poderá ser pronunciado sem o seu oposto. Não há linguagem que esteja à altura deste paradoxo. O que quer que se diga, palavra alguma abarcará o todo. Ora, falar de aspectos particulares, onde só a totalidade tem sentido, é demasiado ou muito pouco. O amor (a caridade) "desculpa tudo, acredita em tudo, espera tudo, suporta tudo" (I Coríntios XIII, 7). Nada se poderá acrescentar a esta frase. Pois nós somos, no sentido mais profundo, as vítimas, ou os meios e instrumentos do "amor" cosmogônico. Coloco esta palavra entre aspas para indicar que não entendo por ela simplesmente um desejo, uma preferência, uma predileção, um anelo, ou sentimentos semelhantes, mas um todo, uno e indiviso, que se impõe ao indivíduo. O homem, como parte, não compreende o todo. Ele é subordinado a ele, está à sua mercê. Quer concorde, quer se revolte, está preso ao todo, cativo dele. Depende dele, e sempre tem nele seu fundamento. O amor, para ele, é luz e trevas, cujo fim nunca pode ver. "O amor (a caridade) nunca termina", quer o homem "fale pela boca dos anjos", quer prossiga com uma meticulosidade científica, nos últimos recantos, a vida da célula. Poderá dar ao amor todos os nomes possíveis e imagináveis de que dispõe; afinal, não fará mais do que abandonar-se a uma infinidade de ilusões. Mas se possuir um grão de sabedoria deporá as armas e chamará *ignotum per ignotius* (uma coisa ignorada por uma coisa ainda mais ignorada), isto é, pelo nome de Deus. Será uma confissão de humildade, de imperfeição, de dependência, mas ao mesmo tempo será o testemunho de sua liberdade de escolha entre a verdade e o erro.

Retrospectiva[1]

Não concordo quando dizem que sou um sábio ou um "iniciado" na sabedoria. Certo dia um homem encheu o chapéu com água tirada de um rio. O que significa isso? Eu não sou esse rio, estou à sua margem, mas nada faço. Outros homens estão à beira do mesmo rio e em geral pensam que deveriam fazer as coisas por iniciativa própria. Eu nada faço. Nunca imaginei ser "aquele que cuida para que as cerejas tenham haste". Fico lá, de pé, admirando os recursos da natureza.

Há uma velha lenda, muito bela, de um rabino a quem um aluno, em visita, pergunta: "Rabbi, outrora havia homens que viam Deus face a face; por que não acontece mais isso?" O rabino respondeu: "Porque ninguém mais, hoje em dia, é capaz de inclinar-se suficientemente." É preciso, com efeito, curvar-se muito para beber no rio.

A diferença entre mim a maioria dos homens reside no fato de que em mim as "paredes divisórias" são transparentes. É uma particularidade minha. Nos outros, elas são muitas vezes tão espessas, que lhes impedem a visão; eles pensam, por isso, que não há nada do outro lado. Sou capaz de perceber, até certo ponto, os processos que se desenvolvem no segundo plano; isso me dá segurança interior. Quem nada vê não tem segurança, não pode tirar conclusão alguma, ou não confia em suas conclusões. Ignoro o que determinou a minha faculdade de perceber o fluxo da vida. Talvez tenha sido o próprio inconsciente, talvez os meus sonhos precoces, que desde o início marcaram meu caminho.

O conhecimento dos processos do segundo plano estabeleceu, muito cedo, minha relação com o mundo. No fundo, essa relação é hoje o que já era na minha infância. Quando criança, sentia-me solitário e o sou ainda hoje, pois sei e devo dizer aos outros coisas que aparentemente não conhecem ou não querem conhecer. A solidão não significa a ausência de pessoas à nossa volta, mas sim o fato de não podermos comunicar-lhes as coisas que julgamos importantes, ou mostrar-lhes o valor de pensamentos que lhes parecem improváveis. Minha solidão começa com a experiência vivida em sonhos precoces e atinge seu ápice na época em que me confrontei com o inconsciente. Quando alguém sabe mais do que os outros, torna-se solitário. Mas a solidão não significa, necessariamente, oposição à comunidade; ninguém sente mais profundamente a comunidade do que o solitário, e esta só floresce quando cada um se lembra de sua própria natureza, sem identificar-se com os outros.

É importante que tenhamos um segredo e a intuição de algo incognoscível. Esse mistério dá à vida um tom impessoal e "numinoso". Quem não teve uma experiência desse tipo perdeu algo de importante. O homem deve sentir que vive num mundo misterioso, sob certos aspectos, onde ocorrem coisas inauditas — que permanecem inexplicáveis — e não somente coisas que se desenvolvem nos limites do esperado. O inesperado e o inabitual fazem parte do mundo. Só então a vida é completa. Para mim, o mundo, desde o início, era infinitamente grande e inabarcável.

Conheci todas as dificuldades possíveis para me afirmar, sustentando meus pensamentos. Havia em mim um *daimon* que, em última instância, era sempre o que decidia. Ele me dominava, me ultrapassava, e quando tomava conta de mim, eu desprezava as atitudes convencionais. Jamais podia deter-me no que obtinha. Precisava continuar, na tentativa de atingir minha visão. Como, naturalmente, meus contemporâneos não a viam, só podiam constatar que eu prosseguia sem me deter.

Ofendi muitas pessoas; assim que lhes percebia a incompreensão, elas me desinteressavam. Precisava continuar. À exceção dos meus doentes, não tinha paciência com os homens. Precisava seguir uma lei interior que me era imposta, sem liberdade de escolha. Naturalmente, nem sempre obedecia a ela. Como poderíamos viver sem cometermos incoerências?

Em relação a alguns seres, era sempre próximo e presente, na medida em que mantínhamos um diálogo interior; mas podia ocorrer que, bruscamente, eu me afastasse, por sentir que nada mais havia que me ligasse a eles. Tinha de aceitar, penosamente, o fato de que continuassem lá, mesmo quando nada mais tinham a me dizer. Muitos despertaram em mim um sentimento de humanidade viva, mas só quando esta era visível no círculo mágico da psicologia; no instante seguinte, o projetor poderia afastar deles seus raios e nada mais restaria. Podia interessar-me intensamente por alguns seres, mas, desde que se tornavam translúcidos para mim, o encanto se quebrava. Fiz, assim, muitos inimigos. No entanto, como toda personalidade criadora, não era livre, mas tomada e impelida pelo demônio interior.

> *Vergonhosamente,*
> *Uma força arrebata-nos o coração*
> *Pois todos os deuses exigem oferendas,*
> *E quando nos esquecemos de algum,*
> *Nada de bom acontecerá,*

disse Hölderlin.

A falta de liberdade causava-me grande tristeza. Tinha às vezes a impressão de encontrar-me num campo de batalha. — Caíste por terra, meu amigo! Mas devo prosseguir, não posso, não posso parar! Pois "vergonhosamente uma força arrebata-nos o coração". Eu te amo, eu te amo, mas não posso ficar! — No momento isso é dilacerante. Mas eu mesmo sou uma vítima, não posso ficar. Entretanto, o *daimon* urde as coisas de tal modo que é possível escapar à inconsequência abençoada e, em oposição à flagrante "infidelidade", permaneço totalmente fiel.

Poderia talvez dizer: necessito das pessoas mais do que os outros, e, ao mesmo tempo, bem menos. Quando o *daimon* está em ação, sentimo-nos muito perto e muito longe. Só quando ele se cala é que podemos guardar uma medida intermediária.

O demônio interior e o elemento criador se impuseram a mim de forma absoluta e brutal. As ações habituais que eu projetava passavam, geralmente, para o segundo plano, mas nem sempre ou em toda parte. Creio, entretanto, que sou conservador até a medula. Encho o cachimbo, usando o porta-tabaco de meu avô, e guardo ainda seu bastão de alpinista ornado de casco de camelo, que ele trouxe de Pontresina, onde foi um dos primeiros veranistas.

Sinto-me contente de que minha vida tenha sido aquilo que foi: rica e frutífera. Como poderia esperar mais? Ocorreram muitas coisas, impossíveis de serem canceladas. Algumas poderiam ter sido diferentes, se eu mesmo tivesse sido diferente. Assim, pois, as coisas foram o que tinham de ser; pois foram o que foram porque eu sou como sou. Muitas coisas, muitas circunstâncias foram provocadas intencionalmente, mas nem sempre representaram uma vantagem para mim. Em sua maioria dependeram do destino. Lamento muitas tolices, resultantes de minha teimosia, mas se não fossem elas não teria chegado à minha meta. Assim, pois, eu me sinto ao mesmo tempo satisfeito e decepcionado. Decepcionado com os homens e comigo mesmo. Em contato com os homens vivi ocasiões maravilhosas e trabalhei mais do que eu mesmo esperava de mim. Desisto de chegar a um julgamento definitivo, pois o fenômeno vida e o fenômeno homem são demasiadamente grandes. À medida que envelhecia, menos me compreendia e me reconhecia, e menos sabia sobre mim mesmo.

Sinto-me espantado, decepcionado e satisfeito comigo. Sinto-me triste, acabrunhado, entusiasta. Sou tudo isso e não posso chegar a uma soma, a um resultado final. É para mim impossível constatar um valor ou um não valor definitivos; não posso julgar a vida ou a mim mesmo. Não estou certo de nada. Não tenho mesmo, para dizer a verdade, nenhuma convicção definitiva — a respeito do que quer que seja. Sei apenas que nasci e que existo; experimento o sentimento de ser levado pelas coisas. Existo à base de algo que não conheço. Apesar de toda a incerteza, sinto a solidez do que existe e a continuidade do meu ser, tal como sou.

O mundo no qual penetramos pelo nascimento é brutal, cruel e, ao mesmo tempo, de uma beleza divina. Achar que a vida tem ou não sentido é uma questão de temperamento. Se o não sentido prevalecesse de maneira absoluta, o aspecto racional da vida desapareceria gradualmente, com a evolução. Não parece ser isso o que ocorre. Como em toda questão metafísica, as duas alternativas são provavelmente verdadeiras: a vida tem e não tem sentido, ou então possui e não possui significado. Espero ansiosamente que o sentido prevaleça e ganhe a batalha.

Quando Lao-Tsé diz "Todos os seres são claros, só eu sou turvo", exprime o que sinto em minha idade avançada. Lao-Tsé é o exemplo do homem de sabedoria superior que viu e fez a experiência do valor e do não valor, e que no fim da vida deseja voltar a seu próprio ser, no sentido eterno e incognoscível. O arquétipo do homem idoso que contemplou suficientemente a vida é eternamente verdadeiro; em todos os níveis da inteligência, esse tipo aparece e é idêntico, quer se trate de um velho camponês, quer se trate de um grande filósofo como Lao--Tsé. Assim, a idade avançada é... uma limitação, um estreitamento. E no entanto acrescentou em mim tantas coisas: as plantas, os animais, as nuvens, o dia e a noite e o eterno no homem. Quanto mais se acentuou a incerteza em relação a mim mesmo, mais aumentou meu sentimento de parentesco com as coisas. Sim, é como se essa estranheza que há tanto tempo me separava do mundo tivesse agora se interiorizado, revelando-me uma dimensão desconhecida e inesperada de mim mesmo.

APÊNDICE

Trechos das cartas de Jung a sua mulher por ocasião da viagem aos Estados Unidos

Da casa do professor Stanley Hall,
Clark University
Worcester
Segunda-feira, 6 de setembro de 1909

... Felizmente chegamos[1] a Worcester! É preciso que te conte esta viagem. No último sábado, o tempo em Nova York estava péssimo. Os três sofríamos de diarreia e de dores de estômago mais ou menos violentas. Apesar dessa miséria física e da dieta severa, dirigi-me à Coleção Paleontológica onde se encontram os antigos monstros, os sonhos de angústia do Bom Deus nos tempos da Criação. A Coleção relativa à filogênese dos mamíferos terciários é simplesmente única no gênero; é impossível descrever-te tudo o que vi. Encontrei em seguida Jones, que acabava de chegar da Europa. Logo depois, lá pelas três e meia, dirigi-me pelo elevado da rua 42 à estação de embarque, onde tomamos um enorme navio, um vapor que tinha cinco conveses brancos. Conseguimos cabinas e partimos de West River, contornamos a ponta de Manhattan, dos gigantescos arranha-céus, subimos o East River sob as pontes de Brooklyn e Manhattan, em meio a um formigamento infinito de rebocadores, *ferry-boats* etc., através do estreito atrás de Long Island. O tempo tornara-se úmido e frio, tínhamos dor de barriga e diarreia, sentimos fome e pusemo-nos na cama. Domingo de manhã estávamos já em terra, em Fall River City, onde tomamos, sob a chuva que caía, o trem para Boston. Continuamos imediatamente nossa viagem para Worcester. Durante o trajeto o tempo clareara e ficara lindo. A paisagem era simplesmente arrebatadora; baixas colinas, muitas florestas, pântanos, pequenos lagos, inúmeros e enormes blocos erráticos, pequenas cidades com casas de madeira pintadas de vermelho, verde ou cinza, as janelas emolduradas de branco (Holanda), ocultas sob árvores frondosas e belas. Às onze e meia, em Worcester, hospedamo-nos muito confortavelmente no Hotel Standish — e a preços razoáveis

— segundo o "sistema americano", quer dizer, com refeições. Às seis horas da tarde, após um bom repouso, visitamos Stanley Hall. Ele é um senhor idoso, extremamente fino e distinto, de cerca de setenta anos, que nos recebeu com a maior hospitalidade. Sua mulher é gorda, jovial, bondosa e, apesar de tudo, muito feia; mas é perita em pratos requintados. Aceitou-nos, a Freud e a mim, como seus *boys* e cumulou-nos de excelentes iguarias, de vinhos escolhidos, de modo que rapidamente sentimo-nos curados. Passamos ainda uma noite confortável no hotel e esta manhã nos mudamos para a casa do Hall. Sua disposição é extremamente agradável, tudo é amplo e confortável. Há um magnífico escritório com milhares de livros e charutos. Como criadagem, dois homens negros como azeviche, trajando *smoking*, tudo solenemente grotesco! Tapetes por toda parte e todas as portas abertas, mesmo as dos banheiros e a porta de entrada! Pode-se entrar e sair por todos os lugares! As janelas descem até o assoalho; à volta da casa, um gramado inglês e o jardim, sem cerca.

A metade da cidade (mais ou menos 180.000 habitantes) situa-se numa floresta de velhas árvores que sombreiam todas as ruas. A maior parte das casas são menores que a nossa; são cercadas de flores e de arbustos floridos, recobertas de briônias e glicínias, tudo muito cuidado, limpinho, bem mantido, tranquilo e encantador. É uma América completamente diferente! É chamada de Nova Inglaterra. A cidade foi fundada em 1690, portanto muito antiga. Muita prosperidade. A universidade, que conta com uma boa subvenção, é pequena mas distinta, de uma elegância simples e autêntica. Esta manhã, sessão de abertura; coube ao professor X falar em primeiro lugar: tolice sem interesse. Não demoramos a escapar, à inglesa, para dar um passeio pelos arredores da cidade; circundam-na minúsculos laguinhos e florestas amenas; sentimo-nos tocados por essa beleza tranquila. É um repouso reconfortante após a vida de Nova York.

Clark University
Worcester, Massachusetts
Quarta-feira, 8 de setembro de 1909

... Aqui as pessoas são extremamente amáveis e de um nível cultural agradável. Em casa dos Hall somos tratados esplendidamente e sentimo-nos cada dia refeitos das fadigas nova-iorquinas. O intestino está quase em ordem apesar de gorgolejar ainda um pouco, de vez em quando; de resto, o estado geral é excelente. Ontem, Freud iniciou as conferências e obteve grande sucesso. Vamos ganhando terreno e nossa causa consolida-se lenta mas firmemente. Tive, hoje, com duas senhoras de uma certa idade, muito cultas, uma conversa sobre a psicanálise; elas se mostraram muito informadas e com grande liberdade de pensamento, o que muito me surpreendeu, pois esperava encontrar resistências. Estivemos recentemente num grande *garden-party*, com cinquenta pessoas; vi-me rodeado de não menos de cinco senhoras! Consegui mesmo dizer alguns gracejos em inglês, mas em que inglês! Amanhã farei a minha primeira conferência; perdi todo o nervosismo, pois o auditório é medíocre e ávido unicamente de novidades... e isto podemos lhe oferecer. Fala-se que seremos promovidos a doutor *honoris causa*, no próximo sábado, com grande pompa. À noite "recepção formal". Sinto muito que a carta de hoje seja tão curta; os Hall convidaram em nossa honra algumas pessoas para o *five o'clock*. Fomos também entrevistados pelo *Boston Evening Transcript*. Somos aqui os homens do dia; faz bem viver, uma vez, este lado da vida! Sinto que minha libido devora tudo isso a grandes bocados e com um prazer intenso.

Clark University
Worcester, Massachusetts
14 de setembro de 1909

Ontem à noite, grande festividade, pretensiosa e enfática ostentação de toda espécie de trajes vermelhos e negros, de chapéus quadrados com pompons dourados; numa cerimônia solene promoveram-me a doutor em Direito *honoris causa* — e a Freud também. Cabe-me agora o direito de usar, após o meu nome, L.L.D. Formidável! Não é mesmo? Hoje o professor M... conduziu-nos de automóvel até as margens de um lindo lago para o *lunch*. A paisagem era extremamente atraente. Esta noite haverá ainda uma "reunião particular" em casa dos Hall, sobre a "psicologia do sexo". Nosso tempo está incrivelmente tomado. Nisto os americanos são realmente mestres: mal nos deixam tempo para respirar. Após todos esses maravilhosos incidentes, sinto-me um pouco cansado e anseio por um repouso nas montanhas. Sinto a cabeça zunir. Ontem à noite, depois de ter sido promovido a doutor, precisei improvisar um discurso diante de aproximadamente trezentas pessoas.

... Alegro-me imensamente por estar de novo junto ao mar, onde a alma pode sossegar de sua agitação, no repouso e no espaço infinito. Vive-se aqui num turbilhão quase incessante. Mas graças a Deus pude reencontrar toda a minha capacidade de prazer de modo a alegrar-me por tudo. Presentemente, tomo às pressas tudo aquilo que ainda posso colher; depois me detenho, saciado.

P.'s Camp
Keene Valley
Adirondacks, N.Y.
16 de setembro de 1909
Oito e meia

... Ficarias extremamente surpresa se visses onde vim parar agora, neste país de possibilidades verdadeiramente ilimitadas. Estou instalado numa grande cabana de madeira, de uma única sala, com uma imponente chaminé de tijolos rústicos, diante da qual estão empilhadas enormes achas de lenha; nas paredes, uma grande quantidade de louça, muitos livros e outros objetos. Ao longo da cabana estende-se uma varanda coberta, de onde se veem apenas árvores, faias, abetos, pinheiros, tuias; tudo isso compõe um espetáculo um pouco insólito, uma chuva fina murmura docemente. Entre as árvores percebe-se uma paisagem montanhosa, toda coberta de florestas. A cabana fica na encosta de uma colina; um pouco mais abaixo, alinha-se uma dezena de casinhas de madeira; numas, moram as mulheres, nas outras, os homens; aqui é a cozinha, acolá o *restaurant* e no meio vacas e cavalos pastam. Duas famílias P... e a família X... instalaram-se aqui, com o seu pessoal. Seguindo-se o riacho que corre, não muito longe, ao pé da colina, chega-se à floresta e descobre-se logo que se trata de uma verdadeira floresta virgem nórdica. O solo é formado de enormes destroços rochosos da época glacial recobertos por um tapete espesso e macio de musgo e brotos; um entrelaçamento de ramagens e de enormes troncos podres para lá arrastados na maior desordem, e de onde despontam outra vez brotos novos, o dissimula. Prosseguindo-se a ascensão pelo atalho de solo macio, recoberto de madeira que apodrece, alcança-se uma zona do bosque, muito espessa, com cordões entrelaçados de espinheiros, framboeseiras e de um estranho híbrido de ambos. Enormes árvores mortas, despojadas, surgem aos milhares das urzes. Milhares desabaram, formando um entrelaçamento denso, inextricável. Desliza-se por entre troncos gigantescos, cai-se, por entre a madeira podre, em buracos profundos, depara-se no caminho com pegadas de veados; os pica-paus, a golpes de bico, cavaram nas árvores buracos do tamanho de uma cabeça. Em certos lugares, centenas de árvores gigantes, semelhantes às sequoias, foram arrancadas por um ciclone, e agora voltam suas raízes para o céu. Mais adiante, um incêndio devastou, há alguns anos, um considerável setor da floresta, de muitas léguas. Alcança-se afinal uma abóbada rochosa, de mais de mil metros de altura, de onde se domina uma paisagem selvagem de campos e lagos glaciais, recoberta desde essa época por uma espessa floresta virgem. Esta região estranha e selvagem situa-se na extremidade nordeste dos Estados Unidos, no estado de Nova York, vizinha à fronteira canadense. Ali ursos, lobos, veados, alces, porcos-espinhos têm ainda sua morada. Há também serpentes, por toda parte. Ontem, ao chegarmos, havia uma de dois pés de comprimento para nos recepcionar. Felizmente não há nesta região serpentes de chocalho, embora se possam encontrar, em quantidade, a algumas horas daqui, junto às margens mais quentes dos lagos George e Champlain. Alojamo-nos numa pequena cabana e isso sobre o que dormimos tem algo de maca e de cama de campanha...

Penso que deveríamos vir aqui juntos, um dia. Vive-se tão bem! Aonde quer que vamos somos recebidos e tratados principescamente. Somos unânimes em dizer que guardaremos desta viagem as melhores recordações. Freud atravessa este mundo pitoresco com o sorriso de filósofo; quanto a mim, dele participo intensamente e disso me resulta um grande prazer. Dois meses não seriam suficientes para que eu recolhesse todas as impressões que desejaria. É bom partir enquanto as coisas estão em seu pleno esplendor...

Albany, N.Y.
18 de setembro de 1909

...Ainda dois dias para partir! É como se tudo se desenrolasse num turbilhão. Ontem me encontrava sobre um cume rochoso, deserto de vegetação, a quase 1.700 metros de altitude, em meio a imensas florestas virgens; podia ver ao longe as distâncias infinitas e azuis da América, gelado até os ossos por causa do vento glacial; hoje estou no meio da agitação citadina de Albany, capital do estado de Nova York. As centenas de milhares de impressões que levo deste país maravilhoso não poderiam ser expressas por palavras; tudo é demasiado grande e demasiado infinito. Nestes últimos dias, acabei por convencer-me de que aqui um ideal de vida tornou-se realidade. Os homens encontram-se nele tão bem quanto o grau de cultura em geral o permite; as mulheres, ao contrário, vivem mal. Presenciamos coisas que, por um lado, podem suscitar uma grande admiração e, por outro, podem incitar a uma reflexão profunda sobre a evolução social.

No que se refere à civilização técnica, estamos muitíssimo atrás da América, mas tudo é terrivelmente caro e carrega em si o germe de seu fim. Eu teria muito, muito para te contar. As recordações desta viagem serão para mim inesquecíveis. Presentemente, estamos cansados da América. Amanhã cedo partimos para Nova York e a 21 de setembro estaremos no mar...

Norddeutscher Lloyd Bremen
Navio Kaiser Wilhelm der Grosse
22 de setembro de 1909

... Ontem pela manhã, com o coração leve, sacudi o pó da América dos meus sapatos e ao mesmo tempo uma desagradável "ressaca", pois os Y.'s me haviam recebido com um champanha maravilhoso... No que se refere à abstinência, sinto-me — por princípio — em terreno movediço, de modo que a lealdade obriga-me a pedir demissão das sociedades de temperança; reconheço que sou verdadeiramente um pecador e assim espero que, no futuro, possa suportar sem emoção a visão de um copo de vinho — de um copo que ainda não foi bebido. É sempre assim: só somos atraídos por aquilo que é proibido. Creio que não devo abster-me em demasia...

Ontem pela manhã, lá pelas dez horas, pusemo-nos a caminho; à esquerda os altíssimos arranha-céus alvacentos e avermelhados da cidade de Nova York elevam-se rumo ao céu; à direita, as chaminés fumegantes, as docas etc., de Hoboken. A manhã estava nublada; Nova York não tardou a desaparecer e pouco a pouco começaram as grandes ondulações do mar. Junto ao bote-farol deixamos o piloto americano e navegamos então no "triste deserto do mar". Como sempre, o mar é de uma grandeza e de uma simplicidade cósmicas que impõem o silêncio. Pois o que pode o homem dizer, sobretudo à noite, quando o oceano e o céu estrelado ficam a sós? Cada um de nós põe-se a olhar ao longe, calado, renunciando a qualquer poder pessoal, enquanto antigas palavras, antigas imagens atravessavam o espírito. Uma doce voz sobe do mar arquiantigo, infinito, do "mar que brame ao longe", das "vagas do mar e do amor" de Leucoteia, a deusa amável que aparecia, por entre a espuma das vagas cintilantes, a Ulisses, viajante fatigado, oferecendo-lhe o fino véu de pérolas que o salvaria. O mar é como a música; traz em si e faz aflorar todos os sonhos da alma. A beleza e a magnificência do mar provêm do fato de impelir-nos a descer nas profundezas fecundas de nossa alma, onde nos defrontamos conosco, recriando-nos, animando "o triste deserto do mar". No momento, ainda estamos esgotados pela "tormenta destes últimos dias". Ruminamos e colocamos em ordem, num trabalho inconsciente, tudo o que a América significou para nós de perturbador...

Norddeutscher Lloyd Bremen
Navio Kaiser Wilhelm der Grosse
25 de setembro de 1909

... Ontem desencadeou-se uma tempestade que durou o dia inteiro, até perto da meia-noite. Quase todo o tempo resisti sobre uma ponte elevada e protegida, que avança sob o posto de comando, e admirei o espetáculo grandioso das vagas imensas que se aproximavam, rolando, e despejavam sobre o navio nuvens de borrifos impetuosos e jatos de espuma, altos como montanhas. O navio começava a jogar terrivelmente; várias vezes um aguaceiro salgado se abateu sobre nós. Começou a fazer frio e entramos para tomar chá. Tinha-se porém a impressão de que o cérebro descia pela coluna vertebral, procurando sair por baixo do estômago. Por isso, meti-me na cama, onde logo me senti bem e onde jantei agradavelmente. Fora, de vez em quando, um vagalhão troava de encontro ao navio. Na cabina, todos os objetos tomaram vida: a almofada do divã deslizou sobre o assoalho, na penumbra; um sapato — que descansava no chão — levantando-se, pôs-se a olhar espantado à sua volta, para em seguida, escorregando mansamente, pôr-se debaixo do sofá; um sapato que estava levantado acabou por deitar-se, fatigado, sobre um dos lados e correu ao encalço do outro sapato. Mas então o espetáculo mudou. Notei que os sapatos tinham se metido debaixo do divã, para procurar minha maleta e meu guardanapo; depois, toda a companhia passou por baixo da cama, em direção à mala grande; sobre o divã, uma das mangas de minha camisa fazia-lhes acenos nostálgicos. Nos armários e nas gavetas, rumores e estalidos. Subitamente, sob o assoalho, um terrível tumulto, estrondo, estalos, tinidos: é que aqui embaixo fica a cozinha! De uma só vez, quinhentos pratos despertaram de seu torpor semelhante à morte, e num salto audacioso haviam posto fim, rapidamente, à sua morna existência de escravos. Em volta, nas cabinas, gemidos indizíveis traíam os segredos do *menu*. Dormi maravilhosamente e, hoje, o vento sopra de outro lado...

TRECHOS DE CARTAS DE FREUD A JUNG[2]

Viena IX, Berggasse 19
16 de abril de 1909

Caro amigo,

... É notável que na mesma tarde em que o adotei formalmente como meu filho mais velho, em que o ungi como sucessor e príncipe herdeiro — *in partibus infidelium* —, você me despojou de minha dignidade paterna e se alegrou com esse despojamento, tanto quanto eu com o investimento de sua pessoa. Temo recair junto a você em meu papel de pai, se falar de minhas ideias sobre os espíritos golpeadores: mas é preciso que o faça porque as coisas são diferentes do que você acredita. Não nego a forte impressão que suas comunicações e experiências me provocaram. Propusera-me, depois de sua partida, a fazer algumas observações; dou-lhe aqui os resultados. No meu primeiro quarto, os estalidos são contínuos, lá, onde as duas pesadas estelas egípcias repousam sobre as tábuas de carvalho da biblioteca; isso está claro. No segundo — naquele onde os havíamos ouvido —, os estalidos são muito raros. No início acreditei que poder-se-ia ver nisso uma espécie de prova, se os ruídos que ouvíamos tão frequentemente quando você estava presente cessassem após sua partida. Ora, depois, repetiram-se muitas vezes, porém nunca se relacionando com os meus pensamentos ou quando me ocupava de você e de seu problema particular. (Muito menos agora, acrescentaria eu, por desafio.) Ademais, outra coisa retirou logo à observação uma parte de seu significado. Minha credulidade, ou pelo menos minha boa vontade de ser crédulo, desapareceu com o encanto mágico de sua presença; não sei por quais motivos interiores, pareceu-me de novo totalmente improvável que se produza o que quer que seja deste gênero; os móveis privados de espírito estão diante de mim, como a natureza privada dos deuses diante do poeta, após o desaparecimento dos deuses da Grécia.

Coloco, pois, mais uma vez os óculos paternais, de armação de chifre, e tome cuidado, filho querido, peço-lhe conservar a cabeça fria, renunciando a querer compreender demasiado em lugar de fazer um sacrifício excessivo por causa da compreensão; e, sacudindo minha sábia cabeça sobre a psicossíntese, digo a mim mesmo: "Sim, assim são os jovens, só experimentam verdadeira alegria lá onde podem caminhar sem nós, onde nossa respiração muito curta e nossas pernas fatigadas não nos permitem segui-los."

Usando agora do direito que os anos me dão, torno-me loquaz e vou entretê-lo com outra coisa, entre o céu e a terra, que não se pode compreender. Há alguns anos, descobri em mim a convicção de que iria morrer entre 61 e 62 anos, o que, na ocasião, me pareceu um prazo suficientemente longo. (Hoje, só faltam oito anos.) Pouco depois, parti para a Grécia com meu irmão e foi para mim extremamente desagradável perceber que o número 61 ou 60, associado a um ou dois, voltava com frequência nos objetos numerados, em particular nos veículos. Notava-o conscienciosamente. Muito deprimido, esperava poder respirar no hotel em Atenas, onde nos fora reservado um quarto no primeiro andar. O número 61 não poderia, desse modo, comparecer. Mas obtive, assim mesmo, o número 31 (com meu espírito fatalista, considerei-o a metade de 61-62), e este número, mais astucioso e mais rápido, mostrou-se a seguir mais tenaz do que o primeiro. Desde a volta e até uma época recente, o 31, ao qual um dois se associava de bom grado, conservou-se fiel a mim. Porém, no meu sistema psíquico possuo também regiões em que sou ávido de conhecer, sem concessões à superstição. Assim, tentei em seguida analisar esta convicção. Eis a análise: ela remonta a 1899. Nesta época, dois acontecimentos tiveram lugar simultaneamente: 1º escrevi *A ciência dos sonhos* (ela é pós-datada, 1900); 2º recebi um novo número de telefone, que ainda conservo: 14-362. É fácil estabelecer uma relação entre estes dois fatos: em 1899, quando escrevia *A ciência dos sonhos*, tinha 43 anos. Daí a pensar que outros números, 61 ou 62, deviam significar o fim da minha vida não era difícil. Subitamente, manifesta-se um método em todos estes absurdos. A superstição de que eu deveria morrer entre 61 e 62 anos torna-se equivalente à convicção de que, com o livro sobre os sonhos, eu terminara a obra de minha vida, não tinha necessidade de dizer mais nada e poderia morrer em paz. Você concordará que, de acordo com esta análise, tudo não parecerá tão insensato. Aliás, existe também em tudo isso uma secreta influência de W. Fliesz. A superstição desencadeou-se no ano em que ele me atacou.

Você encontrará aqui uma nova confirmação da natureza especificamente judaica de minha mística. Ademais, inclino-me a dizer que uma aventura, como aquela do número 61, deve explicar-se em dois tempos: primeiramente, pela atenção, que se tornara excessiva por causa do inconsciente, que vê Helena em cada mulher, e em segundo lugar pela "complacência do acaso", inegavelmente presente e que desempenha, na formação de uma ideia fantasmagórica, o mesmo papel que a complacência somática no sintoma histérico, ou a complacência verbal no dito espirituoso.

Consequentemente, será essa a minha posição em tudo o que ouvir ainda a propósito de suas pesquisas sobre o complexo dos fantasmas. Meu interesse será aquele que se pode ter por uma doce ilusão da qual não se partilha.

Saudações cordiais a você, sua mulher e seus filhos.
Seu Freud.

Viena IX, Berggasse 19
12 de maio de 1911

Caro amigo,

... Sei que você tem obedecido à sua profunda inclinação pelo estudo do ocultismo, e não duvido que por aí poderá colher abundantes frutos. Nada há a fazer contra isso e cada qual tem razão de obedecer ao encadeamento de seus impulsos. A fama adquirida através de seus trabalhos sobre a demência resistirá por muito tempo à acusação de "místico". Mas não permaneça em meio às luxuriantes colônias tropicais; é preciso reinar na própria casa.

Cumprimento-o muito cordialmente e espero que também me escreva dentro em breve.

Seu amigo fiel,
Freud.

Viena IX, Berggasse 19
15 de junho de 1911

Caro amigo,

... No tocante ao ocultismo, a grande lição das experiências feitas por Ferenczi[3] tornou-me medíocre. Eu me proponho a crer em tudo que, de algum modo, se torne razoável. Não é esta uma atitude fácil para mim, você bem o sabe. Mas minha *hybris*, minha presunção, foi há muito quebrada. Gostaria imensamente de sabê-lo de acordo com F., no caso de um de vocês tomar a arriscada iniciativa da publicação; imagino que assim será decidido, com uma total independência no decurso do trabalho.

Saudações cordiais a você e à sua linda família.
De seu fiel amigo Freud.

Carta de C.G. Jung a sua mulher, de Soussa, Tunísia

Grande Hotel, Soussa
Segunda-feira, 15 de março de 1920

Esta África é inaudita!
 Pena que não possa escrever-te algo de coerente; tudo é excessivo. Somente alguns traços rápidos. Depois de uma temporada fria e pesada no mar, manhãs frescas da Argélia. Casas e ruas claras, grupos de árvores de um verde sombrio, acima das quais se elevam altas palmeiras. Albornoz branco, fez vermelho, e misturado a eles o amarelo dos atiradores da África, o rubro dos *spahis*. O jardim botânico, encantada floresta tropical, visão da Índia. Os *açvattha*, árvores sagradas, com suas gigantescas raízes aéreas, semelhantes a monstros ou moradas fantasmagóricas de deuses, imensas, pesadas, verde-sombrias e murmurantes ao sopro do vento marinho. Depois, trinta horas de estrada de ferro para chegar a Túnis. A cidade árabe remonta à Antiguidade e à Idade Média mourisca, a Granada e aos contos de Bagdá. Perde-se o sentimento do próprio eu, que parece dissolver-se nessa diversidade difícil de ser apreciada e ainda mais descrita: no muro, uma coluna romana; indizivelmente feia,

passa uma velha judia, trajando calças brancas, bufantes; um vendedor ambulante aproxima-se com um sortimento de albornozes, abre caminho por entre a multidão e grita num tom gutural que poderia vir em linha reta do cantão de Zurique; uma nesga de azul profundo; em sua alvura de neve, uma cúpula de mesquita; um sapateiro costura calçados, com zelo, sob uma pequena abóbada; diante dele, sobre a esteira, uma reverberante e ardente mancha de sol; músicos cegos, com tambores e minúsculos bandolins de três cordas; passa um mendigo, feito unicamente de farrapos; fumaça de bolinhos fritos, turbilhão de moscas; no alto, no éter bem-aventurado, um *muezzin* canta a prece do meio-dia, no topo de um minarete branco; embaixo, um pátio em colunata, fresco e sombreado, a porta de ferro batido, com cercadura de majólica; em cima do muro, um gato sarnento estendido ao sol; um vaivém de túnicas vermelhas, brancas, amarelas, azuis, marrons; turbantes brancos; fez vermelho, uniformes; faces que vão do branco e do amarelo-claro até o negro de ébano; calças amarelas e vermelhas provocam um ruído farfalhante, enquanto os pés negros e nus se esgueiram silenciosamente.

De manhã, ergue-se o grande deus enchendo os dois horizontes de júbilo e poder; tudo o que vive lhe presta obediência. À noite, a lua surge tão prateada, tão divinamente clara e luminosa que não é possível duvidar de Astarte.

Entre a Argélia e Túnis há novecentos quilômetros de terra africana, que se ergue para formar as nobres e vastas altitudes do grande Atlas: vales amplos e altas planícies transbordam de vinho e arroz, florestas de carvalhos de um verde-sombrio. Hoje Hórus levantou-se atrás de uma distante montanha pálida, sobre uma planície infinitamente verde e trigueira, enquanto um vento poderoso erguia-se do deserto, soprando em direção ao mar azul-escuro. Avistam-se restos ocre-pardacentos de cidades romanas sobre as colinas sulcadas de vales, de um cinza-esverdeado; rebanhos escassos de cabras negras pastam nos arredores; há camelos e asnos perto de um campo onde os beduínos armaram suas tendas escuras. O trem atropela e mata um camelo que não se decidia a sair dos trilhos; grande alvoroço, grita-se, gesticula-se, formas brancas; e sempre o mar, ora azul-sombrio, ora dolorosamente resplandecente de sol. Bosques de oliveiras, sebes de cactos gigantes, palmeiras flutuando no ar vibrante e ensolarado; uma cidade emerge, de nevosa brancura, com cúpulas e torres de um branco celeste, magnificamente exposta sobre uma colina. Depois é Soussa, seus muros brancos, suas torres;

embaixo, o porto e além do molhe, o mar azul profundo; no porto, ancorado, o veleiro com suas duas velas latinas, tal como um dia o pintei!!!

Tropeça-se em vestígios romanos; com minha bengala desenterrei um vaso antigo.

Mas tudo isso não passa de um mísero balbuciar. Na verdade, eu não sei o que a África me diz, mas ela me fala. Imagina um sol extraordinário, uma atmosfera clara, tão clara como a das altas montanhas, um mar tão azul, como jamais se viu, todas as cores de uma espantosa vivacidade; ainda se pode comprar nos mercados ânforas antigas — imagina! — e depois a lua!

Trechos de uma carta a um jovem erudito[4]

1952

... Defini-me como sendo um empirista, pois é preciso fazer parte de algo conveniente. Acusam-me muitas vezes, dizendo que sou um mau filósofo e, evidentemente, não me agrada ser qualquer coisa de medíocre. Como empirista, pelo menos cumpri minha tarefa. O epitáfio de um bom sapateiro — e que se considera como tal — não poderá qualificá-lo de mau chapeleiro pelo fato de, uma vez na vida, ter confeccionado um chapéu malfeito.

A linguagem com que me exprimo deve ser equívoca, isto é, de duplo sentido, se quiser levar em conta a natureza da psique e seu duplo aspecto. É conscientemente e com deliberação que procuro a expressão de duplo sentido: para corresponder à natureza do ser, ela é preferível à expressão unívoca. Minhas predisposições naturais me levariam a ser muito claro. Isto não é difícil, mas iria de encontro à verdade. Permito voluntariamente que todas as gamas sonoras ressoem, visto que, por um lado, elas existem de fato, e, por outro, podem dar uma imagem mais fiel da realidade. A expressão unívoca só tem sentido quando se trata de constatar fatos e não quando se trata de interpretação, pois o "sentido" não é uma tautologia, mas inclui em si sempre mais do que o objeto concreto do enunciado.

Sou apenas — para ser mais preciso — um psiquiatra, pois o problema essencial que guia todos os meus esforços é a desordem da alma, sua fenomenologia, etiologia e teleologia. O restante, para mim, é acessório.

Não sinto vocação alguma nem para fundar uma religião, nem para professar uma dentre elas. Não sou um adepto da filosofia; pretendo ser somente um bom médico da alma, e isto dentro dos limites da tarefa particular que me cabe. São estas as disposições que encontrei em mim mesmo e, realizando-as, assumo minha função de membro da sociedade humana. Não nego absolutamente que outros possam ser mais sábios que eu. Não sei, por exemplo, de que modo Deus, separado da experiência humana, poderia ser apreendido e vivenciado. Se não fizer tal experiência como poderia afirmar que Ele existe? Minha experiência, no entanto, é limitada e restrita e, consequentemente, aquilo que ela revela permanece restrito e dentro da escala humana, apesar do pressentimento esmagador do incomensurável, o que aparece com evidência quando se tenta exprimi-lo. Tratando-se de experiência, nada escapa à ambiguidade da psique. A maior experiência é ao mesmo tempo a menor de todas e a mais limitada; por isso, como não temer proclamá-la em alta voz ou mesmo filosofar a seu respeito? É certo que somos demasiadamente pequenos e incapazes para nos permitirmos tal audácia. Prefiro, pois, a linguagem de duplo sentido por levar em conta, numa justa proporção, a subjetividade das representações arquetípicas e a autonomia do arquétipo. "Deus", por exemplo, significa, por um lado, um "*ens potentissimum*", um ser todo-poderoso, inexprimível e, por outro, uma alusão, a mais insuficiente possível, e uma expressão da impotência e da perplexidade humanas; portanto, uma manifestação da natureza, a mais paradoxal. O espaço da alma é imensamente grande e pleno de realidade viva. Sobre suas fronteiras paira o mistério da matéria e do espírito; ou, ainda, o dos sentidos. Eis o que constitui para mim os limites dentro dos quais posso formular minha experiência...

TRECHOS DE UMA CARTA A UM COLEGA[5]

1959

... O conceito de ordem (na criação) não é idêntico ao de "sentido". Assim é que um ser organizado, a despeito de sua ordenação, em si mesma significativa, não possui necessariamente sentido em relação ao conjunto. Sem a consciência reflexiva do homem, o mundo seria totalmente desprovido de sentido, pois o homem, de acordo com nossa experiência, é o único ser que pode constatar o fato do "sentido".

Não saberíamos indicar em que consiste o fator construtivo do desenvolvimento biológico. Sabemos entretanto que a homeotermia e a diferenciação do cérebro foram indispensáveis à formação da consciência e, consequentemente, à manifestação de um "sentido". Quantos riscos, quantos acasos os lêmures, habitantes das árvores, não tiveram de superar para chegar ao estado de homem, no curso de uma evolução que se desenvolveu através de milhões de anos; isto ultrapassa qualquer imaginação! Sem dúvida, através deste caos e destes acasos, fenômenos sincronísticos estavam se processando e, face às leis conhecidas da natureza e com seu apoio, puderam eles realizar, em momentos arquetípicos, sínteses que nos parecem prodigiosas. Aqui, causalidade e teleologia são insuficientes, visto que os fenômenos sincronísticos se comportam como o acaso.

Admitindo-se que a probabilidade das leis naturais não alimenta em nada a suposição de que sínteses superiores poderiam nascer do mero acaso, tal como a psique, por exemplo, necessitamos da hipótese de um sentido latente para explicar não somente os fenômenos sincronísticos, como também as sínteses superiores. Que toda coisa seja portadora de um sentido, parece ser, antes de tudo, algo inconsciente e, desse modo, só passível de descoberta *post hoc*, posteriormente. Existe, pois, sempre o risco de se atribuir um sentido ao que não o possui de forma alguma. Necessitamos de experiências sincronísticas para justificar a hipótese de um sentido latente, que seja independente da consciência.

Admitindo-se que, abstração feita da consciência reflexiva do homem, uma criação não possui qualquer significado *discernível*, a hipótese de um sentido *latente* confere ao homem um significado cosmogônico, uma verdadeira *raison d'être*. Se, pelo contrário, se atribui ao Criador o sentido latente como plano consciente da Criação, coloca-se então a seguinte questão: por que o Criador deveria organizar todo este fenômeno do universo, desde que Ele já sabe onde poderia refletir-se, e por que deveria Ele, ademais, refletir-se, se já é consciente de si mesmo? Por que teria Ele criado, ao lado de sua onisciência, uma segunda consciência inferior, de certo modo milhares de pequenos espelhos turvos dos quais Ele conhece antecipadamente a imagem que Lhe podem ser devolvidas?

Todas estas reflexões levaram-me a concluir que não apenas o homem foi criado à imagem de Deus, como também, inversamente, o Criador foi criado à imagem do homem: Ele é semelhante ou igual ao homem, isto é, é tão inconsciente quanto ele, ou ainda mais, visto que, de acordo com o mito da Encarnação, sente-se levado a tornar-se homem e a ele oferecer-se em sacrifício...

THÉODORE FLOURNOY[6]

Durante o período de minha amizade com Freud, encontrei em Théodore Flournoy um amigo paternal. Quando o conheci, já era um homem idoso e, infelizmente, morreu poucos anos depois. Eu era ainda médico no Burghölzli quando li seu livro *Des Indes à la planète Mars*, que me impressionou fortemente. Escrevi a Flournoy dizendo que eu gostaria de traduzi-lo para o alemão. Depois de seis meses recebi uma carta em que ele se desculpa por não haver podido responder mais cedo à minha proposta; para meu pesar, ele já havia designado outro tradutor.

Pouco depois, fui ver Flournoy em Gênova. Visitava-o às vezes, conversando com ele e pouco a pouco eu tomava consciência dos limites do pensamento freudiano. Para mim, era importante saber o que ele pensava de Freud. Fez-me, a respeito dele, reflexões muito inteligentes: acentuava principalmente o propósito de Freud de fazer imperar o racionalismo das luzes; isso explicava muito de seu pensamento e, em especial, sua parcialidade.

Em 1912, animei Flournoy a assistir ao congresso de Munique, no decurso do qual se deu meu rompimento com Freud. Sua presença foi para mim um grande apoio.

Nessa época — sobretudo após minha ruptura com Freud — tinha a sensação de ser ainda muito jovem para voar com minhas próprias asas. Era-me necessário um apoio, principalmente o de alguém que me permitisse falar de coração aberto. Encontrei tudo isso em Flournoy e, desse modo, sua influência veio contrabalançar em mim a de Freud. Podia tratar com ele de todos os problemas científicos que me ocupavam, do sonambulismo, por exemplo, da parapsicologia e da psicologia da religião. Neste domínio não contava, então, com ninguém que compartilhasse de meu interesse. As concepções de Flournoy estavam na linha das minhas próprias especulações e, muitas vezes, serviram-me de estímulo. Dele a concepção da "imaginação criadora", que suscitou em mim o mais vivo interesse.

Muito aprendi com ele. Antes de tudo, a maneira de considerar um doente, de penetrar com simpatia em sua história. Foi assim que estudei o caso de uma de minhas doentes, Miss Miller. Em *Metamorfoses e símbolos da libido* (1912), submeti-o a uma análise minuciosa.

Há muito tempo já interessava-me pelos encadeamentos significativos que podem existir nos produtos da imaginação dos esquizofrênicos, e Flournoy ajudou-me a melhor compreendê-los. Ele visualizava os problemas em seu conjunto e, sobretudo, objetivamente. Todos os acontecimentos, todos os fatos eram importantes para ele. Acercava-se de um caso com prudência e jamais perdia a visão de conjunto. O que me impressionou de maneira decisiva na atitude científica de Flournoy foi o fato de ele conseguir um tipo de "aproximação" realmente objetivo, o que, comparando com o que eu havia presenciado em Freud, causou-me grande impressão. Freud possuía uma maneira dinâmica e penetrante: esperava alguma coisa dos casos que tratava. Flournoy nada desejava: olhava de longe e via claramente. A influência de Freud aumentou meus conhecimentos, mas não me foi esclarecedora. Flournoy ensinou-me a guardar distância, a ter um certo recuo em relação ao objeto; fortificou e manteve vivo em mim o desejo de ver as coisas numa vasta perspectiva. Sua maneira era mais descritiva, não se comprometendo em suposições e, embora manifestasse pelos doentes um interesse vivo e caloroso, guardava sempre a distância necessária à observação. Assim é que nunca perdia a visão de conjunto.

Flournoy era uma personalidade culta e distinta, muito fina e muito instruída, de uma inteligência equilibrada e dotada de um justo sentido das proporções. Tudo isso me foi muito benéfico. Era professor de filosofia e de psicologia e foi bastante influenciado pelo pragmatismo de William James; esta doutrina não se ajusta bem ao espírito alemão, não tendo, pois, nele encontrado o eco que merecia. E no entanto, o pragmatismo desempenha, precisamente em psicologia, um papel que está longe de ser negligenciável. Em Flournoy, admirei particularmente a reflexão filosófica e antes de tudo a crítica refletida, fundada sobre uma vasta cultura.

RICHARD WILHELM

Conheci Richard Wilhelm por ocasião de uma sessão da "Escola da sabedoria" em Darmstadt, na casa do conde de Keyserling. Foi no começo dos anos 1920. Em 1923, convidamo-lo para ir a Zurique onde fez uma conferência no Clube Psicológico sobre o *Yi-king*.[7]

Antes de conhecê-lo, já me ocupara de filosofia oriental e, ao redor de 1920, havia começado a experimentar com o *Yi-king*: foi durante o verão em Bollingen que tomei a decisão de aprofundar o enigma desse livro. Em vez de tradicionais hastes de *Achillea millefolia* utilizadas no método clássico, eu cortava varinhas de junco. Permanecia muitas vezes horas inteiras sentado no chão, sob a pereira secular, o *Yi-king* perto de mim, e praticava a técnica relacionando um a outro os "oráculos" que se formulavam, como num jogo de perguntas e respostas. Vieram daí todas as espécies de inegáveis e notáveis resultados, relações cheias de sentido com meus próprios pensamentos — e que eu não conseguia explicar a mim mesmo.

A única intervenção subjetiva nesta experiência reside no fato de que o experimentador reparte arbitrariamente — isto é, sem contá-los de um só golpe, o feixe das 49 hastes. Ele ignora quantas varinhas existem num e noutro feixe. Ora, o resultado depende da relação desses números, todas as outras manipulações sendo ordenadas mecanicamente e não permitindo a menor intervenção da vontade. Se existe qualquer relação psíquica causal, só pode ser na divisão fortuita do feixe (ou, aplicando outro processo, na queda fortuita das moedas).

Durante todas as férias de verão, preocuparam-me as seguintes questões: as respostas do *Yi-king* são significativas ou não? Se o são, como se produzem as ligações entre as séries de eventos psíquicos e as séries físicas? Deparava continuamente com coincidências espantosas que me fizeram pensar num paralelismo acausal (numa sincronicidade, como o denominei mais tarde). Estava a tal ponto fascinado por estas experiências que me esquecia de anotá-las, o que, depois, lamentei muitíssimo. É verdade que mais tarde retomei essa experiência tantas vezes com meus doentes, que pude certificar-me de que as concordâncias evidentes eram relativamente muito numerosas. Como exemplo, citemos o caso de um jovem que tinha um complexo materno muito acentuado. Ele tinha a intenção de casar-se e conhecera uma jovem que lhe interessara. Mas sentia-se inseguro e temia, sob a influência do complexo materno, casar-se desastrosamente, isto é, com uma segunda mãe dominadora. Fiz a experiência com ele. O texto de seu hexagrama (o resultado) dizia isto: "a jovem é poderosa. Não se deve casar com uma jovem assim".

Mais ou menos em 1935, encontrei o filósofo chinês Hu Shih. Interroguei-o sobre o *Yi-king* e ele me respondeu: "Oh, isso nada mais é do que uma velha coleção de fórmulas mágicas sem importância." Ele não conhecia, como esclarecera, nem o método prático nem sua utilização, e somente uma vez o vira ser aplicado. Durante um passeio, um amigo lhe falara de uma história de amor infeliz; estavam passando justamente diante de um templo taoista. Gracejando, ele teria dito a seu amigo: "Você pode consultar aqui o oráculo deste assunto!" Dito e feito: entraram juntos no templo e pediram ao sacerdote um oráculo *Yi-king*. Mas ele mesmo acrescentou não acreditar em tal tolice.

Perguntei-lhe se o oráculo não havia sido exato. Ao que ele respondeu, de má vontade: "Naturalmente que sim..." Pensando na história bem conhecida do "bom amigo" que faz tudo aquilo que não deseja atribuir a si mesmo, perguntei-lhe prudentemente se ele não havia aproveitado a ocasião. "Sim", respondeu ele, "por pilhéria eu também fiz uma pergunta". "E o oráculo, levou-a em conta?", perguntei-lhe. Ele hesitou: "Bom, sim, se quiser." Evidentemente, aquilo o desagradava. O que é pessoal perturba às vezes a objetividade.

Alguns anos mais tarde, após minhas primeiras experiências com as varinhas de junco, apareceu o *Yi-king* com o comentário de Wilhelm. Naturalmente consultei-o e, para minha grande satisfação, constatei que ele estabelecia relações de sentido do mesmo modo que eu as imaginara. Mas Wilhelm conhecia toda a literatura e podia, portanto, preencher as lacunas que ainda me perturbavam. Quando veio a Zurique, tive a chance de conversar frequentemente com ele, e falamos muito de filosofia e religião chinesas. O que me comunicou, colhido na riqueza de seus conhecimentos sobre o espírito chinês, esclareceu de certa maneira alguns dos problemas mais difíceis que o inconsciente europeu então me propunha. Por outro lado, o que lhe apontei sobre os resultados de minhas pesquisas a respeito do inconsciente, deixou-o mergulhado no mais profundo espanto: ele reconhecia o que, até então, havia considerado como algo privativo da tradição filosófica chinesa.

Em sua mocidade, Wilhelm partira para a China a serviço da Missão cristã e lá se abriu para ele o mundo da espiritualidade oriental. Wilhelm era uma personalidade verdadeiramente religiosa, de visão clara e aberta. Era capaz, sem preconceito algum, de ouvir a revelação de um espírito estrangeiro e de realizar o milagre da *Einfühlung* (da penetração intuitiva), que lhe possibilitava tornar os tesouros espirituais da China acessíveis à Europa. Ele estava vivamente impressionado pela civilização chinesa. Confessou-me certa vez: "dá-me uma grande satisfação nunca haver batizado um chinês". Apesar de sua filiação cristã, não podia deixar de reconhecer a lógica profunda e a clareza do espírito chinês. Havia sido não só profundamente influenciado por ele, como também, de certo modo, subjugado e assimilado. O mundo do pensamento cristão passara a um segundo plano, embora não desaparecesse completamente: constituía uma *reservatio mentalis*, uma restrição mental de tal importância que condicionava seu destino.

Wilhelm teve a rara felicidade de conhecer, na China, um dos sábios da velha escola que a revolução havia expulsado do interior; este velho mestre, chamado Lao Nai Suan, ensinou-lhe a filosofia chinesa do Yoga e a psicologia do *Yi-king*. É à colaboração destes dois homens que devemos a edição do *Yi-king*, com seu notável comentário. Pela primeira vez, esta obra, a mais profunda do Oriente, foi introduzida no Ocidente sob uma forma viva e acessível. Considero essa publicação a obra mais importante de Wilhelm. Com toda a clareza e toda a compreensão de seu espírito ocidental, mostrou ele no comentário ao *Yi-king* uma adaptação sem igual à psicologia chinesa.

Quando a última página da tradução foi terminada e as primeiras provas apareceram, o velho mestre Lao Nai Suan morreu. Foi como se sua obra tivesse se cumprido e ele houvesse transmitido à Europa, no momento de sua morte, a última mensagem da velha China. E Wilhelm foi o discípulo perfeito que o velho sábio desejara em seus sonhos.

Wilhelm, quando o conheci, tinha a aparência de um autêntico chinês, tanto por sua mímica quanto por sua escrita e linguagem. Havia aceito o ponto de vista oriental, e a velha civilização chinesa o impregnara inteiramente. De volta à Europa, consagrou-se ao ensino no Instituto Chinês de Francfurt-sur-le-Main. Lá, como em suas conferências para os profanos, sentia-se que as necessidades do espírito europeu de novo o acometiam. Aspectos e formas cristãs recomeçaram a se manifestar. Algumas de suas conferências, a que assisti mais tarde, não estavam muito longe da forma de sermões.

Esta mudança de Wilhelm e sua reassimilação do Ocidente pareceram-me um pouco irrefletidas e, portanto, perigosas. Temia que nestas circunstâncias ele se encaminhasse para o estado de conflito consigo mesmo. Ao que me parecia, tratava-se de uma assimilação passiva, isto é, ele havia sucumbido à influência do meio; havia pois o risco de um conflito relativamente inconsciente, de um choque, nele, entre a alma ocidental e a alma oriental. Se, como eu supunha, a atitude cristã se dobrara originariamente ante a influência chinesa, o contrário poderia ocorrer: a esfera europeia poderia prevalecer de novo sobre a do Oriente. Ocorrendo um processo desse tipo, sem que haja uma confrontação consciente profunda, há o risco de um conflito inconsciente que pode também afetar gravemente a saúde do corpo.

Depois de ouvir as conferências de Wilhelm, tentei chamar sua atenção para o perigo que o ameaçava. Disse-lhe textualmente: "Caro Wilhelm, peço-lhe não se aborrecer comigo; mas tenho a sensação que o Ocidente o recupera de novo e que você poderá faltar à sua tarefa de tornar o Oriente compreensível ao Ocidente."

Ele me respondeu: "Creio que você tenha razão; aqui, qualquer coisa me subjuga; mas o que fazer?"

Alguns anos mais tarde, na época em que Wilhelm foi meu hóspede, teve uma recaída de disenteria amebiana oriental, que havia contraído mais ou menos vinte anos antes. A moléstia agravou-se nos meses seguintes e soube que ele fora hospitalizado. Fui visitá-lo em Frankfurt e encontrei-o muito mal. Os médicos no entanto não haviam perdido toda a esperança e Wilhelm mesmo falava de projetos que realizaria quando estivesse melhor. Eu também o esperava, mas tinha as minhas dúvidas. O que ele me confiou nessa época veio confirmar minhas suposições. Em seus sonhos, via-se de novo nas planuras sem fim das desoladas estepes asiáticas — nesta China que ele havia abandonado — colhido de novo pelo problema que a China lhe propusera e para o qual o Ocidente recusara uma resposta. Ele tinha, evidentemente, consciência deste problema, mas não pudera encontrar qualquer solução. A moléstia prolongou-se por muitos meses.

Algumas semanas antes de sua morte, quando há muito já não tinha notícias suas, tive, na hora de dormir, uma visão que me manteve acordado. Ao lado de minha cama, um chinês em traje azul-escuro conservava os braços cruzados dentro das mangas. Inclinou-se profundamente diante de mim, como se quisesse transmitir-me uma mensagem. Eu sabia do que se tratava. Esta visão foi notável pela extraordinária nitidez: podia ver não somente todas as pequenas rugas de seu rosto, como também cada fio do tecido de seu traje.

O problema de Wilhelm pode ser considerado também como um conflito entre o consciente e o inconsciente que, nele, tomava a forma de um conflito entre o Leste e o Oeste. Eu pensava compreender sua situação, pois vivia o mesmo problema e sabia o que significava padecer desse conflito. Wilhelm não se manifestou abertamente sobre o assunto comigo, mesmo por ocasião de nosso último encontro. No entanto, pude notar que ficava extremamente interessado quando eu abordava o ponto de vista psicológico. Mas seu interesse só se mantinha enquanto se tratava de considerações objetivas, de meditações ou de questões de psicologia religiosa. Então, tudo ia bem. Se eu procurasse, porém, abordar os problemas atuais de seu conflito interior, sentia imediatamente uma hesitação; ele se fechava em si mesmo, porque aquilo o atingia até a medula: é este um fenômeno que observei em muitos homens de valor. Trata-se do "inexplorado, para sempre inexplorável" de um domínio onde não se deve penetrar e que não se deve nem se pode forçar — um destino que não suporta a intervenção humana.

Heinrich Zimmer[8]

Por volta de 1930 fiquei conhecendo Heinrich Zimmer. Havia lido seu fascinante trabalho *As formas da arte e a ioga*[9] e, desde há muito, desejava encontrá-lo pessoalmente. Descobri nele um homem de gênio, dotado de um temperamento extremamente vivo. Falava muito e com grande animação, mas era também capaz de ouvir com uma intensa atenção. Passamos juntos alguns dias muito agradáveis nos quais tivemos conversas muito profundas e ricas que me fizeram descortinar amplos horizontes. Falamos principalmente da mitologia hindu. Nesta ocasião contou-me como havia reagido à leitura do livro *O segredo da flor de ouro* que Richard Wilhelm e eu havíamos publicado juntos. Infelizmente, na época em que escrevi esse livro não conhecia ainda o de Zimmer, *As formas da arte e a ioga*, e não havia podido utilizá-lo, o que teria sido extremamente importante; muito lamentei tal fato. Quando Zimmer teve entre as mãos *O segredo da flor de ouro* e o folheou, foi tomado de cólera — ele próprio o contou — devido ao meu comentário psicológico, tendo mesmo arremessado o livro contra a parede.

Esta sua reação característica não me surpreendeu: há muito sabia, indiretamente, que ela irrompia em ocasiões semelhantes. Zimmer foi o primeiro a falar-me disso abertamente. À maneira de tantos outros, irritara-se com a palavra "psicológico", tal como o touro diante do pano vermelho. Estes textos só possuem interesse histórico, a "alma" nada tem a ver com eles! Pretender outra coisa revela falta de espírito científico e é produto da pura imaginação!

Momentos depois, readquirindo seu autodomínio e voltando a ser o homem de ciência, experimentou uma certa curiosidade de saber o que a psicologia teria a dizer precisamente sobre este assunto. Apanhou o livro e começou a ler. O eminente especialista de literatura hindu que ele era não pôde deixar de descobrir paralelos interessantes: sua notável perspicácia artística, sua extraordinária intuição puderam intervir nisso eficazmente. Disse ele, textualmente, com uma ponta de ironia: "Descobri então, de repente, que meus textos em sânscrito não só apresentavam certas dificuldades gramaticais e sintáticas, como além disso possuíam um sentido."

Muito embora este juízo exagerado possa ser considerado *cum grano salis*, apreciei profundamente Zimmer por esta confissão. Era de uma lealdade não muito corrente e reconfortante, principalmente se tivermos em mente os *dii minorum gentium*, esses deuses de "ordem inferior" que afirmam, com um ressentimento mal dissimulado, já saber de tudo e há muito tempo.

É lamentável que a morte prematura de Zimmer lhe tenha impossibilitado uma viagem à Índia. Perguntei-me muitas vezes sobre as influências que ele teria sofrido através de um contato direto com o país. Sua largueza de espírito, sua capacidade de receber, seu conhecimento profundo da literatura hindu e sua extraordinária intuição me predispunham a conjeturar grandes coisas. Entretanto, os manes chamaram--no para junto deles.

Em todo o ser, Zimmer conservou-se um *puer aeternus*, um adolescente eterno, que nas asas de sua linguagem brilhante fez desabrochar todas as flores dos jardins das lendas hindus. E ele partilhou também seu destino, pois "morre cedo aquele que é amado pelos deuses". Wilhelm também, é verdade, morreu prematuramente sem que, no entanto, seu lado *puer aeternus* tenha sido tão marcado quanto em Zimmer; este dava a impressão de verdejar e florir incessantemente numa profusão inexaurível. Apesar de tudo, suponho que em Wilhelm, pelo modo como ele assimilara a China, ou melhor, pelo modo como a China o assimilara, análogas eclosões permaneceram dissimuladas. Tanto Zimmer quanto Wilhelm possuíam uma genial ingenuidade. Ambos pareciam viver a realidade como um mundo estranho, enquanto seu ser profundo, intacto e voltado sobre si mesmo, seguia a linha obscura do destino.

Sobre o *Livro vermelho*[10]

No outono de 1953, depois de uma longa indisposição, Jung retomou o *Livro vermelho* para terminar a última imagem que ficara inacabada. E no entanto não pôde, nem desejou, terminá-la. Aquilo, dizia ele, se referia à morte. Compôs em seu lugar um novo diálogo, imaginário, muito longo, que se liga a um dos primeiros diálogos desse livro. Os protagonistas eram, mais uma vez, Elias, Salomé e a serpente. Ainda esta vez escreveu cuidadosamente com tinta nanquim da China, em caracteres góticos como se pode ver na gravura. Às vezes, as letras iniciais eram ornadas com motivos pintados. Concluiu com um apêndice — única página do livro escrita com sua letra habitual — interrompido no meio de uma frase. Eis o que dizia:

"1959."

"Trabalhei neste livro durante 16 anos. Em 1930, meu contato com a alquimia me afastou dele. Em 1928, situa-se o começo do fim, quando Wilhelm pôs ao meu alcance o texto do tratado alquimista *O segredo da flor de ouro*. O conteúdo desse livro encontrou, então, o caminho da realidade e não pude mais trabalhar nele.

"Isto poderá parecer uma loucura a um observador não avisado. Teria podido sim, com efeito, converter-se em algo semelhante se eu não tivesse posto um dique e captado a poderosa força dos acontecimentos originais. Sempre soube que as experiências continham coisas preciosas e foi por isso que nada de melhor soube fazer que as traduzir por escrito num livro 'precioso', isto é, de grande valor, e representar as imagens que reapareciam enquanto eu as descrevia em pinturas tão fiéis quanto possível. Sei o quanto esta tentativa era terrivelmente inadequada; porém, a despeito de ser um enorme trabalho e de alguns desvios, permaneci fiel a ele; mesmo se qualquer outra possibilidade nunca..."

Septem sermones ad mortuos

(1916)

Jung autorizou a publicação de *Septem sermones ad mortuos* (Sete sermões aos mortos) em caráter particular, sob a forma de folheto, para distribuir a pessoas amigas. Nunca foi posto à venda nas livrarias. Mais tarde qualificou-o de pecado de juventude, arrependendo-se de tê-lo divulgado.

A linguagem lembra o estilo do *Livro vermelho*, mas, ao contrário dos intermináveis diálogos com os *alter* egos do *Livro vermelho*, os *Sete sermões* formam um todo autônomo. Transmitem a impressão, se bem que fragmentária, do que Jung passou entre os anos de 1913 a 1917, e do que viria a criar.

Neles se encontram sugestões ou antecipações de ideias que seriam desenvolvidas subsequentemente em teses científicas, sobretudo as referentes à natureza polarística da psique, da vida em geral e de todos os postulados psicológicos. Jung sentiu-se atraído pelo raciocínio por paradoxos que é típico do gnosticismo. Por isso se identifica aqui com o escritor Basílides (gnóstico do início do segundo século da era cristã) e até recorre à terminologia usada por ele — chamando Deus, por exemplo, de Abraxas. Tudo obedece a um plano de deliberada mistificação.

Jung consentiu na inclusão dos *Sete sermões* em suas *Memórias* após certa hesitação e apenas "pelo amor à honestidade". Jamais revelou a chave do anagrama no fim do último sermão.

Os *Sete sermões aos mortos*, escritos por Basílides em Alexandria, a cidade onde o Oriente encontra o Ocidente

I Sermão

Os mortos voltaram de Jerusalém, onde não encontraram o que procuravam. Pediram-me guarida e imploraram que lhes falasse. Assim comecei a ensinar.

Prestai atenção: começo pelo nada. O nada equivale à plenitude. No infinito, o pleno não é melhor que o vácuo. O nada é, ao mesmo tempo, vácuo e plenitude. Dele se pode dizer tudo o que se quiser; por exemplo: que é branco, ou preto, ou então que existe, ou não. Uma coisa infinita e eterna não possui qualidades, pois tem todas as qualidades.

A esse nada ou plenitude dá-se o nome de PLEROMA. Nesse particular cessam o pensar e o ser, já que o eterno e infinito não possui qualidades. Nele nenhum ser é, porque senão se diferenciaria do pleroma e possuiria qualidades que o distinguiriam como algo inconfundível.

No pleroma não existe nada e tudo existe. É absolutamente inútil pensar no pleroma, pois redundaria em autodissolução.

A CRIATURA não está no pleroma, mas em si mesma. O pleroma é, simultaneamente, o começo e o fim dos seres criados. Impregna-os, como a luz impregna o ar em todo lugar. Apesar de impregnado por completo, nenhum ser criado retém parte do pleroma, assim como o corpo inteiramente translúcido não se torna claro nem escuro com a luz que o impregna. Somos, porém, o próprio pleroma, pois integramos o eterno e infinito. Mas não retemos nenhuma parte sua, por estarmos infinitamente afastados, não em forma espiritual ou temporal, e sim essencial, pois nos diferenciamos dele por nossa essência de criatura, confinada no tempo e no espaço.

No entanto, por dele fazermos parte, o pleroma também está em nós. Até mesmo no seu grau mais ínfimo não tem fim, é eterno, e inteiro, pois pequeno e grande são qualidades nele contidas. É aquele nada que se acha completo e contínuo em todo lugar. Só no sentido figurado, portanto, me refiro ao ser criado como parte do pleroma. Porque, na realidade, o pleroma não se divide em nenhum lugar, uma vez que equivale ao nada. Também somos o pleroma inteiro, porque, no sentido figurado, o pleroma é o menor ponto (apenas suposto, não existente) em nós e no firmamento ilimitado que nos rodeia. Mas por que, então, falamos afinal no pleroma, já que é assim, tudo e nada?

Falo nele para partir de algum começo e também para tirar-vos a ilusão de que em algum lugar, seja fora, seja dentro, existe algo determinado, ou de qualquer forma estabelecido, desde o início. Toda coisa que se diz determinada e certa é apenas relativa. Só é determinado e certo o que for possível de ser modificado.

O que é modificável, porém, é a criatura. Por conseguinte, é a única coisa que está determinada e certa; porque tem qualidades: inclusive é a própria qualidade.

Impõe-se a pergunta: como se originou a criatura? Os seres criados perecem, a criatura não; pois o ser criado é a própria qualidade do pleroma, tanto quanto a não criação, que equivale à morte eterna. Em todos os tempos e lugares existe a Criação, em todos os tempos e lugares existe a morte. O pleroma tudo possui, individualidade e não individualidade.

A individualidade equivale à criatura. É única. Constitui a essência da criatura e, portanto, a diferença. Por conseguinte, o homem discrimina porque a individualidade faz parte de sua natureza. Daí também por que se distinguem no pleroma qualidades que não existem. Distinguem-nas por causa de sua própria natureza. Há pois que falar de qualidades do pleroma que não existem.

Qual a utilidade, direis, de falar nisso? Não foste tu mesmo que disseste que não adianta pensar no pleroma?

Isso eu vos disse, para tirar-vos a ilusão de que podemos pensar nele. Quando distinguimos qualidades no pleroma, falamos tomando por base a nossa própria individualidade e a respeito dessa mesma individualidade. Mas nada dissemos a respeito do pleroma. A respeito de nossa própria individualidade, porém, é preciso falar, para podermos distinguir suficientemente a nós mesmos. A nossa própria natureza é individualidade. Se não formos fiéis a essa natureza, não nos distinguiremos suficientemente bem. Temos, portanto, que fazer distinções de qualidades.

Qual o prejuízo, perguntareis, em não se distinguir a si mesmo? Se não nos distinguirmos, ultrapassando a nossa própria natureza, nos afastamos da criatura. Caímos na falta de individualidade, que é a outra qualidade do pleroma. Caímos no próprio pleroma e deixamos de ser criaturas. Nos entregamos à dissolução no nada. O que resulta na morte da criatura. Morremos, portanto, na medida em que não nos distinguimos. Daí o empenho natural da criatura para adquirir individualidade, para lutar contra a igualdade inicial, perigosa. A isso dá-se o nome de PRINCIPIUM INDIVIDUATIONIS. Esse princípio é a essência da criatura. Com isso podeis ver por que a falta de individualidade e a não distinção constituem grande risco para a criatura.

Devemos, pois, distinguir as qualidades do pleroma. Essas qualidades são ANTÔNIMAS, como, por exemplo:

O Efetivo e o Inefetivo.
Plenitude e Vácuo.
Vivos e Mortos.
Diferença e Igualdade.
Luz e Trevas.
O Quente e o Frio.
Força e Matéria.
Tempo e Espaço.
O Bem e o Mal.
Beleza e Fealdade.
O Uno e o Múltiplo etc.

As antônimas são qualidades do pleroma que não existem, pois uma contrabalança a outra. Como constituímos o próprio pleroma, também possuímos todas essas qualidades em nós. Por ser a própria base de nossa natureza a individualidade, possuímos, portanto, essas qualidades em nome e sinal da individualidade, o que significa que:

1. Essas qualidades são distintas e separadas umas das outras em nós; por conseguinte, não são contrabalançadas e nulas, e sim efetivas. Somos assim vítimas dessa antinomia. O pleroma está dividido em nós.

2. As qualidades pertencem ao pleroma e só em nome e sinal da individualidade podemos e devemos possuí-las ou vivê-las. Temos que nos distinguir das qualidades. No pleroma estão contrabalançadas e nulas; em nós não. Sermos distintos delas liberta-nos.

Quando nos empenhamos no bem ou no belo, esquecemos consequentemente a nossa própria natureza, que é a individualidade, e nos entregamos às qualidades do pleroma, que são antônimas. Lutamos para conseguir o bem e o belo, mas ao mesmo tempo também ficamos com o mal e o feio, que no pleroma são inseparáveis do bem e do mal. Quando, porém, permanecemos fiéis à nossa própria natureza, que é a individualidade, nos distinguimos do bem e do belo e, portanto, ao mesmo tempo, do mal e do feio. E assim não mergulhamos no pleroma, ou seja, no nada e na dissolução.

Tu dizes, contraporeis, que a diferença e a igualdade também são qualidades do pleroma. Como seria, então, se nos empenhássemos na diferença? Agindo assim, não estamos sendo fiéis à nossa natureza? E, apesar disso, não devemos nos entregar à igualdade quando nos empenhamos na diferença?

Não deveis esquecer que o pleroma carece de qualidades. Somos nós que as criamos pelo raciocínio. Se, porém, vos empenhardes na diferença ou na igualdade, ou em qualquer outra espécie de qualidade, estareis imersos em raciocínios inspirados pelo pleroma; ou seja: raciocínios a respeito de qualidades inexistentes do pleroma. Na proporção em que vos lançardes a esses raciocínios, tornareis a cair no pleroma, atingindo ao mesmo tempo a diferença e a igualdade. Não é o vosso raciocínio e sim o vosso ser que constitui a individualidade. Por conseguinte, ao contrário do que supondes, não é na diferença que deveis vos empenhar, mas no VOSSO PRÓPRIO SER. No fundo, pois, existe apenas um empenho, ou seja, o empenho no vosso próprio ser. Se tiverdes esse empenho, não precisareis saber nada a respeito do pleroma e suas qualidades e ainda assim atingireis a meta almejada em virtude de vosso próprio ser. Como, porém, o raciocínio se aparta do ser, devo ensinar-vos esse conhecimento, por meio do qual podereis refrear vossos pensamentos.

II Sermão

No meio da noite os mortos, parados em pé contra a parede, bradaram:
Queremos ver Deus. Onde está? Morreu?

Deus não morreu. Agora, como sempre, vive. Deus é criatura, coisa definida e, portanto, distinta do pleroma. Deus é qualidade do pleroma e tudo o que eu disse da criatura também se aplica a ele.

Distingue-se, porém, dos seres criados no sentido de que é mais indefinido e indeterminável do que eles. É menos diferenciável que os seres criados, pois a base de sua existência é a plenitude efetiva. Só na medida em que for definido e distinto é criatura e na mesma proporção é manifestação da plenitude efetiva do pleroma.

Tudo o que não distinguimos mergulha no pleroma e se anula pela antinomia. Se, portanto, não distinguimos Deus, a plenitude efetiva se extingue para nós.

Além disso, Deus é o próprio pleroma, da mesma maneira que cada ponto ínfimo no criado e no incriado é o próprio pleroma.

O vácuo efetivo é a natureza do Diabo. Deus e o Diabo são as primeiras manifestações do nada, que chamamos de pleroma. É indiferente que o pleroma exista ou não, uma vez que em tudo é contrabalançado e nulo. A criatura já não é assim. Na medida em que Deus e o Diabo são criaturas, não se anulam e sim erguem-se um contra o outro, como antônimos efetivos. Não precisamos de provas de sua existência. Basta que sempre se esteja falando neles. Ainda que ambos não existissem, a criatura, por causa de sua individualidade essencial, sempre os distinguiria de novo no pleroma.

Tudo o que a discriminação distingue no pleroma é antinomia. Deus, portanto, sempre corresponde ao Diabo.

Essa inseparabilidade é tão íntima e, como a vossa própria vida vos fez ver, tão indissolúvel quanto o próprio pleroma. Assim é que os dois se mantêm muito próximos do pleroma, no qual todos os antônimos se anulam e se fundem.

Deus e o Diabo se distinguem pelas qualidades de plenitude e vácuo, criação e destruição. A EFETIVIDADE é comum a ambos. A efetividade os une. Paira, portanto, sobre ambos, é um deus acima de Deus, já que em seu efeito reúne a plenitude e o vácuo.

Esse é um deus que não conheceis, pois a humanidade o esqueceu. Nós o chamamos pelo seu nome, ABRAXAS. É ainda mais indefinível que Deus e o Diabo.

O deus que se pode distinguir, nós o chamamos de deus HELIOS, ou Sol. Abraxas é efeito. Nada se antepõe a ele que não seja inefetivo, daí que a sua natureza efetiva se desdobre livremente. O inefetivo não existe, portanto não resiste. Abraxas paira acima do Sol e acima do Diabo. É a probabilidade improvável, a realidade irreal. Tivesse o pleroma um ser, Abraxas seria a sua manifestação. É o próprio efetivo, não algum efeito especial, mas o efeito em geral.

É a realidade irreal porque não tem efeito definido.

É também criatura, por ser diferente do pleroma.

O Sol tem um efeito definido e o mesmo acontece com o Diabo. Por isso nos parecem mais efetivos que o indefinido Abraxas.

É força, duração, mudança.

Os mortos então provocaram grande tumulto, pois eram cristãos.

III Sermão

Como a neblina que se ergue de um pântano, os mortos avançaram clamando: Explica melhor esse deus supremo.

É difícil definir a divindade de Abraxas. Seu poder é o maior porque o homem não o percebe. Do Sol, retira o *summum bonum*; do Diabo, o *infimum malum*; mas, de Abraxas, a VIDA, totalmente indefinida, a mãe do Bem e do Mal.

A vida parece ser menor e mais frágil que o *summum bonum*; por isso é também difícil conceber que Abraxas transcenda em poder até o Sol, que é a fonte radiosa de toda a força da vida.

Abraxas é o Sol e ao mesmo tempo a garganta eternamente voraz do vácuo, o Diabo menosprezador e mutilante.

O poder de Abraxas é duplo; mas não o vedes, porque para vossos olhos os antônimos incompatíveis se anulam.

O que o Deus-Sol fala é vida.

O que o Diabo fala é morte.

Mas Abraxas fala aquela palavra sagrada e maldita que é vida e morte ao mesmo tempo.

Abraxas gera a verdade e a mentira, o Bem e o Mal, a luz e as trevas, na mesma palavra e no mesmo ato. Por isso é Abraxas terrível.

É magnífico como o leão no momento em que ataca a vítima. Bonito como um dia de primavera. É o próprio grande Pã e também o pequeno. É Príapo.

É o monstro das profundezas, pólipo de mil tentáculos, nó emaranhado de serpentes aladas, frenesi.

É o hermafrodita dos tempos imemoriais.

É o senhor dos sapos e rãs, que vivem na água e sobem à terra, cujo coro se eleva à tarde e à meia-noite.

É a abundância que busca a união com o vácuo.

É a sagrada procriação.

É o amor e o assassino do amor.

É o santo e seu traidor.

É a mais brilhante luz do dia e a mais negra noite de loucura.

Contemplá-lo é cegueira.

Conhecê-lo, doença.

Venerá-lo, morte.

Temê-lo, sabedoria.

Não resistir a ele, redenção.

Deus mora atrás do Sol, o Diabo atrás da noite. O que Deus traz à luz, o Diabo lança às trevas. Mas Abraxas é o mundo, seu porvir e seu passar. Sobre cada presente que vem do Deus-Sol, o Diabo roga sua praga.

Tudo o que implorardes ao Deus-Sol provoca uma ação do Diabo.
Tudo o que criardes com o Deus-Sol dá poder efetivo ao Diabo.
Esse é o terrível Abraxas.
É a criatura mais potente, e nele a criatura tem medo de si mesma.
É a oposição manifesta da criatura ao pleroma e seu nada.
É o horror que o filho sente da mãe.
É o amor da mãe pelo filho.
É a alegria da Terra e a crueldade dos céus.
Diante de seu semblante o homem fica que nem pedra.
Diante dele não há perguntas nem respostas.
É a vida da criatura.
É a manifestação da individualidade.
É o amor do homem.
É a linguagem do homem.
É a aparição e a sombra do homem.
É realidade ilusória.

Então os mortos, por estarem consumados, gemeram e esbravejaram.

IV Sermão

Os mortos encheram de murmúrios o recinto e disseram:

Fala-nos dos deuses e dos diabos, maldito!

O Deus-Sol é o bem supremo; o Diabo, o oposto. Assim, tendes dois deuses. Mas há muitas coisas supremas e boas e muitos males enormes. Entre estes há dois deuses-diabos; um, o ARDENTE, o outro, o CRESCENTE.

O ardente é EROS, que tem forma de chama. A chama dá luz porque se consome.

O crescente é a ÁRVORE DA VIDA. Germina e ao crescer se acumula de coisas vivas.

Eros se inflama e morre. Mas a árvore da vida cresce lenta e constantemente, por tempo incomensurável.

O Bem e o Mal estão unidos na chama.

O Bem e o Mal estão unidos no crescimento da árvore. Em suas divindades, a vida e o amor se opõem.

Inumerável como a hoste de estrelas é o número de deuses e diabos.

Cada estrela é um deus e cada espaço que ocupa, um diabo. Mas a plenitude-vácuo do todo é o pleroma.

A manifestação do todo é Abraxas, a quem só o inefetivo se opõe.

Quatro é o número das medidas do mundo.

O primeiro é o começo, o Deus-Sol.

O segundo, Eros, une os extremos e se expande em luz.

O terceiro, a Árvore da Vida, ocupa o espaço com formas corpóreas.

O quarto é o Diabo, que abre tudo o que se encontra fechado; desfaz tudo o que se constitui de natureza corpórea; é o destruidor em que tudo é reduzido a nada.

Para mim, a quem foi dado o conhecimento da multiplicidade e diversidade dos deuses, está bem. Mas ai de vós, que substituís esses múltiplos incompatíveis por um deus único. Pois, assim fazendo, gerais o tormento que se origina na falta de compreensão e mutilais a criatura cuja natureza e meta é a individualidade. Como podereis ser fiéis à vossa própria natureza se vos esforçais para transformar o múltiplo em uno? O que fizerdes com os deuses será feito convosco. Ficais todos iguais e assim frustrais vossa natureza.

A igualdade prevalecerá, não para Deus, mas apenas em benefício do homem. Pois muitos são os deuses, ao passo que poucos os homens. Os deuses são poderosos e podem arcar com a sua multiplicidade. Pois, como as estrelas, permanecem solitários, separados por distâncias imensas. Mas os homens são fracos e não podem arcar com sua natureza múltipla. Por isso moram juntos e precisam de comunhão para poder suportar o isolamento. Por amor à redenção, ensino-vos a verdade rejeitada, por cujo amor sofri rejeição.

A multiplicidade dos deuses corresponde à multiplicidade do homem.

Inúmeros deuses aguardam a condição humana. Inúmeros foram homens. O homem partilha da natureza dos deuses. Vem dos deuses e vai para deus.

Assim como de nada serve refletir sobre o pleroma, não adianta venerar a multiplicidade dos deuses. E menos ainda venerar o primeiro deus, a abundância efetiva e o *summum bonum*. Nada podemos acrescentar-lhe com nossa oração, e dele nada podemos tirar; porque o vácuo efetivo tudo absorve.

Os deuses brilhantes formam o mundo celeste, que é múltiplo e infinitamente disperso e crescente. O Deus-Sol é o senhor supremo deste mundo.

Os deuses escuros formam o mundo terrestre. São simples e infinitamente decrescentes e minguantes. O Diabo é o mais abjeto senhor desse mundo, o espírito lunar, satélite terrestre, menor, mais frio e mais morto que a Terra.

Não há diferença entre o poder dos deuses celestes e o dos terrestres. Os celestes aumentam, os terrestres diminuem. Incomensurável é o movimento de ambos.

V Sermão

Os mortos escarneceram e vociferaram: Ensina-nos, tolo, a respeito da igreja e da santa comunhão.

O mundo dos deuses se torna manifesto na espiritualidade e na sexualidade. Os celestes aparecem na espiritualidade, os terrestres na sexualidade.

A espiritualidade concebe e acalenta. É feminina e por isso a chamamos de MATER COELESTIS, a mãe celeste. A sexualidade gera e cria. Masculina, a chamamos de PHALLOS, o pai terrestre.

A sexualidade do homem é mais da terra; a da mulher, mais espiritual.

A espiritualidade do homem é mais do céu, vai para o mais vasto.

A da mulher, mais da terra, vai para o mais ínfimo.

Mendaz e diabólica é a espiritualidade do homem que vai para o mais ínfimo.

Mendaz e diabólica é a espiritualidade da mulher que vai para o mais vasto.

Cada uma deve ir para seu próprio lugar.

O homem e a mulher, quando não dividem seus caminhos espirituais, tornam-se diabos um para o outro, pois a natureza da criatura é a individualidade.

A sexualidade do homem tem curso terreno; a da mulher, espiritual. O homem e a mulher, quando não distinguem sua sexualidade, tornam-se diabos um para o outro.

O homem conhecerá o menor; a mulher, o maior.

O homem se distinguirá da espiritualidade e da sexualidade. Chamará à espiritualidade Mãe, colocando-a entre o céu e a terra. E à sexualidade Phallos, colocando-o entre si mesmo e a terra. Pois Mãe e Phallos são demônios super-humanos que revelam o mundo dos deuses. São para nós mais efetivos que os deuses, por terem maior afinidade com a nossa própria natureza. Se não vos distinguirdes da sexualidade e da espiritualidade e não as considerardes de uma natureza além e acima de vós, então vos entregareis a elas como qualidades do pleroma. A espiritualidade e a sexualidade não são qualidades vossas, nem coisas que possuís e contendes, mas que vos possuem e contêm; pois são demônios poderosos, manifestações dos deuses e, por conseguinte, coisas que vos ultrapassam, existentes em si mesmas. Nenhum homem tem espiritualidade ou sexualidade próprias. Mas coloca-se sob a lei da espiritualidade e da sexualidade.

Nenhum homem, pois, escapa desses demônios. Deveis considerá-los como demônios que têm uma tarefa e um risco comuns, carga comum que a vida vos legou. Assim a vida, para vós, também é tarefa e riscos comuns, como são os deuses, e, acima de tudo, o terrível Abraxas.

O homem é fraco, portanto a comunhão é indispensável. Se vossa comunhão não estiver sob o signo da Mãe, então está sob o signo de Phallos. Nenhuma comunhão é sofrimento e doença. A comunhão em tudo é desmembramento e dissolução.

A individualidade leva ao isolamento. O isolamento se opõe à comunhão. Mas por causa da fraqueza do homem contra os deuses e os demônios e sua lei invencível, a comunhão é necessária. Portanto deve haver tanta comunhão quanto for preciso, não por causa do homem, mas por causa dos deuses. Os deuses vos forçam à comunhão. Quanto mais vos forçarem, maior será a necessidade de comunhão, maior o mal.

Na comunhão, que cada homem se submeta aos demais, para que seja mantida; pois precisais dela.

No isolamento, um homem será superior aos demais, para que todos possam vir a ele e evitar a escravidão.

Na comunhão haverá continência.

No isolamento, prodigalidade.

Comunhão é profundeza.

Isolamento é elevação.

A medida certa na comunhão purifica e preserva.

No isolamento, purifica e aumenta.

A comunhão nos dá calor; o isolamento, luz.

VI Sermão

O demônio da sexualidade se aproxima de nossa alma feito serpente. Semi-humano, surge como pensamento-desejo.

O da espiritualidade mergulha sobre nossa alma como pássaro branco. Semi-humano, surge como desejo-pensamento.

A serpente é uma alma terrena, semidemoníaca, um espírito, e semelhante ao espírito dos mortos. Assim, como estes, também pulula entre as coisas da Terra, fazendo-nos temê-las ou espicaçando-nos com desejos imoderados. A serpente tem natureza semelhante à da mulher. Sempre procura a companhia dos mortos retidos pelo feitiço da Terra, os que não encontraram o caminho mais além, que leva ao isolamento. A serpente é meretriz. Entrega-se a orgias com o Diabo e com os maus espíritos; tirana e algoz maldosa, sempre seduz os mais vis. O pássaro branco é uma alma semiceleste do homem. Dialoga com a Mãe, descendo de quando em quando. O pássaro tem natureza semelhante à do homem, e é pensamento efetivo. Casto e solitário, é mensageiro da Mãe. Sobrevoa a Terra a grande altitude. Infunde isolamento. Dá ciência dos distantes que já se foram e estão consumados. Leva nossa palavra à Mãe nas alturas. Ela intercede, avisa, mas não dispõe de poder contra os deuses. É receptáculo do Sol. A serpente vai para baixo e, com sua astúcia, estropia o demônio fálico ou então incita-o a prosseguir. Produz os pensamentos demasiado ardilosos do demônio terrestre, aqueles pensamentos que se insinuam com desejo por cada furo e fenda em todas as coisas. A serpente, sem dúvida, não quer, mas tem que ser útil a nós. Foge do nosso alcance, mostrando-nos assim o caminho, que com nossa inteligência humana não poderíamos encontrar.

Com olhar desdenhoso, disseram os mortos: Para de falar em deuses, demônios e almas. No fundo, há muito já sabíamos disso.

VII Sermão

Mas quando sobreveio a noite, os mortos avançaram de novo, com lamentável aspecto, e disseram: Tem mais uma coisa que esquecemos de mencionar. Ensina-nos sobre o homem.

O homem é pórtico, pelo qual, vindos do mundo exterior de deuses, demônios e almas, passais para o mundo interior; saindo do mais vasto para penetrar no mais ínfimo. Pequeno e efêmero é o homem. Já se encontra atrás de vós e mais uma vez vos achais no espaço sem fim, no menor ou mais íntimo infinito. A incalculável distância paira uma estrela solitária no zênite.

Esse é o único deus desse homem. Esse é o seu mundo, seu pleroma, sua divindade.

Nesse mundo é homem Abraxas, o criador e destruidor de seu próprio mundo.

Essa estrela é o deus e o destino do homem.

Esse o único deus que o guia. Nele vai o homem repousar. Rumo a ele segue a longa jornada da alma depois da morte. Nele brilha como luz tudo o que o homem traz de volta do mundo mais vasto. A esse único deus o homem erguerá suas preces.

A prece intensifica a luz da estrela. Lança uma ponte sobre a morte. Prepara a vida para o mundo mais ínfimo e aplaca os desejos irrealizáveis do mais vasto.

Quando o mais vasto esfria, a Estrela arde.

Entre o homem e o seu deus único nada se interpõe, desde que se possa desviar os olhos do espetáculo flamejante de Abraxas.

O homem aqui, deus lá.

A fraqueza e o nada aqui, lá o poder eternamente criador.

Aqui, nada além de trevas e gélida umidade.

Lá completamente sol.

Então os mortos se calaram e subiram como fumaça de fogueira de pastor que passou a noite zelando pelo rebanho.

ANAGRAMA:

NAHTRIHECCUNDE
GAHINNEVERAHTUNIN
ZEHGESSURKLACH
ZUNNUS.

Tradução de Milton Persson

Dados sobre a família de C.G. Jung[11]
(por Aniela Jaffé)

A família Jung é originária de Mainz. Durante o cerco da cidade pelos franceses em 1688, tal como Jung mencionou no capítulo intitulado "A torre", os arquivos foram incendiados, de maneira que só se conhece sua genealogia a partir do século XVIII. O bisavô de Jung, Franz Ignaz Jung (1759-1831), que era médico, deixou Mainz para instalar-se em Mannheim. Dirigiu um hospital militar durante as campanhas napoleônicas. Seu irmão, Sigismund von Jung (1745-1824), que receberia um título de nobreza, foi chanceler na Baviera. Casou-se com a irmã mais nova de Schleiermacher.

A personalidade mais conhecida da linhagem paterna de Jung é a de seu avô Carl Gustav Jung (1794-1864), nascido em Mannheim e levado por um estranho destino à Suíça aos 28 anos de idade. A respeito da lenda, mencionada duas vezes nesta obra, segundo a qual seu avô teria sido um filho natural de Goethe, eis o que Jung relata:

"A segunda mulher de meu bisavô Franz Ignaz Jung, Sophie Ziegler, frequentava com a irmã o círculo do Teatro de Mannheim e entre suas relações havia muitos poetas. Pretende-se que Sophie Ziegler teria tido um filho ilegítimo de Goethe; seu filho seria meu avô, Carl Gustav Jung. Esse fato parecia ser seguro. Não há, entretanto, qualquer alusão a ele no 'Diário' mantido por meu avô. Conta este apenas que vira Goethe em Weimar, e assim mesmo simplesmente de costas! Sophie Jung-Ziegler tornou-se, mais tarde, amiga de Lotte Kestner, sobrinha da 'Lottchen' de Goethe. Ela visitava frequentemente meu avô, que também era amigo de Liszt. Alguns anos mais tarde, Lotte Kestner estabeleceu-se em Basileia — provavelmente devido às relações de amizade com a família Jung. Meu avô também era amigo de seu irmão, o conselheiro de embaixada Kestner, que vivia em Roma e em casa de quem Karl August, filho de Goethe, se hospedara pouco antes de sua morte."

As outras fontes de que se dispõe — os arquivos da casa de Goethe em Frankfurt e o registro dos batismos do arcebispado (igreja dos jesuítas) de Mannheim — não fornecem qualquer indicação. Na época em questão, Goethe ainda não estava em Mannheim e não é seguro que Sophie Ziegler, por seu lado, haja residido em Weimar ou nas vizinhanças de Goethe.

Jung falava com uma certa complacência dessa lenda persistente e tenaz; esta lhe revelava um aspecto subjacente da fascinação que sobre ele exercia o *Fausto* de Goethe; ela pertencia, por assim dizer, ao mundo de sua personalidade nº 2. Por outro lado, ele qualificava esse rumor de "irritante". Achava-o de "mau gosto", próprio dos "tolos" que inventam tais histórias acerca de "pais desconhecidos". Mas era principalmente sua ascendência legítima que lhe parecia significativa, sobretudo a que se ligava a Carl Jung (morto em 1654), católico e sábio doutor em medicina e direito, reitor da Universidade de Mainz, do qual se trata no final do capítulo "A torre".

Carl Gustav, o avô, estudou ciências e medicina em Heidelberg, defendendo aí sua tese de doutorado em 1816, *summa cum laude*. Jung conta que o avô, quando estudante, tinha um porquinho que levava para passear como um cão através da cidade, sob a caçoada de toda Heidelberg. Aos 24 anos já era cirurgião-assistente do oftalmologista Rust, na "Caridade" de Berlim, e ao mesmo tempo professor de Química na Escola Real Prussiana de Guerra. As diferentes disciplinas eram, outrora, muito menos distantes umas das outras do que o são hoje em dia.

Durante os anos que viveu em Berlim, morou em casa do livreiro e editor Georg Andreas Reimer (presumivelmente desde o fim de 1827). Era considerado como um filho da família e a sra. Reimer sempre o tratou assim. Travou conhecimento nessa época com um círculo notável de personalidades, no qual figuravam os irmãos Schlegel, Ludwig Tieck e Friedrich Schleiermacher. Católico, passou para o protestantismo sob a influência deste último.

Os círculos literários de Berlim abriram-se desde o início para o jovem médico que tinha inclinação poética: um de seus poemas foi acolhido na coletânea *Deutsches Liederbuch*.

Sua juventude coincidiu com um período político movimentado. Muito jovem, fez parte da "Sociedade de Ginástica" de Jahn (1778-1852), o pai da ginástica, e participou da grande cerimônia de Wartburg.[12] Os estudantes, vindos de toda a Alemanha, proclamaram nessa ocasião o desejo de uma Alemanha livre e unida. Dois anos depois, um amigo de Jung, Karl Ludwig Sand (nascido em 1795), estudante de teologia e membro de uma corporação de estudantes, assassinou August Kotzebue (1761-1819), poeta alemão e conselheiro de Estado russo, desacreditado por sua mentalidade reacionária e sobre o qual recaía suspeita de espionagem. Todas as corporações de estudantes e todas as sociedades de ginástica foram, então, dissolvidas. Numerosos universitários de tendência liberal foram detidos como "demagogos". Entre eles figura Carl Gustav Jung; a polícia encontrou em seu poder um presente do assassino: um martelo para pesquisas mineralógicas! (Os relatórios da polícia se referem — isto é característico — a um machado!) Ele foi detido e conduzido à prisão de Berlim, tendo sido libertado ao fim de 13 meses, sem julgamento, com uma ordem de expulsão da Prússia. Antigo "demagogo", não pôde encontrar na Alemanha qualquer possibilidade de trabalho que lhe conviesse; dirigiu-se então a Paris (1821), na época o maior centro de pesquisas médicas. Encontrou aí o grande naturalista Alexandre von Humboldt (1769-1859), que o recomendou à seção cirúrgica do Hotel Dieu de Paris. Carl Gustav Jung pôde trabalhar nele e aperfeiçoar-se no domínio da cirurgia.

Há diversas versões do primeiro encontro com Humboldt. Segundo a tradição familiar, Humboldt teria encontrado o jovem, esfomeado num banco, ao relento, e tomou-o sob sua proteção. Foi esta a versão que Jung me relatou. Numa descrição que M.H. Koelbing qualificou de "poesia e verdade", o médico Hermann Reimer[13] conta que "por ocasião de um banquete oferecido pelo grande cirurgião Dupuytren, um homem de certa idade, de ar respeitável, que seu avô Carl Gustav Jung não conhecia, dirigira-se a este e o convidara a segui-lo até sua casa após a refeição, porque tinha uma proposta a fazer-lhe. Jung aceitou o convite sem titubear e logo depois seu protetor lhe disse, já em seu gabinete de trabalho, que se tratava de uma cadeira de anatomia e cirurgia na Universidade de Basileia, perguntando-lhe se o lugar lhe conviria. Sem se conter mais tempo, o jovem perguntou a quem deveria agradecer tanta benevolência e a quem devia essa oportunidade. Ao que seu interlocutor respondeu: 'O nome não tem nada com isto, eu me chamo Alexandre von Humboldt'." H. Reimer acrescenta: "Alexandre von Humboldt poderia ter tido informação sobre os infortúnios de Jung devido às suas frequentes relações literárias com meu pai, ou por intermédio de seu irmão Wilhelm, que, desencorajado, abandonara o cargo em 1819."

Qualquer que seja o crédito que se atribua ao relato, o fato é que Humboldt recomendou o jovem médico à Academia de Berna em 1821 e, malogrado tal projeto, recomendou-o novamente, um ano depois, à Universidade de Basileia.

Por motivos políticos, e administrativos, a situação ia de mal a pior na Universidade de Basileia. De 1806 a 1814 não houve uma só promoção de doutorado. O anatomista e botânico Johann Jakob Burckhardt foi o único professor da Faculdade de Medicina durante vários anos; ministrava seu curso a um só aluno de medicina e alguns bedéis. Em 1818 foram publicados alguns decretos em vista de uma profunda reorganização da universidade e o número de professores da Faculdade de Medicina foi fixado em quatro. Quando Jung solicitou a cadeira de anatomia, cirurgia e obstetrícia, foi chamado e encarregado de cursos em 1822, além de lhe outorgarem o título de professor no fim de um semestre. Foi assim que a família Jung se estabeleceu na Suíça.

Jung (o avô) trabalhou durante toda a vida, infatigavelmente e com grande sucesso, pela prosperidade da Faculdade de Medicina e dos estabelecimentos médicos de Basileia; em primeiro lugar, reorganizou o ensino de anatomia. É a ele que se deve, em grande parte, o desenvolvimento e a ampliação do hospital da cidade (1842); mais tarde, ele criou a Fundação da Esperança, para crianças retardadas. Sua ação em vista da criação de um hospital psiquiátrico parece-nos especialmente interessante. Num relatório anônimo que apareceu mais tarde, pode-se ler: "Em nossa época, a terapêutica psíquica retém apreciavelmente a atenção dos médicos e há revistas especializadas que se ocupam quase exclusivamente deste ramo da ciência médica. Um estabelecimento que, sob a direção de um professor, oferecesse aos estudantes a possibilidade de estudos referentes a esta especialidade honraria a universidade a que pertencesse. Não entendo por isso um asilo de alienados do gênero habitual, quase exclusivamente reservado a doentes incuráveis, mas sim um estabelecimento que receba toda espécie de doentes e cuja cura deva ser tratada por meios psíquicos."

O próprio Jung dizia de seu avô: "Era uma personalidade forte e marcante, um grande organizador, muito ativo, brilhante, e que se exprimia com espírito e desenvoltura. Eu naveguei em sua trilha. 'Ah, o professor Jung é alguém!', dizia-se em Basileia. Seus filhos sofriam muito a sua influência. Cercavam-no de admiração mas também o temiam, pois era um pai bastante tirânico. Depois do almoço tinha o hábito de fazer uma sesta de mais ou menos um quarto de hora. Sua família numerosa devia ficar sentada à mesa, em silêncio."

Carl Gustav Jung casou-se três vezes. Desposou, em Paris, Virginie de Lassaulx (nascida em 1804), que morreu muito jovem, com 26 anos. A única filha nascida desse matrimônio casou-se, como já foi dito, com o filho do editor Georg Andreas Reimer, em cuja casa Jung morara em Berlim. Desposou em segundas núpcias Elisabeth Catherine Reyenthaler. A esse respeito, relata Jung:

"Foi por despeito que ele se casou com a Reyenthaler! Ela era garçonete numa taberna de estudantes em Basileia. Fora pretendente da filha do prefeito de Basileia, Frey, e recebera sua recusa. Envergonhado e em desespero casou-se imediatamente com a garçonete do albergue. Ela morreu tuberculosa, muito cedo, e o mesmo aconteceu com seus filhos."

Casou-se finalmente em terceiras núpcias com Sophie Frey, a filha do burgomestre. O túmulo dos pais desta última encontra-se no claustro da catedral de Basileia. Sophie Jung morreu em 1855, com 43 anos de idade. Seus dois filhos mais velhos morreram ainda jovens. O mais jovem, Johann Paul Achilles Jung (1842-1896), foi o pai de C.G. Jung. Jung referiu-se a ele, detalhadamente, no primeiro capítulo do livro. Lembraremos resumidamente os fatos exteriores: Paul Jung tornou-se teólogo e foi inicialmente pastor em Kesswil (Turgóvia), onde C.G. Jung nasceu em 1875. Depois, durante quatro anos, foi pastor em Laufen, paróquia situada nos arredores das quedas do Reno, perto de Schaffhausen. Foi escolhido em 1879 para dirigir a paróquia de Klein--Hüninguen, perto de Basileia.

A mãe de Jung, Emilie Jung, cujo nome de solteira era Preiswerk, nasceu em Basileia. Era a filha mais nova de Samuel Preiswerk (1799-1871), pastor em Basileia, erudito e dotado para a poesia, e de sua segunda mulher Augusta Faber, de Nürtingen, em Württemberg (1805-1865). Os Faber provinham de uma família protestante francesa, refugiada na Alemanha depois da revogação do Edito de Nantes (1685). Samuel Preiswerk foi pastor em Muttenz, porém em consequência da divisão do cantão em parte citadina, parte campestre de Basileia (1833) teve que se retirar para esta última. Não podendo desempenhar aí a função de pastor, foi para Genebra, onde ensinou o hebraico e a teologia do Antigo Testamento na escola de teologia da Sociedade Evangélica. Escreveu uma gramática hebraica que teve várias edições. Alguns anos mais tarde foi chamado novamente a Basileia, onde se tornou pastor na

ÁRVORE GENEALÓGICA

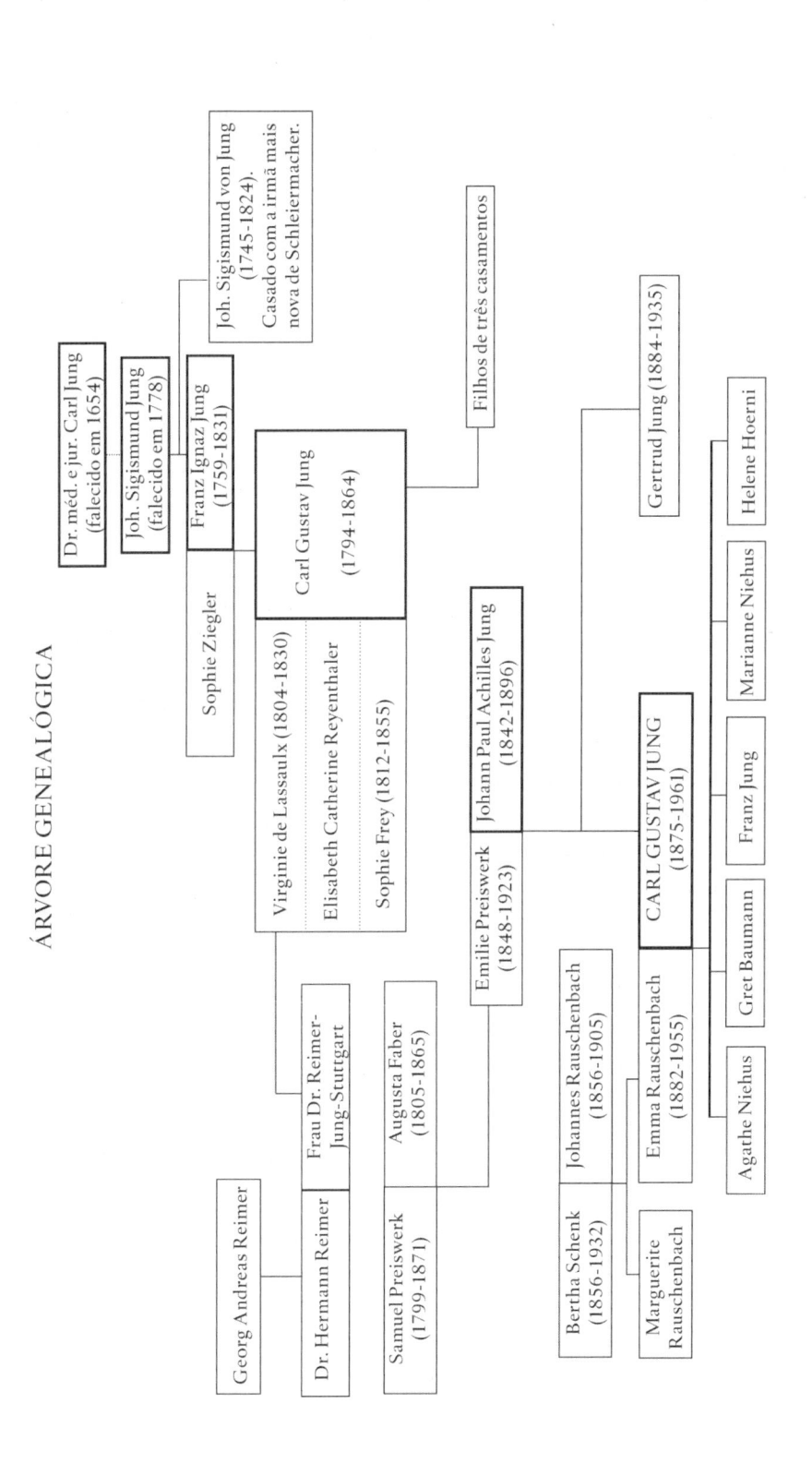

- Dr. méd. e jur. Carl Jung (falecido em 1654)
- Joh. Sigismund Jung (falecido em 1778)
- Franz Ignaz Jung (1759-1831)
  - Joh. Sigismund von Jung (1745-1824). Casado com a irmã mais nova de Schleiermacher.
- Sophie Ziegler
- Carl Gustav Jung (1794-1864)
  - Virginie de Lassaulx (1804-1830)
  - Elisabeth Catherine Reyenthaler
  - Sophie Frey (1812-1855)
- Filhos de três casamentos
- Georg Andreas Reimer
- Dr. Hermann Reimer — Frau Dr. Reimer-Jung-Stuttgart
- Samuel Preiswerk (1799-1871)
- Augusta Faber (1805-1865)
- Emilie Preiswerk (1848-1923)
- Johann Paul Achilles Jung (1842-1896)
- Bertha Schenk (1856-1932)
- Johannes Rauschenbach (1856-1905)
- Marguerite Rauschenbach
- Emma Rauschenbach (1882-1955)
- CARL GUSTAV JUNG (1875-1961)
- Gertrud Jung (1884-1935)
- Agathe Niehus
- Gret Baumann
- Franz Jung
- Marianne Niehus
- Helene Hoerni

paróquia de São Leonardo. Além de sua função de pastor, foi habilitado como livre-docente para ensinar a língua e a literatura hebraicas. Era uma natureza generosa e um homem tolerante, fato que se manifestou em sua atitude favorável à retomada da Palestina pelos judeus, na revista mensal que ele publicava: *Das Morgenland* (O Oriente).

Contam-se ainda hoje em Basileia histórias a seu respeito: "O primeiro pastor, Samuel Preiswerk, tinha em seu gabinete de trabalho um sofá especialmente reservado ao espírito de sua primeira mulher falecida, Madalena, cujo sobrenome de solteira era Hopf. Toda semana, numa hora determinada, Preiswerk mantinha uma conversa secreta com o espírito de Madalena, para o desgosto de sua segunda mulher, Augusta Faber."[14]

Jung relatou sobre esse avô:

"Não conheci pessoalmente meu avô materno. Mas segundo tudo o que ouvi contar a seu respeito, seu prenome bíblico Samuel devia convir-lhe às maravilhas. Tinha a certeza de que se falava em hebraico no Céu e, por esta razão, dedicou-se com zelo ao estudo dessa língua. Era extremamente erudito e tinha também um sentido poético desenvolvido; era, enfim, um homem bastante singular, que se acreditava sempre cercado de espíritos. Minha mãe contou-me muitas vezes que devia sentar-se atrás dele quando escrevia seus sermões, a fim de que os espíritos não o perturbassem, coisa que ele não podia suportar! Um ser vivo, às suas costas, punha os espíritos em fuga."

Existem também muitas histórias a respeito de sua mulher, Augusta Preiswerk, avó materna de Jung. Aos 18 anos, caíra gravemente enferma, cuidando de seu irmão que contraíra escarlatina, permanecendo ela 36 horas em letargia. O marceneiro já tinha trazido o caixão quando sua mãe, não acreditando na morte dela, chamou-a à vida, aplicando um ferro de passar em sua nuca. "Gustele" — assim a chamavam — tinha o dom da segunda visão e sua família encontrava uma relação entre esse dom e o incidente de sua letargia. Ela morreu com 57 anos.

A mulher de C.G. Jung, Emma (1882-1955), era de uma família de industriais, os Rauschenbach de Schaffhausen. No capítulo "Infância", conta Jung que na época em que seu pai fora pastor em Laufen (1875-1879), tivera relações de amizade com a família Schenk, à qual pertencia sua futura sogra, mais tarde a sra. Berta Rauschenbach. Às vezes ela o levava a passeio; Jung tinha então quatro anos.

A respeito do primeiro encontro com sua mulher, Emma, eis o que diz Jung:

"Eu era colega de um menino cuja família morava em Schaffhausen. Certo dia, estando em Basileia, depois da morte de meu pai, em 1896, resolvi visitá-lo. Minha mãe disse-me então: 'Se vais visitar um amigo em Schaffhausen, passe para ver também a sra. Rauschenbach, que conhecemos quando ainda era solteira.' Obedeci e, ao entrar na casa, vi uma menina, de pé, no limiar; devia ter cerca de 14 anos e usava tranças. Imediatamente veio-me a ideia: eis minha mulher. Fiquei profundamente perturbado: apesar de tê-la visto num curto instante, tive a certeza absoluta de que viria a ser minha mulher. Lembro-me ainda hoje claramente de ter contado o fato a meu amigo. Naturalmente, ele riu de mim. Eu respondi: 'Podes rir à vontade, depois verás.' Quando, seis anos depois, pedi a mão de Emma Rauschenbach, fui de início rejeitado, da mesma forma que meu avô. Mas, diferentemente do que aconteceu a ele, não conhecia nenhum albergue estudantil, nenhuma garçonete atraente; não era também um professor titular com um futuro promissor, claramente traçado diante de mim; eu era apenas um médico-assistente, cujo futuro ainda era nebuloso. Por que seria eu poupado das decepções neste melhor dos mundos possíveis, como acrescentou minha personalidade nº 2? Algumas semanas depois, no entanto, uma página foi virada, o "não" se tornou "sim" e dessa forma minha personalidade nº 1 se afirmou. Quanto a mim, tal acontecimento tornou-se um sim ao mundo; e minha personalidade nº 2 ficou eclipsada durante 11 anos.

"Mantive uma espécie de diário íntimo até 1902. Depois dessa data ficou encerrado numa gaveta durante mais de dez anos. Só em 1913, sob a pressão de pesados pressentimentos, ele ressurgiu em minha memória."

Jung casou-se em 1903. Tem uma descendência numerosa. Dos casamentos de seus cinco filhos: Agathe Niehus-Jung, Gret Baumann Jung, Franz Jung-Merker, Marianne Niehus-Jung (falecida em 1965), Helene Hoerni-Jung; teve 19 netos e o número de seus bisnetos continua a aumentar.[15]

Glossário

ALMA — C.G. Jung: "Se a alma do homem é *algo*, deve ser infinitamente complicada e de uma diversidade ilimitada, impossível de ser apreendida por uma simples psicologia dos instintos. É com a mais profunda admiração e com o maior respeito que, mudo, posso considerar os abismos e os cumes da natureza psíquica, os quais povoam o universo não espacial de uma indizível abundância de imagens, que milhões de anos de evolução viva amontoaram e acumularam organicamente. Minha consciência é como que um olho que abarca os espaços mais distantes, mas o não eu psíquico é aquilo que de maneira não espacial preenche esse espaço. Essas imagens não são apenas sombras pálidas; são fatores e condições psíquicas de poder imenso. Poderemos talvez negligenciá-las, mas não lograremos, através dessa negação, subtrair-lhe o poder. Tal impressão, comparativamente, seria semelhante à contemplação de um céu noturno estrelado, pois o equivalente do mundo interior só pode ser o mundo exterior e, como atinjo este último por intermédio do corpo, é através da alma que atinjo o mundo interior."[1]

"Seria uma blasfêmia afirmar que Deus pode manifestar-se em toda parte menos na alma humana. Com efeito, a grande intimidade de relação entre Deus e a alma exclui automaticamente toda depreciação desta última. Sem dúvida, falar de afinidade é um exagero; mas de qualquer modo a alma deve possuir em si mesma uma faculdade de relação, isto é, uma correspondência com a essência de Deus; se não, como seria possível o estabelecimento de uma relação? Essa correspondência em termos psicológicos é o arquétipo da imagem de Deus."[2]

ALQUIMIA — Química arcaica que precedeu a química experimental e onde se mesclavam especulações gerais, figuradas e intuitivas, parcialmente religiosas, a respeito da natureza e do homem. Na matéria desconhecida eram projetados numerosos símbolos que hoje reconhecemos como conteúdos do inconsciente. O alquimista procurava "o segredo de Deus" na matéria desconhecida e se empenhava em preocupações e caminhos semelhantes aos da psicologia moderna do inconsciente. Esta última acha-se também confrontada com um fenômeno objetivo desconhecido: o inconsciente.

A alquimia filosófica da Idade Média deve ser compreendida, na perspectiva da história do espírito, como um movimento compensatório do inconsciente, em face do cristianismo; pois o objeto das meditações e da técnica alquimista — o domínio da natureza e da matéria — não encontrou lugar nem uma valorização adequada dentro do cristianismo; foi por ele considerado como algo a ser superado. Assim, pois, a alquimia é uma espécie de imagem especular primitiva e obscura do mundo de imagens e pensamentos cristãos, tal como Jung mostrou em seu livro *Psicologia e religião*, mediante a analogia da ideia central dos alquimistas relativamente à pedra — o lápis — com o Cristo. A imagem simbólica e o paradoxo são típicos da linguagem dos alquimistas. Ambos correspondem à natureza inapreensível da vida e da psique inconsciente. Por esse motivo, por exemplo, afirma-se que a pedra não é uma pedra (isto é, ela representa ao mesmo tempo um conceito espiritual e religioso) ou que o Mercúrio alquimista, o espírito da matéria, é evasivo, fugidio como um cervo, uma vez que é inapreensível. "Ele tem mil nomes"; nenhum exprime totalmente sua natureza, assim como nenhuma definição é capaz de delimitar com clareza total a essência de um conceito psíquico.

AMPLIFICAÇÃO — Alargamento e aprofundamento de uma imagem onírica por meio de associações dirigidas e de paralelos tirados das ciências humanas e da história dos símbolos (mitologia, mística, folclore, religião, etnologia, arte etc.), mediante o quê, o sonho se torna acessível à interpretação.

ANIMA e *ANIMUS* — Personificação da natureza feminina do inconsciente do homem e da natureza masculina do inconsciente da mulher. Tal bissexualidade psíquica é o reflexo de um fato biológico; o maior número de gens masculinos (ou femininos) determina os sexos. Um número restrito de gens do sexo oposto parece produzir um caráter correspondente ao sexo oposto, mas, devido à sua inferioridade, usualmente permanece inconsciente. C.G. Jung: "Desde a origem, todo homem traz em si a imagem da mulher; não a imagem *desta* ou *daquela* mulher, mas a de um *tipo* determinado. Tal imagem é, no fundo, um conglomerado hereditário inconsciente, de origem remota, incrustada no sistema vivo, *tipo* de todas as experiências da linhagem ancestral em torno do ser feminino, resíduo de todas as impressões fornecidas pela mulher, sistema de adaptação psíquico herdado... O mesmo acontece quanto à mulher. Ela também traz em si uma imagem do homem. A experiência mostra-nos que seria mais exato dizer: uma imagem de *homens*, enquanto no homem se trata em geral da imagem da *mulher*; sendo inconsciente, essa imagem é sempre projetada inconscientemente no ser amado; ela constitui uma das razões essenciais da atração passional e de seu contrário.[3]

"A função natural do *animus* (como a da *anima*) consiste em estabelecer uma relação entre a consciência individual e o inconsciente coletivo. Analogamente, a *persona* representa uma zona intermediária entre a consciência do eu e os objetos do mundo exterior. O *animus* e a *anima* deveriam funcionar como uma ponte ou pórtico, conduzindo às imagens do inconsciente coletivo, assim como a *persona* representa uma ponte para o mundo."[4]

Todas as manifestações arquetípicas, e portanto também o *animus* e a *anima*, têm um aspecto negativo e um aspecto positivo. Um aspecto primitivo e um aspecto diferenciado.

C.G. Jung: "Em sua primeira forma inconsciente, o *animus* é uma instância que engendra opiniões espontâneas, involuntárias, exercendo uma influência dominante sobre a vida emocional da mulher; a *anima* é, por outro lado, uma instância que engendra sentimentos espontâneos, os quais exercem uma influência sobre o entendimento do homem, nele provocando distorções. (Ela virou-lhe a cabeça.) O *animus* é projetado particularmente em personalidades "espirituais" e em toda espécie de "heróis" (inclusive tenores, "artistas", esportistas etc.). A *anima* se apodera facilmente do elemento que na mulher é inconscientemente vazio, frígido, desamparado, incapaz de relação, obscuro e equívoco... No decurso do processo de individuação, a alma se associa à consciência do eu e possui, pois, um índice feminino no homem e masculino na mulher. A *anima* do homem procura unir e juntar, o *animus* da mulher procura diferenciar e reconhecer. São posições estritamente contrárias... No plano da realidade consciente constituem uma situação conflitual, mesmo quando a relação consciente dos dois parceiros é harmoniosa.[5]

"A *anima* é o arquétipo da vida... pois a vida se apodera do homem através da *anima*, se bem que ele pense que a primeira lhe chegue através da razão (*mind*). Ele domina a vida com o entendimento, mas a vida vive nele através da *anima*. E o segredo da mulher é que a vida vem a ela através da instância pensante do *animus*, embora ela pense que é o Eros que lhe dá vida. Ela domina a vida, vive, por assim dizer, habitualmente, através do Eros; mas a vida real, que é também sacrifício, vem à mulher através da razão (*mind*), que nela é encarnada pelo *animus*."[6]

Arquétipo — C.G. Jung: "O conceito de arquétipo... deriva da observação reiterada de que os mitos e os contos da literatura universal encerram *temas* bem-definidos que reaparecem sempre e por toda parte. Encontramos esses mesmos temas nas fantasias, nos sonhos, nas ideias delirantes e nas ilusões dos indivíduos que vivem atualmente. A essas imagens e correspondências típicas denomino representações arquetípicas. Quanto mais nítidas, mais são acompanhadas de tonalidades afetivas vívidas... Elas nos impressionam, nos influenciam, nos fascinam. Têm sua origem no arquétipo que, em si mesmo, escapa à representação, forma preexistente e inconsciente que parece fazer parte da estrutura psíquica herdada e pode, portanto, manifestar-se espontaneamente sempre e por toda parte.[7]

"É muito comum o mal-entendido de considerar o arquétipo como algo que possui um conteúdo determinado; em outros termos, faz-se dele uma espécie de 'representação' inconsciente, se assim se pode dizer. É necessário sublinhar o fato de que os arquétipos não têm conteúdo determinado; eles só são determinados em sua *forma* e assim mesmo em grau limitado. Uma imagem primordial só tem um conteúdo determinado a partir do momento em que se torna consciente e é, portanto, preenchida pelo material da experiência consciente. Poder-se-ia talvez comparar sua forma ao sistema axial de um cristal que prefigura, de algum modo, a estrutura cristalina na água-mãe, se bem que não tenha por si mesmo qualquer existência material. Esta só se verifica quando os íons e as moléculas se agrupam de uma suposta maneira. O arquétipo em si mesmo é vazio; é um elemento puramente formal, apenas uma *facultas praeformandi* (possibilidade de preformação), forma de representação dada *a priori*. As representações não são herdadas; apenas suas formas o são. Assim consideradas, correspondem exatamente aos instintos que, por seu lado, também só são determinados em sua forma. É impossível provar a existência dos arquétipos ou dos instintos, a não ser que eles mesmos se manifestem de maneira concreta.[8]

"Provavelmente a verdadeira essência do arquétipo não pode tornar-se consciente; ela é transcendente, ou, como a chamei, psicoide.[9]

"Não devemos entregar-nos à ilusão de que finalmente poderemos explicar um arquétipo e assim 'liquidá-lo'. A melhor tentativa de explicação não será mais do que uma tradução relativamente bem-sucedida, num outro sistema de imagens."[10]

Associação — Encadeamento de ideias, de percepções etc., segundo a semelhança, a conexão e a oposição. *Associações livres na interpretação de sonhos de S. Freud*; cadeias de associações espontâneas do sonhador, que não se relacionem necessariamente com a situação onírica. *Associações dirigidas ou controladas na interpretação junguiana dos sonhos*: ideias espontâneas cujo ponto de partida é a situação onírica dada, e que sempre se relacionam com ela.

Consciência — C.G. Jung: "Quando indagamos qual poderá ser a natureza da consciência, o fato que mais nos impressiona — maravilha das maravilhas — é o de que um acontecimento que se produz no cosmo cria simultaneamente uma imagem em nós ou, de algum modo, se desenrola paralelamente, tornando-se, assim, consciente.[11]

"Nossa consciência não se cria a si mesma, mas emana de profundezas desconhecidas. Na infância, desperta gradualmente e, ao longo da vida, desperta cada manhã, saindo das profundezas do sono, de um estado de inconsciência. É como uma criança nascendo diariamente do seio materno."[12]

Experiências de associações — Métodos de teste para descobrir os complexos pela medida do tempo de reação e pela interpretação das respostas dadas à palavra indutora. *Indicador de complexo*: demora do tempo de reação, erros ou caráter subjetivo da resposta quando a palavra indutora toca um complexo que o indivíduo quer dissimular, ou de que ele não tem consciência.

Extroversão — Atitude típica caracterizada pela concentração do interesse no objeto exterior. Seu oposto é a introversão.

Hierosgamos — Casamento sagrado ou espiritual, união de figuras arquetípicas nos mitos de renascimento, nos mistérios da Antiguidade e também na alquimia. Como exemplos típicos temos a representação do Cristo e da Igreja como noivo e noiva (*sponsus* e *sponsa*) e a união (*conjunctio*) do Sol e da Lua na alquimia.

IMAGEM DE DEUS — O termo provém dos Pais da Igreja; segundo eles, a *Imago Dei* está impressa na alma humana. Quando aparece espontaneamente nos sonhos, fantasias, visões etc., deve, do ponto de vista psicológico, ser compreendida como símbolo do si mesmo, símbolo da totalidade psíquica. C.G. Jung: "Só por meio da psique podemos constatar que a divindade age em nós; dessa forma, somos incapazes de distinguir se essas atuações provêm de Deus ou do inconsciente, isto é, não podemos saber se a divindade e o inconsciente constituem duas grandezas diferentes; ambos são conceitos-limite para conteúdos transcendentais. Pode-se, entretanto, constatar empiricamente, com suficiente verossimilhança, que existe no inconsciente um arquétipo da totalidade, que se manifesta espontaneamente nos sonhos etc., e que existe uma tendência independente do querer consciente, visando pôr outros arquétipos em relação com esse centro.

"Por esse motivo, me parece improvável que o arquétipo da totalidade não possua, ele também, uma posição central que o aproxime singularmente da imagem de Deus. A semelhança é ainda sublinhada, em particular, pelo fato de que esse arquétipo cria um símbolo que sempre serviu para caracterizar e exprimir imagisticamente a divindade... A imagem de Deus não coincide propriamente com o inconsciente em sua fatalidade, mas com um conteúdo particular deste último, isto é, com o arquétipo do si mesmo. É este último que não sabemos separar empiricamente da imagem de Deus."[13]

"Podemos considerar a imagem de Deus como um reflexo do si mesmo ou, inversamente, ver no si mesmo uma *Imago Dei in homine*."[14]

IMAGEM PRIMORDIAL (Jakob Burckhardt) — Termo empregado inicialmente por Jung em lugar de *arquétipo*.

INCONSCIENTE (O) — C.G. Jung: "Teoricamente é impossível fixar limites no campo da consciência, uma vez que ela pode estender-se indefinidamente. Empiricamente, porém, ele sempre atinge seus limites ao atingir o *desconhecido*. Este último é constituído por tudo aquilo que ignoramos, por aquilo que não tem qualquer relação com o eu, centro dos campos de consciência. O desconhecido divide-se em dois grupos de objetos; os que são exteriores e os que seriam acessíveis pelos sentidos e dados interiores, que seriam o objeto da experiência imediata. O primeiro grupo constitui o desconhecido do mundo exterior; o segundo, o desconhecido do mundo interior. Chamamos *inconsciente* a este último campo.[15]

"Tudo o que conheço, mas não penso num dado momento, tudo aquilo de que já tive consciência mas esqueci, tudo o que foi percebido por meus sentidos e meu espírito consciente não registrou, tudo o que involuntariamente e sem prestar atenção (isto é, inconscientemente), sinto, penso, relembro, desejo e faço, todo o futuro que se prepara em mim e que só mais tarde se tornará consciente, tudo isso é conteúdo do inconsciente.[16]

"A esses conteúdos se acrescentam as representações ou impressões penosas mais ou menos intencionalmente reprimidas. Chamo de *inconsciente pessoal* ao conjunto de todos esses conteúdos. Mas além disso encontramos também no inconsciente propriedades que não foram adquiridas individualmente; foram herdadas, assim como os instintos e os impulsos que levam à execução de ações comandadas por uma necessidade, mas não por uma motivação consciente... (Nesta camada 'mais profunda' da psique encontramos os arquétipos.) Os instintos e os arquétipos constituem, juntos, o *inconsciente coletivo*. Eu o chamo coletivo porque, ao contrário do inconsciente pessoal, não é constituído de conteúdos individuais, mais ou menos únicos e que não se repetem, mas de conteúdos que são universais e aparecem regularmente.[17]

"Os conteúdos do inconsciente pessoal são parte integrante da personalidade individual e poderiam, pois, ser conscientes. Os conteúdos do inconsciente coletivo constituem como que uma *condição ou base da psique em si mesma*, condição onipresente, imutável, idêntica a si própria em toda parte.[18]

"Quanto mais profundas forem as 'camadas' da psique, mais perdem sua originalidade individual. Quanto mais profundas, mais se aproximam dos sistemas funcionais autônomos, mais coletivas se tornam, e acabam por universalizar-se e extinguir-se na materialidade do corpo, isto é, nos corpos químicos. O carbono do corpo humano é simplesmente carbono; no mais profundo de si mesma, a psique é universo."[19]

INDIVIDUAÇÃO — C.G. Jung: "Uso a palavra 'individuação' para designar um processo através do qual um ser torna-se um '*individuum*' psicológico, isto é, uma unidade autônoma e indivisível, uma totalidade.[20]

"A individuação significa tender a tornar-se um ser realmente individual; na medida em que entendemos por individualidade a forma de nossa unicidade, a mais íntima, nossa unicidade última e irrevogável; trata-se da *realização de seu si mesmo*, no que tem de mais pessoal e de mais rebelde a toda comparação. Poder-se-ia, pois, traduzir a palavra 'individuação' por 'realização de si mesmo', 'realização do si mesmo'.[21]

"Constato continuamente que o processo de individuação é confundido com a tomada de consciência do eu, identificando-se, portanto, este último com o Si Mesmo, e daí resultando uma desesperadora confusão de conceitos. A individuação não passaria, então, de egocentrismo e autoerotismo. O si mesmo, no entanto, compreende infinitamente mais do que um simples eu... A individuação não exclui o universo, ela o inclui."[22]

INFLAÇÃO — Expansão da personalidade além de seus próprios limites, pela identificação com um arquétipo ou com a *persona* e, em casos patológicos, com uma personalidade histórica ou religiosa. A inflação tem por imagem a rã que pretende tornar-se um boi. Desenvolve-se um sentido exagerado da importância pessoal; comumente, esta última é compensada por um sentimento de inferioridade.

INTROVERSÃO — Atitude típica que se caracteriza por uma concentração do interesse nos conteúdos intrapsíquicos. Seu contrário é a extroversão.

MANA — Termo melanésio que designa um poder extraordinariamente atuante, que emana de um ser humano, de um objeto, de um ato, de um acontecimento ou de seres e espíritos sobrenaturais. Pode também significar saúde, prestígio, poder mágico e poder de cura. Conceito primitivo de energia psíquica.

MANDALA (sânscrito) — Círculo mágico. Na obra de C.G. Jung, símbolo do centro, da meta, e do si mesmo, enquanto totalidade psíquica; autorrepresentação de um processo psíquico de centralização da personalidade, produção de um centro novo desta última. A mandala exprime-se, simbolicamente, por um círculo, um quadrado ou um quatérnio, num dispositivo simétrico do número quatro e de seus múltiplos. No lamaísmo e na ioga tântrica, a mandala é um instrumento de contemplação (*iantra*), lugar de nascimento dos deuses. *Mandala perturbada*: toda forma derivada e desviada do círculo, do quadrado ou da cruz de braços iguais e cujo número de base é diferente de quatro ou de seus múltiplos.

C.G. Jung: "Mandala significa círculo, e mais especialmente, círculo mágico. As mandalas não se difundiram só em todo o Oriente, mas também existem entre nós; foram representadas abundantemente na Idade Média. São numerosas no início da Idade Média no mundo cristão: muitas delas têm o Cristo no centro e os quatro evangelistas ou seus símbolos nos quatro pontos cardeais. Esta concepção deve ser muito antiga, uma vez que entre os egípcios Hórus era representado do mesmo modo, com seus quatro filhos.[23]

"Como a experiência mostra, as mandalas aparecem mais frequentemente... em situações de perturbação e indecisão. O arquétipo que essa situação constela como compensação representa um esquema ordenador que vem, de algum modo, colocar-se acima do caos psíquico, como um círculo dividido em quatro partes iguais, ajudando cada conteúdo a encontrar seu lugar e contribuindo para manter sua coesão."[24]

NEUROSE — Estado de desunião consigo mesmo, causado pela oposição entre as necessidades instintivas e as exigências da cultura, entre os caprichos infantis e a vontade de adaptação, entre os deveres individuais e coletivos. A neurose é um sinal de parada para o indivíduo que está num caminho falso e um sinal de alarme que o induz a procurar um processo de cura pessoal.

C.G. Jung: "A perturbação psíquica de uma neurose e a própria neurose podem ser concebidas como um *ato frustrado de adaptação*. Esta formulação corresponde à opinião de Freud, para quem a neurose constitui, num certo sentido, uma tentativa de autocura.[25]

"A neurose é sempre o substituto de um sofrimento legítimo."[26]

NUMINOSO — Conceito de Rudolf Otto ("o Sagrado"), que designa o inexprimível, misterioso, tremendo, o "totalmente outro", propriedades que possibilitam a experiência imediata do divino.

PERSONA — Designa originalmente, no teatro antigo, a máscara usada pelos atores.

C.G. Jung: "A *persona*... é o sistema de adaptação ou a maneira por que se dá a comunicação com o mundo. Cada estado ou cada profissão, por exemplo, possui sua *persona* característica... O perigo está, no entanto, na identificação com a *persona*; o professor com seu manual, o tenor com sua voz... Pode-se dizer, sem exagero, que a *persona* é aquilo que não é verdadeiramente, mas o que nós mesmos e os outros pensam que somos."[27]

PSICOIDE — "Semelhante à alma", "quase psíquica". Assim Jung caracteriza a camada profundíssima do inconsciente coletivo e de seus conteúdos, os arquétipos, que não podem ser representados.

C.G. Jung: "O inconsciente coletivo representa uma psique que, ao contrário dos fenômenos psíquicos conhecidos, escapa às imagens representativas. Por este motivo a chamei *psicoide*.[28]

QUATÉRNIO — C.G. Jung: "O quatérnio é um arquétipo, por assim dizer, universal. Constitui o pressuposto lógico de todo *julgamento da totalidade*. Tal julgamento pressupõe um aspecto quádruplo. Por exemplo: para descrever a totalidade do horizonte, designamos os quatro pontos cardeais. Há sempre quatro elementos, quatro qualidades primeiras, quatro cores, quatro castas na Índia, quatro vias de desenvolvimento espiritual no budismo. Por este motivo também existem quatro aspectos psicológicos na orientação psíquica. Para orientar-nos, necessitamos de uma função que constate que algo é (sensação); uma segunda função, que estabeleça o que é (pensamento); uma terceira função, que decida se isso nos convém ou não, e se desejamos aceitá-lo ou não (sentimento); e uma quarta função, que indique de onde isso provém e para onde vai (intuição). Além disso nada há a dizer... O ideal da totalidade é o círculo ou a esfera (ver *mandala*). Mas sua divisão mínima natural é o quadrado."[29]

Um quatérnio tem, às vezes, a estrutura 3 + 1, no sentido de que um dos termos ocupa uma posição excepcional, ou possui uma natureza diferente da dos outros. (Por exemplo, três dos símbolos dos evangelistas são animais e o quarto é um anjo.) Quando o "quarto" elemento se acrescenta aos outros três, surge então o "Um", símbolo de totalidade. Na psicologia analítica, ocorre que a função "inferior" (isto é, aquela que não está à disposição consciente da pessoa) encarna o "quarto". Sua integração na consciência é uma das tarefas mais importantes do processo de individuação.

SI MESMO — É o arquétipo central da ordem, da totalidade do homem, representado simbolicamente pelo círculo, pelo quadrado, pelo quatérnio, pela criança, pela mandala etc.

C.G. Jung: "O si mesmo é uma realidade 'sobreordenada' ao eu consciente. Abrange a psique consciente e a inconsciente, constituindo por esse fato uma personalidade mais ampla, que *também* somos... Mas não devemos nutrir a esperança de chegar a uma consciência aproximada do si mesmo; por mais consideráveis e extensas que sejam as paisagens interiores e os setores apreendidos pela consciência, não desaparecerá a massa imprecisa e uma soma desconhecida de inconsciência, que também faz parte integrante da totalidade do si mesmo."[30]

"O si mesmo é o centro e também a circunferência completa que compreende ao mesmo tempo o consciente e o inconsciente: é o centro dessa totalidade, como o eu é o centro da consciência."[31]

"O si mesmo é também a meta da vida, pois é a expressão mais completa dessas combinações do destino que se chama: indivíduo."[32]

SINCRONICIDADE — Termo criado por Jung, que exprime uma coincidência significativa ou uma correspondência: a) entre um acontecimento psíquico e um acontecimento físico não ligados por uma relação causal. Tais fenômenos de sincronicidade aparecem, por exemplo, quando fenômenos interiores (sonhos, visões, premonições) parecem ter uma correspondência na realidade exterior: a imagem interior ou a premonição mostrou-se "verdadeira"; b) entre sonhos, ideias análogas ou idênticas que ocorrem em lugares diferentes, sem que a causalidade possa explicar umas e outras manifestações. Ambas parecem ter relação com processos arquetípicos do inconsciente.

C.G. Jung: "Minha preocupação, com relação à psicologia dos processos inconscientes, obrigou-me, há muito tempo, a procurar — além da causalidade — outro princípio de explicação, uma vez que o princípio de causalidade me parecia impróprio para explicar certos fenômenos surpreendentes da psicologia do inconsciente. Encontrei, assim, fenômenos psicológicos paralelos, que não podiam ser ligados entre si casualmente; deviam ser ligados de outra forma, por outro desenrolar de acontecimentos. Esta conexão de acontecimentos parecia-me ser essencialmente dada, por sua relativa simultaneidade, de onde surge o termo 'sincronístico'. Parece, com efeito, que o tempo, longe de ser uma abstração, é um *continuum* concreto; ele inclui certas qualidades ou condições fundamentais que se manifestam, simultaneamente, em lugares diferentes, com um paralelismo que não pode ser explicado pela casualidade. É o caso, por exemplo, de símbolos, ideias ou estados psíquicos que aparecem simultaneamente.[33]

"Escolhi o termo 'sincronicidade' porque a aparição simultânea dos dois acontecimentos, ligados pela significação, mas sem relação causal, me pareceu um critério decisivo. Emprego, pois, aqui, o conceito geral de sincronicidade, no sentido especial de coincidência, no tempo, de dois ou vários elementos, sem relação causal e que têm o mesmo conteúdo significativo, ou um sentido similar. Isto não é o mesmo que 'sincronismo', cujo significado é apenas o da aparição simultânea de dois fenômenos."[34]

"A sincronicidade não é mais enigmática nem mais misteriosa do que as descontinuidades na física. Nossa convicção enraizada do poder da causalidade cria, e só ela, as dificuldades que se opõem ao nosso entendimento, e faz parecer impensável que acontecimentos acausais possam existir ou produzir-se. As coincidências de acontecimentos ligados pelo sentido são pensáveis como puro acaso. Mas quanto mais se multiplicam e mais a concordância é exata, mais sua probabilidade diminui e mais aumenta sua inverossimilhança, o que significa que não podem mais passar por simples acaso, mas devem, devido à ausência de explicação causal, ser olhadas como ordenações que têm sentido. Sua 'inexplicabilidade' não é devida à ignorância de sua causa, mas ao fato de que nosso intelecto é incapaz de pensá-la"...[35]

SOMBRA — A parte inferior da personalidade. Soma de todos os elementos psíquicos pessoais e coletivos que, incompatíveis com a forma de vida conscientemente escolhida, não foram vividos e se unem ao inconsciente, formando uma personalidade parcial, relativamente autônoma, com tendências opostas às do consciente. A sombra se comporta de maneira compensatória em relação à consciência. Sua ação pode ser tanto positiva quanto negativa. No sonho, a sombra tem frequentemente o mesmo sexo que o sonhador. Enquanto elemento do inconsciente pessoal, a sombra procede do eu; enquanto arquétipo do "eterno antagonista", procede do inconsciente coletivo. A tarefa do início da análise é tornar a sombra consciente. Negligenciar e recalcar a sombra ou identificar o eu com ela pode determinar dissociações perigosas. Como ela é próxima do mundo dos instintos, é indispensável levá-la continuamente em consideração.

C.G. Jung: "A sombra personifica o que o indivíduo recusa conhecer ou admitir e que, no entanto, sempre se impõe a ele, direta ou indiretamente, tais como os traços inferiores do caráter ou outras tendências incompatíveis.[36]

"A sombra é... aquela personalidade oculta, recalcada, frequentemente inferior e carregada de culpabilidade, cujas ramificações extremas remontam ao reino de nossos ancestrais animalescos, englobando também todo o aspecto histórico do inconsciente... Se, antes, era admitido que a sombra humana representasse a fonte de todo o mal, agora é possível, olhando mais acuradamente, descobrir que o homem inconsciente, precisamente a sombra, não é composto apenas de tendências moralmente repreensíveis, mas também de um certo número de boas qualidades, instintos normais, reações apropriadas, percepções realistas, impulsos criadores etc."[37]

SONHO — C.G. Jung: "O sonho é uma porta estreita, dissimulada naquilo que a alma tem de mais obscuro e íntimo; essa porta se abre para a noite cósmica original, que continha a alma muito antes da consciência do eu e que a perpetuará muito além daquilo que a consciência individual poderá atingir. Pois toda consciência do eu é esparsa; distingue fatos isolados, procedendo por separação, extração e diferenciação; só o que pode entrar em relação com o eu é percebido. A consciência do eu, mesmo quando aflora as nebulosas mais distantes, é feita de enclaves bem delimitados. Toda consciência especifica. Mediante o sonho, inversamente, penetramos no ser humano mais profundo, mais geral, mais verdadeiro, mais durável, mergulhado ainda na penumbra da noite original, quando ainda estava no Todo e o Todo nele, no seio da natureza indiferenciada e despersonalizada. O sonho provém dessas profundezas, onde o universo ainda está unificado, quer assuma as aparências mais pueris, quer as mais grotescas, quer as mais imorais.[38]

"Os sonhos não são invenções intencionais e voluntárias, mas, pelo contrário, são fenômenos naturais que não diferem daquilo que representam. Não iludem, não mentem, não deformam, não encobrem, mas comunicam ingenuamente o que são e o que pensam. Só são irritantes e enganadores se não os compreendermos. Não utilizam artifícios para dissimular alguma coisa; dizem à sua maneira o que constitui seu conteúdo e da maneira mais nítida possível. Mas, quer sejam originais, quer sejam difíceis, a experiência demonstra que sempre se esforçam por exprimir algo que o eu não sabe e não compreende."[39]

TRAUMATISMO PSÍQUICO — Acontecimento brusco que prejudica de modo imediato o ser vivo, tal como um choque, o terror, o medo, a vergonha, o desgosto etc.

Notas

Infância
¹ Dialeto suíço: *bolinhos*.
² C.G. Jung, *Symbole der Wandlung*, 1952, p. 370 ss.
³ Johann Amos Comenius (1592-1670).
⁴ Em francês no original. Espécie de esconderijo.
⁵ *Churingas*: pedras dos aborígines australianos, onde são gravados seus relatos míticos. (N.T.)
⁶ Os *cabiros*, também chamados "os grandes deuses", representados ora como anões, ora como gigantes, eram divindades da natureza, cujo culto geralmente vinha ligado ao da deusa Demeter. Eles se relacionam com a origem da vida e com sua criatividade.

Anos de colégio
¹ Ver Apêndice, "A família de C.G. Jung".
² Jogo de palavras entre *erwunscht* e *verwunscht* (desejada e maldita). (N.T.)
³ "*Natural mind* é o espírito da natureza, que nada tem a ver com os livros. Emana da natureza humana, tal como uma fonte que jorra da terra, e exprime a verdadeira sabedoria da natureza. As coisas são ditas tranquilamente e sem complacência." (De um seminário inédito. 1940, traduzido por Aniela Jaffé.)
⁴ Heinrich Zschokke, literato e político suíço (1771-1848).

Anos de estudo
¹ *Die Suggestion und ihre heilwirkung* [A sugestão e seus efeitos terapêuticos], Leipzig e Viena, 1888.
² Nekyia, de necnV (cadáver), é o título do 11º canto da *Odisseia*. Significa a oferenda aos mortos, a fim de conclamá-los para fora do Hades. A Nekyia é, portanto, a designação apropriada para indicar uma descida ao reino dos mortos, como, por exemplo, na *Divina comédia*, ou na "clássica noite de Walpurgis", no *Fausto*. Aqui Jung emprega este termo em sentido figurado, aludindo à sua "descida" ao mundo das imagens do inconsciente, de que tratará no capítulo "Confronto com o inconsciente".

³ Ritschl emprega a parábola de um trem que está sendo manobrado. Uma locomotiva empurra por trás, e o choque se propaga através de todos os vagões que compõem o trem. Dessa forma, o impulso de Cristo ter-se-ia propagado através dos séculos.

⁴ arrhtsn: indizível, ou que não pode ser exprimido. Aplica-se especialmente aos ritos dos antigos mistérios que os m`ystos juravam não revelar.

⁵ A faca estilhaçada em quatro partes foi cuidadosamente guardada por Jung. (A.J.)

⁶ *Zur Psychologie und Pathologie sogenannter occulter Phaenomene* [Sobre a psicologia e a patologia dos assim chamados fenômenos ocultos], 1: 1902.

⁷ *Lehrbuch der Psychiatrie* [Manual de Psiquiatria], 4. ed.

⁸ Logo depois da morte de sua irmã, Jung escreveu as seguintes linhas: "Até 1904 minha irmã vivera com sua mãe em Basileia. Depois mudou-se com ela para Zurique, onde, até 1909, morou em Zollikon, e depois, até a morte, em Küsnacht. Depois da morte de sua mãe, em 1923, viveu só. Sua vida exterior era calma, retraída, desenrolando-se num círculo estreito de relações, amigos e parentes. Ela era cortês, amável, bondosa e fechava sua vida interior aos olhos indiscretos do mundo. Morreu sem queixar-se, sem mencionar o próprio destino, numa atitude cheia de dignidade. Sua vida cumpriu-se interiormente, alheia à participação e ao julgamento alheios."

Atividade psiquiátrica

¹ "Zur psychologischen Tatbestandsdiagnostik", *Zentralblatt für Nervenheikunde und Psychiatrie*, Jahrg. XXVIII, 1905. Aparecerá em outra edição nas *Gesammelte Werke*, Band I.

² *Üeber die Psychologie der Dementia praecox*, Halle, 1907, e *Der Inhalt der Psychose*, Viena, 1908.

³ Este caso é diferente da maioria dos outros deste gênero, devido à rapidez com que se processou. (A.J.)

⁴ Em *Von den Wurzeln des Bewusstseins*, 1954. Primeiro verso da célebre poesia de Heine "Die Lorelei".

Sigmund Freud

¹ Este capítulo deve ser considerado um mero complemento dos numerosos escritos que C.G. Jung consagrou a Sigmund Freud e à sua

obra. Ver, particularmente: *Der Gegensatz Freud und Jung* [A oposição entre Freud e Jung], 1929, em *Seelen-probleme der Gegenwart*, 5. ed., 1950, *Sigmund Freud als kulturhistorische Erscheinung*, 1932 etc.

[2] No necrológio consagrado a Freud (*Basler Nachrichten*, 1º de outubro de 1939), Jung afirmou que esse livro "revolucionava sua época" e "que era a tentativa mais audaciosa jamais empreendida com vista a dominar os enigmas da psique inconsciente no terreno aparentemente sólido da empiria... Para nós, que na época éramos jovens psiquiatras, esse livro foi uma fonte de iluminações, ao passo que para nossos colegas mais idosos era objeto de escárnio".

[3] Die *Hysterielehre Freuds, eine Erwiderung auf die Aschaffenburgsche Kritik*, Gesammelte Werke, Band IV.

[4] Depois que Jung (1906) enviou a Freud sua obra sobre os *Diagnostischen Assoziationestudien*, estabeleceu-se uma correspondência entre os dois sábios. Manteve-se até 1913. Em 1907 Jung enviara a Freud sua obra *Die Psychologie der Dementia praecox*. (A.J.)

[5] *Numinoso*: divino.

[6] *Wandlungen und Symbole der Libido*, 1912. Nova edição: *Symbole der Wandlung*, 1952.

[7] Ver Apêndice, "Cartas de Jung a sua mulher".

[8] Leipzig e Darmstadt, 1810-1823.

[9] Sobre Th. Flournoy, ver Apêndice.

[10] *Ctônico* (do grego *khton*, "a Terra"): que provém das profundezas da Terra.

Confronto com o inconsciente

[1] 1957.

[2] 27 de novembro de 1955.

[3] Esta conferência foi publicada em inglês com o título "On the Importance of the Unconscious in Psychopathology", no *British Medical Journal*, Londres II, 1914.

[4] Quando Jung me contou essas lembranças, a emoção vibrava ainda em sua voz. Ele propôs mesmo como *motto* desse capítulo esta frase da *Odisseia*: "Feliz aquele que escapou à morte." (A.J.)

[5] "Purifica as terríveis trevas do nosso espírito." A *Aurora Consurgens* é um escrito alquimista atribuído a São Tomás de Aquino.

⁶ *Anthroparion* é um *homenzinho*, uma espécie de homúnculo. O grupo de *anthroparions* compreende os gnomos, os dáctilos da Antiguidade, o homúnculo dos alquimistas. O *Mercurius* alquimista também era, enquanto espírito do mercúrio, um *anthroparion*. (A.J.)

⁷ O *Livro negro* compreende seis pequenos volumes encadernados em couro negro; o *Livro vermelho* é um in-fólio encadernado em couro vermelho e contém as mesmas fantasias, mas sob uma forma e uma linguagem elaboradas, escritas em caligrafia gótica, à maneira dos manuscritos medievais. (A.J.)

⁸ Ver Apêndice, "Sobre o *Livro vermelho*".

⁹ *Sieben Reden an die Toten*.

¹⁰ *Aurea Catena* é uma alusão a um escrito alquimista: *Aurea Catena Homeri* (1723). Essa corrente designa uma sucessão de homens sábios que, começando por Hermes Trismegisto, ligam a Terra ao Céu. (A.J.)

¹¹ Nova edição revista, 1952: *Symbole der Wandlung*.

¹² Durante este período intermediário Jung escreveu relativamente pouco: alguns artigos em inglês e o escrito *Das Unbewusste im normalen und kranken Seelenleben* (refundido e publicado posteriormente sob o título de *Über die Psychologie des Unbewussten*, 7. ed., 1960). Este período termina com a publicação de *Psychologische Typen*, 1921. (A.J.)

¹³ Somente em 1933 Jung retomou a atividade docente universitária, na Escola Politécnica Federal de Zurique. Em 1935 foi nomeado professor titular. Em 1942, por motivos de saúde, renunciou à cadeira. Aceitou, entretanto, em 1944, a nomeação para a Universidade de Basileia, como professor efetivo de uma cátedra de medicina psicológica, criada em sua honra. Depois de seu primeiro curso, entretanto, teve de renunciar ao ensino devido a uma doença grave, e um ano mais tarde se aposentou. (A.J.)

¹⁴ *Das Geheimnis der Goldenen Blüte*, 1948, ilustr. 10. *Gestaltungen des Unbewussten*, 1950, ilustr. 36.

¹⁵ Ilustr. 3. Ver *Gestaltungen des Unbewussten*, 1950, ilustr. 6.

¹⁶ Sobre Richard Wilhelm, ver Apêndice, "Richard Wilhelm".

Gênese da obra

¹ Nos escritos de Poimandres, gnóstico pagão, *cratera* é um recipiente pleno de espírito, enviado à Terra pelo Deus-Criador, para que aqueles que desejam uma conscientização maior possam ser batizados nele. Era uma

espécie de útero do renascimento e renovação espiritual, correspondente ao *vas* alquímico, onde aconteciam as transformações da matéria. O paralelo disso na psicologia junguiana é a transformação interna chamada *individuação* (ver Glossário). (A.J.)

[2] Aqui Jung se refere à bula de Pio XII, que promulgou o dogma da Assunção de Maria (1950). Nele é dito que na câmara nupcial celeste (*thalamus*) Marta foi unida como esposa ao Filho, e como Sofia (sabedoria) à divindade. Dessa forma, o princípio feminino foi colocado na proximidade imediata da Trindade masculina. Ver *Antwort auf Hiob*, 3. ed., 1961, p. 110 ss. (A.J.)

[3] Os obuses caindo do céu, segundo uma interpretação psicológica, projetis vindos do "outro lado". Eram efeitos emanados do inconsciente, do lado escuro da mente. Os acontecimentos do sonho sugeriam que a guerra, acabada no mundo exterior havia alguns anos, ainda não tinha acabado, mas continuava na psique. Aparentemente, era nela que deveriam ser encontradas as soluções que não apareciam no mundo exterior. (A.J.)

[4] *Probleme der Mystik und ihrer Symbolik*, 1914.

[5] Silberer suicidou-se.

[6] *Rosarium Philosophorum*. Escrito apócrifo, 1550. Está contido em *Artis Auriferae*, v. II, 1593.

[7] Apareceu primeiramente como artigo em *Archives de Psychologie de la Suisse Romande*, Genebra, 1916.

[8] *Psychologische Typen*, 1921. *Gesammelte Werke*, Band VI, 1960.

[9] Os artigos estão contidos em *Seelenprobleme der Gegenwart*, 1931, e *Wirklichkeit der Seele*, 1934.

[10] Em *Über psychische Energetik und das Wesen der Träume*, 2. ed., 1948.

[11] Em *Symbolik des Geistes*, 1948.

[12] Em *Von den Wurzeln des Bewusstseins*, 1954.

[13] Ver *Ein moderner Mythus. Von Dingen, die am Himmel gesehen werden*, 1958.

[14] *Imagem hipnagógica*: a que aparece entre o sono profundo e a vigília ou o despertar completo. (N.T.)

[15] Isto lembrou-me as "armadilhas de espíritos", que vira no Quênia: são casinhas nas quais os indígenas colocam leitos e alguma provisão, *posho*. Frequentemente deitam na cama o simulacro de algum doente que deve ser curado, em modelagem de greda ou argila; às vezes um

caminho de pedrinhas, muito bem-traçado, conduz até as cabanas, a fim de que os espíritos caminhem por ele e não se dirijam ao *kral* (aldeia), onde está o doente que eles pretendem levar. (C.G.J.)

[16] Depois da morte de minha mulher, Marie Louise von Franz continuou o trabalho sobre o Graal e o concluiu em 1958. Ver Emma Jung e M.L. von Franz, *Die Graalslegende in psychologischer Sicht*.

[17] Studien aus dem C.G. Jung-Institut, Band XII, Zurique, 1960. Em Jung-Pauli: *Naturerklarung und Psyche*, Zurique, 1952.

A torre

[1] A torre de Bollingen não era, para Jung, apenas uma casa de férias. Na velhice, ele passava lá metade do ano trabalhando e descansando. "Sem minha terra, minha obra não viria à luz." Até idade avançada, Jung fazia exercício cortando lenha, tratando a terra, plantando e colhendo. Nos seus anos de mocidade, a paixão era velejar e praticar outros esportes náuticos. (A.J.)

[2] Título de uma velha gravura chinesa em madeira, na qual é representado um velho numa paisagem heroica. (A.J.)

[3] A primeira sentença é um fragmento de Heráclito (H. Diels, *Die Fragmente der Vorsokratiker*, 1903, fragmento 52); a segunda alude à liturgia de Mitra (A. Dieterich, *Eine Mithrasliturgie*, Leipzig e Berlim, 1923, p. 9); a última frase é de Homero (*Odisseia*, canto, 24, verso 12). Quanto às outras inscrições, ver Glossário, *Alquimia*. (A.J.)

[4] Ver Apêndice, "A família de C.G. Jung".

[5] O ouro dos filósofos, isto é, dos alquimistas. (A.J.)

[6] A atitude de Jung é manifesta na inscrição que pusera inicialmente em cima da porta de sua casa em Bollingen: "*Philemonis Sacrum — Fausti Poenitentia*" (Relicário de Filemon — Penitência de Fausto). Quando esse lugar foi murado, ele pôs as mesmas palavras na entrada da segunda torre.

Viagens

[1] Ver Apêndice, "Carta a sua mulher, de Soussa, Tunísia".

[2] *Kauri* (ou *kowri*): conchinha usada também como dinheiro.

[3] *El Mamur*: literalmente significa encarregado, prefeito, administrador.

[4] Em dois estudos — *The Dreamlike World of India* e *What India Can Teach Us* — Jung relata as impressões de sua viagem. Tais relatos foram

publicados logo depois de seu regresso, na revista *Asia* (Nova York, janeiro e fevereiro de 1939). (A.J.)

[5] Sobre Heinrich Zimmer, ver Apêndice.

[6] Em conversas posteriores, Jung compara Buda a Cristo, segundo a atitude que tinham diante do sofrimento. Cristo vê no sofrimento um valor positivo; enquanto ser que sofre, é mais humano e real do que Buda. Este se negava ao sofrimento, mas também à alegria. Estava além dos sentimentos e das emoções e, portanto, não era realmente humano. Nos Evangelhos, Cristo é descrito de tal forma que só pode ser compreendido como Homem-Deus, ainda que nunca tenha deixado de ser homem; Buda, porém, durante a vida já se elevara acima da condição humana. (A.J.)

[7] Sobre o problema da *Imitatio*, ver C.G. Jung: "Einleitung in die religionpsychologische Problematik der Alchemie", em *Psychologie und Alchemie*, 2. ed., 1952.

[8] Aqui a palavra sânscrita *deva* (anjo da guarda) é empregada em lugar de Deus.

[9] Seminário sobre o tantra-ioga, 1932.

[10] Jung não considerava a visão como um fenômeno de sincronicidade, mas como uma nova criação momentânea do inconsciente, em relação à ideia arquetípica da iniciação. A causa imediata da concretização estaria, segundo ele, na relação de sua *anima* como Galla Placidia e na emoção provocada por tal fato. (A.J.)

Visões

[1] *Basileus* — Rei. Cos era um lugar famoso na Antiguidade, por causa do templo de Esculápio. Lá nasceu Hipócrates (séc. V a.C.).

[2] *Pardes Rimmonim* é o título de um tratado cabalístico de Moisés Cordovero (séc. XVI). *Tipheret* (graça) e *Malkouth* (reino) são, segundo a concepção cabalística, duas entre as dez esferas das manifestações divinas, nas quais Deus sai de sua obscuridade. Representam um princípio feminino e um princípio masculino dentro da divindade. (A.J.)

Sobre a vida depois da morte

[1] Acerca do "saber absoluto" do inconsciente, ver C.G. Jung: "Synchronizität als ein Prinzip akausaler Zusammenhäng, era Jung-Pauli: *Naturerklärung und Psyche*, 1952.

² J.B. Rhine, Duke University de Durham, EUA, provou, mediante experiências com cartas, que o homem é dotado de percepção extrassensorial. (A.J.)

³ Atos dos Apóstolos, II, 17; Joel, III, 1.

⁴ Ver *Synchronizität als ein Prinzip akausaler Zusammenhänge*, em Jung-Pauli: *Naturerklärung und Psyche*, 1952, p. 92 ss.

⁵ A incerteza de saber a quem ou a que "lugar" se deve atribuir a realidade já desempenhara um papel na vida de Jung: quando criança, sentado numa pedra, brincava com a ideia de que ela [a pedra] dizia ou era o "eu". Ver também o conhecido sonho da borboleta, de Chuang-Tzu. (A.J.)

Últimos pensamentos

¹ Este tema foi abordado por Jung em *Aion*, 1951.

² Ver nota 2, em *Gênese da obra*.

³ Codex Bezae ad Lucam 6, 4.

⁴ Ver reprodução, fig. 3, em *Gestaltungen des Unbewussten*, 1950.

⁵ Jung-Wilhelm, *Das Geheimnis der Goldenen Blüte*.

⁶ Um significado de *symbolon* é a *tessera hospitalitatis*, costume dos antigos: uma moeda era partida em duas metades, cada uma das quais ficava em poder de um amigo quando eles se separavam.

⁷ Ver "Das Wandlungssymbol in der Messe", em *Von den Wurzeln des Bewusstsein*, 1954, p. 284.

⁸ Epístola aos Filipenses, II, 6.

⁹ Ver Apêndice, "Trechos de uma carta a um colega".

¹⁰ Constelação do Peixe Austral. Sua boca é formada pela estrela fixa Fomalhaut (em árabe, boca do peixe), que fica sob a constelação do Aquário.

¹¹ A constelação do Capricórnio (meio cabra, meio golfinho) foi primitivamente chamada Cabra-Peixe. É o animal heráldico dos julianos, linguagem da qual saiu Júlio César.

Retrospectiva

¹ V. Apêndice, "Trechos de uma carta a um jovem erudito".

Apêndice

¹ Freud, Ferenczi e Jung.

² Com a amável autorização de Ernest Freud, Londres.

³ V.E. Jones. *Freud*, III, New York, 1957, p. 387 ss.

⁴ Só na edição alemã.

⁵ Só na edição alemã.

⁶ Só na edição alemã.

⁷ Antigo livro chinês de oráculos e sabedoria, cuja origem remonta a 4000 a.C.

⁸ Só na edição alemã.

⁹ *Kunstform und Yoga im Indischen Kultbild*, Berlin, 1926.

¹⁰ Só na edição alemã.

¹¹ Além do que o próprio Jung narrou, utilizei aqui o assim chamado *Livro de família*, um in-fólio encadernado em pergaminho, que contém cartas e documentos antigos e que Jung foi completando no decorrer de sua vida. Outras fontes são o diário de seu avô Carl Gustav Jung (publicado por seu filho Ernst Jung, sem data) e dois artigos de M.H. Koelbing, "Wie Carl Gustav Jung Basler Professor wurde" (*Basler Nachrichten*, 26 de setembro de 1954) e "C.G. Jung Basler Vorfahren" (*Basler Nachrichten*, 24 de julho de 1955). Além disso, fiz uso dos resultados de um estudo genealógico realizado de 1928 a 1929. (O trecho sobre a família de C.G. Jung encontra-se apenas na edição alemã.)

¹² Outubro de 1817: festa revolucionária dos estudantes comemorando a Reforma (1517) e a batalha de Leipzig (1813), organizada pelas corporações dos estudantes de Jena.

¹³ Hermann Reimer era o filho do livreiro e editor de Berlin. Casou-se com a filha que Carl Gustav Jung tivera de seu primeiro casamento com Virginie de Lassaulx. Jung relata sua visita à sra. Reimer, em Stuttgart, depois do fim de seus estudos de medicina, em 1900. A citação que se segue é tirada do artigo já mencionado de Koelbing: "Como Carl Gustav Jung tornou-se professor em Basileia."

¹⁴ Ver Hans Jenny, *Baslerisches — Allzubaslerisches*, Basel, 1961.

¹⁵ Como pude verificar mais tarde, há uma outra versão do brasão original mencionado por Jung no capítulo "A torre", brasão que representava uma fênix, e que seu avô, C.G. Jung modificara, dando-lhe a forma atual. Essa variante representa uma borboleta saindo da crisálida. Segundo a tradição familiar, o prenome do "sábio doutor em medicina e em direito" de Mainz (falecido em 1654) não era Carlos, mas Simão.

Glossário

[1] "Einführung zu W. Kranefeld", em *Die Psychoanalyse*, Sammlung Goschen, 1930, p. 15.

[2] *Psychologie und Alchemie*, 2. ed., 1952, p. 23.

[3] *Seelenprobleme der Gegenwart*, 5. ed., 1950, p. 256 ss.

[4] *Unveroffentlicher Seminarbericht*, v. 1, 1925 (traduzido do inglês).

[5] *Die Psychologie der Ubertragung*, 1946 (*Ges. Werke*, XVI, 1958, p. 323).

[6] *Unveroffentlicher Seminarbericht über Nietzsches Zarathustra*, 1937 (traduzido do inglês).

[7] Das Gewissen in psychologischer Sicht, em *Das Gewissen, Studien aus dem C. G. Jung-Institut*, Zurique, 1958, p. 199 ss.

[8] *Von den Wurzeln des Bewusstseins*, 1954, p. 576 ss.

[9] *Von den Wurzeln des Bewusstseins*, 1954, p. 576 ss.

[10] "Zur Psychologie des Kind-Archetypus", em *Jung-Kerényi: Einführung in das.*

[11] *Wesen der Mythologie*, 1951, p. 119.

[12] *Symbolik des Geistes*, 2. ed., 1953, p. 465 (*Ges. Werke*, XI, 1963, p. 616).

[13] *Antworte auf Hiob*, 3. ed., 1953, p. 120 (*Ges. Werke*, XI, 1963, p. 502).

[14] *Symbolik des Geistes*, 2. ed., 1953, p. 431 (*Ges. Werke*, XI, 1963, p. 207).

[15] *Aion*, 1951, p. 20 ss.

[16] *Von den Wurzeln des Bewusstseins*, 1954, p. 595 (*Ges. Werke*, VIII, 1967, p. 214).

[17] *Bewusstsein, Unbewusstes und Individuation: Zentralblatt für Psychotherapie*, 1939, p. 257.

[18] *Die Beziehungen zwischen dem Ich und dem Unbewussten*, 3. ed., 1938, p. 91 (*Ges. Werke*, VII, 1964, p. 191).

[19] *Von den Wurzeln des Bewusstseins*, 1954, p. 595 (*Ges. Werke*, VIII, 1967, p. 258).

[20] *Über psychische Energetik und das Wesen der Träume*, 1948, p. 268 ss. (*Ges. Werke*, VIII, 1967, p. 153 ss.)

[21] *Aion*, 1951, p. 20 ss.

[22] "Zur Psychologie des Kind-Archetypus", em Jung-Kerényi: *Einführung in das Wesen des Mythologie*, 1951, p. 136).

[23] *Das Geheimnis der Goldenen Blüte*, 7. ed., 1965, p. 19.

[24] *Ein Moderner Mythus. Von Dingen, die am Himmel gesehen werden*, 1958, p. 115.

[25] *Psychoanalysis and Neurosis*, Londres, 1916 (traduzido do inglês).

[26] *Psychologie und Religion*, 4. ed., 1962, p. 90 (*Ges. Werke*, XI, 1963, p. 82).

[27] *Gestaltungen des Unbewussten*, 1950, p. 55.

[28] "Synchronizitat als ein Prinzip akausaler Zusammenhange", em Jung-Pauli: *Naturerklärung und Psyche*, 1952, p. 20 (*Ges. Werke*, VIII, 1967, p. 495).

[29] *Symbolik des Geistes*, 2. ed., 1953, p. 399 (*Ges. Werke*, XI, 1963, p. 182).

[30] *Die Beziehungen zwischen dem Ich und dem Unbewussten*, 3. ed., 1938, p. 98 ss. (*Ges. Werke*, VII, 1964, p. 195).

[31] *Psychologie und Alchemie*, 2. ed., 1952, p. 69.

[32] *Die Beziehungen zwischen dem Ich und des Unbewussten*, 3. ed., 1938, p. 206 (*Ges. Werke*, VII, 1964, p. 263).

[33] "Zum Gedachtnis Richard Wilhems", em *Das Geheimnis der Goldenen Blüte*, 7. ed., 1965, p. XIV.

[34] "Synchronizitat als ein Prinzip akausaler. Zusammenhage" em Jung-Pauli, *Natureklärung und Psyche*, 1952, pág. 26 ss. (*Ges. Werke*, VIII, 1967, pág. 560 ss.)

[35] Idem, p. 105 ss. (*Ges. Werke*, VIII, 1967, p. 576 ss.)

[36] *Bewusstsein, Unbewusstes und Individuation: Zentralblatt für Psychotherapie*, 1939, p. 265 ss.

[37] *Aion*, 1951, p. 379 ss.

[38] *Wirklichkeit der Seele*, 3. ed., 1947, p. 49.

[39] *Psychologie und Erziehung*, 4. ed., 1950, p. 72 ss.

Conheça os títulos da Coleção Clássicos de Ouro

132 crônicas: cascos & carícias e outros escritos — Hilda Hilst
24 horas da vida de uma mulher e outras novelas — Stefan Zweig
50 sonetos de Shakespeare – William Shakespeare
A câmara clara: nota sobre a fotografia — Roland Barthes
A conquista da felicidade — Bertrand Russell
A consciência de Zeno – Italo Svevo
A força da idade — Simone de Beauvoir
A guerra dos mundos — H.G. Wells
A ingênua libertina — Colette
A mãe — Máximo Gorki
A mulher desiludida — Simone de Beauvoir
A náusea — Jean-Paul Sartre
A obra em negro — Marguerite Yourcenar
A riqueza das nações — Adam Smith
As belas imagens (e-book) — Simone de Beauvoir
As palavras — Jean-Paul Sartre
Como vejo o mundo — Albert Einstein
Contos — Anton Tchekhov
Contos de terror, de mistério e de morte — Edgar Allan Poe
Crepúsculo dos ídolos — Friedrich Nietzsche
Dez dias que abalaram o mundo — John Reed
Física em 12 lições — Richard P. Feynman
Grandes homens do meu tempo — Winston S. Churchill
História do pensamento ocidental — Bertrand Russell
Memórias de Adriano — Marguerite Yourcenar
Memórias de um negro americano — Booker T. Washington
Memórias de uma moça bem-comportada — Simone de Beauvoir
Memórias, sonhos, reflexões — Carl Gustav Jung
Meus últimos anos: os escritos da maturidade de um dos maiores gênios de todos os tempos — Albert Einstein
Moby Dick — Herman Melville
Mrs. Dalloway — Virginia Woolf
O banqueiro anarquista e outros contos escolhidos — Fernando Pessoa
O deserto dos tártaros — Dino Buzzati
O eterno marido — Fiódor Dostoiévski
O Exército de Cavalaria — Isaac Bábel

O fantasma de Canterville e outros contos — Oscar Wilde
O filho do homem — François Mauriac
O imoralista — André Gide
O muro — Jean-Paul Sartre
O príncipe — Nicolau Maquiavel
O que é arte? — Leon Tolstói
O tambor — Günter Grass
Orgulho e preconceito — Jane Austen
Orlando — Virginia Woolf
Os mandarins — Simone de Beauvoir
Retrato do artista quando jovem — James Joyce
Um homem bom é difícil de encontrar e outras histórias — Flannery O'Connor
Uma morte muito suave (e-book) — Simone de Beauvoir

DIREÇÃO EDITORIAL
Daniele Cajueiro

EDITORA RESPONSÁVEL
Ana Carla Sousa

PRODUÇÃO EDITORIAL
Adriana Torres
Mariana Bard
Nina Soares
Thaís Entriel

REVISÃO
Eduardo Carneiro
Rita Godoy

CAPA
Victor Burton

DIAGRAMAÇÃO
Filigrana

Este livro foi impresso em 2025, pela Reproset, para a Nova Fronteira.
O papel do miolo é Ivory Slim 65g/m² e o da capa é Cartão 250g/m².